北京高等教育精品教材
BEIJING GAODENG JIAOYU JINGPIN JIAOCAI

多维气体动力学基础

(第3版)

Fundamentals of Three-Dimensional Gas Dynamics

(Third Edition)

单 鹏 编著

北京航空航天大学出版社

内容简介

本书主要讲授多维无黏性流体力学和气体动力学的基本内容，共分为7章：第1章，矢量分析与场论的主要概念与公式；第2章，多维流动的运动学分析；第3章，无黏性可压缩流体多维流动基本方程；第4章，势函数方程，流函数方程；第5章，小扰动线性化理论；第6章，理想二维超声速流动的特征线法和理想多维气体流动的特征分析法；第7章，相对运动坐标系下的无黏性可压缩流体多维流动基本方程。各章附有习题，并列出了课程参考书目、写作参考文献。本书所需的先修基础课程有高等数学、常微分方程、线性代数、矢量分析与场论、大学物理、理论力学、工程热力学和一维气体动力学。

本书适用于航空航天工科院校航空宇航推进理论与工程专业和流体机械专业的四年制大学本科专业基础课程“多维气体动力学”的教学。本书特别适用于叶轮机械气体动力学方向的高年级大学生和研究生，也可供其他有关专业师生、科研人员和技术人员参考。

图书在版编目(CIP)数据

多维气体动力学基础 / 单鹏编著. -- 3版. -- 北京：北京航空航天大学出版社，2017.8

ISBN 978-7-5124-2486-9

Ⅰ.①多… Ⅱ.①单… Ⅲ.①气体动力学—高等学校—教材 Ⅳ.①O354

中国版本图书馆CIP数据核字(2017)第193821号

多维气体动力学基础(第3版)

单 鹏 编著

责任编辑 蔡 喆

*

北京航空航天大学出版社出版发行

北京市海淀区学院路37号(邮编100191) http://www.buaapress.com.cn

发行部电话：(010)82317024 传真：(010)82328026

读者信箱：goodtextbook@126.com 邮购电话：(010)82316936

涿州市新华印刷有限公司印装 各地书店经销

*

开本：710×1 000 1/16 印张：13.5 字数：272千字

2018年3月第3版 2018年3月第1次印刷 印数：2 000册

ISBN 978-7-5124-2486-9 定价：39.00元

第 3 版前言

根据在北京航空航天大学能源与动力工程学院本科三年级的课程教学中，本书第二版十年以来的使用经验，第三版对第二版少数有误之处进行了勘误，改进了和增添了若干基础的和实用中常用的公式，进一步增加了有益于读者加深理解的论述。在势函数方程，流函数方程一章的 4.7 节，首先增加了复势定义的小节，然后增加了兰姆，Kennard，E. H. 的四极子复势分析的小节，接着引入了具有描述内流流动特色的兰姆等人的二维管道入流的复势分析的小节，由博士研究生王汉义重新整理与细化其推导，本书并给出了进一步的分析。由于教学计划学时已压缩很多，本书的很多内容已分配不到讲授课时，因此未做增加更多章节的较大量修订工作。

北京航空航天大学能源与动力工程学院徐力平教授，李琳教授，宁方飞副教授，郑赟副教授为本书第 3 版的改版提出了宝贵意见，在此一并表示衷心的感谢。

编著者

2018 年 1 月

第 2 版前言

本书初版经北京市教委评审，于 2006 年荣获“北京高等教育精品教材”称号。在 2007 年，本书第 2 版又被列为“北京市高等教育精品教材立项项目”。

第 2 版对第 1 版少数有误之处进行了勘误，还在多处增加了有益于读者加深理解的叙述；对第 6 章的 6.5 节进一步扩展而正式推导了特征方程常用的第二种形式；最后新增加了非定常气动方程组特征分析的相关内容。

北京航空航天大学能源与动力工程学院刘导治教授主审了第 2 版全书。北京航空航天大学能源与动力工程学院孙晓峰教授、方韧教授、尹幸愉副教授也分别审阅了部分章节。他们在将本书用于本科生与研究生教学的同时，为本书的修订提出了宝贵的建议，在此一并表示衷心的感谢。

编著者

2008 年 2 月

前　　言

本书出自作者近年来为北京航空航天大学能源与动力工程学院本科高年级大学生讲述“多维气体动力学”这一专业基础课时所写的讲义。在航空航天高等工科院校，航空宇航推进理论与工程专业和流体机械专业的四年制大学本科课程中，“气体动力学基础”是最重要的两门专业基础课之一(另一门为“工程热力学”)。由于内容较多，它常被分为“一维气体动力学”和“多维气体动力学”这一课程系列来相继地讲授。本书即为后者而专门写作。

在本学院20余年来的本科气体动力学教学中，一直遇到一个国内航空航天工科院校气体动力学教学体系上的普遍矛盾：工科大学生的前沿应用课程较多，而没有足够的数学基础课时间，因此不能采用完全用矢量和张量分析语言写作的完整的黏性流体动力学教科书；而另一方面，现代宽基础精英教育理念和相应教学大纲的要求，使得仅仅学习“一维气体动力学”课程根本不够用。本学院自20世纪90年代以来解决这一矛盾的办法是，进入矢量分析的层次并仅使用矢量为数学工具，编制多维气体动力学教材，但按照本科教学大纲的要求，暂不纳入黏性项和本构方程，即先行学习欧拉方程组加熵方程的系统，称此课程为“多维气体动力学”，这就是本书的体系。注意到目前较少有这样的教材出版，因此，本书具有航空航天工科院校本科教学的特色。

本书讲述多维无黏性流体力学，特别是气体动力学的基本理论。这时的研究对象取为多维空间中定常或非定常流动的流体，但暂时忽略其黏性的影响。通常在对实际流动问题的科学研究与工程设计中，有一大批气体流动问题需要这样地去处理，并可得到物理意义明显的结果或相当准确的公式。例如，高速非近壁流动问题，气动声学问题，甚至涡声干涉问题等。对于需要考虑黏性作用的一类问题，则采用引入了熵方程的气体动力学方程组，例如，叶轮机叶片的反问题设计问题。按照这一教学系统的教学大纲的规范，理论流体力学的黏性部分被安排在研究生课程中讲授。

本书首先继承了20世纪80年代以来国内本专业相关教材的教学重点、内容宽度;继而结合教学实践,在保留有关写法的优点的基础上,注重改变、重写和添加了课堂教学和课下自学中发现的问题较多的章节;又注意到大学生在毕业论文的研究与设计中所暴露的问题,特别加强了航空动力内流气动专业需要强调的基本物理概念的介绍;再则,结合教师的一线科研工作,增加了现代工程应用的新例子,特别是新引入了航空动力特色领域的重要基础性内容,这就是全新写作的第5章第5.3节(非定常欧拉方程组的小扰动法)和第7章(相对运动坐标系下的无黏性可压缩流体多维流动基本方程)。本书首先是为内流气体动力学专业而写的,但同时特别注意了,在相同的基础理论范畴内,也讲述一些飞行器空气动力学专业的基础知识,使学生的知识面不致过窄。本书课堂教学的参考学时为52学时。

本书写作的主要参考书有:北京航空航天大学"多维气体动力学"课程早期使用的讲义,北京大学吴望一教授著《流体力学》。北京航空航天大学能源与动力工程学院刘导治教授与作者热情地研讨了本书一些章节的写作,并审阅了全书;北京航空航天大学能源与动力工程学院孙晓峰教授对本书非定常部分的写作提出了重要的方向性意见,并审阅了第5章、第6章,在此一并表示衷心的感谢。

编著者

2003年12月

符号表

$\boldsymbol{A}, A$	截面积,表面积
a	声速
C_p	压强系数,压力系数
c_p	气体的比定压热容
c_V	气体的比定容热容
D	求解域
$\dfrac{\mathrm{D}}{\mathrm{D}t}$	矢量场、标量场的随流导数
$\dfrac{\mathrm{d}}{\mathrm{d}t}, \dfrac{\partial}{\partial t}$	矢量场、标量场的时间导数
$\dfrac{\delta}{\mathrm{d}t}$	单个数量的时间导数
∇	哈密顿算子
$\Delta=\nabla\cdot\nabla$	拉普拉斯算子
E_{a}	绝对坐标系下流体体系贮存能
$E=\rho\left(u_T+\dfrac{\boldsymbol{v}^2}{2}\right)$	绝对坐标系下单位体积流体的贮存能
E_{r}	相对坐标系下单位体积流体的贮存能
$E_{\mathrm{r}-}$	流体体系的转能
e	绝对坐标系下单位质量流体的贮存能
e_{r}	相对坐标系下单位质量流体的贮存能
$e_{\mathrm{r}-}$	转能
$\boldsymbol{e}_r, \boldsymbol{e}_\theta, \boldsymbol{e}_z$	圆柱坐标系单位矢量
$\boldsymbol{e}_1, \boldsymbol{e}_2, \boldsymbol{e}_3$	正交曲线坐标系单位矢量
$\boldsymbol{f}$	傅里叶热流矢量
$\boldsymbol{F}$	力
h	质量焓
H	转焓
$\boldsymbol{i}, \boldsymbol{j}, \boldsymbol{k}$	笛卡儿坐标系单位矢量
$\mathrm{i}=\sqrt{-1}$	虚数单位
Im	复数的虚部
$\boldsymbol{l}, \boldsymbol{l}^0$	有向曲线,与其单位方向矢量
L_{u}	加入单位质量流体的功量
Ma	马赫数
m	质量
$\dot{m}$	质量流量
n	曲线、曲面的法方向;多变指数
$\boldsymbol{n}, \boldsymbol{n}^0$	法向矢量,法向单位矢量
p	压强,压力
Q	加入热量
$\dot{Q}$	加入热流率
q	单位质量流体的加入热量,流量函数
$\dot{q}$	单位质量流体的加入热流率
$\boldsymbol{R}$	彻体力矢量
R	气体常数
Re	复数的实部
r, θ, z	圆柱坐标系半径坐标、角坐标、周向坐标
S	熵,面积
s	质量熵
T	热力学温度

t	时间
U	彻体力的势函数
$\boldsymbol{U},\boldsymbol{F},\boldsymbol{G},\boldsymbol{H},\boldsymbol{Q}$	守恒型微分方程组的函数矢量,矢通量,源矢量
$u_T=c_V T$	单位质量流体的内能
$\boldsymbol{V}$	小扰动流合成速度矢量
U,V,W	笛卡儿坐标系中的主流与小扰动流合成速度分量
V	体积,速度的模
$\boldsymbol{v}$	速度矢量
u,v,w	笛卡儿坐标系中的速度分量
v_r,v_θ,v_z	圆柱坐标系中的速度分量
v	质量体积(比容)
$\boldsymbol{W}$	输出功,相对速度的模
x,y,z	笛卡儿坐标
X,Y,Z	彻体力矢量的分力标量
α,β,γ	正交曲线坐标系中的矢量与三个坐标方向的方向角,在 x,y,z 各空间方向上的波数
γ	气体比热比
δ	数量差
ϕ	复数势函数
φ	实数势函数
Γ	速度环量
ψ	实数流函数
σ	应力,总压恢复系数,待定系数
$\boldsymbol{\Omega}$	微团涡量
$\boldsymbol{\omega}$	微团旋转角速度矢量,相对坐标系之旋转角速度矢量
ω	转轴旋转角速度标量,非定常小扰动物理量的角频率
$\bar{\omega}$	总压损失系数
ρ	流体密度
η	单位体积流体所含的物理量
η_K^*	压气机绝热效率
λ	气流速度系数,热传导系数
μ	流体的动力黏性系数

角标

a	绝对的
ad	绝热的
b	边界
r	相对的
∞	远前方来流的
1,2,3	正交曲线坐标系中的三个分量
x,y,z	笛卡儿坐标系中的三个分量
r,θ,z	圆柱绝对坐标系中的三个分量
r,φ,z	圆柱相对坐标系中的三个分量
$*$	气流总参数
$'$	气流小扰动物理量
$-$	小扰动物理量的振幅,复数的共轭复数,无量纲化实数势函数,无量纲化实数流函数

目　录

第2章 多维流动的运动学分析

第3章 无黏性可压缩流体多维流动基本方程

绪　论

流体力学是人类古老而辉煌的学科之一。伴随工程设计的需要，产生了实验流体力学；伴随数学分析的发展，产生了理论流体力学。在理论流体力学方面，欧拉(Euler，瑞士，1752)首先建立了不可压缩流体运动的连续性方程，然后，在先忽略流体黏性的条件下，也就是对于理想流体，欧拉又给出了流体的动量方程(1755)。现今，人们将适用于无黏性可压缩流体的上述两个方程再加上流体的能量方程所组成的方程组，称为欧拉方程组。此后，又经过90年的认知和学科积累，人类才建立了更深刻的所谓流体力学基本方程组，也称为纳维-斯托克斯(Navier-Stokes)方程组，简称N-S方程组。经过纳维(Navier，法国，1822)，泊松(Poisson，法国，1829)，圣维南(Saint-Venant，法国，1843)，斯托克斯(Stokes，英国，1845)数位学者接续不断的努力探索，这个方程组最终在1845年被推导了出来。它是描述包括黏性现象在内的流体动力学问题的基本方程组，并且至今在宏观力学范畴内它确凿无疑地成立着。因此有人曾提到它是流体力学的“圣经”。

20世纪初以来，力学得到了突飞猛进的发展，特别体现在流体力学理论的深入以及理论应用的水平上。这时，科学界的理论研究和工程发明界的早期实验研究，作为早先相对比较独立的两个研究分体系，在工程应用这个中间结合点上，实现了两个分体系的互相响应和广泛而成功的接合。例如，于公元前200多年就提出的流体静力学的阿基米德原理，于1738年提出的水动力学的伯努利方程，于1883年发明的超声速空气动力学拉瓦尔管的原理等，都可以用基于牛顿力学定律，经过理性演绎而得到的极其完备的流体力学基本方程组，来给出清晰、准确和完善的揭示。这是因为，这些具体的力学现象，都是在忽略现实中各种影响力相对较小的因素以后，所得到的流体力学基本方程组的特解。于是在全世界范围内，通过包括力学、流体力学在内的古典科学的广泛工程应用，知识带来了第二次产业革命。21世纪初的今天，从国防设施、工矿到城乡居民区，从陆海空运载工具、大型机械设备到日用商品，各种形式的流体机械，也就是借助水、空气等流体的运动，来实现能量转换和其他功能的机械，得到了前所未有的广泛应用。关于流体在三维空间中运动的科学理论研究、实验研究、数值研究和工程开发设计，更在不断地发展深化。诸如空气绕机翼的流动问题，气体在燃气涡轮发动机的进气道和尾喷管中的流动，在叶轮机械中的流动，在火箭发动机燃烧室中的流动问题，以及液体在活塞式制冷、供热压缩机系统，在离心式水泵、河床、水坝，甚至在各种儿童玩具中的流动问题，等等，对它们用流体三维运动的理论来认识、分析和设计，可以得到极其接近实际物理现象的结果和成功的产品设计。

通常所说的流体力学属于经典的牛顿力学体系。流体力学是理论力学从刚体问题、弹性体问题,向流体问题、乃至可压缩流体问题的必然的发展与深入,是人类300多年以来运用理性思维去认识物理世界的必然产物,是仍然没有达到彻底认知的领域。本书所讲授的“多维气体动力学”的内容,则归属于流体力学的基本理论体系部分。按照高等工科院校本科教学大纲对大学生知识范围的要求,本课程的研究对象被限定为多维空间中不可压缩的和可压缩的,但却是无黏性的流体,粗略地讲,就是对应于通常的气体的低速和高速流动,例如,空气、燃气和蒸汽的亚声速、跨声速和超声速流动。因此,这是一门重要的专业基础课,是为在大学本科的后期学习阶段中,学习航空宇航推进理论与工程专业、流体机械专业、传热学专业、热力学专业的多门专业课,并且为在大学毕业以后的工作与再学习阶段中,理解与掌握各种工程研究和工程设计的方法而专门准备的。它也是学生在攻读硕士研究生、博士研究生期间,学习更深入的黏性流体力学、计算流体力学、高等叶轮机气体动力学等课程时,所必备的专业基础理论知识。最后,由于上述原因,它也是衡量大学生学习质量、科研能力的几门重要的专业基础课之一。

本书作者假设学习本书的大学生已经先行学习了一维气体动力学(One-dimensional Gas Dynamics),也称为可压缩流体力学(Compressible Fluid Flow)的知识。可压缩流体力学的主要教学思想是,在对流场进行降维处理、简化处理后,对于流体力学的物理定律,采用宏观控制体形式的数学模型来描述。这样,偏向于减少空间的维数,而首先极其重要地获得和理解气体动力学最基本的物理概念。例如,质量守恒即流动的连续性、可压缩流体的动量定理、可压缩流体的能量守恒和转化定律、声速、马赫数、压缩性等。同时,就获得了在流体机械工程,特别是航空航天工程中易于应用的一维气体动力学的研究与设计方法。注意到,这恰恰是历史上在理论流体力学微分方程组完善到可以被用来揭示所有的流动现象之前,实验流体力学和工程设计方面所采用的主要研究与设计方法。因此,这种教学思想是自然的、合理的,而且具有雄厚的实践基础。在这一学习途径当中,对于很多问题,暂且认为气流没有黏性,而得到了很多气体动力学的重要基本概念。它们也是在日常工作中用得最多的重要基础性概念和理论。这些内容可以被看作是N-S方程组经过简化以后在气体动力学中的应用。接续下来,本书及其相应课程将用一学期的时间,来讲述多维气体动力学的理论。在这里,我们也暂且不研究黏性现象,但空间的维数升至三维,因为在这方面,N-S方程组以及它的无黏性简化形式——欧拉方程组的许多内涵我们尚未来得及学习与分析,尚缺乏对于无黏性的多维流动物理现象的深入理解。本课程的继续深入,就进入多维黏性流体力学的学习,工科院校一般将它安排为硕士研究生的课程。届时将着重理解黏性流动现象,并且在本课程的基础上,容易对比出流体运动中无黏性和有黏性的重要本质区别，以及黏性现象的影响程度。

多维气体动力学在科学与工程中将被如何应用呢？一维气体动力学重在认知一维空间中可压缩流动的物理概念，并用代数方程组和常微分方程组解算工程问题；多维气体动力学则重在认知多维空间中可压缩流动的物理概念，并用偏微分方程组、积分方程组来描述科学与工程问题。三维空间中非定常的气动微分方程组和积分方程组，它们揭示流场的发展和变化规律，但在多数情况下其宏观结果不易被直接看出，只能用计算机解算，这称为计算流体力学问题。在世界范围内，计算流体力学大约从 20 世纪 70 年代初开始发展，到 90 年代初已经达到可以在工程设计和科学研究中实际应用的阶段，例如，在飞行器和航空发动机的设计和优化设计过程中。这个伟大的进步是很多人从未预料到的。另一方面，在少数情况下气动方程组可以被简化为二维、一维的微分和积分方程组，它们揭示流场的主控规律，也可用计算机解算，这称为建立降维数学模型的问题。在 70 年代及其以前世界上的气体动力学研究中，降维数学模型的方法几乎是解决现代科学与工程复杂问题的唯一方法，其进展是十分不容易的。然而在今天，它仍具有理性地描述流动主要规律、揭示流场主控物理因素的不可替代的重要作用，例如，在非定常气体动力学数学模型和气动声学数学模型的研究中。又在极少数情况下，气动方程组有可能被简化为流动规律直观的代数方程，成为一个可用手工解算的问题，例如，在各种问题中对于各种形式的伯努利方程的应用。

大学生如何学习有一定难度的多维气体动力学知识呢？本课程的明显特点是，需要在动脑，特别是动笔的过程中，熟识理论体系及其数学表达与演算系统，需要借助数学分析来达到加深理解物理现象的目的。但是，通常研究者不可能在不知道他所研究问题的物理意义和可能的推导结果的前提下，仅仅依靠研究纯数学符号的各种可能的运算关系，就得到有意义的、深刻的数学物理概念和理论公式。例如，莱布尼兹借助平面曲线问题的研究，在几何背景下发现了数学分析方法——微积分原理；而牛顿则借助对变速运动的研究，在物理学机械运动的背景下，发现了完全相同的微积分原理。于是我们现在有微积分基本公式——牛-莱公式。因此，学生应能够事先对所研究的问题进行物理分析与归纳，有一定理解后再抽象出数学概念并建立公式。这就是关于学习的理论所强调的“分析与解决问题的能力”。这个理解所研究问题的过程，是需要耗费更多的时间、精力和思维技巧的。应该建立思考和思考后再推导一般结果的研究习惯。

本课程所需的先修课程有：高等数学、常微分方程、线性代数、矢量分析与场论、大学物理、理论力学、工程热力学、一维气体动力学。学生应联想贯通已经学过的热力学和气体动力学知识，并应熟悉作为本书学习工具的矢量分析和场论的基础知识。本书的“课程参考书目”中列出了可以辅助本课程的参考书和参考习题集。

第 1 章　矢量分析与场论的主要概念与公式

1.1　数量场的梯度

自变量 x,y,z,t 的数量函数 $\varphi(x,y,z,t)$ 也被称为数量场，而梯度(gradient)是数量场的一个基本而重要的概念。

为了建立数量场的梯度的数学概念，可以先在二维空间中作一个理解。在二维空间(x,y)中，在任意点 $M(x,y)$处，对应有某个函数 $\varphi(M)$的值，因此称 $\varphi(M)$为“点函数”。点函数$\varphi(M)$的值可用第三维空间坐标 φ 来表示，又设 $\varphi(M)$为一连续函数，因此它就有等值线(或称为等高线)，函数的变化率，以及函数的梯度这三个概念。它们的几何描述如图 1－1～图1－3所示。图 1－1 主要示出函数的等高线族，其中的任一根等高线都是由函数值等于某一值的所有函数点组成。图 1－2 在函数曲面的 $r-\varphi$ 剖面上表示出，函数值(曲面的高度)变化剧烈之处，就是等高线族的俯视投影的密集之处。图 1－3 则示出了投影在 $x-y$ 平面上的等高线族，可以注意到，当从一根等高线上的一点走到相邻等高线上时，存在着最短路线。这里先行体会一下：最短路线的方向，就被定义为该点处函数$\varphi(M)$的梯度这一矢量的方向，而每一点处都存在有梯度矢量，只不过不同点处的梯度矢量的模的大小一

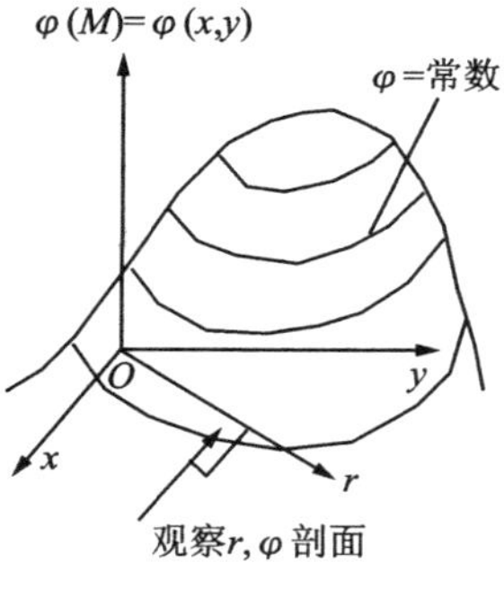

图 1－1　数量场 φ 的等高线族

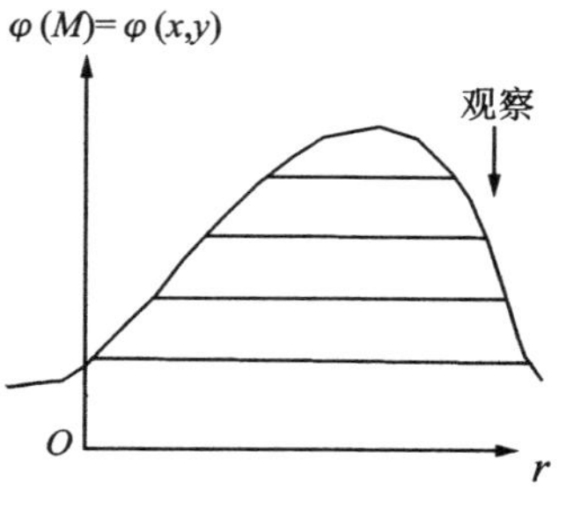

图 1－2　等高线俯视密集处 $\left|\frac{\partial\varphi}{\partial r}\right|$ 大

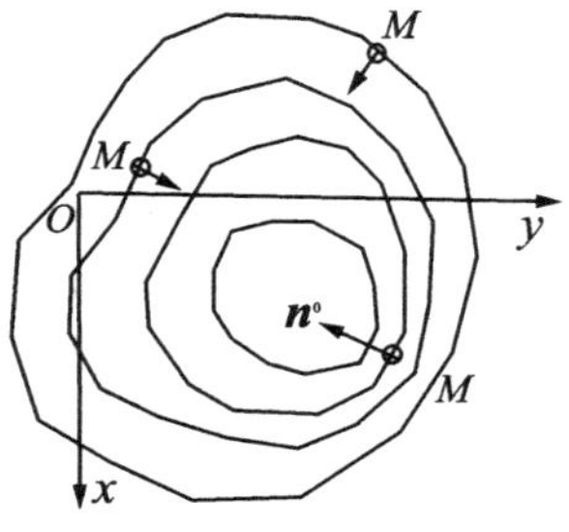

图 1－3　每点都有最大 $\left|\frac{\partial\varphi}{\partial l}\right|$ 及 n^0

般是不相同的，模最大的梯度矢量出现在等高线族最密的地方。因此这三个图清楚地表达了关于数量场 $\varphi(M)$ 的梯度这一数学概念的几何意义，并且可由这里的几何上的特定背景，建立起点函数的梯度的一般性数学定义。这时，点函数的自变量点可以是二维的 $M(x,y)$，也可以是 m 维的 $M(x_1,\cdots,x_m)$（这是一般表达式）。

1.1.1　梯度的定义

若在数量场 $\varphi(M)$ 中的一点 M 处，存在着这样的矢量 $\boldsymbol{G}$，其方向为点函数 $\varphi(M)$ 在 M 点处变化率最大的方向 $\boldsymbol{n}^0$，同时其模是这个最大变化率的数值 $\frac{\partial\varphi}{\partial n}$，则称矢量 $\boldsymbol{G}$ 为函数 $\varphi(M)$ 在点 M 处的梯度，记作

$$\text{grad}\ \varphi = \boldsymbol{G} = \frac{\partial\varphi}{\partial n}\boldsymbol{n}^0 \tag{1-1}$$

若数量场 $\varphi(M)$ 中每一点 M 处都有梯度矢量 $\boldsymbol{G}(M)$，则全体 $\boldsymbol{G}(M)$ 又构成一个矢量函数或矢量场，称为梯度场。

1.1.2　梯度的性质

（1）梯度的定义是与坐标系无关的。

首先在数量场 $\varphi(M)$ 中的一点 M 处，总可以找到 φ 的最大变化率的方向；其次在这个方向上，最大变化率 $\frac{\partial\varphi}{\partial n}$ 的数值，也就是在自变量空间的每单位弧长上 φ 的增量，是由数量场 $\varphi(M)$ 的数量分布规律所决定的；因此，梯度的模与观察者观察时所采用的坐标系无关。某一具体坐标系只能改变它对于梯度矢量的方向 $\boldsymbol{n}^0$ 的描述。

（2）梯度矢量 $\text{grad}\ \varphi=\boldsymbol{G}$ 在任一方向 $\boldsymbol{l}^0$ 上的投影作为数量等于函数 $\varphi(M)$ 在该方向的方向导数。

这实际上是上面的梯度定义的另一种说法。可作如下推理（见图 1－4）：等值线的意义本身说明，沿着 φ 的等值线，函数 φ 不变化，且沿着其他任意方向 φ 有变化。而想象一族密集的等值线，显然沿着跨向相邻等值线的最近的方向——所在等值线的法向 $\boldsymbol{n}^0$，则 φ 的变化率最大。

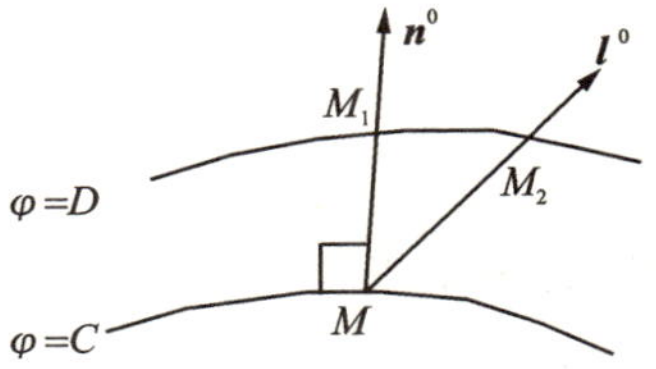

图 1－4　方向导数 $\frac{\partial\varphi}{\partial l}$ 是 φ 的梯度的投影

记这个变化率为 $\frac{\partial\varphi}{\partial n}$。于是，在图 1－4 中 M 点处的函数等值线的法线上取一点 M_1，其无限邻近 M 点。又在 M 点处取任意方向 $\boldsymbol{l}^0$ 上的无限邻近点 M_2。那么由

几何关系有

$$MM_1 = MM_2 \cos(\boldsymbol{n}^0, \boldsymbol{l}^0) \tag{1-2}$$

这样，M 点上函数 φ 的方向导数就可以写为

$$\frac{\partial \varphi}{\partial l} = \lim_{MM_2 \to 0} \frac{\varphi(M_2) - \varphi(M)}{MM_2} = \lim_{MM_1 \to 0} \frac{\varphi(M_1) - \varphi(M)}{MM_1/\cos(\boldsymbol{n}^0, \boldsymbol{l}^0)} = \frac{\partial \varphi}{\partial n} \cos(\boldsymbol{n}^0, \boldsymbol{l}^0) =$$

$$|\boldsymbol{G}| \cos(\boldsymbol{n}^0, \boldsymbol{l}^0) |\boldsymbol{l}^0| = \boldsymbol{l}^0 \cdot \boldsymbol{G} \tag{1-3}$$

因此，方向导数与梯度矢量之间有极其简单的一个投影关系。在数量场中任一点，只需知道 $\boldsymbol{G}$，一切导数就均得知了。

(3) 数量场 $\varphi(M)$ 在任一点 M 的梯度矢量 grad $\varphi = \boldsymbol{G}$，垂直于函数 $\varphi(M)$ 在该点的等值面，并且指向 $\varphi(M)$ 增大的方向。

由式(1-3)可见，当 $\boldsymbol{l}^0 \perp \boldsymbol{G}$，有 $\frac{\partial \varphi}{\partial l} = \boldsymbol{l}^0 \cdot \boldsymbol{G} = 0$，即垂直于梯度 $\boldsymbol{G}$ 的方向 $\boldsymbol{l}^0$ 恰是二元函数 $\varphi(M)$ 的等值线的走向，或多元函数 $\varphi(M)$ 的等值面的走向。至于 $\boldsymbol{G}$ 的指向，则在梯度的定义中已经规定了其指向函数增大的方向。

1.1.3　梯度的运算表达式，哈密顿算子∇

现在求数量场 φ 的梯度矢量 $\boldsymbol{G}$ 的运算表达式，分别用直角坐标系符号、圆柱坐标系符号、球坐标系符号，以及最后的场论符号来表达。首先在直角坐标系中，应用式(1-3)，将梯度矢量 $\boldsymbol{G}$ 依次向 x, y, z 三个轴上投影，显然得到 $\frac{\partial \varphi}{\partial x}, \frac{\partial \varphi}{\partial y}, \frac{\partial \varphi}{\partial z}$。而任一矢量一般可以表示为它在三个互为正交的坐标轴上的投影的矢量和，因此有

$$\boldsymbol{G} = \text{grad}\ \varphi = \boldsymbol{i} \frac{\partial \varphi}{\partial x} + \boldsymbol{j} \frac{\partial \varphi}{\partial y} + \boldsymbol{k} \frac{\partial \varphi}{\partial z} = \left(\boldsymbol{i} \frac{\partial}{\partial x} + \boldsymbol{j} \frac{\partial}{\partial y} + \boldsymbol{k} \frac{\partial}{\partial z}\right)\varphi = \nabla \varphi \tag{1-4}$$

式(1-4)最右边的两个表达式的写法实际上已经归纳出了一个矢量化了的微分运算的算子

$$\nabla = \boldsymbol{i} \frac{\partial}{\partial x} + \boldsymbol{j} \frac{\partial}{\partial y} + \boldsymbol{k} \frac{\partial}{\partial z} \tag{1-5}$$

算子"∇"称为哈密顿(Hamilton)算子，读作 Nabler 或者 Del。在梯度的直角坐标系运算表达式中，它作用于数量场 φ。

又在圆柱坐标系中，将梯度矢量 $\boldsymbol{G}$ 依次向 r, θ, z 三个方向上投影，显然也有

$$\boldsymbol{e}_r \cdot \boldsymbol{G} = \frac{\partial \varphi}{\partial r}, \quad \boldsymbol{e}_\theta \cdot \boldsymbol{G} = \frac{\partial \varphi}{r \partial \theta}, \quad \boldsymbol{e}_z \cdot \boldsymbol{G} = \frac{\partial \varphi}{\partial z} \tag{1-6}$$

其中应注意，在 θ 方向上对应于式(1-3)中的线度量 l 的应该是线度量 $r\theta$，而不是角度量 θ，即角度量 θ 仅仅是圆柱坐标系中的一个坐标，而不是弧长(见图1-5)。

同时在 θ 方向的圆柱面上 r 是常量，因此 $r\mathrm{d}\theta$ 是弧长。于是矢量 $\boldsymbol{G}$ 同样可以用它在三个互为正交的坐标轴上的投影的矢量和表示，即

$$\boldsymbol{G} = \mathrm{grad}\ \varphi = \boldsymbol{e}_r \frac{\partial \varphi}{\partial r} + \boldsymbol{e}_\theta \frac{\partial \varphi}{r\partial \theta} + \boldsymbol{e}_z \frac{\partial \varphi}{\partial z} = \nabla \varphi \tag{1-7}$$

可见同样可归纳出圆柱坐标系中的一个矢量化的微分算子

$$\nabla = \boldsymbol{e}_r \frac{\partial}{\partial r} + \boldsymbol{e}_\theta \frac{\partial}{r\partial \theta} + \boldsymbol{e}_z \frac{\partial}{\partial z} \tag{1-8}$$

由于它作用于 φ 以后仍得到 $\boldsymbol{G}$，因此它就是哈密顿算子。所不同的只是运算符“∇”在不同的坐标系中有不同的表达式罢了。

同理，可以推导出在球坐标系中算子∇ 的表达式为(见图 1-6)

$$\nabla = \boldsymbol{e}_r \frac{\partial}{\partial r} + \boldsymbol{e}_\theta \frac{\partial}{r\partial \theta} + \boldsymbol{e}_\lambda \frac{\partial}{r \sin \theta \partial \lambda} \tag{1-9}$$

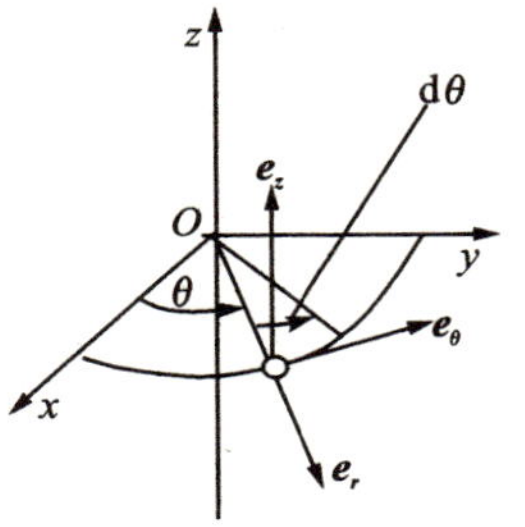

图 1-5 圆柱坐标系

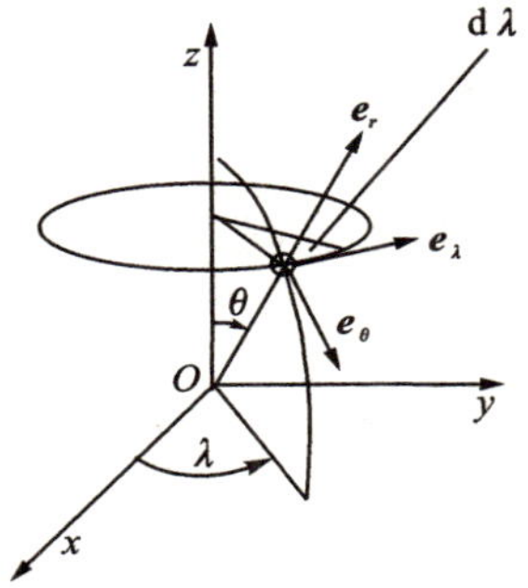

图 1-6 球坐标系

引用拉梅系数(见课程参考书目[2])，可以严格推导出哈密顿算子∇ 在一般正交曲线坐标系中的表达式为

$$\nabla = \boldsymbol{e}_1 \frac{\partial}{H_1 \partial q_1} + \boldsymbol{e}_2 \frac{\partial}{H_2 \partial q_2} + \boldsymbol{e}_3 \frac{\partial}{H_3 \partial q_3} \tag{1-10}$$

其中，$\boldsymbol{e}_i$，H_i，q_i($i=1,2,3$)各为第 i 个坐标方向的单位矢量，拉梅系数，坐标变量，而 $H_i \mathrm{d}q_i$ 实际上就是沿第 i 坐标方向的弧长。在各种公式中使用和理解哈密顿算子的要点有两个：第一，它是一个矢量，以矢量应有的一切属性参加运算；第二，它对位于其后面的函数求导，而且当使用具体的坐标系时，是求对于三个坐标自变量所对应的弧长各自的导数。

因此，在场论中对于一般正交曲线坐标系，梯度的运算表达式就统一为

$$\boldsymbol{G} = \mathrm{grad}\ \varphi = \nabla \varphi \tag{1-11}$$

1.1.4 梯度与微分的关系

定理: 数量场 φ 的梯度矢量 grad $\varphi=\boldsymbol{G}$ 与 φ 的微分 $\mathrm{d}\varphi$ 之间满足

$$\mathrm{d}\varphi = \mathrm{d}\boldsymbol{r} \cdot \boldsymbol{G} \tag{1-12}$$

反之,若式(1-12)成立,则矢量 $\boldsymbol{G}$ 必为数量场 φ 的梯度 grad φ。

证: 不失一般性,借直角坐标系为运算工具,φ 的全微分为

$$\mathrm{d}\varphi = \frac{\partial \varphi}{\partial x}\mathrm{d}x + \frac{\partial \varphi}{\partial y}\mathrm{d}y + \frac{\partial \varphi}{\partial z}\mathrm{d}z =$$

$$\left(\boldsymbol{i}\frac{\partial \varphi}{\partial x} + \boldsymbol{j}\frac{\partial \varphi}{\partial y} + \boldsymbol{k}\frac{\partial \varphi}{\partial z}\right) \cdot (\boldsymbol{i}\mathrm{d}x + \boldsymbol{j}\mathrm{d}y + \boldsymbol{k}\mathrm{d}z) = \mathrm{grad}\,\varphi \cdot \mathrm{d}\boldsymbol{r} \tag{1-13}$$

反之,若 $\mathrm{d}\varphi=\boldsymbol{G}\cdot\mathrm{d}\boldsymbol{r}$,已知 $\mathrm{d}\varphi=\mathrm{grad}\,\varphi\cdot\mathrm{d}\boldsymbol{r}$,相减有 $0=(\boldsymbol{G}-\mathrm{grad}\,\varphi)\cdot\mathrm{d}\boldsymbol{r}$,但 $\mathrm{d}\boldsymbol{r}$ 是任意选取的,故必有 $\boldsymbol{G}=\mathrm{grad}\,\varphi$。证毕。

1.2 矢量场的散度

矢量函数也被称为矢量场,而散度(divergence)是矢量场的一个基本而重要的概念。

1.2.1 通量的定义

设有矢量场 $\boldsymbol{a}(M)$,在它所处的空间中,沿着某一有向曲面 $\boldsymbol{S}=S\boldsymbol{n}^0$ 的曲面积分

$$Q = \iint_S a_n \mathrm{d}S = \iint_S \boldsymbol{a} \cdot \mathrm{d}\boldsymbol{S} \tag{1-14}$$

叫作矢量场 $\boldsymbol{a}(M)$ 向正侧穿过曲面 $\boldsymbol{S}$ 的通量。当通量 Q 为正、零、负值时,分别对应于矢量 $\boldsymbol{a}$ 穿出、不穿出也不穿入、穿入曲面 $\boldsymbol{S}$ 的正侧。

通量(flux)的概念也有形象化的解释。比如,水以方向散乱大小不同的流速 $\boldsymbol{v}$ 从喷壶嘴的每一微小面积 $\mathrm{d}\boldsymbol{S}$ 上喷出,其积分 $Q=\iint_S \boldsymbol{v}\cdot\mathrm{d}\boldsymbol{S}$ 就是在一个开曲面 $\boldsymbol{S}$ 上水的通量。

1.2.2 散度的定义

设有矢量场 $\boldsymbol{a}(M)$,于场中一点 M 处作一包含 M 点在内的任一封闭曲面 $\boldsymbol{S}$,记 $\boldsymbol{S}$ 以内空间的体积为 ΔV,记从该体积中穿出曲面 $\boldsymbol{S}$ 的通量为 ΔQ。若 $\boldsymbol{S}$ 以任意方式缩向 M 点时,通量体积比 $\Delta Q/\Delta V$ 的极限存在,则称此数量极限为矢量场 $\boldsymbol{a}(M)$ 在点 M 处的散度,记作

$$\operatorname{div}\boldsymbol{a}=\lim_{S\to M}\frac{\Delta Q}{\Delta V}=\lim_{S\to M}\frac{\oiint_S \boldsymbol{a}\cdot \mathrm{d}\boldsymbol{S}}{\Delta V} \tag{1-15}$$

若矢量场 $\boldsymbol{a}(M)$ 中每一点 M 处都有散度 $\operatorname{div}\boldsymbol{a}$，则全体 $\operatorname{div}\boldsymbol{a}$ 又构成一个数量函数或数量场，称为散度场。

若用一简单陈述则可说：闭曲面通量对体积的比的收缩极限称为矢量 $\boldsymbol{a}$ 的散度。散度也被称为在 M 点处矢量 $\boldsymbol{a}$ 穿过封闭曲面 $\boldsymbol{S}$ 的通量的强度，或称为源 $\boldsymbol{a}$ 的强度。若对散度的概念做一形象化解释，可想象从无限宇宙空间中观察地球上一节小小火车车厢的两端的进出人流，当两端进出人数的总和为出门人数大于进门人数时，则在车厢全表面上的人流通量大于 0，或者说车厢全表面上人流矢量的散度大于 0。相应地可以有散度等于 0、散度小于 0 的情况。应注意到，散度标量并不反映在某个门处人流的方向和大小，而只表达车厢全部表面上人流的代数值的和。

1.2.3　散度的性质

散度的定义是与坐标系无关的。因为由定义可见，散度标量的大小是由矢量场 $\boldsymbol{a}(M)$ 本身在点 M 处的封闭曲面通量 $\oiint_S \boldsymbol{a}\cdot \mathrm{d}\boldsymbol{S}$ 的大小所决定的，而积分的值与采用何种坐标系无关。这就是说，散度标量是由 $\boldsymbol{a}$ 在点 M 处的有源、无源性质所决定的。

1.2.4　散度的运算表达式

现在求矢量场 $\boldsymbol{a}(x,y,z,t)$ 的散度标量场 $\operatorname{div}\boldsymbol{a}$ 的运算表达式，先求在直角坐标系中的表达式。设 $\boldsymbol{a}$ 及其分量在面积 $\boldsymbol{S}$ 和体积 ΔV 上连续且一阶可微，由定义式(1-15)就有

$$\begin{aligned}
\operatorname{div}\boldsymbol{a}=&\lim_{S\to M}\frac{1}{\Delta V}\oiint_S \boldsymbol{a}\cdot \mathrm{d}\boldsymbol{S}=\lim_{S\to M}\frac{1}{\Delta V}\oiint_S a_x\cos\alpha\,\mathrm{d}S+a_y\cos\beta\,\mathrm{d}S+a_z\cos\gamma\,\mathrm{d}S=\\
&\lim_{\Delta V\to 0}\frac{1}{\Delta V}\iiint_{\Delta V}\left(\frac{\partial a_x}{\partial x}+\frac{\partial a_y}{\partial y}+\frac{\partial a_z}{\partial z}\right)\mathrm{d}V=\\
&\lim_{\Delta V\to 0}\left(\frac{\partial a_x}{\partial x}+\frac{\partial a_y}{\partial y}+\frac{\partial a_z}{\partial z}\right)_{M_1}\cdot\frac{\iiint_{\Delta V}\mathrm{d}V}{\Delta V}=\\
&\frac{\partial a_x}{\partial x}+\frac{\partial a_y}{\partial y}+\frac{\partial a_z}{\partial z}=\\
&\left(\boldsymbol{i}\frac{\partial}{\partial x}+\boldsymbol{j}\frac{\partial}{\partial y}+\boldsymbol{k}\frac{\partial}{\partial z}\right)\cdot(\boldsymbol{i}a_x+\boldsymbol{j}a_y+\boldsymbol{k}a_z)=\nabla\cdot\boldsymbol{a}
\end{aligned} \tag{1-16}$$

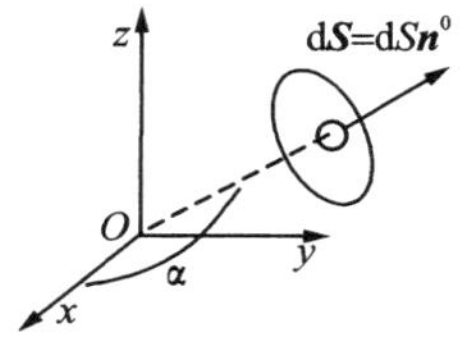

图1-7　面积 dS 向 x 轴的投影 $\boldsymbol{i}\cos\alpha \mathrm{d}S$

式(1-16)中 a_x 是矢量 $\boldsymbol{a}$ 在 x 轴上的投影分量，$\cos\alpha$ 是有向微元面积 d$\boldsymbol{S}$ 与 x 轴的夹角的方向余弦，则 $\cos\alpha \mathrm{d}S$ 就是面积 d$\boldsymbol{S}$ 在 x 轴方向上的投影面积，等等(见图1-7)。式(1-16)第二行是应用高等数学中的奥-高定理而将面积分变换为体积分。第三行是应用积分中值定理，用 ΔV 内 M_1 点处的被积函数值作为函数的平均值而将其提取到积分号外。第四行是求极限而使点 M_1 以任意方式最终趋于点 M，就得到了散度的直角坐标系运算表达式。第五行又进一步归纳出散度在场论中的运算表达式 $\mathrm{div}\,\boldsymbol{a}=\nabla\cdot\boldsymbol{a}$。

又当用圆柱坐标系和球坐标系再次进行上式的推演后可得，散度总可以用场论符号 $\nabla\cdot\boldsymbol{a}$ 来统一表达。

1.3　矢量场的旋度

矢量函数或矢量场的旋度(rotation)是矢量场的又一个基本而重要的概念。

1.3.1　环量的定义

设有矢量场 $\boldsymbol{a}(M)$，则沿场中某一封闭的有向曲线 $\boldsymbol{l}$ 的曲线积分

$$\Gamma=\oint \boldsymbol{a}\cdot \mathrm{d}\boldsymbol{l} \tag{1-17}$$

叫作矢量场 $\boldsymbol{a}$ 按所取方向沿曲线 $\boldsymbol{l}$ 的环量(circulation)，参见图1-8。

1.3.2　环量面密度的定义

设 M 为矢量场 $\boldsymbol{a}(M)$ 中的一点(见图1-8)。在 M 点处取定一个方向 $\boldsymbol{n}$，再过 M 点作一微小曲面 ΔS，以 $\boldsymbol{n}$ 为其在 M 点处的法矢，对此曲面，也以符号 ΔS 表示其面积，其周界 $\Delta\boldsymbol{l}$ 之正向取作与 $\boldsymbol{n}$ 构成右手螺旋关系。则矢量场沿 $\Delta\boldsymbol{l}$ 之正向的环量 $\Delta\Gamma$ 与面积 ΔS 之比，当曲面 ΔS 在 M 点处保持以 $\boldsymbol{n}$ 为法矢的条件下，以任意方式缩向 M 点时，若其极限

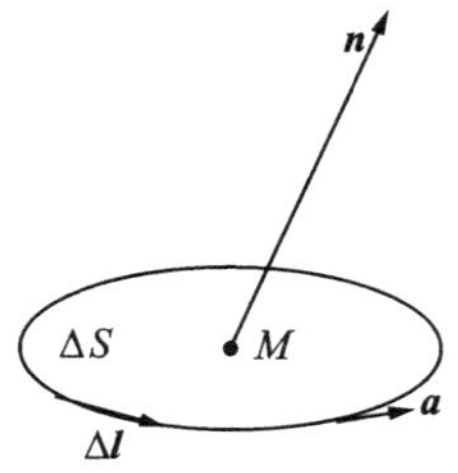

图1-8　环量面密度的几何和物理意义

$$\lim_{\Delta S\to M}\frac{\Delta\Gamma}{\Delta S}=\lim_{\Delta S\to M}\frac{\oint_{\Delta l}\boldsymbol{a}\cdot \mathrm{d}\boldsymbol{l}}{\Delta S} \tag{1-18}$$

存在，则称它为矢量场在点 M 处沿方向 $\boldsymbol{n}$ 的环量面密度(或称为环流密度，环流强

度，环量对面积的变化率)。

1.3.3　旋度的定义

若在矢量场 $\boldsymbol{a}(M)$ 中的一点 M 处存在这样的一个矢量 $\boldsymbol{R}$，矢量场 $\boldsymbol{a}$ 在点 M 处沿着 $\boldsymbol{R}$ 的方向的环量面密度为最大，同时这个最大的数值就是 $|\boldsymbol{R}|$，则称矢量 $\boldsymbol{R}$ 为矢量场 $\boldsymbol{a}$ 在点 M 处的旋度，记作

$$\mathrm{rot}\ \boldsymbol{a}=\boldsymbol{R} \tag{1-19}$$

若矢量场 $\boldsymbol{a}(M)$ 中每一点 M 处都有旋度 rot $\boldsymbol{a}$，则全体 rot $\boldsymbol{a}$ 又构成一个矢量场，称为旋度场。

1.3.4　旋度的性质

(1) 旋度的定义也是与坐标系无关的。

由环量面密度的定义式(1－18)可见，环量的值是由矢量场 $\boldsymbol{a}$ 本身的曲线积分的大小所决定的，而积分的值与采用何种坐标系无关。旋度又是在所有方向中最大的环量面密度及其方向所构成的矢量，因此，旋度是由矢量场 $\boldsymbol{a}$ 本身在点 M 处的有环量、无环量的性质所决定的。

(2) 矢量 $\boldsymbol{a}$ 的旋度矢量 rot $\boldsymbol{a}$ 在任一方向 $\boldsymbol{n}^0$ 上的投影等于该方向上的环量面密度，即

$$\lim_{\Delta S\to M}\frac{\Delta\Gamma}{\Delta S}=\boldsymbol{n}^0\cdot\mathrm{rot}\ \boldsymbol{a} \tag{1-20}$$

这类似于"梯度矢量的投影为投影方向上的方向导数"的关系。证明和分析见 1.3.5 节。

1.3.5　旋度的运算表达式

现在求矢量场 $\boldsymbol{a}(x,y,z,t)$ 的旋度矢量场 rot $\boldsymbol{a}$ 的运算表达式，先求在直角坐标系中的表达式。设 $\boldsymbol{a}$ 及其分量在空间曲线 Δl 和面积 ΔS 上连续且一阶可微，由环量面密度的定义式(1－18)，就有在 $\boldsymbol{n}^0=\boldsymbol{i}\cos\alpha+\boldsymbol{j}\cos\beta+\boldsymbol{k}\cos\gamma$ 方向上的环量面密度标量为

$$\lim_{\Delta S\to M}\frac{\Delta\Gamma}{\Delta S}=\lim_{\Delta S\to M}\frac{1}{\Delta S}\oint_{\Delta l}\boldsymbol{a}\cdot\mathrm{d}\boldsymbol{l}=\lim_{\Delta S\to M}\frac{1}{\Delta S}\oint_{\Delta l}a_x\mathrm{d}x+a_y\mathrm{d}y+a_z\mathrm{d}z=$$

$$\lim_{\Delta S\to M}\frac{1}{\Delta S}\iint_{\Delta S}\left[\left(\frac{\partial a_z}{\partial y}-\frac{\partial a_y}{\partial z}\right)\cos\alpha+\left(\frac{\partial a_x}{\partial z}-\frac{\partial a_z}{\partial x}\right)\cos\beta+\right.$$

$$\left.\left(\frac{\partial a_y}{\partial x}-\frac{\partial a_x}{\partial y}\right)\cos\gamma\right]\mathrm{d}S=$$

$$\lim_{\Delta S\to M}\left[\left(\frac{\partial a_z}{\partial y}-\frac{\partial a_y}{\partial z}\right)\cos\alpha+\left(\frac{\partial a_x}{\partial z}-\frac{\partial a_z}{\partial x}\right)\cos\beta+\left(\frac{\partial a_y}{\partial x}-\frac{\partial a_x}{\partial y}\right)\cos\gamma\right]_{M_1}\frac{1}{\Delta S}\iint_{\Delta S}\mathrm{d}S=$$

$$\left(\frac{\partial a_z}{\partial y}-\frac{\partial a_y}{\partial z}\right)\cos\alpha+\left(\frac{\partial a_x}{\partial z}-\frac{\partial a_z}{\partial x}\right)\cos\beta+\left(\frac{\partial a_y}{\partial x}-\frac{\partial a_x}{\partial y}\right)\cos\gamma=$$

$$\boldsymbol{n}^0\cdot\left[\boldsymbol{i}\left(\frac{\partial a_z}{\partial y}-\frac{\partial a_y}{\partial z}\right)+\boldsymbol{j}\left(\frac{\partial a_x}{\partial z}-\frac{\partial a_z}{\partial x}\right)+\boldsymbol{k}\left(\frac{\partial a_y}{\partial x}-\frac{\partial a_x}{\partial y}\right)\right]=$$

$$\boldsymbol{n}^0\cdot\mathrm{rot}\,\boldsymbol{a} \tag{1-21}$$

式(1-21)中,a_x 是矢量 $\boldsymbol{a}$ 在 x 轴上的投影分量,$\mathrm{d}x$ 是曲线微段 $\mathrm{d}\boldsymbol{l}$ 在 x 轴上的投影分量等,则 $a_x\mathrm{d}x+a_y\mathrm{d}y+a_z\mathrm{d}z$ 即 $\mathrm{d}\Gamma$ 就是对坐标的曲线积分 $\oint_{\Delta l}\boldsymbol{a}\cdot\mathrm{d}\boldsymbol{l}$ 中的微分环量(见图1-9)。式(1-21)第二行是应用高等数学中的斯托克斯公式而将曲线积分变换为曲面积分。第三行是应用积分中值定理,用 ΔS 上 M_1 点处的被积函数值作为函数的平均值而将其提取到积分号外。第四行是求极限而使点 M_1 以任意方式最终趋于点 M,就得到了在 $\boldsymbol{n}^0$ 方向上的环量面密度的直角坐标系运算表达式。

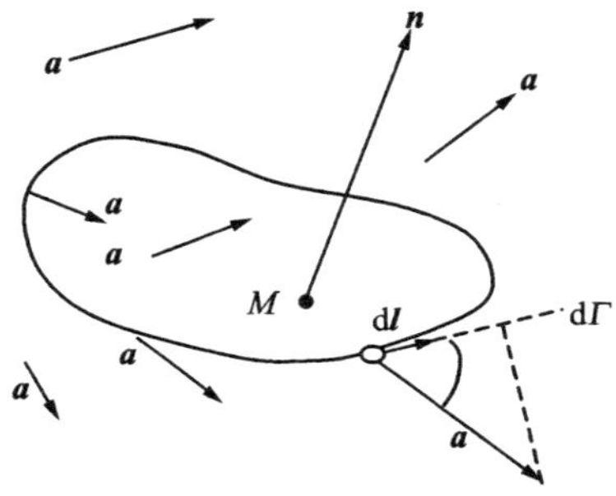

图1-9 矢量场 $\boldsymbol{a}$ 中任意封闭空间曲线上的微环量 $\mathrm{d}\Gamma=\boldsymbol{a}\cdot\mathrm{d}\boldsymbol{l}$

由式(1-21)的第四、五行可见,点 M 处 $\boldsymbol{n}^0$ 方向上的环量面密度标量,可以被写为 $\boldsymbol{n}^0$ 与一个矢量的点积的形式,也就是可由这个矢量向 $\boldsymbol{n}^0$ 方向投影而得到 $\boldsymbol{n}^0$ 方向上的环量面密度。这个结论首先证明了,不同方向上的环量面密度标量一般是代数值不同的;其次证明了,这个被投影矢量的模的意义必然也是环量面密度。进一步注意到,一个矢量向任一方向投影后所得的投影矢量的模都小于等于被投影矢量的模,因此这个被投影矢量的模必具有所有方向中最大的环量面密度值。根据1.3.3节旋度的定义便知,这个被投影矢量就是矢量 $\boldsymbol{a}$ 的旋度矢量 $\mathrm{rot}\,\boldsymbol{a}$。因此得到旋度在直角坐标系中的运算表达式为

$$\mathrm{rot}\,\boldsymbol{a}=\boldsymbol{i}\left(\frac{\partial a_z}{\partial y}-\frac{\partial a_y}{\partial z}\right)+\boldsymbol{j}\left(\frac{\partial a_x}{\partial z}-\frac{\partial a_z}{\partial x}\right)+\boldsymbol{k}\left(\frac{\partial a_y}{\partial x}-\frac{\partial a_x}{\partial y}\right)=\begin{vmatrix}\boldsymbol{i}&\boldsymbol{j}&\boldsymbol{k}\\ \frac{\partial}{\partial x}&\frac{\partial}{\partial y}&\frac{\partial}{\partial z}\\ a_x&a_y&a_z\end{vmatrix}=$$

$$\left(\boldsymbol{i}\frac{\partial}{\partial x}+\boldsymbol{j}\frac{\partial}{\partial y}+\boldsymbol{k}\frac{\partial}{\partial z}\right)\times(\boldsymbol{i}a_x+\boldsymbol{j}a_y+\boldsymbol{k}a_z)=\nabla\times\boldsymbol{a} \tag{1-22}$$

可见，式(1-22)的轮换规律性极强，而易于记忆。其中$\nabla \times \boldsymbol{a}$的写法是从直角坐标系运算符号归纳出来的旋度的场论运算表达式。因为旋度与坐标系无关，因此可以直接将$\nabla \times \boldsymbol{a}$在其他正交曲线坐标系（例如，圆柱坐标系和球坐标系）中，再展开为运算表达式，见1.5节。

1.4 梯度、散度、旋度的意义

在以上的场论理论中，梯度对应于数量场在一点附近的空间变化率，散度对应于矢量场在一点附近作为一个源的强度，而旋度则对应于矢量场在一点附近绕任意某个轴的旋转分量的强度。

这三个“度”本身又依次是矢量、标量、矢量。它们首先是在实际物理问题中出现，并被归纳的数学概念；其次，对于一阶矢量与标量的范畴，至今仍只需要这三个“度”，就能描述各种场的全部行为，而不需再引入其他的“度”。或者说，三“度”并不是人们主观臆造的，而是在数学本质上客观存在的、独立的个体概念。它们刻画了物理场的三种性质：数量场——均匀的或非均匀的性质；矢量场——有源的或无源的性质；有旋的或无旋的性质。对于不同性质的场，可以有不同套路的分析方法，而不管实际物理背景具体为高度场、密度场、温度场，还是速度场、引力场、电磁场。

1.5 梯度、散度、旋度的常用场论公式和在常用坐标系中的展开公式

1.5.1 正交曲线坐标系及其中场的常用表达形式

常用的笛卡儿坐标系（Cartesian）、圆柱坐标系（cylinder coordinates）、球坐标系（sphere coordinates）都属于正交曲线坐标系（curvilinear orthogonal coordinates）。这类坐标系在三维欧氏空间中其三个坐标轴互相正交，而其三个坐标面可以是曲面。

设有数量场φ、矢量场$\boldsymbol{a}$，通常在具体坐标系中将它们写为坐标自变量的函数的形式，矢量函数还常被写为分量的形式，如下

$$\varphi(x,y,z,t),\quad \boldsymbol{a}(x,y,z,t)=\boldsymbol{i}a_x+\boldsymbol{j}a_y+\boldsymbol{k}a_z=(a_x,a_y,a_z)$$

（直角坐标系写法）

$$\varphi(r,\theta,z,t),\quad \boldsymbol{a}(r,\theta,z,t)=\boldsymbol{e}_r a_r+\boldsymbol{e}_\theta a_\theta+\boldsymbol{e}_z a_z=(a_r,a_\theta,a_z)$$

（圆柱坐标系写法）

$$\varphi(r,\theta,\lambda,t),\quad \boldsymbol{a}(r,\theta,\lambda,t)=\boldsymbol{e}_r a_r+\boldsymbol{e}_\theta a_\theta+\boldsymbol{e}_\lambda a_\lambda=(a_r,a_\theta,a_\lambda)$$

(球坐标系写法)

或者,通用于所有的坐标系,将自变量名统一排序,又将矢量的分量名统一排序,而写为

$$\varphi(q_1,q_2,q_3,t),\quad \boldsymbol{a}(q_1,q_2,q_3,t)=\boldsymbol{e}_1 a_1+\boldsymbol{e}_2 a_2+\boldsymbol{e}_3 a_3=(a_1,a_2,a_3)$$

(正交曲线坐标系写法)

1.5.2 节的矢量分析与场论常用公式及其展开公式,就用这里的写法列出。

1.5.2 常用场论公式及其展开公式

如前面所证明的,在正交曲线坐标系中,数量场的梯度、矢量场的散度和矢量场的旋度,这三者可以统一用哈密顿算子"∇"对场的运算来表达。下面的公式中就列出了用∇统一表述的常用场论公式。

然而,在具体应用由∇表达的上述数学概念时,经常还需要借助∇在具体坐标系中的展开形式。它在不同坐标系中的展开形式很相似而易于记忆。在此仅侧重写出在笛卡儿坐标系和圆柱坐标系中的展开公式。

设有数量场和矢量场

$$\varphi=\varphi(q_1,q_2,q_3,t),\quad \boldsymbol{a}=\boldsymbol{a}(q_1,q_2,q_3,t)=\boldsymbol{e}_1 a_1+\boldsymbol{e}_2 a_2+\boldsymbol{e}_3 a_3 \tag{1-23}$$

则有

$$\left.\begin{aligned}
&\nabla=\frac{\boldsymbol{e}_1}{H_1}\frac{\partial}{\partial q_1}+\frac{\boldsymbol{e}_2}{H_2}\frac{\partial}{\partial q_2}+\frac{\boldsymbol{e}_3}{H_3}\frac{\partial}{\partial q_3} && \text{(哈密顿算子一般形式)}\\
&\text{拉梅系数 } H_1,H_2,H_3=\begin{cases}1,1,1 & \text{(笛卡儿坐标系)}\\ 1,r,1 & \text{(圆柱坐标系)}\\ 1,r,r\sin\theta & \text{(球坐标系)}\end{cases}\\
&\nabla=\boldsymbol{i}\frac{\partial}{\partial x}+\boldsymbol{j}\frac{\partial}{\partial y}+\boldsymbol{k}\frac{\partial}{\partial z} && \text{(笛卡儿系形式)}\\
&\nabla=\boldsymbol{e}_r\frac{\partial}{\partial r}+\boldsymbol{e}_\theta\frac{\partial}{r\partial\theta}+\boldsymbol{e}_z\frac{\partial}{\partial z} && \text{(圆柱系形式)}
\end{aligned}\right\}\tag{1-24}$$

$$\nabla\varphi \qquad \text{(梯度)} \tag{1-25}$$

$$\left.\begin{aligned}
&\nabla\cdot\boldsymbol{a}=\frac{\partial a_x}{\partial x}+\frac{\partial a_y}{\partial y}+\frac{\partial a_z}{\partial z} && \text{(笛卡儿系散度)}\\
&\nabla\cdot\boldsymbol{a}=\frac{\partial r a_r}{r\partial r}+\frac{\partial a_\theta}{r\partial\theta}+\frac{\partial a_z}{\partial z} && \text{(圆柱系散度)}
\end{aligned}\right\}\tag{1-26}$$

由于单位矢量 $\boldsymbol{e}_r,\boldsymbol{e}_\theta$ 是变量,故圆柱坐标系散度公式的推证要用到式(2-7)~式(2-9)。

$$\left.\begin{aligned}\nabla\times\boldsymbol{a}&=\begin{vmatrix}\boldsymbol{i}&\boldsymbol{j}&\boldsymbol{k}\\ \dfrac{\partial}{\partial x}&\dfrac{\partial}{\partial y}&\dfrac{\partial}{\partial z}\\ a_x&a_y&a_z\end{vmatrix}=\boldsymbol{i}\left(\frac{\partial a_z}{\partial y}-\frac{\partial a_y}{\partial z}\right)+\boldsymbol{j}\left(\frac{\partial a_x}{\partial z}-\frac{\partial a_z}{\partial x}\right)+\boldsymbol{k}\left(\frac{\partial a_y}{\partial x}-\frac{\partial a_x}{\partial y}\right)\\ &\qquad\qquad\text{(笛卡儿系旋度)}\\ \nabla\times\boldsymbol{a}&=\frac{1}{r}\begin{vmatrix}\boldsymbol{e}_r&r\boldsymbol{e}_\theta&\boldsymbol{e}_z\\ \dfrac{\partial}{\partial r}&r\dfrac{\partial}{r\partial\theta}&\dfrac{\partial}{\partial z}\\ a_r&ra_\theta&a_z\end{vmatrix}=\boldsymbol{e}_r\left(\frac{\partial a_z}{r\partial\theta}-\frac{\partial a_\theta}{\partial z}\right)+\boldsymbol{e}_\theta\left(\frac{\partial a_r}{\partial z}-\frac{\partial a_z}{\partial r}\right)+\boldsymbol{e}_z\left(\frac{\partial ra_\theta}{r\partial r}-\frac{\partial a_r}{r\partial\theta}\right)\\ &\qquad\qquad\text{(圆柱系旋度)}\end{aligned}\right\}\tag{1-27}$$

由于单位矢量 $\boldsymbol{e}_r,\boldsymbol{e}_\theta$ 是变量，故圆柱坐标系旋度公式的推证要用到式(2－7)～式(2－9)。

$$\left.\begin{aligned}\nabla\cdot(\nabla\varphi)&=\left(\frac{\partial^2}{\partial x^2}+\frac{\partial^2}{\partial y^2}+\frac{\partial^2}{\partial z^2}\right)\varphi=(\nabla\cdot\nabla)\varphi=\nabla^2\varphi=\Delta\varphi\\ &\qquad\text{(笛卡儿系拉普拉斯算子，梯度的散度)}\\ \nabla\cdot(\nabla\varphi)&=\left(\frac{\partial}{r\partial r}\frac{r\partial}{\partial r}+\frac{\partial^2}{r^2\partial\theta^2}+\frac{\partial^2}{\partial z^2}\right)\varphi=(\nabla\cdot\nabla)\varphi=\nabla^2\varphi=\Delta\varphi\\ &\qquad\text{(圆柱系拉普拉斯算子，梯度的散度)}\end{aligned}\right\}\tag{1-28}$$

式(1－28)的所有公式都是拉普拉斯算子的表达式，它们可由本节上面已知的定义和公式推证出来。在数学物理方法中，$\Delta\varphi=0$ 被称为拉普拉斯方程，而 $\Delta\varphi=f$ 被称为泊松方程，f 是自变量的已知函数。

$$\nabla\times(\nabla\varphi)=0 \qquad \text{(梯度的旋度为 0)} \tag{1-29}$$

$$\nabla\cdot(\nabla\times\boldsymbol{a})=0 \qquad \text{(旋度的散度为 0)} \tag{1-30}$$

$$\nabla(\nabla\cdot\boldsymbol{a}) \qquad \text{(散度的梯度不一定为 0)} \tag{1-31}$$

式(1－29)至式(1－31)所反映的梯度散度旋度复合运算的普遍规律，很容易按公式后面的说明获得一种整体性的理解和记忆。

将拉普拉斯算子作用于数量与数量之积的展开写法，可以通过在具体的笛卡儿坐标系下展开而得到，也可以由哈密顿算子∇的运算规则而直接得到，为

$$\begin{aligned}\nabla\cdot[\nabla(\varphi\psi)]&=\nabla\cdot[\varphi\nabla\psi+\psi\nabla\varphi]=\\ &\varphi\nabla\cdot\nabla\psi+\nabla\psi\cdot\nabla\varphi+\psi\nabla\cdot\nabla\varphi+\nabla\varphi\cdot\nabla\psi=\\ &\varphi\Delta\psi+\psi\Delta\varphi+2\nabla\varphi\cdot\nabla\psi\end{aligned}\tag{1-32}$$

还有关于数量与矢量之积的

$$\nabla\cdot(\varphi\boldsymbol{a})=\varphi\nabla\cdot\boldsymbol{a}+\boldsymbol{a}\cdot\nabla\varphi \qquad \text{(数量与矢量之积的散度)} \tag{1-33}$$

$$\nabla\times(\varphi\boldsymbol{a})=\varphi\nabla\times\boldsymbol{a}-\boldsymbol{a}\times\nabla\varphi \qquad \text{(数量与矢量之积的旋度)} \tag{1-34}$$

现再推导在多维气体动力学中非常有用的单位质量流体动能的梯度的展开式。按照矢量的分量叉乘、点乘的定义 $\boldsymbol{i}\times\boldsymbol{i}=0$,$\boldsymbol{i}\times\boldsymbol{j}=\boldsymbol{k}$ 而直接进行两次叉乘并整理,可以得到三重矢积,即三个矢量 $\boldsymbol{a}$、$\boldsymbol{b}$、$\boldsymbol{c}$ 的叉积的展开公式

$$\boldsymbol{a}\times(\boldsymbol{b}\times\boldsymbol{c})=\boldsymbol{b}(\boldsymbol{a}\cdot\boldsymbol{c})-\boldsymbol{c}(\boldsymbol{a}\cdot\boldsymbol{b}) \tag{1-35}$$

利用这个公式,进一步研究两个矢量的点积的梯度 $\nabla(\boldsymbol{a}\cdot\boldsymbol{b})$ 的展开公式。下式第一行按照乘积求导的法则展开式左成为两项,并用下角标 c 标明常量;然后将这两项的每一项都看作上式右端第一项,用上式另外两项来表达,并保持被求导函数放在 ∇ 算符之后,这就写出了下式第三行,这样得

$$\begin{aligned}\nabla(\boldsymbol{a}\cdot\boldsymbol{b})&=\nabla(\boldsymbol{a}_c\cdot\boldsymbol{b})+\nabla(\boldsymbol{a}\cdot\boldsymbol{b}_c)=\\&\nabla(\boldsymbol{a}_c\cdot\boldsymbol{b})+\nabla(\boldsymbol{b}_c\cdot\boldsymbol{a})=\\&(\boldsymbol{a}_c\cdot\nabla)\boldsymbol{b}+\boldsymbol{a}_c\times(\nabla\times\boldsymbol{b})+(\boldsymbol{b}_c\cdot\nabla)\boldsymbol{a}+\boldsymbol{b}_c\times(\nabla\times\boldsymbol{a})\end{aligned}$$

(数量积的梯度) (1-36)

当式(1-36)中 $\boldsymbol{a}=\boldsymbol{b}=\boldsymbol{v}$ 时,就得到

$$\nabla\frac{\boldsymbol{v}^2}{2}=(\boldsymbol{v}\cdot\nabla)\boldsymbol{v}+\boldsymbol{v}\times(\nabla\times\boldsymbol{v})$$

(单位质量流体动能梯度的展开式) (1-37)

当矢量 $\boldsymbol{v}$ 是流体微团的流动速度,则显然上式就是单位质量流体动能的梯度的展开式,动能的梯度被分解为速度的迁移变化率 $(\boldsymbol{v}\cdot\nabla)\boldsymbol{v}$ 和速度与自身旋度的叉积 $\boldsymbol{v}\times(\nabla\times\boldsymbol{v})$ 这样两项。在本书第 2 章,将对一般流动进行无旋流动 $\nabla\times\boldsymbol{v}=0$ 和有旋流动 $\nabla\times\boldsymbol{v}\neq0$ 的分类。又在第 3 章,将用上式对动量方程进行变形,这样,对应于旋度矢量 $\nabla\times\boldsymbol{v}$ 的为 0 与否,就清晰地分别得到无旋流动的动量方程和有旋流动的动量方程。

1.5.3 奥-高公式

又称为奥-高定理。若 S 为包含体积 V 的逐片光滑曲面,$P=P(x,y,z)$,$Q=Q(x,y,z)$,$R=R(x,y,z)$ 和它们的一阶偏导数均为域 $V+S$ 内的连续函数,则有奥斯特洛格拉德斯基-高斯(Gauss)公式(奥-高公式)

$$\oiint_S(P\cos\alpha+Q\cos\beta+R\cos\gamma)\mathrm{d}S=\iiint_V\left(\frac{\partial P}{\partial x}+\frac{\partial Q}{\partial y}+\frac{\partial R}{\partial z}\right)\mathrm{d}x\mathrm{d}y\mathrm{d}z \tag{1-38}$$

其中,$\cos\alpha$,$\cos\beta$,$\cos\gamma$ 为曲面 S 的外法线的方向余弦。上式用矢量形式写出则为

$$\oiint_S\boldsymbol{a}\cdot\mathrm{d}\boldsymbol{S}=\iiint_V(\nabla\cdot\boldsymbol{a})\mathrm{d}V \tag{1-39}$$

其中,矢量 $\boldsymbol{a}=\boldsymbol{i}P+\boldsymbol{j}Q+\boldsymbol{k}R$;$\boldsymbol{S}=S\boldsymbol{n}^0=S(\boldsymbol{i}\cos\alpha+\boldsymbol{j}\cos\beta+\boldsymbol{k}\cos\gamma)$。

可陈述这个矢量形式的公式的数学意义为：矢量在封闭曲面上的通量等于该矢量的散度的体积分。这在物理意义上也是易于理解的。通常在流体力学基本方程组的推导中将多次应用奥–高公式。

1.5.4　斯托克斯公式

又称为斯托克斯(Stokes)定理。若 $P=P(x,y,z)$，$Q=Q(x,y,z)$，$R=R(x,y,z)$ 为连续可微分的函数，C 为包围逐片光滑的有界双面曲面 S 的简单封闭逐段光滑的围线，则有斯托克斯公式

$$\oint_C P\mathrm{d}x+Q\mathrm{d}y+R\mathrm{d}z=\iint_S \begin{vmatrix} \cos\alpha & \cos\beta & \cos\gamma \\ \dfrac{\partial}{\partial x} & \dfrac{\partial}{\partial y} & \dfrac{\partial}{\partial z} \\ P & Q & R \end{vmatrix} \mathrm{d}S \tag{1-40}$$

其中，$\cos\alpha$，$\cos\beta$，$\cos\gamma$ 为曲面 S 的法线的方向余弦，此法线 $\boldsymbol{n}$ 的方向是这样的，围线 C 之正向取作与 $\boldsymbol{n}$ 构成右手螺旋关系。现注意式(1－40)右端，因为一般有

$$\boldsymbol{a}\cdot(\boldsymbol{b}\times\boldsymbol{c})=(\boldsymbol{i}a_1+\boldsymbol{j}a_2+\boldsymbol{k}a_3)\cdot\begin{vmatrix} \boldsymbol{i} & \boldsymbol{j} & \boldsymbol{k} \\ b_1 & b_2 & b_3 \\ c_1 & c_2 & c_3 \end{vmatrix}=$$

$$a_1(b_2c_3-b_3c_2)+\cdots+\cdots=\begin{vmatrix} a_1 & a_2 & a_3 \\ b_1 & b_2 & b_3 \\ c_1 & c_2 & c_3 \end{vmatrix} \tag{1-41}$$

由此式(1－40)用矢量形式写出则为

$$\oint_C \boldsymbol{a}\cdot\mathrm{d}\boldsymbol{l}=\iint_S(\nabla\times\boldsymbol{a})\cdot\mathrm{d}\boldsymbol{S} \tag{1-42}$$

其中，同上有矢量 $\boldsymbol{a}=\boldsymbol{i}P+\boldsymbol{j}Q+\boldsymbol{k}R$；$\boldsymbol{S}=S\boldsymbol{n}^0=S(\boldsymbol{i}\cos\alpha+\boldsymbol{j}\cos\beta+\boldsymbol{k}\cos\gamma)$，且有围线 C 的弧长 $\mathrm{d}\boldsymbol{l}=\boldsymbol{i}\mathrm{d}x+\boldsymbol{j}\mathrm{d}y+\boldsymbol{k}\mathrm{d}z$。

可陈述这个矢量形式的公式的数学意义为：矢量在封闭曲线上的环量等于该矢量的旋度矢量向正侧穿过张于该曲线上的任意曲面时的通量(或者说，等于该矢量的旋度的曲面积分)。事实上，由式(1－20)，式(1－42)右端可变形为

$$\iint_S(\nabla\times\boldsymbol{a})\cdot\mathrm{d}\boldsymbol{S}=\iint_S \mathrm{rot}\boldsymbol{a}\cdot\boldsymbol{n}^0\mathrm{d}S=\iint_S\left(\lim_{\Delta S\to M}\frac{\Delta\Gamma}{\Delta S}\right)\mathrm{d}S=\iint_S\mathrm{d}\Gamma \tag{1-43}$$

即斯托克斯公式也可写成

$$\oint_C \boldsymbol{a}\cdot\mathrm{d}\boldsymbol{l}=\iint_S\mathrm{d}\Gamma \tag{1-44}$$

这在物理意义上也是易于理解的——可以设想这样一个事实：在一个曲面上满布了互相邻接的无数微小的封闭曲线，而这些曲线上的环量，在曲线互相重合的部分

之上互相抵消之后,将最后构成一个大的封闭曲线即围线 C 上的环量。

在研究无旋和有旋流场中速度环量的大小时,及在其他很多地方,将应用斯托克斯公式。

1.6 迹线和流线

最具一般性的流场是非均匀、非定常流场。在这样的流场中,迹线

$$\boldsymbol{r}(t)=[x(t),\ y(t),\ z(t)]^{\mathrm{T}} \tag{1-45}$$

是同一个流体微团在不同时刻的位置连接后所形成的曲线,而流线

$$\mathrm{d}\boldsymbol{r}\times\boldsymbol{v}=0 \tag{1-46}$$

是不同的流体微团在同一时刻的位置连接后所形成的曲线。式(1-46)意即在各点处流线均与流速同方向。

观察迹线上的某一个微团以研究流体运动的方法也称为拉格朗日(Lagrange)观点,这是指拉格朗日在研究有限个固体质点所组成的质点系的动力学问题时所采用的观点;于某个时刻 t,观察某空间点处及其附近的微团,以研究流体运动的方法也称为欧拉(Euler)观点。定常流动时迹线不随时间变动,因此迹线和流线必然重合;非定常流动时这两根曲线一般不重合。下面的例子说明了迹线与流线的区别、联系和它们的求法。

例 1.1 由速度微分方程求流场中某时刻过某点处的迹线、流线

这里取欧拉观点来定义速度场,也就是,取互相独立的自变量$(\boldsymbol{r},t)=(x,y,z,t)$来定义流场的速度函数。设流体运动由下列速度场表达

$$\begin{cases}u(x,y,z,t)=x+t\\ v(x,y,z,t)=-y+t\\ w(x,y,z,t)=0\end{cases} \tag{1-47}$$

求 $t=0$ 时刻过点 $M(-1,-1)$处的迹线和流线。这里分速度 u,v,w 是函数;在流线问题中 x,y,t 是自变量;在迹线问题中空间自变量 x,y 又是时间自变量 t 的函数。

解:迹线的微分方程为

$$\frac{\mathrm{d}x}{\mathrm{d}t}=x+t,\quad \frac{\mathrm{d}y}{\mathrm{d}t}=-y+t \tag{1-48}$$

积分出迹线为

$$x(t)=c_1\mathrm{e}^{t}-t-1,\quad y(t)=c_2\mathrm{e}^{-t}+t-1$$

以待求点 $t=0,x=-1,y=-1$ 代入上式,解出 $c_1=c_2=0$。故过 $M(-1,-1)$点的流体质点的运动规律是

$$x(t)=-t-1,\quad y(t)=t-1$$

消去 t 就得到，迹线是 (x,y) 平面上的直线（图 1-10）

$$x+y=-2$$

另一方面，在流线问题中，x,y 与 t 之间互相独立，因此积分曲线 $y=y(x)$ 时视 t 为参数。流线的微分方程为 $\mathrm{d}\boldsymbol{r}\times\boldsymbol{v}=0$，或即

$$\frac{\mathrm{d}x}{x+t}=\frac{\mathrm{d}y}{-y+t} \tag{1-49}$$

积分出流线为

$$(x+t)(-y+t)=c$$

以待求点 $t=0,x=-1,y=-1$ 代入上式解出 $c=-1$。故当 $t=0$ 时刻，过 $M(-1,-1)$ 点的流线是双曲线（图 1-10）

$$xy=1$$

可见非定常流场的流线与迹线一般不相重合。

如果这里是定常流动，则速度场是

$$\begin{cases} u=x \\ v=-y \\ w=0 \end{cases}$$

那么迹线的积分结果也变为

$$xy=1$$

即两曲线在定常时重合了。

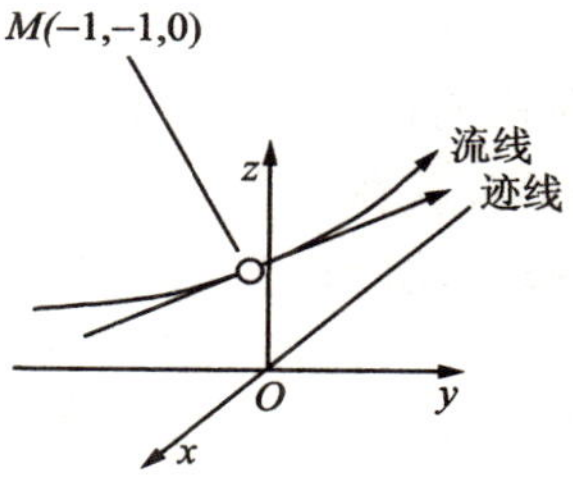

图 1-10　迹线与流线一般不相重合

习 题 1

1.1　在笛卡儿坐标系中，矢量点乘 $\boldsymbol{a}\cdot\boldsymbol{b}$、矢量叉乘 $\boldsymbol{a}\times\boldsymbol{b}$ 各如何展开为数量运算式？

1.2　推导笛卡儿坐标系中数量场 φ 的梯度公式、矢量场 $\boldsymbol{a}=(a_x,a_y,a_z)$ 的散度公式。

1.3　推导圆柱坐标系中数量场 φ 的梯度公式。至于矢量场 $\boldsymbol{a}=(a_r,a_\theta,a_z)$ 的散度公式，则因在圆柱坐标系的单位矢量 $\boldsymbol{e}_r,\boldsymbol{e}_\theta,\boldsymbol{e}_z$ 中 $\boldsymbol{e}_r,\boldsymbol{e}_\theta$ 的方向也是变量，而使推导较繁琐，可在学习了式(2-7)～式(2-9)之后再推导。

1.4　复习场论中数量场的梯度、矢量场的散度、矢量场的旋度的基本物理、数学概念。这三个点函数各自本身是数量场还是矢量场？

1.5　在一般正交曲线坐标系下用哈密顿算子 ∇ 自行推导公式(1-32)。

1.6　将奥-高公式和斯托克斯公式的矢量形式自行写为在笛卡儿坐标系中的展开形式。论述这两个矢量形式公式的物理数学意义。

1.7　复习并推导若干其他场论公式。注意圆柱坐标系下公式的规律性与直角坐标系下的规律性的对比记忆。

第 2 章　多维流动的运动学分析

2.1 全导数或随流导数$\frac{D}{Dt}$

最具一般性的流场是这样的流场，场中的物理量既随空间位置的不同而变化，在同一位置处又随时间的推移而变化。称这样的流场为非均匀非定常流场。

拉格朗日(Lagrange)法是用牛顿力学研究有限数目固体质点系的动力学问题时所产生的方法，它关注每一个质点的受力和运动。相应地，在非均匀非定常流场中，拉格朗日法着眼于流体质点，即追踪监视每个流体微团(fluid particle)，研究随时间的推移在某个微团上发生的某种物理量的总变化。拉格朗日法通常使用关于某流体微团的位置 $\boldsymbol{r}$ 的式(1-45)的数学形式来定义流场。

在流力动力学的研究中所创立的欧拉(Euler)法则着眼于空间点，即在空间固定一个观察点位 $M(x,y,z)$(图 2-1)，在这个空间坐标 x,y,z 处，观察每个通过的微团，而研究随着时间的推移和空间的变位，这个微团的系列所载的物理量在固定观察点 M 处及其附近和短时间内的变化规律。欧拉法通常使用流体微团的速度 $\boldsymbol{v}$ 的表达式来定义流场。

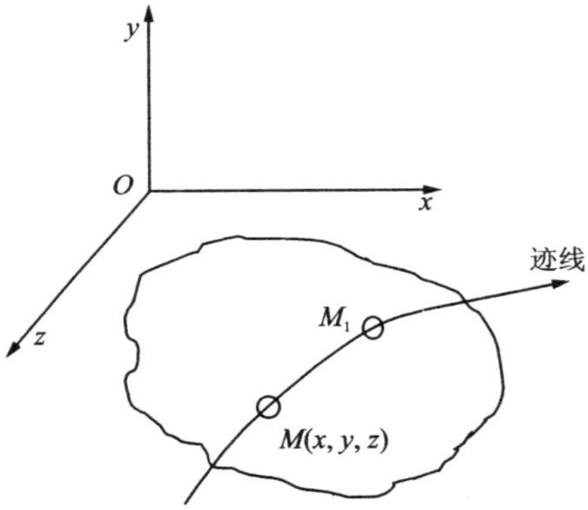

图 2-1　非均匀非定常流场的欧拉法

因此，欧拉法的某空间点 M 处微团的物理量 N 是空间自变量和时间自变量的函数

$$N = N(x,y,z,t) \tag{2-1}$$

而微团在点 M 及其附近的位置又可写为

$$x = x(t),\ y = y(t),\ z = z(t) \tag{2-2}$$

这是指，要研究的是物理量随空间 x,y,z 和时间 t 的变化规律，而 t 发展时，微团的位置 x,y,z 也在变位，变位后的位置当然是在微团的迹线 $x(t),y(t),z(t)$上，这是在局部上应用拉格朗日观点。因此物理量的宗量归结为 t。

这样，根据复合函数的求导法则，得到随流物理量 N 的全导数为

$$\frac{D}{Dt}N = \frac{\partial N}{\partial t} + \frac{\partial N}{\partial x}\frac{\mathrm{d}x}{\mathrm{d}t} + \frac{\partial N}{\partial y}\frac{\mathrm{d}y}{\mathrm{d}t} + \frac{\partial N}{\partial z}\frac{\mathrm{d}z}{\mathrm{d}t} =$$
$$\frac{\partial N}{\partial t} + v_x\frac{\partial N}{\partial x} + v_y\frac{\partial N}{\partial y} + v_z\frac{\partial N}{\partial z} =$$
$$\frac{\partial N}{\partial t} + (\boldsymbol{v}\cdot\nabla)N =$$
$$\left[\frac{\partial}{\partial t} + (\boldsymbol{v}\cdot\nabla)\right]N \tag{2-3}$$

式(2-3)列出的各种写法中,右端的第一项称为当地变化率,剩下的全部项总称为迁移变化率。当地变化率对应于在空间某固定点上仅仅由时间的发展所导致的流动物理量变化,而迁移变化率则对应于仅仅由空间位置的变位所观察到的流动物理量变化。最后一式是全导数的矢量写法,来自对上面在直角坐标系下的标量写法的归纳。但因此它就有了普遍的意义,而与坐标系无关了。当反过来又将它展开写于具体的圆柱坐标系下时,由矢量运算和场论就有全导数

$$\frac{D}{Dt} = \frac{\partial}{\partial t} + v_r\frac{\partial}{\partial r} + v_\theta\frac{\partial}{r\partial\theta} + v_z\frac{\partial}{\partial z} \tag{2-4}$$

2.2　微团的加速度

将 2.1 节的全导数公式直接应用于速度 $\boldsymbol{v}$,就有流体微团的加速度$\frac{D\boldsymbol{v}}{Dt}$的几种表达式为

$$\frac{D\boldsymbol{v}}{Dt} = \left[\frac{\partial}{\partial t} + (\boldsymbol{v}\cdot\nabla)\right]\boldsymbol{v} =$$
$$\left(\frac{\partial}{\partial t} + v_x\frac{\partial}{\partial x} + v_y\frac{\partial}{\partial y} + v_z\frac{\partial}{\partial z}\right)(v_x\boldsymbol{i} + v_y\boldsymbol{j} + v_z\boldsymbol{k}) =$$
$$\boldsymbol{i}\left(\frac{\partial v_x}{\partial t} + v_x\frac{\partial v_x}{\partial x} + v_y\frac{\partial v_x}{\partial y} + v_z\frac{\partial v_x}{\partial z}\right) +$$
$$\boldsymbol{j}\left(\frac{\partial v_y}{\partial t} + v_x\frac{\partial v_y}{\partial x} + v_y\frac{\partial v_y}{\partial y} + v_z\frac{\partial v_y}{\partial z}\right) +$$
$$\boldsymbol{k}\left(\frac{\partial v_z}{\partial t} + v_x\frac{\partial v_z}{\partial x} + v_y\frac{\partial v_z}{\partial y} + v_z\frac{\partial v_z}{\partial z}\right) =$$
$$\boldsymbol{i}\frac{Dv_x}{Dt} + \boldsymbol{j}\frac{Dv_y}{Dt} + \boldsymbol{k}\frac{Dv_z}{Dt} =$$
$$\boldsymbol{i}a_x + \boldsymbol{j}a_y + \boldsymbol{k}a_z \tag{2-5}$$

显然式(2-5)从第二行起就具体写出了加速度在直角坐标系中的展开表达式。其中,a_x,a_y,a_z 分别表示 x,y,z 方向上的分加速度标量。上面由于单位矢量 $\boldsymbol{i}$,$\boldsymbol{j}$,$\boldsymbol{k}$ 从方向到大小都是常量,因此可以被直接提取到微分号之外。于是,微团的加速度

是它在直角坐标系三个坐标轴上的投影加速度的矢量和。

而对于叶轮机问题中使用最为方便的圆柱坐标系，则有

$$\frac{D\boldsymbol{v}}{Dt}=\left[\frac{\partial}{\partial t}+(\boldsymbol{v}\cdot\nabla)\right]\boldsymbol{v}=$$

$$\left(\frac{\partial}{\partial t}+v_r\frac{\partial}{\partial r}+v_\theta\frac{\partial}{r\partial\theta}+v_z\frac{\partial}{\partial z}\right)(v_r\boldsymbol{e}_r+v_\theta\boldsymbol{e}_\theta+v_z\boldsymbol{e}_z)=$$

$$\boldsymbol{e}_r\frac{Dv_r}{Dt}+\boldsymbol{e}_\theta\frac{Dv_\theta}{Dt}+\boldsymbol{e}_z\frac{Dv_z}{Dt}+v_r\frac{D\boldsymbol{e}_r}{Dt}+v_\theta\frac{D\boldsymbol{e}_\theta}{Dt}+v_z\frac{D\boldsymbol{e}_z}{Dt}=$$

$$\boldsymbol{e}_r\frac{Dv_r}{Dt}+\boldsymbol{e}_\theta\frac{Dv_\theta}{Dt}+\boldsymbol{e}_z\frac{Dv_z}{Dt}+\boldsymbol{e}_\theta\frac{v_\theta v_r}{r}-\boldsymbol{e}_r\frac{v_\theta v_\theta}{r}+0 \tag{2-6}$$

式(2-6)比直角坐标系时多出了两项，这是因为，单位矢量 $\boldsymbol{e}_r,\boldsymbol{e}_\theta,\boldsymbol{e}_z$ 中 $\boldsymbol{e}_r,\boldsymbol{e}_\theta$ 的方向也是流体微团的空间位置的函数，而在不断地变化着。分析图 2-2 的流线上 $\boldsymbol{e}_{r2},\boldsymbol{e}_{\theta 2}$ 分别相对于 $\boldsymbol{e}_{r1},\boldsymbol{e}_{\theta 1}$ 的方向变化，可得单位矢量对于 θ 变化的微商及其偏导数为

$$\frac{\boldsymbol{e}_{r2}-\boldsymbol{e}_{r1}}{\Delta\theta}=\frac{(|\boldsymbol{e}_{r1}|\Delta\theta)\boldsymbol{e}_{\theta 1}}{\Delta\theta}\quad 即\quad \frac{\partial\boldsymbol{e}_r}{\partial\theta}=\boldsymbol{e}_\theta \tag{2-7}$$

$$\frac{\boldsymbol{e}_{\theta 2}-\boldsymbol{e}_{\theta 1}}{\Delta\theta}=\frac{(|\boldsymbol{e}_{\theta 1}|\Delta\theta)(-\boldsymbol{e}_{r1})}{\Delta\theta}\quad 即\quad \frac{\partial\boldsymbol{e}_\theta}{\partial\theta}=-\boldsymbol{e}_r \tag{2-8}$$

单位矢量的其余偏导数为

$$\frac{\partial(\boldsymbol{e}_r,\boldsymbol{e}_\theta,\boldsymbol{e}_z)}{\partial(r,\theta,z)}=0,\quad \frac{\partial(\boldsymbol{e}_r,\boldsymbol{e}_\theta,\boldsymbol{e}_z)}{\partial t}=0 \tag{2-9}$$

因此，式(2-6)可被继续整理为

$$\frac{D\boldsymbol{v}}{Dt}=\boldsymbol{e}_r\left(\frac{Dv_r}{Dt}-\frac{v_\theta v_\theta}{r}\right)+\boldsymbol{e}_\theta\left(\frac{Dv_\theta}{Dt}+\frac{v_\theta v_r}{r}\right)+\boldsymbol{e}_z\frac{Dv_z}{Dt}=$$

$$\boldsymbol{e}_r a_r+\boldsymbol{e}_\theta a_\theta+\boldsymbol{e}_z a_z \tag{2-10}$$

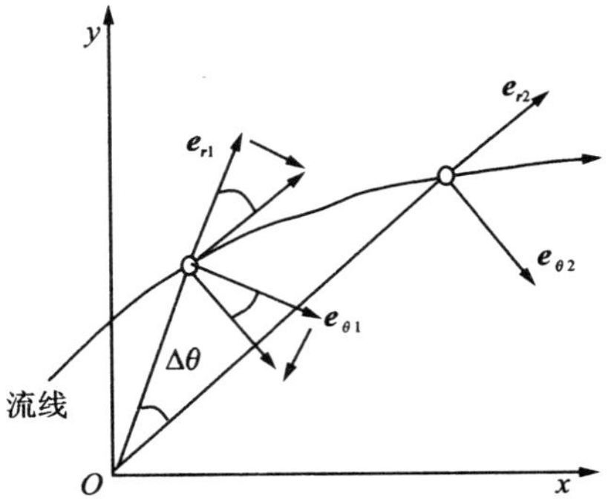

图 2-2 径向单位矢量 e_r 的微商和周向单位矢量 e_θ 的微商

可见，由于坐标轴方向本身在旋转，圆柱系中的加速度 $\frac{D\boldsymbol{v}}{Dt}$ 中多增加了两项，它们当微团存在沿圆周方向的分速度 v_θ 时才产生。产生的物理原因是，由于在圆柱系中定义了微团在 θ 坐标方向是沿半径为 r 的圆周运动，故必有向心加速度 $-v_\theta^2/r$ 来构成加速度的新增分量；又由于微团在有径向运动 v_r 的同时，又有圆周向角运动 $\omega=v_\theta/r$，故也必有科氏(Coriolis)加速度 $v_\theta v_r/r$ 这一新增的加速度分量。由此可见，一般的正交曲线坐标系与笛卡儿坐标系在描述

运动学乃至动力学问题时有不同之处。

2.3　流体微团的运动分析——柯西-亥姆霍兹速度分解定理

流体微团，也可称为流体质点，是指一种体积微小的流体单位。流体微团由大量流体分子所组成，因而可以对它研究物理量的平均值和它在运动中的尺度效应；而对于宏观流场，它又小到可以有确定的位置，可以代表空间一点处的流动状态。

为了研究在流体流动中微团的运动方式，下面以微团中某点 C 处的流体的速度作为所研究的函数，推导微团中另一点 A_1 处的速度的变化（图 2－3）。首先直观地想象，微团在流动中无非可以具有同时发生的四种运动方式，在直角坐标系中观察时，则可以比较清楚地表示为

（1）平行移动；

（2）线变形；

（3）转动；

（4）角变形。

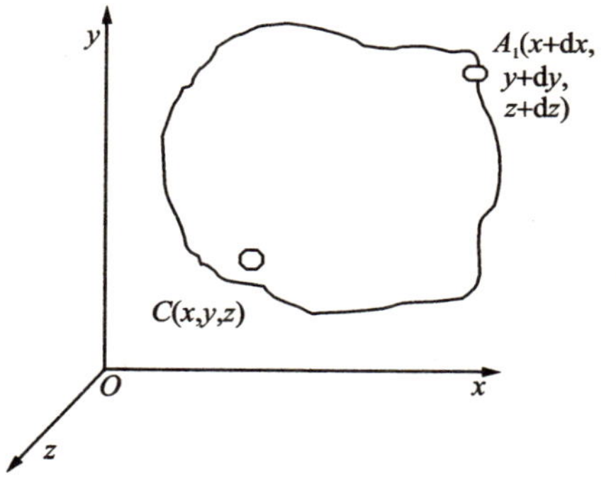

图 2－3　微团中 A_1 点的速度不同于 C 点的

这四种运动可以分解为关于微团的一个 $ABCD$ 平面的分步发生的运动图画，如图 2－4 所示。

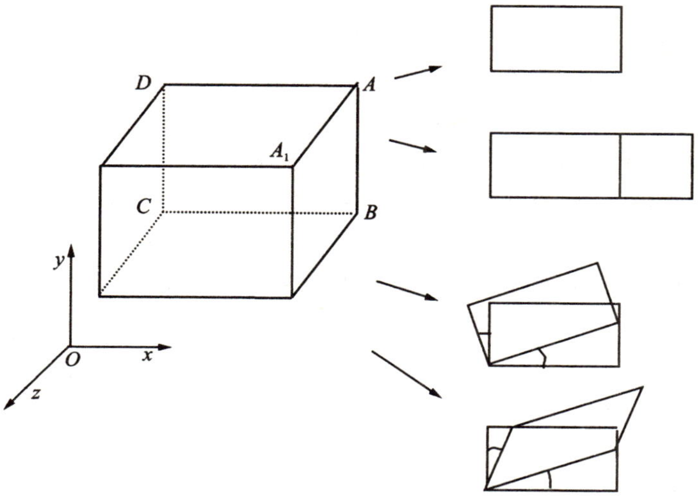

图 2－4　微团的一个 *ABCD* 平面的分步发生的四种运动的图画

现在用微分分析的观点,可以写出如下的 A_1 点速度

$$\boldsymbol{v}_{A1}=\boldsymbol{v}_C+\frac{\partial \boldsymbol{v}}{\partial x}\mathrm{d}x+\frac{\partial \boldsymbol{v}}{\partial y}\mathrm{d}y+\frac{\partial \boldsymbol{v}}{\partial z}\mathrm{d}z \quad \text{(对矢量的微分)} \tag{2-11}$$

为简洁,现采用新的记号如下

$$\boldsymbol{v}=\boldsymbol{i}u+\boldsymbol{j}v+\boldsymbol{k}w=(u,v,w)^{\mathrm{T}}=\begin{pmatrix}u\\v\\w\end{pmatrix} \tag{2-12}$$

$$\mathrm{d}\boldsymbol{r}=\boldsymbol{i}\mathrm{d}x+\boldsymbol{j}\mathrm{d}y+\boldsymbol{k}\mathrm{d}z=(\mathrm{d}x,\mathrm{d}y,\mathrm{d}z)^{\mathrm{T}}=\begin{pmatrix}\mathrm{d}x\\\mathrm{d}y\\\mathrm{d}z\end{pmatrix} \tag{2-13}$$

$$\left.\begin{aligned}&\frac{\partial u}{\partial x}=u_x,\ \frac{\partial u}{\partial y}=u_y,\ \frac{\partial u}{\partial z}=u_z\\&\frac{\partial v}{\partial x}=v_x,\ \frac{\partial v}{\partial y}=v_y,\ \frac{\partial v}{\partial z}=v_z\\&\frac{\partial w}{\partial x}=w_x,\ \frac{\partial w}{\partial y}=w_y,\ \frac{\partial w}{\partial z}=w_z\end{aligned}\right\} \tag{2-14}$$

这样可将式(2-11)的 A_1 点处速度的微分表达式按三个方向展开而写成

$$\boldsymbol{v}_{A1}=\begin{pmatrix}u\\v\\w\end{pmatrix}_{A1}=\begin{pmatrix}u\\v\\w\end{pmatrix}_C+\begin{pmatrix}u_x&u_y&u_z\\v_x&v_y&v_z\\w_x&w_y&w_z\end{pmatrix}_C\begin{pmatrix}\mathrm{d}x\\\mathrm{d}y\\\mathrm{d}z\end{pmatrix}=\boldsymbol{v}_C+\boldsymbol{D}_C\cdot\mathrm{d}\boldsymbol{r} \tag{2-15}$$

注意,式(2-15)只是式(2-11)写法上的改变。当单看第一行,得到 A_1 点速度在 $\boldsymbol{i}$ 方向的分量 u_{A1} 将只受到 u_x,u_y,u_z 三个系数的影响,等等。然而当整体地研究影响系数矩阵 $\boldsymbol{D}$,人们得到了更多的物理概念。矩阵 $\boldsymbol{D}$ 是一个速度导数矩阵,人们称之为速度导数二阶张量。在三维空间中二阶张量有九个分量,对应于一个 3×3 矩阵,在式(2-15)中这个矩阵表达着其对矢量函数 $\boldsymbol{v}_{A1}$ 的影响的细节。进而在数学上,在点 C 处矩阵 $\boldsymbol{D}$ 与矢量 $\mathrm{d}\boldsymbol{r}$ 的矩阵乘积运算,按照张量分析的写法,就写为对于张量 $\boldsymbol{D}_C$ 在其右侧点乘矢量 $\mathrm{d}\boldsymbol{r}$,即上式的 $\boldsymbol{D}_C\cdot\mathrm{d}\boldsymbol{r}$。更多的关于张量的知识我们暂不研究了,有兴趣者可参看课程参考书目[5]等。现在来看,如何把 $\boldsymbol{v}_{A1}$ 看成或分解成四种运动之和的总效果。

一个一般的矩阵 $\boldsymbol{D}$ 总可以被分解为一个对称矩阵和一个反对称矩阵之和,写为

$$\boldsymbol{D}=\begin{bmatrix}u_x&u_y&u_z\\v_x&v_y&v_z\\w_x&w_y&w_z\end{bmatrix}=\begin{bmatrix}\underline{u_x}&\underline{\frac{1}{2}(u_y+v_x)}&\frac{1}{2}(u_z+w_x)\\\frac{1}{2}(u_y+v_x)&v_y&\frac{1}{2}(v_z+w_y)\\\frac{1}{2}(u_z+w_x)&\frac{1}{2}(v_z+w_y)&w_z\end{bmatrix}+$$

$$\begin{bmatrix} 0 & \underline{-\frac{1}{2}(v_x-u_y)} & \frac{1}{2}(u_z-w_x) \\ \frac{1}{2}(v_x-u_y) & 0 & -\frac{1}{2}(w_y-v_z) \\ -\frac{1}{2}(u_z-w_x) & \frac{1}{2}(w_y-v_z) & 0 \end{bmatrix} \tag{2-16a}$$

或简写为

$$\boldsymbol{D}=\boldsymbol{S}+\boldsymbol{A}=\text{对称矩阵}+\text{反对称矩阵} \tag{2-16b}$$

对这里的速度导数张量则式(2-16b)具体被陈述为

$$\text{速度导数张量}=\text{应变变化率张量}+\text{反对称张量} \tag{2-17}$$

对 $\boldsymbol{D}$ 的这种对称与反对称分解 $\boldsymbol{S}+\boldsymbol{A}$ 实际上是使用下式公式来进行的

$$s_{ij}=\frac{1}{2}(d_{ij}+d_{ji}),\quad a_{ij}=\frac{1}{2}(d_{ij}-d_{ji}) \tag{2-18}$$

可以发现,式(2-18)在保证了对称与反对称的分解结果时,所使用的分解方法只不过相当于对原形矩阵 $\boldsymbol{D}$ 中的元素进行一种加减法配平的简单运算。分解出的矩阵 $\boldsymbol{S}$,$\boldsymbol{A}$ 可以代回式(2-15)或式(2-11)以获得进一步的分析。然而下面我们可以先回到几何图形中去,以发现这种配平组合所对应的明显的几何学或运动学意义。以式(2-16a)中打横线的三个元作为例子,列表分析如下。首先借助图(2-5)可得:

C 点速度在 x 方向的分量　u

B 点速度在 x 方向的分量　$u+\dfrac{\partial u}{\partial x}\mathrm{d}x$

x 方向的速度差为　$\dfrac{\partial u}{\partial x}\mathrm{d}x$

线段 CB 的伸长量　$\dfrac{\partial u}{\partial x}\mathrm{d}x\mathrm{d}t=BB'$

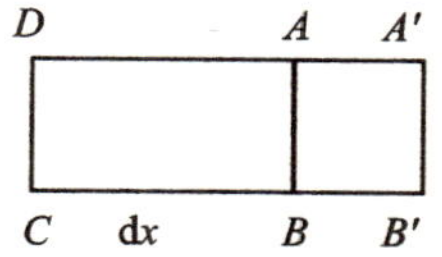

图 2-5　微团的伸缩运动

线段 CB 单位时间内单位长度上的伸长量,或称为线应变速率

$$\frac{CB'-CB}{CB}\Big/\mathrm{d}t=\frac{BB'}{CB\ \mathrm{d}t}=\frac{\frac{\partial u}{\partial x}\mathrm{d}x\mathrm{d}t}{\mathrm{d}x\mathrm{d}t}=\frac{\partial u}{\partial x}=u_x\triangleq\varepsilon_{xx}$$

(线段 CB 的线应变速率)　(2-19)

可见,分解出的矩阵 $\boldsymbol{S}$ 对角线上的速度导数 u_x,v_y,w_z 恰为反映微团伸缩变形运动的量 ε_{xx},ε_{yy},ε_{zz}。其次借助图(2-6)又有:

C 点速度在 y 方向的分量　v

B 点速度在 y 方向的分量　$v+\dfrac{\partial v}{\partial x}\mathrm{d}x$

y 方向的速度差为　$\dfrac{\partial v}{\partial x}\mathrm{d}x$

CB 边的转角 $$d\alpha=\frac{\left(\frac{\partial v}{\partial x}dx\right)dt}{dx}$$

同理有 CD 边转角 $$-d\beta=\frac{\left(\frac{\partial u}{\partial y}dy\right)dt}{dy}$$

直角 BCD 的改变量 $$d\alpha+(-d\beta)=\frac{\partial v}{\partial x}dt+\frac{\partial u}{\partial y}dt$$

单位时间内直角 BCD 的改变量的一半,或称为角变形速率

$$\varepsilon_{xy}\triangleq\frac{[d\alpha+(-d\beta)]/2}{dt}=\frac{1}{2}\left(\frac{\partial v}{\partial x}+\frac{\partial u}{\partial y}\right)=\frac{1}{2}(v_x+u_y)$$

(直角 BCD 的角变形速率) (2-20)

可见,分解出的矩阵 $\boldsymbol{S}$ 中的非对角线上的量 $\frac{1}{2}(u_y+v_x)$,$\frac{1}{2}(u_z+w_x)$,$\frac{1}{2}(v_z+w_y)$恰为反映微团角变形运动的量 ε_{xy},ε_{xz},ε_{yz}(图 2-6)。进一步,在两条直角边转动的过程中,每一条直角边的转动量仅使直角 BCD 的对角线转动这个量的一半。现将对角线的转动角速度定义为微团刚体的转动角速度,则它为

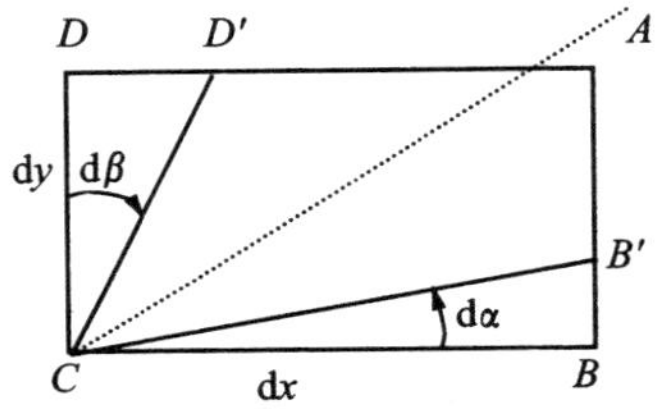

图 2-6 微团的变形运动

($d\alpha>0$, $d\beta<0$, $|d\alpha|\neq|d\beta|$)

$$\omega_z\triangleq\frac{\frac{1}{2}d\alpha-\frac{1}{2}(-d\beta)}{dt}=\frac{1}{2}\frac{\partial v}{\partial x}-\frac{1}{2}\frac{\partial u}{\partial y}=\frac{1}{2}(v_x-u_y)$$

(对角线 CA 的转动角速度) (2-21)

可见,分解出的矩阵 $\boldsymbol{A}$ 中的非对角线上的量$\frac{1}{2}(v_x-u_y)$,$\frac{1}{2}(u_z-w_x)$,$\frac{1}{2}(w_y-v_z)$恰为反映微团转动运动的角速度量 ω_z,ω_y,ω_x。

因此,$\boldsymbol{v}_{A1}$ 的影响因素——速度导数二阶张量或其矩阵 $\boldsymbol{D}$,完全包含了微团运动过程中所有运动方式的影响。现在可按照式(2-16a)对这种影响的分解,而将表达 A_1 点速度的式(2-11)或式(2-15)进一步展开写为

$$\boldsymbol{v}_{A1}=\boldsymbol{v}_C+\boldsymbol{S}_C\cdot d\boldsymbol{r}+\boldsymbol{A}_C\cdot d\boldsymbol{r}=$$

$$\begin{pmatrix}u\\v\\w\end{pmatrix}_C+\begin{pmatrix}\varepsilon_{xx}&\varepsilon_{xy}&\varepsilon_{xz}\\\varepsilon_{xy}&\varepsilon_{yy}&\varepsilon_{yz}\\\varepsilon_{xz}&\varepsilon_{yz}&\varepsilon_{zz}\end{pmatrix}_C\begin{pmatrix}dx\\dy\\dz\end{pmatrix}+\begin{pmatrix}0&-\omega_z&\omega_y\\\omega_z&0&-\omega_x\\-\omega_y&\omega_x&0\end{pmatrix}_C\begin{pmatrix}dx\\dy\\dz\end{pmatrix}=$$

$$\boldsymbol{v}_C+\boldsymbol{S}_C\cdot d\boldsymbol{r}+\boldsymbol{\omega}_C\times d\boldsymbol{r}=$$

$$\boldsymbol{v}_C+\boldsymbol{S}_C\cdot d\boldsymbol{r}+\frac{1}{2}(\nabla\times\boldsymbol{v})_C\times d\boldsymbol{r}=$$

$$\text{微团的平动} + \text{变形速度张量}\boldsymbol{S}\text{表达的微团的变形运动} + \text{反对称张量}\boldsymbol{A}\text{表达的微团的转动} \tag{2-22}$$

式(2 - 22)中导出了旋度矢量$\nabla \times \boldsymbol{v}$的理由见式(2 - 25)。式(2 - 22)称为柯西(Cauchy,法国)-亥姆霍兹(Helmholtz,德国)速度分解定理:流体微团的运动可以分解为平动、转动、变形三部分之和。如果作一对照,在理论力学中,刚体只存在整体平动、整体转动运动;而弹性力学中弹性体除了有整体平动、整体转动运动,还有变形运动,但那里的变形是一种可以完全恢复原始形状的整体弹性变形;这里所言流体的平动、转动运动则是指流体物质中微团层次的平动、转动,各个微团的运动量通常完全不一致,进而微团层次的变形在一般情形下是永远不可恢复的。这些就是流体流动问题复杂于刚体、弹性体问题的根本物理原因。

另外,由式(2 - 19)可得,流体微团的体积 dV 在单位时间内在 x 方向上变化量的相对变化率为

$$\frac{\dfrac{\partial u}{\partial x}\mathrm{d}x\mathrm{d}t \cdot \mathrm{d}y\mathrm{d}z}{\mathrm{d}x\mathrm{d}t \cdot \mathrm{d}y\mathrm{d}z} = u_x \quad (\text{在 } x \text{ 方向}) \tag{2-23a}$$

因此,流体微团的体积 dV 在单位时间内的相对变化率为

$$\frac{D(\mathrm{d}V)}{\mathrm{d}V}\Big/\mathrm{d}t = \frac{V_2 - V_1}{V_1\mathrm{d}t} = u_x + v_y + w_z = \nabla \cdot \boldsymbol{v} = \text{微团的散度} \tag{2-23b}$$

可见,微团的单位体积膨胀率为三个方向上的线应变速率之和,即流体速度在 C 点的散度。散度标量与坐标系无关,也就与坐标旋转无关,为流场的时间空间点 x,y,z,t 的函数。

柯西-亥姆霍兹定理对速度的分解除建立了重要的概念外,也直接有重要应用。在控制黏性流体运动的 N-S 方程的左端,也即控制无黏性流体运动的欧拉方程的左端,利用式(1 - 37),可以将微团速度的迁移变化率这一项分解为

$$(\boldsymbol{v} \cdot \nabla)\boldsymbol{v} = \nabla \frac{\boldsymbol{v}^2}{2} - \boldsymbol{v} \times (\nabla \times \boldsymbol{v}) \tag{2-24}$$

而其中分解出的旋度矢量实际上正比于微团旋转运动的角速度矢量,例如,在笛卡儿坐标系情形,易于利用式(2 - 21)直接得到

$$\begin{aligned}\nabla \times \boldsymbol{v} &= \left(\boldsymbol{i}\frac{\partial}{\partial x} + \boldsymbol{j}\frac{\partial}{\partial y} + \boldsymbol{k}\frac{\partial}{\partial z}\right) \times (\boldsymbol{i}u + \boldsymbol{j}v + \boldsymbol{k}w) = \\ &\boldsymbol{i}(w_y - v_z) + \boldsymbol{j}(u_z - w_x) + \boldsymbol{k}(v_x - u_y) = \\ &\boldsymbol{i}2\omega_x + \boldsymbol{j}2\omega_y + \boldsymbol{k}2\omega_z = 2\boldsymbol{\omega}\end{aligned} \tag{2-25}$$

或即

$$\frac{1}{2}(\nabla \times \boldsymbol{v}) = \boldsymbol{\omega} \tag{2-26}$$

即旋度矢量的一半表示流体微团的旋转运动的角速度矢量。因此,无论在有黏性、

无黏性流体运动中,都可以定义出有旋流动与无旋流动,分别表示为

$$\boldsymbol{\omega} \neq 0, \quad \boldsymbol{\omega} = 0 \tag{2-27}$$

另一方面,在N-S方程的右端,则可以将流体流动时的各种黏性应力,与流体的线应变速率 $\varepsilon_{xx}=u_x$ 等、角变形速率 $\varepsilon_{xy}=\frac{1}{2}(u_y+v_x)$ 等通过牛顿内摩擦定律联系起来。例如,对二维简单剪切流动时的黏性剪切应力 τ,有 $\tau=\mu\frac{\partial u}{\partial y}$。这样就将各种流体应变,通过相应的流体黏性系数,转换为相应的流体应力。这使黏性流体的动力学问题的研究找到了方向。

2.4 无旋流动

无旋流动的概念对定常、非定常、可压缩、不可压缩、无黏性、有黏性(此时可进一步生成涡旋)流动的概念并不限定,即无旋流动同时也可以是上述流动。

某个时间段内,若流场中微团的速度的旋度处处为0

$$\text{rot}\ \boldsymbol{v} = \nabla \times \boldsymbol{v} = 2\boldsymbol{\omega} = \boldsymbol{\Omega} = 0 \tag{2-28}$$

则这种流动称为无旋流动。由式(2-25)得到上式。由上式和上一节的速度分解定理知,无旋流动的物理意义是所论流场中所有微团都没有旋转运动。而有旋流动相应是指某些或全部微团有绕其瞬时轴的旋转运动,即有角速度

$$\boldsymbol{\omega} = \boldsymbol{i}\omega_x + \boldsymbol{j}\omega_y + \boldsymbol{k}\omega_z \neq 0 \tag{2-29}$$

微团的有量纲物理量旋度 rot $\boldsymbol{v}$ 在流体力学中也称为涡量 $\boldsymbol{\Omega}$,它的数学分析定义即为场论中的 $\nabla\times\boldsymbol{v}$,又从旋度与 $\boldsymbol{\omega}$ 的关系看出它被称为旋度的物理基础,即在对微团进行运动学分析时看到了微团的旋转现象 $\boldsymbol{\omega}=\frac{1}{2}\text{rot}\ \boldsymbol{v}$。

无旋并不限制整体微团的圆周运动,例如,平动的微团沿曲线运动的流动(图2-7)。

由于矢量场 $\nabla\varphi$,即一个数量场 φ 的梯度,其旋度也为0,即

$$\nabla \times (\nabla\varphi) = 0 \tag{2-30}$$

设 φ 二阶可微且其混合偏导数连续,则根据高等数学,φ 的二阶混合偏导数与求导顺序无关,这是式(2-30)为0的本质原因。也因此,函数 φ 存在其全微分表达式

$$\mathrm{d}\varphi = \frac{\partial\varphi}{\partial x}\mathrm{d}x + \frac{\partial\varphi}{\partial y}\mathrm{d}y + \frac{\partial\varphi}{\partial z}\mathrm{d}z$$

以及 φ 的对坐标的曲线积分与路径无关。因此,对比式(2-30)与式(2-28)可知,每个无旋的速度场 $\boldsymbol{v}$ 均可对应于某个梯度场 $\nabla\varphi$,即

$$\boldsymbol{v} = \nabla\varphi \qquad \text{或} \qquad \boldsymbol{i}u + \boldsymbol{j}v + \boldsymbol{k}w = \boldsymbol{i}\frac{\partial\varphi}{\partial x} + \boldsymbol{j}\frac{\partial\varphi}{\partial y} + \boldsymbol{k}\frac{\partial\varphi}{\partial z} \tag{2-31}$$

该数量场 $\varphi(x,y,z,t)$ 被称为该速度场 $\boldsymbol{v}(x,y,z,t)$ 的势函数，简称为速度势。有速度势函数 φ 的流场 $\boldsymbol{v}$ 也称为速度有势流场。因此说，无旋流场与速度有势流场互为充要条件。也说成，无旋场为有势场，或无旋流为位势流。无旋流的例子有：在重力场作用下的理想不可压缩流体均匀来流所产生的绕物体流动（图 2-8）一定是无旋的（见 2.7.5 节）。

图 2-7　微团沿曲线平动属于无旋流动

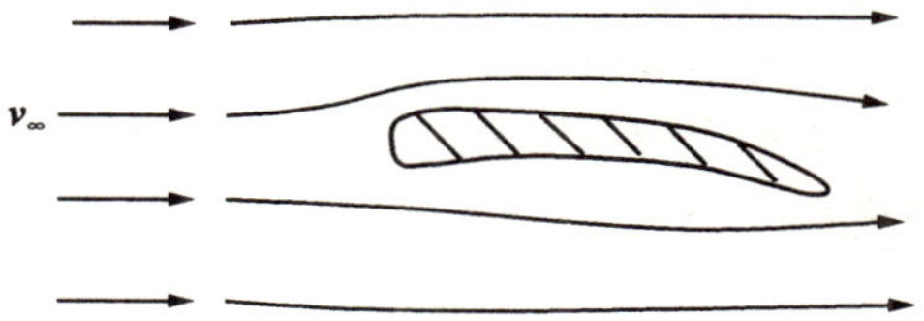

图 2-8　理想不可压缩均匀来流的绕流是无旋的

2.5　不可压的无旋流动

在欧拉方程组以及 N-S 方程组中，微团的连续方程为

$$\frac{\partial \rho}{\partial t} + \nabla \cdot \rho \boldsymbol{v} = 0 \tag{2-32}$$

这里，我们可先对这个方程的物理含义和合理性做一些理解。它是说，在单位体积中流体质量的时间增加率与在单位时间内随速度 $\boldsymbol{v}$ 带出单位体积的流体质量绝对值相等符号相反，参见式（2-23b），因此这两项质量变化的和为 0。根据质量守恒定律，这显然是合理的论断。现进一步设 $\rho=$ 常数，即流体不可压，则上式成为微团的散度时时处处为 0，即

$$\nabla \cdot \boldsymbol{v} = 0 \tag{2-33}$$

现再设流动无旋，则由“流动无旋则必然存在势函数”这一条件，得

$$\nabla \cdot (\nabla \varphi) = \nabla^2 \varphi = \Delta \varphi = 0 \tag{2-34}$$

即不可压缩的无旋流动不但有 φ，现在知道 φ 还满足拉普拉斯（Laplace）方程。由偏微分方程理论知满足该方程的 φ 为一单值函数。给定 $\varphi(x,y,z,t)$ 的边界条件遂可解这种流场的 φ，然后按式（2-31）得到 $\boldsymbol{v}$ 的分布，它可以是随时间变化的。注意在笛卡儿系和圆柱系中拉普拉斯算子 Δ 的形式不同。

这种流动的势函数 φ 由于满足拉普拉斯方程，故从偏微分方程理论还可证明流动有三个基本特征

（1）φ 在流体内部不能达到极大值或极小值；

（2）$\boldsymbol{v}$ 在流体内部不能达到极大值，有可能达到极小值；

（3）p 在流体内部不能达到极小值，有可能达到极大值。

这些可参见课程参考书目[6]等。

2.6　速度环量,无旋有势流场中速度环量的大小

速度环量的概念对于任何流动均可使用,是一般的,而不仅仅对于无旋有势的流动使用。

在数学分析中或场论中,数量场 φ 有梯度矢量$\nabla\varphi$。一方面梯度$\nabla\varphi$在某方向的微弧长上的投影就是数量差 $\mathrm{d}\varphi$(见图 2-9),另一方面梯度$\nabla\varphi$又是某个有势的速度场$\boldsymbol{v}$,这两点合写如下:

$$\mathrm{d}\varphi=\nabla\varphi\cdot\mathrm{d}\boldsymbol{l}=\boldsymbol{v}\cdot\mathrm{d}\boldsymbol{l}\tag{2-35}$$

由此,有势速度场中沿场中封闭曲线的速度势函数的差

$$\varphi'_{P0}-\varphi_{P0}=\oint_{\text{沿}l\text{逆时针积分}}\mathrm{d}\varphi=\oint_{\text{沿}l\text{逆时针积分}}\boldsymbol{v}\cdot\mathrm{d}\boldsymbol{l}\overset{\text{def}}{=}\Gamma\tag{2-36}$$

被称为速度的环量——速度沿封闭曲线的(对坐标的)曲线积分(见图 2-10)。进而若 $\Gamma=0$,则称 φ 为单值函数或单值数量场;若 $\Gamma\neq0$,则称 φ 为多值场。

现在先研究处于单连通域中的有势流场或称无旋流场。在单连通域中,任意封闭曲线可缩,则可应用斯托克斯定理:矢量在封闭曲线上的环量等于该矢量的旋度矢量向正侧穿过张于该曲线的曲面的通量,因此得到

$$\varphi'_{P0}-\varphi_{P0}=\Gamma=\oint_{\text{沿}l\text{逆时针积分}}\boldsymbol{v}\cdot\mathrm{d}\boldsymbol{l}=\iint_A(\nabla\times\boldsymbol{v})\cdot\mathrm{d}\boldsymbol{A}=0\tag{2-37}$$

式(2-37)积分为0是因为流场无旋。上式为0的意义首先可以陈述为:单连通域中的无旋流场的速度环量一定为0。其次还可以陈述为:单连通域中的无旋流动不可能存在封闭的流线 $\boldsymbol{l}$。事实上在任意的封闭回线上,速度环量的微分 $\boldsymbol{v}\cdot\mathrm{d}\boldsymbol{l}$ 总是正负值刚好对消,才能使得积分为0。而在封闭的流线上,环量的微分显然是不能对消的。

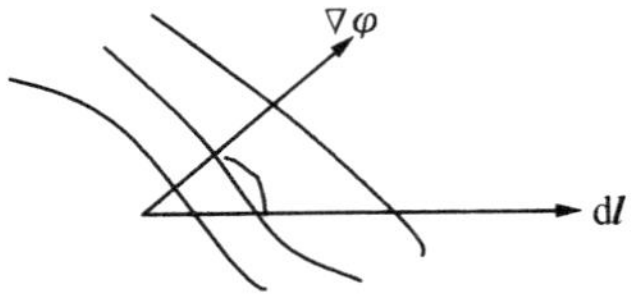

图 2-9　梯度在 l 方向的微弧长 $\mathrm{d}l$ 上的投影就是数量差 $\mathrm{d}\varphi$

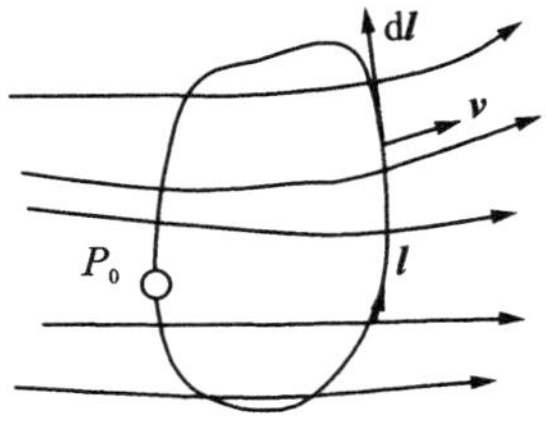

图 2-10　三维空间中沿任意封闭曲线 l 的速度环量

再研究处于多连通域中的无旋流场。所谓多连通域,是指存在着使被积函数不存在,或者不可积的点的一个自变量定义域。相应的,在几何语言上可以说,包

围着被积函数的这类点的封闭积分曲线，不可能无限收缩成一点而仍可在其上进行积分。对于多连通域，例如图 2 - 11 的机翼绕流问题，由于曲线 $\boldsymbol{l}$ 不可缩，因此先作辅助曲线 $\boldsymbol{l}+1+\boldsymbol{m}+2$，而使这样一根由四段曲线组合而成的封闭曲线可缩，再用斯托克斯定理，就得组合封闭曲线的速度环量为

$$\Gamma=\int_{l}\boldsymbol{v}\cdot\mathrm{d}\boldsymbol{l}+\int_{1}\boldsymbol{v}\cdot\mathrm{d}\boldsymbol{l}+\int_{m}\boldsymbol{v}\cdot\mathrm{d}\boldsymbol{l}+\int_{2}\boldsymbol{v}\cdot\mathrm{d}\boldsymbol{l}=\int_{A}(\nabla\times\boldsymbol{v})\cdot\mathrm{d}\boldsymbol{A}=0 \quad (2-38)$$

由于上式中在无限邻近的曲线 1 和曲线 2 上的环量微分 $\boldsymbol{v}\cdot\mathrm{d}\boldsymbol{l}$，其速度 $\boldsymbol{v}$ 完全相同而曲线 $\mathrm{d}\boldsymbol{l}$ 的方向完全相反，故有 $\int_{1}\boldsymbol{v}\cdot\mathrm{d}\boldsymbol{l}+\int_{2}\boldsymbol{v}\cdot\mathrm{d}\boldsymbol{l}=0$，因此得

$$\oint_{-l}\boldsymbol{v}\cdot\mathrm{d}\boldsymbol{l}=\oint_{m}\boldsymbol{v}\cdot\mathrm{d}\boldsymbol{l}=\Gamma_0 \quad (2-39)$$

因 $\boldsymbol{l}$ 为任意曲线，故上式说明在反 $\boldsymbol{l}$ 方向的任意曲线上的速度环量，均等于翼型表面上的速度环量 $\oint_{m}\boldsymbol{v}\cdot\mathrm{d}\boldsymbol{l}$，它们的值均是 Γ_0。Γ_0 是曲线 $\boldsymbol{m}$ 内部的假想的流场中的边界起始环量，$\boldsymbol{m}$ 外部的流场中的微团的速度场则不再含有新的环量。

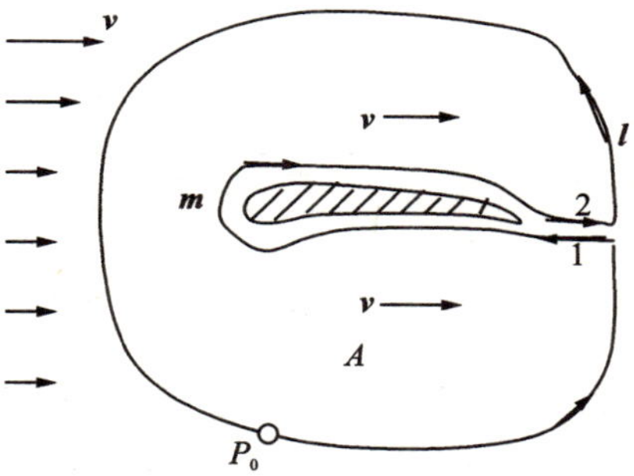

图 2 - 11　机翼绕流问题可模型化为一个多连通域问题

那么 Γ_0 的值为何呢？无黏性流体力学，因为其不研究由黏性产生速度环量的细节过程，因而不可能理论计算出流场边界处的起始环量 Γ_0 的值。转而，可以由各种其他根据，来取定 Γ_0 的值，作为进一步分析流场内部区域的流动的基础。Γ_0 可以取为 0，也可以不取为 0。在所假设的近翼面处有黏性薄层的流场中，Γ_0 一定不取为 0，这就可以用这种有黏性薄层的、起始环量 Γ_0 不为 0 的数学模型，去近似求解现实中有黏性的真实流场。

例 2.1　单连通域中的无旋流场的速度环量

试用两种方法计算二维平行流动 $\boldsymbol{v}=v_\infty\boldsymbol{i}$ 的速度环量，并进一步证明三维平行流动 $\boldsymbol{v}=v_\infty\boldsymbol{i}$ 的速度环量为 0。

既然本问题没有指定求环量的区域，那么问题应该与区域无关，但要计算以后才能得知准确结论。又由于本流场显然不存在奇点，因此这是在单连通域中求环量的问题。于是采用第一种方法，在二维平行流动流场中的任意处，取任一矩形封闭曲线 1234(见图 2 - 12)，则其上的速度环量为

$$\Gamma = \Gamma_{12} + \Gamma_{23} + \Gamma_{34} + \Gamma_{41} = v_\infty b + 0 + v_\infty b \cos \pi + 0 = 0$$

其次,又采用第二种方法,在该二维流场的任意处,取半径 r 为任意值的一圆形封闭曲线(见图 2-12),则其上的速度环量为

$$\Gamma = \oint \boldsymbol{v} \cdot \mathrm{d}\boldsymbol{l} = \oint [\boldsymbol{e}_r v_\infty \cos\theta + (-\boldsymbol{e}_\theta) v_\infty \sin\theta] \cdot \boldsymbol{e}_\theta r \mathrm{d}\theta = -v_\infty r \int_0^{2\pi} \sin\theta \mathrm{d}\theta = 0$$

以上两种方法均得到平行流的速度环量为 0。再列举其他任意方法将同样得到为 0 的结论。但这样的列举法不能证明在二维平行流场中的任意封闭曲线上一般地速度环量为 0。

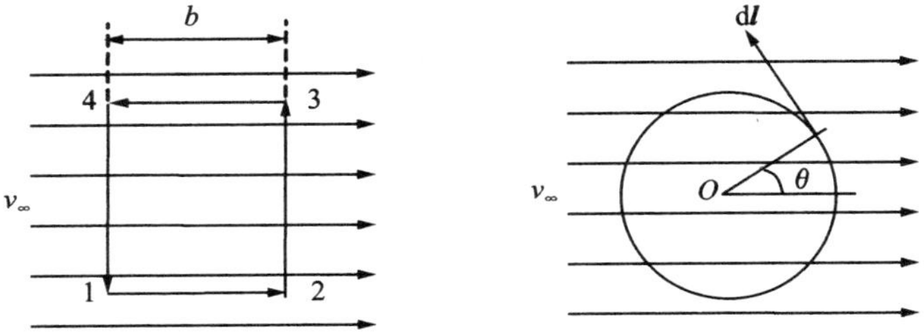

图 2-12　求单连通域中流场速度环量的例子

现在用流场旋度的概念证明三维平行流的速度环量为 0 这个一般性结论。显然这一结论也适用于二维平行流。若取场论公式,则直接有该三维流场的旋度为

$$\nabla \times \boldsymbol{v} = \nabla \times v_\infty \boldsymbol{i} = 0$$

上式为 0 是因为本题中 v_∞ 是常量。又也常借助笛卡儿坐标系中的运算公式(1-27)得

$$\nabla \times \boldsymbol{v} = \begin{vmatrix} \boldsymbol{i} & \boldsymbol{j} & \boldsymbol{k} \\ \dfrac{\partial}{\partial x} & \dfrac{\partial}{\partial y} & \dfrac{\partial}{\partial z} \\ v_x & v_y & v_z \end{vmatrix} = \boldsymbol{i}\left(\frac{\partial v_z}{\partial y} - \frac{\partial v_y}{\partial z}\right) + \boldsymbol{j}\left(\frac{\partial v_x}{\partial z} - \frac{\partial v_z}{\partial x}\right) + \boldsymbol{k}\left(\frac{\partial v_y}{\partial x} - \frac{\partial v_x}{\partial y}\right) = 0$$

上式为 0 是因为本题中 $v_x = v_\infty$ 以及 $v_y = v_z = 0$ 均是常量。因此,平行流动是一无旋流场。进而,在此单连通域流场中直接应用斯托克斯定理就有

$$\Gamma = \oint \boldsymbol{v} \cdot \mathrm{d}\boldsymbol{l} = \iint_A (\nabla \times \boldsymbol{v}) \cdot \mathrm{d}\boldsymbol{A} = 0$$

该式的意义即本节已经论述过的:单连通域中的无旋流场的速度环量一定为 0。不同于列举法,这里就完备证明了平行流的速度环量为 0 的一般性结论。

例 2.2　双连通域中的无旋流场的速度环量

一个二维流场 $\boldsymbol{v} = \dfrac{c}{r}\boldsymbol{e}_\theta$,其中 c = 常数,$r \neq 0$。这是某点速度大小与该点到原点

的距离成反比的环流流动。试计算在图(2-13)所示的包围原点的具有任意半径 r 的圆形封闭曲线上的速度环量,并判断此流动有旋与否。

显然本题的原点 $r=0$ 处为流场的奇点,因此这是在多连通域中求速度环量。直接计算有

$$\Gamma=\oint \boldsymbol{v}\cdot \mathrm{d}\boldsymbol{l}=\int_0^{2\pi}\frac{c}{r}\boldsymbol{e}_\theta\cdot\boldsymbol{e}_\theta r\,\mathrm{d}\theta=2\pi c$$

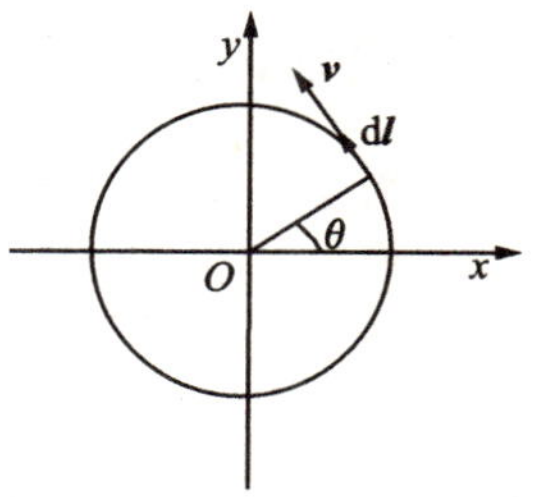

图 2-13　求双连通域中流场速度环量的例子

即其速度环量不为 0。然而当检验流场的旋度时,则在 $r\neq 0$ 处由公式(1-27)有

$$\nabla\times\boldsymbol{v}=\boldsymbol{e}_z\left(\frac{\partial r v_\theta}{r\partial r}-\frac{\partial v_r}{r\partial\theta}\right)=\boldsymbol{e}_z\left(\frac{\partial v_\theta}{\partial r}+\frac{v_\theta}{r}-\frac{\partial v_r}{r\partial\theta}\right)=\boldsymbol{e}_z\left(\frac{\partial\dfrac{c}{r}}{\partial r}+\frac{\dfrac{c}{r}}{r}-0\right)=0$$

可见这个有周向速度的流场却仍然是个无旋流场,或者说这是个旋转着的无旋流场。进而,由这里 Γ 的计算过程和本节的基本理论知,在该流场中任意形状的包围原点的封闭曲线上,都具有与边界 $r=0$ 处相等的环量 $2\pi c$,而在任何不包围原点的封闭曲线上,也就是在单连通域中的曲线上,由于流场旋度为 0 而环量都是 0。

本章习题 2.8 给出了在双连通域流场中求速度环量的又一例子。

2.7　有旋流动

有旋流动的概念对于有黏、无黏流动均适用。在流场时间空间中,微团速度的旋度 rot $\boldsymbol{v}=\boldsymbol{\Omega}$ 不恒为 0 的流动称为有旋流动。微团的涡量 $\boldsymbol{\Omega}$ 已在讨论无旋流动时提到过,为

$$\boldsymbol{\Omega}=\nabla\times\boldsymbol{v}\tag{2-40}$$

可以借助在笛卡儿坐标系下展开的场论运算公式,较容易地验证涡量场的散度为 0,即

$$\nabla\cdot\boldsymbol{\Omega}=\nabla\cdot(\nabla\times\boldsymbol{v})=0\quad\text{(涡量连续方程)}\tag{2-41}$$

这式也称为涡量连续方程,一般地已表为式(1-30)。这式实质上是一个运动学方程,成立的条件是速度场 $\boldsymbol{v}$ 在三维或二维空间中二阶可微。它适用于实际中不生成新的涡量 $\boldsymbol{\Omega}$ 的流场,由 2.7.5 节可知,这首先对应于任意一个满足该节三个条件的无黏性流场,且其场中可存在着固体。这也对应于任意一个其他流场中一点及其邻域处的局部运动学性质,例如有黏性流场,这里说局部是因为有黏性流场还在不断生成着新的涡量。

2.7.1　用涡线的方程定义涡线

涡线作为流场中的一条连续曲线 $\boldsymbol{c}(x,y,z,t)$，其方程为

$$\boldsymbol{\Omega}\times \mathrm{d}\boldsymbol{c}=0 \qquad 或 \qquad \frac{\mathrm{d}x}{\Omega_x}=\frac{\mathrm{d}y}{\Omega_y}=\frac{\mathrm{d}z}{\Omega_z} \tag{2-42}$$

意即 $\boldsymbol{\Omega}$ 和 $\mathrm{d}\boldsymbol{c}$ 为同方向的矢量。以上公式均可含时间变量 t，即非定常流场的涡线 $\boldsymbol{c}$ 也在随时间而变形。以下是两个基本概念：

涡线通过一个非涡线的封闭曲线排列成一个涡管(见图2-14)；

涡管内部的全部涡线称为涡束。

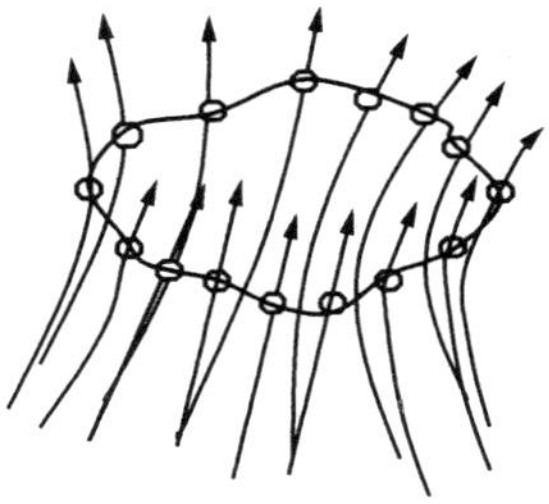

图2-14　涡管

现对涡线与流线的关系作一分析。流线是 $\boldsymbol{v}\times \mathrm{d}\boldsymbol{l}_v=0$，其中 $\mathrm{d}\boldsymbol{l}_v$ 是流线的微段，叉积为0说明 $\boldsymbol{v}$ 与 $\mathrm{d}\boldsymbol{l}_v$ 共线。涡线是 $\boldsymbol{\Omega}\times \mathrm{d}\boldsymbol{l}_\Omega=(\nabla\times\boldsymbol{v})\times \mathrm{d}\boldsymbol{l}_\Omega=0$，其中 $\mathrm{d}\boldsymbol{l}_\Omega$ 是涡线的微段，$\boldsymbol{\Omega}$ 也与 $\mathrm{d}\boldsymbol{l}_\Omega$ 共线。而 $\boldsymbol{\Omega}=\nabla\times\boldsymbol{v}$，根据式(1-27)的第一式，可见 $\boldsymbol{\Omega}$ 的分量 $\boldsymbol{i}\Omega_x$，$\boldsymbol{j}\Omega_y$，$\boldsymbol{k}\Omega_z$ 分别与它所垂直的二维坐标平面空间中的 $\boldsymbol{v}$ 的投影速度 $\boldsymbol{j}v+\boldsymbol{k}w$，$\boldsymbol{k}w+\boldsymbol{i}u$，$\boldsymbol{i}u+\boldsymbol{j}v$ 互相垂直，因此涡线 $\mathrm{d}\boldsymbol{l}_\Omega$ 的分量 $(\mathrm{d}\boldsymbol{l}_\Omega)_x$，$(\mathrm{d}\boldsymbol{l}_\Omega)_y$，$(\mathrm{d}\boldsymbol{l}_\Omega)_z$ 分别与流线 $\mathrm{d}\boldsymbol{l}_v$ 的坐标平面投影 $(\mathrm{d}\boldsymbol{l}_v)_{y,z}$，$(\mathrm{d}\boldsymbol{l}_v)_{z,x}$，$(\mathrm{d}\boldsymbol{l}_v)_{x,y}$ 互相垂直。但同时就可见在三维整体空间中涡线 $\mathrm{d}\boldsymbol{l}_\Omega$ 与流线 $\mathrm{d}\boldsymbol{l}_v$ 不一定互相垂直。习题3.7甚至举出了三维流中涡线与流线共线的例子，它可作为机翼尾缘发出的流向涡线的数学模型。

2.7.2　涡通量 I 或涡管的旋涡强度 I，有旋无势流场中速度环量的大小

涡通量标量 I 是通过某开口曲面 $\boldsymbol{A}$ 的涡量 $\boldsymbol{\Omega}$ 的通量的总和，也是微涡管元的旋涡强度 $\mathrm{d}I$ 的面积分(图2-15)，为

$$I=\iint_A \mathrm{d}I=\iint_A \boldsymbol{\Omega}\cdot \mathrm{d}\boldsymbol{A}=\iint_A 2\boldsymbol{\omega}\cdot \mathrm{d}\boldsymbol{A}=\iint_A(\nabla\times\boldsymbol{v})\cdot \mathrm{d}\boldsymbol{A} \tag{2-43}$$

对有旋流场中的单连通域进一步用斯托克斯定理就有

$$I=\oint_l \boldsymbol{v}\cdot \mathrm{d}\boldsymbol{l}=\Gamma \tag{2-44}$$

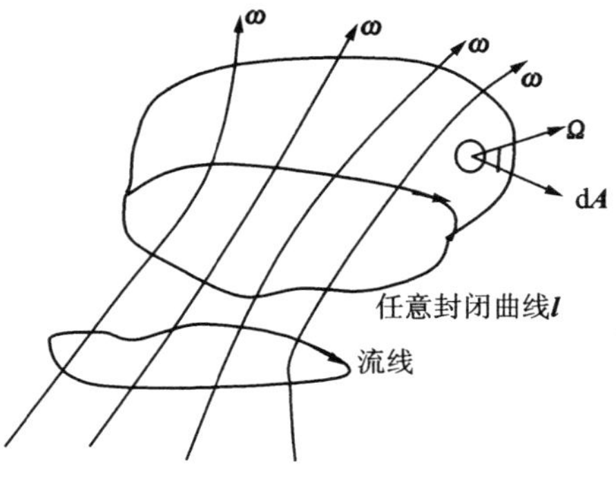

图2-15　涡通量 I 的几何意义

将式(2－43)和式(2－44)联立即陈述：可缩封闭曲线 $\boldsymbol{l}$ 上的速度环量 Γ 等于穿过以该曲线为周界的任意开口曲面 $\boldsymbol{A}$ 的涡通量 I。

因此在有旋流场中，在单连通域，可以用式(2－44)或式(2－43)求流场的速度环量 Γ。在多连通域，则只能用式(2－44)求环量 Γ。与无旋流场时求环量不同的是，通常环量 Γ 不为 0。

2.7.3 涡管的旋涡强度 *I* 守恒定理

也称为亥姆霍兹第一涡定理。该定理对理想流动适用。若承认存在一个涡管于流场中的话，则在同一时刻，来求涡量在以涡管为侧壁的管型封闭曲面 $A=A_1+A_2+A_3$(见图 2－16)上的通量。这时应用奥-高定理：矢量在封闭曲面上的通量等于该矢量的散度的体积分，得到

$$I_A=\oiint_A \boldsymbol{\Omega}\cdot \mathrm{d}\boldsymbol{A}=-\iint_{A_1}\boldsymbol{\Omega}\cdot \mathrm{d}\boldsymbol{A}+\iint_{A_2}\boldsymbol{\Omega}\cdot \mathrm{d}\boldsymbol{A}+\iint_{A_3}\boldsymbol{\Omega}\cdot \mathrm{d}\boldsymbol{A}=$$
$$\iiint_V(\nabla\cdot\boldsymbol{\Omega})\mathrm{d}V=\iiint_V\nabla\cdot(\nabla\times\boldsymbol{v})\mathrm{d}V=0 \tag{2-45}$$

积分为 0 是因为旋度的散度为 0，见式(1－30)。因此有

$$\iint_{A_1}\boldsymbol{\Omega}\cdot \mathrm{d}\boldsymbol{A}=\iint_{A_2}\boldsymbol{\Omega}\cdot \mathrm{d}\boldsymbol{A}=I \tag{2-46}$$

得出上式的原因是，在面积 A_3 上的积分由于 $\boldsymbol{\Omega}$ 垂直 $\mathrm{d}\boldsymbol{A}$ 而为 0。因此，在同一时刻涡管的旋涡强度 I 不变，称为涡管强度守恒定理。

因此，对微元涡管又有 $\Omega A=2\omega A=\mathrm{const}$ 成立，则 Ω 与 A 成反比，且涡管不中断，也不生成。

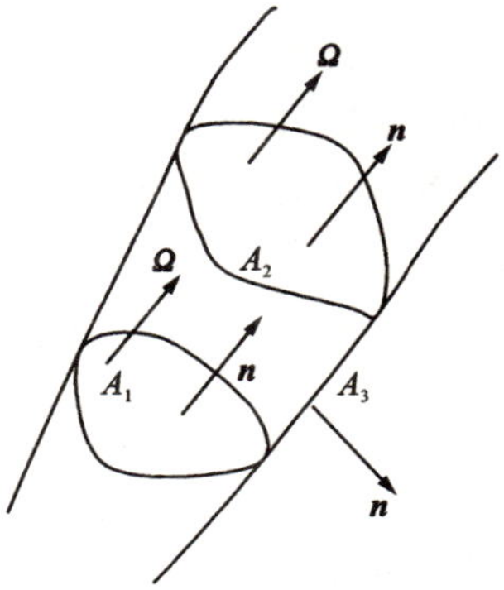

图 2－16　涡管强度 *I* 守恒定理的意义

2.7.4 开尔文定理

在无黏性、质量力有势、正压流体的流场中，任取一条封闭的流体物质线，在流动中这条物质线始终由一些相同的但不断变形的流体微团所构成。可以证明沿这条流体物质线的速度环量不随时间变化，即速度环量的全导数为 0。这称为开尔文(Kelvin 或 William Thomson)定理。下面来分析这个速度环量的全导数(见图 2－17)

$$\frac{\mathrm{D}}{\mathrm{D}t}\oint_l \boldsymbol{v}\cdot \mathrm{d}\boldsymbol{l}=\oint_l\left(\frac{\mathrm{D}\boldsymbol{v}}{\mathrm{D}t}\cdot \mathrm{d}\boldsymbol{l}+\boldsymbol{v}\cdot\frac{\mathrm{Dd}\boldsymbol{l}}{\mathrm{D}t}\right) \tag{2-47}$$

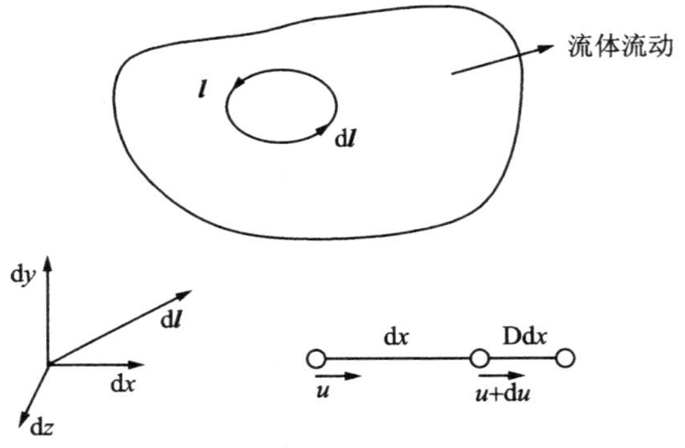

图 2-17 开尔文定理的意义及证明的说明

首先,上式左端的某函数关于空间的微分 $\boldsymbol{v}\cdot \mathrm{d}\boldsymbol{l}$ 本身是两个独立的自变量空间和时间的二元函数;其次,设这个空间微分对于时间可微并存在对时间的一阶连续偏导数。在这两个条件下,高等数学指出对这个空间微分的积分、微分(求时间导数)运算可以互换先后,故得到式(2-47)的右端。

引用 N-S 方程组的动量方程。首先设流动无黏,则该方程右端黏性项全部简化为 0,得

$$\frac{\mathrm{D}\boldsymbol{v}}{\mathrm{D}t}=-\frac{1}{\rho}\nabla p+\boldsymbol{F}=-\nabla P(p)-\nabla U=-\nabla\left[P(p)+U\right] \tag{2-48}$$

在式(2-48)中,其次设流体的彻体力 $\boldsymbol{F}$ 有势

$$\boldsymbol{F}=-\nabla U \tag{2-49}$$

再则又设流体为正压的,即流体的 ρ 仅仅是 p 的函数 $\rho(p)$。这样的流体例如不可压流体 $\rho=\mathrm{const}$,气体等容过程 $\rho=\mathrm{const}$,等温过程 $p=\rho RT$,等熵过程 $p/\rho^k=\mathrm{const}$,多变过程 $p/\rho^n=\mathrm{const}$。这样就必然可以设定存在着一个关于压强 p 的数量函数 $P(p)$

$$P(p)=\int_l\frac{\mathrm{d}p}{\rho(p)} \tag{2-50}$$

式(2-50)左端也可写成 $\mathrm{d}P$ 沿着曲线 $\boldsymbol{l}$ 的积分的形式,进而写成 P 的梯度的投影的形式,而右端的 $\mathrm{d}p$ 也可变形为梯度的投影,这样得到

$$\int_l \mathrm{d}P(p)=\int_l\nabla P(p)\cdot \mathrm{d}\boldsymbol{l}=\int_l\frac{\nabla p\cdot \mathrm{d}\boldsymbol{l}}{\rho(p)} \tag{2-51}$$

由于曲线 $\boldsymbol{l}$ 是任意取的,则式(2-51)已经说明有数量函数的梯度的关系

$$\nabla P(p)=\frac{\nabla p}{\rho(p)} \tag{2-52}$$

这就是动量方程式(2-48)右端第一项的变形的根据。

现在，首先可将式(2-47)右端的第一项变形为

$$\oint_l \frac{\mathrm{D}\boldsymbol{v}}{\mathrm{D}t}\cdot \mathrm{d}\boldsymbol{l} = \oint_l -\nabla(P+U)\cdot \mathrm{d}\boldsymbol{l} = \oint_l -\mathrm{d}(P+U) = 0 \tag{2-53}$$

式(2-53)为 0 是因为在单连通域中数量函数对于坐标的封闭曲线积分必为 0。其次，式(2-47)右端第二项的被积函数可变形为

$$\boldsymbol{v}\cdot\frac{\mathrm{D}\mathrm{d}\boldsymbol{l}}{\mathrm{D}t} = u\frac{\mathrm{D}\mathrm{d}x}{\mathrm{D}t} + v\frac{\mathrm{D}\mathrm{d}y}{\mathrm{D}t} + w\frac{\mathrm{D}\mathrm{d}z}{\mathrm{D}t} = u\mathrm{d}u + v\mathrm{d}v + w\mathrm{d}w = \boldsymbol{v}\cdot\mathrm{d}\boldsymbol{v} = \mathrm{d}\left(\frac{\boldsymbol{v}^2}{2}\right) \tag{2-54}$$

得出上式是因为有

$$\frac{\mathrm{D}\mathrm{d}x}{\mathrm{D}t} = \frac{[(u+\mathrm{d}u)-u]\mathrm{D}t}{\mathrm{D}t} = \mathrm{d}u \tag{2-55}$$

等。注意，这里 $\mathrm{d}x$ 不是场，仅是一长度，因此在微段 $\mathrm{d}\boldsymbol{l}$ 的移动过程中 $\mathrm{d}x$ 只有简单意义上的时间变化率，并仅在 x 方向有增量(见图 2-17)。

由式(2-55)，式(2-54)，得式(2-47)右端的第二项为

$$\oint_l \mathrm{d}\left(\frac{\boldsymbol{v}^2}{2}\right) = 0 \tag{2-56}$$

式(2-56)为 0 同样是因为是对数量函数的积分。因此，已经证明了开尔文定理

$$\frac{\mathrm{D}}{\mathrm{D}t}\oint_l \boldsymbol{v}\cdot\mathrm{d}\boldsymbol{l} = 0 \tag{2-57}$$

2.7.5　拉格朗日定理或旋涡不生不灭定理

读者可从上面的两个定理出发而自行论证这一定理：在无黏性、质量力有势、正压流体流动的某时刻，流体的某部分若无(有)旋涡，则前、后时刻该部分均无(有)旋涡。也即所讨论的那部分流体中任意封闭曲线上的速度环量 $\Gamma=0(\Gamma\neq 0)$。

因此若满足上述三个条件，则旋涡即不能产生，也不会消失。反之则有消长。因此在这三个条件下前面说过的论断成立：相对无穷远均匀来流的物体绕流流场为无旋流场，无论是来流在运动还是物体在运动。

2.7.6　几个定理的对比理解

涡管的旋涡强度 I 守恒定理是说，一个无黏流场中瞬刻若存在着一个涡管，则所见的涡管不论怎样弯曲复杂，涡管内的涡量 $\boldsymbol{\Omega}=\nabla\times\boldsymbol{v}$ 的任意曲面积分值不变。

开尔文定理是说，理想、质量力有势、正压的流体中，沿任一条封闭流体物质线的速度环量 $\oint_l \boldsymbol{v}\cdot\mathrm{d}\boldsymbol{l}$ 的全导数为 0，即该速度环量不随时间变化。这里的封闭物质

线无非或者处于有旋流场中的某个涡管的表面上,或者处于无旋的流场中。

拉格朗日定理是说,理想、质量力有势、正压的流体中,若某刻无(有)旋涡,则以往和将来就无(有)旋涡。它是开尔文定理的直接推论。

习题 2

2.1 试写出随流导数的数学表达式,并讨论各项的物理意义。

2.2 试证明,沿流体质点运动方向 $\boldsymbol{v}=\boldsymbol{i}_s V$,全导数也可以写成下式后一形式

$$\frac{\mathrm{D}}{\mathrm{D}t}=\frac{\partial}{\partial t}+\boldsymbol{v}\cdot\nabla=\frac{\partial}{\partial t}+V\frac{\partial}{\partial s}$$

2.3 在二维流动中,速度场 $\boldsymbol{v}$ 由 $u=y^2-x^2$,$v=2xy$ 表示。试计算在点 $P(2,2)$ 处:(1) $\boldsymbol{v}$ 的值 V;(2) $\boldsymbol{v}$ 与 x 轴的夹角;(3) 流体微团通过这一点时的加速度。

2.4 试写出柯西-亥姆霍兹速度分解定理的数学表达式,并讨论各项的物理意义。

2.5 复习场论中旋度的概念 $\mathrm{rot}\,\boldsymbol{v}=\nabla\times\boldsymbol{v}$,及其在直角坐标系中的展开式。

2.6 在直角坐标系中证明本章式(2-22)所用到的变量关系:

$$\boldsymbol{A}\cdot\mathrm{d}\boldsymbol{r}=\boldsymbol{\omega}\times\mathrm{d}\boldsymbol{r}=\frac{1}{2}(\nabla\times\boldsymbol{v})\times\mathrm{d}\boldsymbol{r}$$

2.7 试从场论符号∇表达的公式开始,推导:用极坐标 r,θ 表示的定常不可压缩流体平面流动的连续方程和旋转角速度各为

$$\frac{\partial v_r}{\partial r}+\frac{v_r}{r}+\frac{\partial v_\theta}{r\partial\theta}=0 \qquad 和 \qquad \omega_z=\frac{1}{2}\left(\frac{\partial v_\theta}{\partial r}+\frac{v_\theta}{r}-\frac{\partial v_r}{r\partial\theta}\right)$$

2.8 给定圆柱坐标系内的平面流动

$$v_r=v_\infty\left(1-\frac{a^2}{r^2}\right)\cos\theta,\quad v_\theta=-v_\infty\left(1+\frac{a^2}{r^2}\right)\sin\theta+\frac{K}{r}$$

其中,v_∞,a,K 均为常数。试求(1) $r\geqslant a$ 区域的流场是有旋的还是无旋的?(2) 包围 $r=a$ 的任一封闭曲线上的速度环量。

2.9 有一种二维不可压流动,其势函数为 $\varphi=cxy$,c 是常数。求其流线方程。

2.10 给定一个流场的速度分布为

$$u=-\frac{\Gamma}{2\pi}\frac{y}{(x-3)^2+y^2},\quad v=\frac{\Gamma}{2\pi}\frac{x-3}{(x-3)^2+y^2}$$

求沿如下三种围线的速度环量:(1) 矩形域 $1.5\leqslant x\leqslant 4.5$,$-1\leqslant y\leqslant 1$ 的边界;(2) 矩形域 $-1\leqslant x\leqslant 1$,$-1\leqslant y\leqslant 1$ 的边界;(3) 圆周 $(x-3)^2+y^2=1$。当未声明曲线的方向,则应按曲线的正向即逆时针方向计算环量。

2.11 给定流场为

$$u=-\frac{cy}{x^2+y^2},\quad v=\frac{cx}{x^2+y^2},\quad w=0 \qquad (c\ 是常数)$$

（1）试用速度环量来说明运动是否有旋；

（2）作一个围绕 Oz 轴的任意封闭回线，试用斯托克斯定理求此封闭周线的速度环量，并说明此环量值与所取封闭周线的形状无关。

2.12　对二维不可压流动，试证明：

（1）如果流动无旋，则必满足 $\nabla^2 u=0$，$\nabla^2 v=0$；

（2）满足 $\nabla^2 u=0$，$\nabla^2 v=0$ 的流动不一定无旋。

2.13　速度场为 $u=y+2z$，$v=z+2x$，$w=x+2y$，求

（1）涡量及涡线；

（2）在 $x+y+z=1$ 平面上横截面积为 $\mathrm{d}S=0.0001\ \mathrm{m}^2$ 的涡管强度；

（3）在 $z=0$ 平面上 $\mathrm{d}S=0.0001\ \mathrm{m}^2$ 的面积上的涡通量。

第3章 无黏性可压缩流体多维流动基本方程

3.1 雷诺输运定理

用拉格朗日法，可以直接研究一个有限物质体系中的物理量随时间的变化率，参见图3-1(a)；而用欧拉法，则相应地是研究一个有限控制体中的物理量对时间的全导数，这个控制体被固定于坐标系中。稍候我们将看到，积分形式的流体力学方程组，其“适用于体系的数学形式”和“适用于控制体的数学形式”是不相同的。例如，用计算流体动力学(Computational Fluid Dynamics，CFD)方法研究叶轮机静子叶栅中的流动时，就是研究在如图3-1(b)所示的不同层次的固定控制体中，流场物理量的变化。这时，流体力学方程组应采用适用于控制体的形式。这是力学和工程中较多采用的求解流动问题的方法。

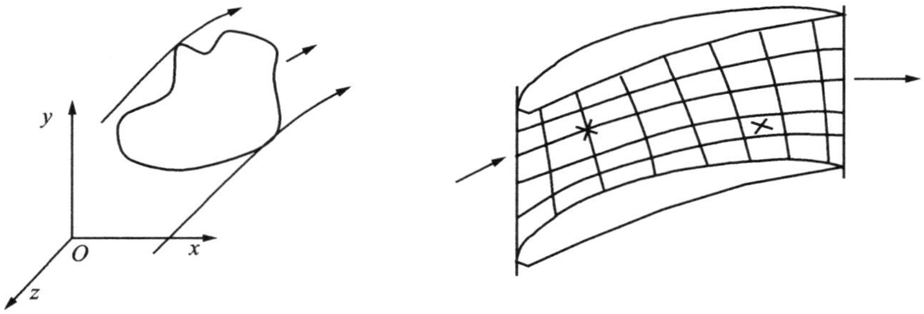

(a) 体系的变形与移动　　(b) 固定于整个静子叶栅空间中的控制体及其内部网格间的小控制体

图3-1　有限物质体系问题与有限控制体问题

为了将物理定律易于在其中写出的“有限体系问题”的方程组形式转写为“有限控制体问题”的方程组形式，这里研究雷诺输运定理(Reynolds Transport)。图3-2(a)以平面上的实线团块代表空间中的一个体系，而虚线团块是套在实线团块上的所定义的控制体，它在空间中的位置不动。实线团块经 Δt 时间段移动和变形到另一个实线团块的位置。

体系中的某一与流体体积有关的物理量 N 由单位体积的物理量 η 对体系的体积 V 积分而得

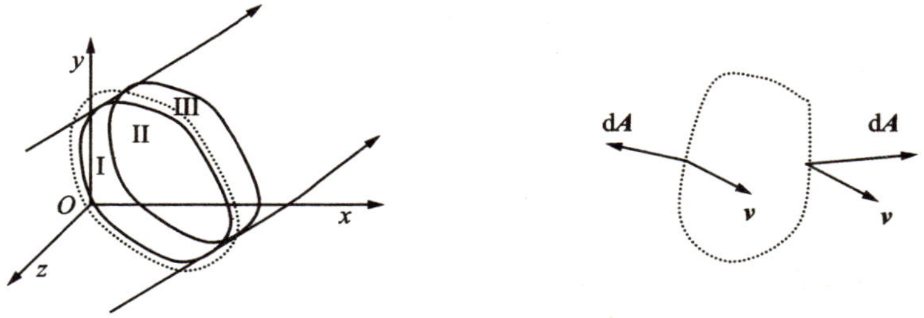

(a) 套在体系上的控制体　　(b) 容积流量的正负值

图 3-2　雷诺输运定理的证明

$$N = \int_V \eta \mathrm{d}V \tag{3-1}$$

于是写出体系中的物理量 N 的随流导数为

$$\frac{DN}{Dt} = \lim_{\Delta t \to 0} \frac{N_{\mathrm{III},t+\Delta t} + N_{\mathrm{II},t+\Delta t} - N_{\mathrm{II},t} - N_{\mathrm{I},t}}{\Delta t} =$$

$$\lim_{\Delta t \to 0} \frac{\left(\int_{\mathrm{III}} \eta \mathrm{d}V\right)_{t+\Delta t}}{\Delta t} + \lim_{\Delta t \to 0} \frac{\left(\int_{\mathrm{II}} \eta \mathrm{d}V\right)_{t+\Delta t} - \left(\int_{\mathrm{II}} \eta \mathrm{d}V\right)_t}{\Delta t} - \lim_{\Delta t \to 0} \frac{\left(\int_{\mathrm{I}} \eta \mathrm{d}V\right)_t}{\Delta t} =$$

$$\lim_{\Delta t \to 0} \frac{\int_{\text{控制体出流面积}A} \eta \boldsymbol{v} \Delta t \cdot \mathrm{d}\boldsymbol{A}}{\Delta t} + \frac{\partial}{\partial t} \int_{\text{控制体体积}V} \eta \mathrm{d}V - \left(- \lim_{\Delta t \to 0} \frac{\int_{\text{控制体入流面积}A} \eta \boldsymbol{v} \Delta t \cdot \mathrm{d}\boldsymbol{A}}{\Delta t} \right) =$$

$$\int_{\text{控制体体积}V} \frac{\partial \eta}{\partial t} \mathrm{d}V + \oint_{\text{控制体面积}A} \eta \boldsymbol{v} \cdot \mathrm{d}\boldsymbol{A} \tag{3-2}$$

其中，$\boldsymbol{v} \cdot \mathrm{d}\boldsymbol{A}$ 是流体流出和流入控制体界面 $\boldsymbol{A}$ 的容积流量，流出为正，流入为负，见图3-2(b)。这个等式就是雷诺输运定理，或称为雷诺输运方程，它是说

体系中的物理量 N 的时间全变化率 =

重合控制体中物理量 N 的增加率 + N 的净流出率　　(3-3)

用于体系与控制体之间方程转换的雷诺输运定理式(3-2)与微团的全导数式(2-3)从本质上说是相同的，因此可以说，雷诺输运定理表达了流体体系所载的物理量的全导数。另外注意到，有的书中也称“体系”(system)为“封闭体系”(closed system)，称“控制体”(control volume)为“开口体系”(open system)。

3.2　质量守恒定律，即连续方程的积分形式、微分形式

这里用矢量形式推导适用于体系和控制体的连续方程的各种形式。V 为体积，$\boldsymbol{v}$ 为速度。因为质量守恒，故显然体系的连续方程为

$$\frac{D}{Dt}\int_V \rho \mathrm{d}V = 0 \quad \text{(适用于体系的积分形式连续方程)} \tag{3-4}$$

由雷诺输运定理有

$$\int_V \frac{\partial \rho}{\partial t}\mathrm{d}V + \oint_A \rho \boldsymbol{v} \cdot \mathrm{d}\boldsymbol{A} = 0$$

(适用于控制体的积分形式,例如用于CFD中的有限体积法) (3-5)

例如,当为一维定常流的控制体则

$$(\rho u A)_2 - (\rho u A)_1 = 0 \tag{3-6}$$

由式(3-5),对其中的面积分使用奥-高定理(其意义为体积分与面积分的关系)作变换,则得

$$\int_V \left[\frac{\partial \rho}{\partial t} + \nabla \cdot (\rho \boldsymbol{v})\right]\mathrm{d}V = 0 \quad \text{(适用于控制体的积分形式)} \tag{3-7}$$

由于式(3-7)中体积V的大小是任意取的,则得

$$\frac{\partial \rho}{\partial t} + \nabla \cdot (\rho \boldsymbol{v}) = 0$$

(守恒形微分形式,例如,用于CFD中的有限差分法) (3-8a)

式(3-8a)的展开为标量的写法则为

$$\frac{\partial \rho}{\partial t} + \frac{\partial \rho u}{\partial x} + \frac{\partial \rho v}{\partial y} + \frac{\partial \rho w}{\partial z} = 0$$

(守恒形微分形式,在直角系的展开写法) (3-8b)

又,对式(3-8a)采用加减配平法改写则有

$$\frac{\partial \rho}{\partial t} + (\boldsymbol{v} \cdot \nabla)\rho + \nabla \cdot (\rho \boldsymbol{v}) - (\boldsymbol{v} \cdot \nabla)\rho = \frac{D\rho}{Dt} + \rho \nabla \cdot \boldsymbol{v} = 0$$

(非守恒形微分形式) (3-9)

式(3-8a)对于定常可压缩流动,式(3-9)对于不可压缩流动,分别简化为

$$\nabla \cdot \rho \boldsymbol{v} = 0, \qquad \nabla \cdot \boldsymbol{v} = 0 \tag{3-10}$$

上面各方程在直角坐标系、圆柱坐标系下的展开写法都可以根据前面的场论而写出。

若一个偏微分方程被写为如下形式

$$\frac{\partial F_1}{\partial x_1} + \frac{\partial F_2}{\partial x_2} + \frac{\partial F_3}{\partial x_3} = F_4 \tag{3-11}$$

则称其为守恒形(conservation-law form)的微分方程,或称为散度形微分方程。因为其左端显然为矢量$\boldsymbol{F}=(F_1, F_2, F_3)$的散度。其中当$F_4 \neq 0$时又可称为弱守恒形,而当$F_4=0$时称为强守恒形或完全守恒形。由守恒形微分方程直接数值离散所得到的守恒形差分方程有很多优点。其中最重要的是它的守恒性,当被数值求解的函数有强间断时,例如,流场中存在着激波,则在差分步长Δx_i很小时,被求函数在两个差分节点之间的这种间断,使得求解容易失真和不稳定。而此时,守恒

形差分方程仍将保证被求的通量型物理量函数 $\boldsymbol{F}$ 在两个节点之间的物理通量的守恒性，或说守恒形差分方程的解保证趋于原守恒形微分方程的解，这在计算数学的术语中称为差分方程相容于原微分方程。因此，今后我们将其他物理定律也常写成守恒形方程，特别是在计算流体力学中。这样，不同物理定律的方程的表达形式就都像上面式(3-8)、式(3-10)中的几个形式，于是实际上就使所有物理方程中的变量被整合为一些重新组合的变量，这些变量合写成若干个列向量之后就被称为矢性的通量或矢通量(flux vector)，矢通量的某个一维通量就是 $\boldsymbol{F}=(F_1, F_2, F_3)$。这使得方程组的数学形式更加清晰；这样做同时又使所有物理方程中每个方程的数值求解过程可遵循一个统一的格式和相同的逻辑流程。这就是守恒形微分方程、守恒形差分方程的另两个优点。

对于流量连续方程的理解可有，由于连续方程不牵涉到力的作用的问题，故实际上它是一个运动学方程。因此，各种形式的连续方程式，不仅适用于这里的无黏性流体(或称为理想流体)的流动，而且也适用于黏性流体的流动。另外，从连续方程的各种形式可清楚地看出，其规定了流场中速度和密度之间所应满足的关系，对于不可压缩均质流由于密度不变，则其规定了速度场中各速度分量之间所应满足的关系。因此，可用连续方程判断给定的速度场在物理上是否可能存在的问题。做法是将 $\boldsymbol{v}$ 分布代入连续方程，看方程是否成立。

连续方程的另一种推导方法是建立一个微元立方控制体，看其中的质量守恒定律的写法，即连续方程的写法。各参考书中多数有此方法。

3.3　牛顿第二运动定律，即动量方程的积分形式、微分形式

当单位质量流体受到的彻体力，例如重力，为 $\boldsymbol{R}=X\boldsymbol{i}+Y\boldsymbol{j}+Z\boldsymbol{k}$，流体表面力仅有法向力，即单位面积上的正压力 p，则由牛顿第二运动定律，显然流体体系动量的变化率为

$$\frac{D}{Dt}\int_V \rho \boldsymbol{v} \mathrm{d}V = \int_V \boldsymbol{R}\rho \mathrm{d}V - \oint_A p \,\mathrm{d}\boldsymbol{A} = \sum \boldsymbol{F}$$

(适用于体系的积分形式动量方程)　　(3-12)

3.3.1　欧拉方程的积分形式、微分形式

在上式中令 $\rho \boldsymbol{v} = \boldsymbol{\eta}, N = \int_V \rho \boldsymbol{v} \mathrm{d}V$，代入雷诺输运定理，就得到关于控制体的积分形式动量方程

$$\int_V \frac{\partial(\rho \boldsymbol{v})}{\partial t}\mathrm{d}V + \oint_A (\rho \boldsymbol{v})\boldsymbol{v}\cdot \mathrm{d}\boldsymbol{A} = \int_V \boldsymbol{R}\rho \mathrm{d}V - \oint_A p\,\mathrm{d}\boldsymbol{A}$$

（适用于控制体的非守恒形积分形式动量方程）　(3-13)

这里，式左第一项是重合于体系而固定于空间中的控制体 V 中的动量 $\rho \boldsymbol{v}$ 的增加率；第二项是 $\rho \boldsymbol{v}$ 的净流出率，这是因为

$$\boldsymbol{v} \cdot \mathrm{d}\boldsymbol{A} = |\boldsymbol{v}||\mathrm{d}\boldsymbol{A}|\cos(\boldsymbol{v},\boldsymbol{n}) = v_n \mathrm{d}A = \text{流出控制体的流体的容积流量} \tag{3-14}$$

方程(3-13)在计算流体力学的有限体积法中被直接使用。

前式的控制体积分形式动量方程常可直接用于求解流体中的固体所受到的流体作用力 $\boldsymbol{F}_e$。这时，将控制体中的流体受到的全部表面力分为固体表面 e 提供的作用合力 $-\boldsymbol{F}_e$ 和控制体其余边界 $A-e$ 上的合力 $-\int_{A-e} p\,\mathrm{d}\boldsymbol{A}$ 两项，而方程稍变形写为

$$\int_V \frac{\partial(\rho \boldsymbol{v})}{\partial t}\mathrm{d}V + \oint_A \rho \boldsymbol{v} v_n \mathrm{d}A = \int_V \boldsymbol{R}\rho \mathrm{d}V - \boldsymbol{F}_e - \int_{A-e} p\,\mathrm{d}\boldsymbol{A} \tag{3-15}$$

实用中可将上方程往 x, y, z 任一方向上投影后应用。见下面两个例子。

例 3.1　控制体积分形式动量方程的应用——不可压缩定常(并且无环量)绕流中的机翼零升力下的阻力系数 C_{x0} 的求解

一个相对于来流而言处于接近0°的某个迎角下的机翼，将不产生升力而仅产生阻力。求阻力的问题示于图3-3。作出图中的控制体，其包围翼型表面，并且跨入较远的气流不受扰

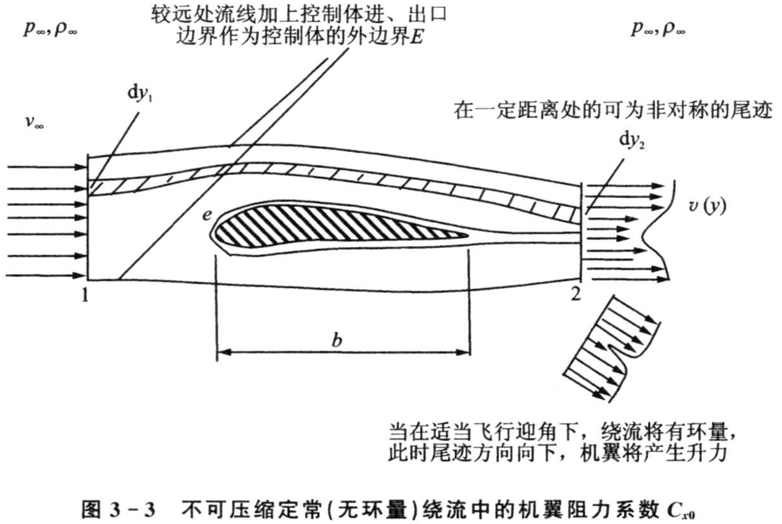

图3-3　不可压缩定常(无环量)绕流中的机翼阻力系数 C_{x0}

动的区域。控制体总表面由翼型表面 e 和外边界 E 所组成，E 中包含前端面1、后

端面 2(求机翼绕流的环量时应使用图示的尾部开口的控制体,不关心环量时则控制体不必开口)。由连续方程有

$$\rho_\infty v_\infty \mathrm{d}y_1 = \rho_\infty v \mathrm{d}y_2 \tag{3-16}$$

将动量方程式(3-15)向 x 方向投影有

$$0 + \left(-\int_{y_1} \rho_\infty v_\infty v_\infty \mathrm{d}y_1\right) + \int_{y_2} \rho_\infty v v \mathrm{d}y_2 = 0 - (\boldsymbol{F}_e)_x - \int_E p_\infty \mathrm{d}(A_x) \tag{3-17}$$

其中,由于后端面 2 被设置在了气流静压已恢复到 p_∞,而气流速度型还未恢复到均匀型的机翼尾缘后适当远处,因此 E 上的压强积分为 p_∞ 的封闭曲线积分,为零。将连续方程代入动量方程式(3-17)则有

$$(\boldsymbol{F}_e)_x = \int_{y_2} \rho_\infty v(v_\infty - v)\mathrm{d}y_2 \tag{3-18}$$

在飞机空气动力学中的机翼阻力系数的一般定义为

$$C_x \triangleq (\boldsymbol{F}_e)_x \bigg/ \left(\frac{1}{2}\rho_\infty v_\infty^2 b\right) \tag{3-19}$$

据此,我们就得到本题的无升力条件下的机翼阻力系数 C_{x0}。

在这个题目中,控制体外边界 E 处不同流线的流速差很小,作为无黏流动处理;而在内边界处,出口速度型因为内边界 e 上的摩擦而产生了非均匀的分布。这里是从该非均匀分布的事实由控制体积分形式动量方程求 x 方向摩擦力的大小。当将动量方程按空间三个方向分别投影,并在尾迹速度分布中出现了 y 方向的速度分量,使微团并不沿水平方向流动时,则将得到机翼的升力 $(\boldsymbol{F}_e)_y$、阻力 $(\boldsymbol{F}_e)_x$ 和升阻合力 $\boldsymbol{F}_e$。这时 $\boldsymbol{F}_e$ 是流体给固体的剪切力和正压力的合力。

例 3.2　控制体积分形式动量方程的应用——火箭发动机的试验台推力

用试验台测力传感器沿 x 轴正向顶住发动机的头部(图 3-4)。在发动机喷管出口面积 A_e 上的稳定射流的压力、密度、速度各为 p_e, ρ_e, v_e,大气压为 p_a。求传感器作用在发动机上的力 F。

无黏性可压缩流体的控制体积分形式动量方程为

$$\int_V \frac{\partial \rho \boldsymbol{v}}{\partial t}\mathrm{d}V + \oint_A (\rho \boldsymbol{v})\boldsymbol{v} \cdot \mathrm{d}\boldsymbol{A} = \int_V \boldsymbol{R}\rho \mathrm{d}V - \oint_A p \mathrm{d}\boldsymbol{A}$$

使用图 3-4 虚线所建议的控制体。由于在喷管出口面积 A_e 所在平面,控制体右面边界上 A_e 以外的面积所承受的大气压力与控制体左面边界在同样面积上承受的大气压力相等而对消,因此,在 x 方向将上式用于固定着的控制体,可简化出

$$0 + (0 + \rho_e v_e v_e A_e) = 0 - p_e A_e + (p_a A_e + F)$$

在此把集中力 F 理解为控制体面力之一部分。于是得

$$F = (\rho_e v_e A_e) v_e + A_e (p_e - p_a)$$

这也就是火箭发动机的试验台推力。在飞行中不计及外流阻力时的火箭发动机推力也等于上式。可见它与吸气式喷气发动机推力公式的区别是,不必再减去发动机进气流量的动量项$(\rho_e v_e A_e)v_\infty$,这显然是因为火箭自带氧化剂而不吸入相对于发动机含有动量的大气质量流。

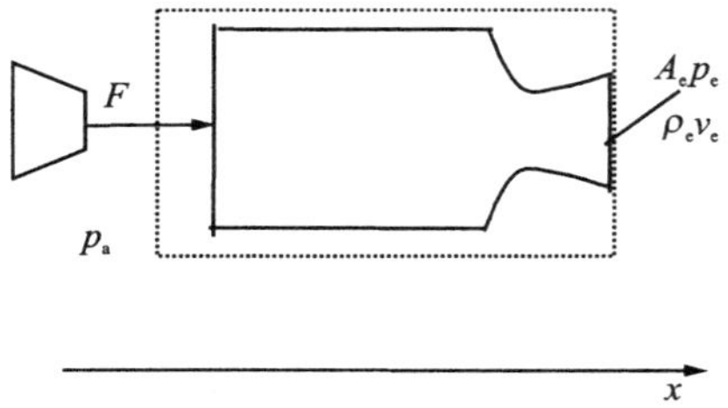

图 3-4 火箭发动机和控制体

在应用奥-高定理后,积分形式的动量方程式(3-13)还可写为完全表达为体积分的形式或称为守恒形的动量方程

$$\int_V \frac{\partial(\rho \boldsymbol{v})}{\partial t}\mathrm{d}V + \int_V \nabla \cdot (\rho \boldsymbol{v}\boldsymbol{v})\mathrm{d}V = \int_V \boldsymbol{R}\rho\mathrm{d}V - \int_V \nabla p\mathrm{d}V$$

(适用于控制体的守恒形积分形式动量方程) (3-20)

其中,式左第二个积分和式右第二个积分是应用奥-高定理将封闭曲面积分转化为体积分而得出的。注意到,这里遇到了"将张量场$\rho\boldsymbol{v}\boldsymbol{v}$在封闭曲面上的通量转化为该张量场的散度场的体积分"的奥-高定理,以及"将数量场p在封闭曲面上的积分转化为该数量场的梯度场的体积分"的奥-高定理。它们分别写为

$$\oiint_A (\rho\boldsymbol{v})\boldsymbol{v}\cdot\mathrm{d}\boldsymbol{A} = \iiint_V \nabla\cdot(\rho\boldsymbol{v}\boldsymbol{v})\mathrm{d}V \tag{3-21a}$$

$$\oiint_A p\,\mathrm{d}\boldsymbol{A} = \iiint_V \nabla p\mathrm{d}V \tag{3-21b}$$

可见,这两个定理在形式上完全类似于式(1-39)的奥-高定理,其证明可参见课程参考书目[5]。在这里可以暂不多研究张量的概念及其运算的规则,而同样做到理解式(3-20)等公式所蕴涵的物理意义,其中所采用的方法可以称为降维法。例如,对于式中所遇到的张量场,也称为并矢张量$\rho\boldsymbol{v}\boldsymbol{v}$(将矢量简单并列在一起之后所构成的张量),不妨先将构成它的两个矢量$\boldsymbol{v}$中的一个的三维维数降低为一维,而简化为$\rho\boldsymbol{v}u$或者$\rho u\boldsymbol{v}$等,也就是,先看原先的张量降维以后其在公式中的物理意义。这时关于一维方向例如$\boldsymbol{i}$方向,携带着一维动量ρu的矢量$\rho u\boldsymbol{v}$的散度$\nabla\cdot(\rho u\boldsymbol{v})$的一维动量放射作用,就是易于理解的了。对于本小节内所出现的所有并矢张量,读者都可以这样地去尝试理解它所描述的物理意义。于是,下面首先注意推导出动量方程式(3-20)的微分形式,其次,注意微分形式动量方程的展开使用。

当去掉对空间中任意大小的任一块体积的积分$\int_V \mathrm{d}V$,则得到式(3-20)的微分形式

$$\frac{\partial(\rho\boldsymbol{v})}{\partial t} + \nabla\cdot(\rho\boldsymbol{v}\boldsymbol{v}) = \boldsymbol{R}\rho - \nabla p$$

(守恒形微分形式动量方程) (3-22a)

而要获得这个微分形式的动量方程在三维笛卡儿空间的展开写法，关键在于认识到，面对微团的三维动量 $\rho\boldsymbol{v}$，应该是对于单方向上的动量，例如 $\boldsymbol{i}$ 方向的 ρu，依次展开。因此展开如下

$$\left.\begin{aligned}\frac{\partial \rho u}{\partial t}+\frac{\partial \rho u u}{\partial x}+\frac{\partial \rho u v}{\partial y}+\frac{\partial \rho u w}{\partial z}=\rho X-\frac{\partial p}{\partial x}\\ \frac{\partial \rho v}{\partial t}+\frac{\partial \rho v u}{\partial x}+\frac{\partial \rho v v}{\partial y}+\frac{\partial \rho v w}{\partial z}=\rho Y-\frac{\partial p}{\partial y}\\ \frac{\partial \rho w}{\partial t}+\frac{\partial \rho w u}{\partial x}+\frac{\partial \rho w v}{\partial y}+\frac{\partial \rho w w}{\partial z}=\rho Z-\frac{\partial p}{\partial z}\end{aligned}\right\}$$

（守恒形微分形式动量方程，即欧拉运动微分方程的守恒形）　(3 - 22b)

这个方程在计算流体力学的有限差分法中被直接使用。现在再细看一下这个矢量方程在任一方向上的展开式，例如看 $\boldsymbol{i}$ 方向上的即第一行展开式。其左端的三项之和 $\frac{\partial(\cdot)u}{\partial x}+\frac{\partial(\cdot)v}{\partial y}+\frac{\partial(\cdot)w}{\partial z}$ 作为一个整体，被称作“通流项”或者“迁移项”。这是因为该整体实际上是某物理量，例如这里的每单位体积的流体微团在 x 方向的动量 ρu，在被考察的空间一点处附近的散度，而散度标量具有被流动带出微控制体和带入微控制体的物理量的差的运动学意义，因此应该用形容流动的词来表述。又在其他非动量方程的方程中的这种三项之和显然也是一种通流项。通流项在积分形式动量方程式(3 - 13)中的相应项，是该式左端的第二个积分，它的物理意义是，被体积流量 $\boldsymbol{v}\cdot \mathrm{d}\boldsymbol{A}$ 净带出有限控制体全表面的三个方向上的分动量 ρu，ρv，ρw 或者其矢量和 $\rho\boldsymbol{v}$。

从控制体的守恒形积分形式式(3 - 20)可以接着变化出另一种非守恒形写法的微分形式，例如可参见课程参考书目[4]。但为避开张量的散度的运算，我们采用另一种关于微体系的常用方式来推导这种微分形式的动量方程。见图 3 - 5，由牛顿第二运动定律有

$$\sum \boldsymbol{F}=m\frac{D\boldsymbol{v}}{Dt}\tag{3 - 23}$$

或

$$\rho\delta x\delta y\delta z\boldsymbol{R}-\boldsymbol{i}\left(\frac{\partial p}{\partial x}\delta x\right)\delta y\delta z-\boldsymbol{j}\left(\frac{\partial p}{\partial y}\delta y\right)\delta z\delta x-\boldsymbol{k}\left(\frac{\partial p}{\partial z}\delta z\right)\delta x\delta y=\rho\delta x\delta y\delta z\frac{D\boldsymbol{v}}{Dt}\tag{3 - 24}$$

故得

$$\frac{D\boldsymbol{v}}{Dt}=-\frac{1}{\rho}\nabla p+\boldsymbol{R}$$

（非守恒形微分形式动量方程，即欧拉运动微分方程）　(3 - 25a)

这个形式在通常的原理性公式推导研究中最常用。这个矢量形式也可以在直角、圆柱、球坐标系下相应地展开，这只需应用式(2 - 5)或式(2 - 10)，以及式(1 - 24)

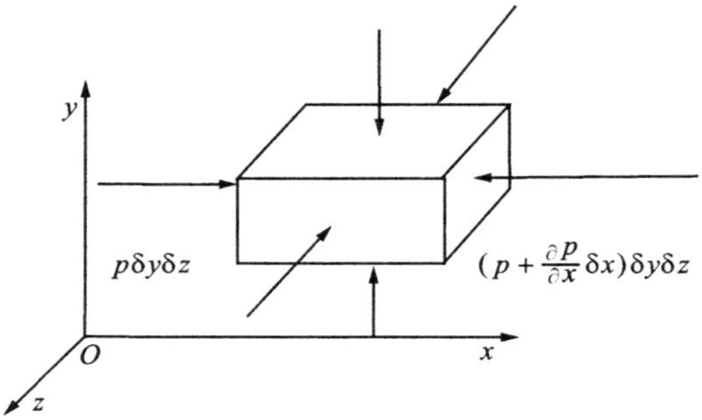

图 3-5 欧拉运动微分方程的推导

即可。例如在笛卡儿坐标系下该动量方程的展开写法为

$$\left.\begin{aligned}\frac{\partial u}{\partial t}+u\frac{\partial u}{\partial x}+v\frac{\partial u}{\partial y}+w\frac{\partial u}{\partial z}&=-\frac{1}{\rho}\frac{\partial p}{\partial x}+X\\\frac{\partial v}{\partial t}+u\frac{\partial v}{\partial x}+v\frac{\partial v}{\partial y}+w\frac{\partial v}{\partial z}&=-\frac{1}{\rho}\frac{\partial p}{\partial y}+Y\\\frac{\partial w}{\partial t}+u\frac{\partial w}{\partial x}+v\frac{\partial w}{\partial y}+w\frac{\partial w}{\partial z}&=-\frac{1}{\rho}\frac{\partial p}{\partial z}+Z\end{aligned}\right\}$$

(非守恒形微分形式动量方程,即欧拉运动微分方程) (3-25b)

其中的三项和 $u\frac{\partial u}{\partial x}+v\frac{\partial u}{\partial y}+w\frac{\partial u}{\partial z}$为在三维空间 x,y,z 中速度 u 的通流项或迁移项,变系数 u,v,w 称为在各方向上的迁移速度等。

3.3.2 葛罗米柯方程和克罗克方程

现在推导微分形式动量方程的两个重要变化形式。20 世纪以来的科学和工程的新发展,使得在理论研究和工程设计中仅采用本节基本形式的微分动量方程已经远远不够。在很多文献和计算机程序中,直接以葛罗米柯方程或者克罗克方程作为出发点进行研究和计算,例如在叶轮机械(turbomachinery)领域。

在前面的场论中已研究过单位质量流体动能的梯度的展开式式(1-37),其移项写为

$$(\boldsymbol{v}\cdot\nabla)\boldsymbol{v}=\nabla\frac{\boldsymbol{v}^2}{2}-\boldsymbol{v}\times(\nabla\times\boldsymbol{v}) \tag{3-26}$$

由此,易于将上面的欧拉运动微分方程式(3-25)改写为

$$\frac{D\boldsymbol{v}}{Dt}=\frac{\partial\boldsymbol{v}}{\partial t}+(\boldsymbol{v}\cdot\nabla)\boldsymbol{v}=\frac{\partial\boldsymbol{v}}{\partial t}+\nabla\frac{\boldsymbol{v}^2}{2}-\boldsymbol{v}\times(\nabla\times\boldsymbol{v})=-\frac{1}{\rho}\nabla p+\boldsymbol{R}$$

(葛罗米柯运动微分方程) (3-27)

这式中最右边的等式称为葛罗米柯(Громеко)运动微分方程,或兰姆(Lamb)运动

微分方程。首先注意到，上式将微团速度的迁移变化率($\boldsymbol{v}\cdot\nabla$)$\boldsymbol{v}$ 分解成了流动总动能的梯度$\nabla\dfrac{\boldsymbol{v}^2}{2}$，和速度与其自身旋度的叉积 $\boldsymbol{v}\times(\nabla\times\boldsymbol{v})$这样两项。这后一项的大小为$|\boldsymbol{v}||2\boldsymbol{\omega}|\sin(\boldsymbol{v},\boldsymbol{\omega})$，其方向指向流动速度 $\boldsymbol{v}$ 的法向。因此可以说，这样两项的和就是速度的迁移变化率。其次注意到，极重要地，上式清晰地分别得到了无旋流动$\nabla\times\boldsymbol{v}=0$ 的动量方程和有旋流动$\nabla\times\boldsymbol{v}\neq0$ 的动量方程。用它可以清晰方便地研究无旋流动或者有旋流动。

下面进一步引入热力学基本关系，来推导叶轮机设计中最常用的另一微分形式的运动方程——克罗克方程。在这个方程中，引入气体的熵、焓状态参数，以使采用无黏性的叶轮机方程组逼近真实有黏性情况下的叶轮机设计问题这一方法得到简化。这是因为，熵、焓参数易于根据设计目标被提出，也易于取得经验的分布模型。吴仲华(中国)的举世公认的叶轮机三元流动的普遍理论(A General Theory of Three-Dimensional Flow in Subsonic and Supersonic Turbomachines of Axial-, Radial-, and Mixed-Flow Types)，就是使用这一运动方程在叶轮机相对运动坐标系中的形式式(7－32)而导出的。该理论于 1951 年、1952 年用两篇美国国家航空航天咨询委员会报告公诸于世(NACA 报告：NACA TN 2302，1951；NACA TN 2604，1952，北京航空航天大学图书馆存有原文)。

热力学第一定律当应用于完全气体(即工程热力学中的理想气体)、可逆循环时可引入气体状态参数熵、焓而表为

$$\mathrm{d}q = c_V\mathrm{d}T + p\mathrm{d}\left(\frac{1}{\rho}\right) = c_p\mathrm{d}T - \frac{1}{\rho}\mathrm{d}p = \mathrm{d}h - \frac{1}{\rho}\mathrm{d}p = T\mathrm{d}s \tag{3-28}$$

式(3－28)的物理意义适用于热力学的物质体系，而不管体系是否在流动。进一步对于物质的流动问题，在空间流场中则有沿迹线 $\mathrm{d}\boldsymbol{l}$ 成立的下面这个形式更详细的方程(其仅写出了上式最右边的等式)

$$\nabla h\cdot\mathrm{d}\boldsymbol{l} - \frac{1}{\rho}\nabla p\cdot\mathrm{d}\boldsymbol{l} = T\nabla s\cdot\mathrm{d}\boldsymbol{l} \quad 或 \quad -\frac{1}{\rho}\nabla p = T\nabla s - \nabla h \tag{3-29}$$

式(3－29)的后一写法是将前一写法免去点乘运算而得到的。这两式均体现了流体的熵、焓状态参数的变化都是在流动中实现的，而∇h，∇p，∇s 都是流动参数空间分布的场的梯度(图 3－6)。将式(3－29)后一写法代入葛罗米柯运动微分方程式(3－27)，则当 $\boldsymbol{R}=0$ 有

$$\frac{\partial\boldsymbol{v}}{\partial t} + \nabla\frac{\boldsymbol{v}^2}{2} - \boldsymbol{v}\times(\nabla\times\boldsymbol{v}) = T\nabla s - \nabla h \tag{3-30}$$

由于有气动热力学总静参数的关系

$$h^* = h + \frac{\boldsymbol{v}^2}{2} \tag{3-31}$$

故式(3－30)也可写为

$$\frac{\partial \boldsymbol{v}}{\partial t}-\boldsymbol{v}\times(\nabla\times\boldsymbol{v})=T\nabla s-\nabla h^{*} \qquad \text{(气体的克罗克运动微分方程)} \tag{3-32}$$

这个微分形式的动量方程称为克罗克方程(Crocco's Equation),也称为克罗克定理(Crocco's Theorem),它将流场中的速度分布和涡量分布与气体的热力学状态参数 T,s,h^* 的分布联系了起来。

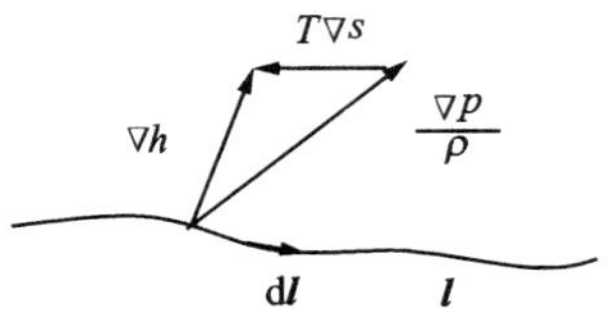

图3-6 流动体系有熵增时或不均熵时焓梯度与静压梯度不共线

由式(3-29)知,$T\nabla s-\nabla h$ 代表了静压力的空间变化 $-\nabla p/\rho$。进一步理解 ∇s,例如,在不可逆的燃烧室流场中,∇s 是加热量与熵增量之和的度量,即无序能量的加入量与流动机械能的损失量之和的度量,其中损失量由工程中引入的损失模型求得。又在叶轮机叶栅流场中,由叶轮机用机械能对气体加功增压的原理可知,当流动不可逆时,在绝对坐标系下的或相对坐标系下的叶轮机方程组中,∇s 则仅是熵增量即流动机械能的损失量的度量,损失量在工程设计和分析中也用熵增模型或者称为损失模型代入而求得。

在葛罗米柯运动微分方程和克罗克运动微分方程中,均含有矢量 $\boldsymbol{v}\times(\nabla\times\boldsymbol{v})$,其在笛卡儿坐标系和圆柱坐标系中的展开分别如下

$$\boldsymbol{v}\times(\nabla\times\boldsymbol{v})=\begin{vmatrix}\boldsymbol{i} & \boldsymbol{j} & \boldsymbol{k}\\ u & v & w\\ \left(\frac{\partial w}{\partial y}-\frac{\partial v}{\partial z}\right) & \left(\frac{\partial u}{\partial z}-\frac{\partial w}{\partial x}\right) & \left(\frac{\partial v}{\partial x}-\frac{\partial u}{\partial y}\right)\end{vmatrix}=\begin{vmatrix}\boldsymbol{i} & \boldsymbol{j} & \boldsymbol{k}\\ u & v & w\\ \Omega_x & \Omega_y & \Omega_z\end{vmatrix} \tag{3-33}$$

$$\boldsymbol{v}\times(\nabla\times\boldsymbol{v})=\begin{vmatrix}\boldsymbol{e}_r & \boldsymbol{e}_\theta & \boldsymbol{e}_z\\ v_r & v_\theta & v_z\\ \left(\frac{\partial v_z}{r\partial\theta}-\frac{\partial v_\theta}{\partial z}\right) & \left(\frac{\partial v_r}{\partial z}-\frac{\partial v_z}{\partial r}\right) & \left(\frac{\partial r v_\theta}{r\partial r}-\frac{\partial v_r}{r\partial\theta}\right)\end{vmatrix}=\begin{vmatrix}\boldsymbol{e}_r & \boldsymbol{e}_\theta & \boldsymbol{e}_z\\ v_r & v_\theta & v_z\\ \Omega_r & \Omega_\theta & \Omega_z\end{vmatrix} \tag{3-34}$$

现在用克罗克运动方程式(3-32)表示和分析几种完全气体定常绝热流动的概念。有

$$\boldsymbol{v}\times(\nabla\times\boldsymbol{v})=-T\nabla s \tag{3-35}$$

称为均能流动,其全流场中 $\nabla h^*=0$,例如,曲线激波和曲面激波波后的流动。

$$\boldsymbol{v}\times(\nabla\times\boldsymbol{v})=\nabla h^{*} \tag{3-36}$$

称为均熵流动,其全流场中 $\nabla s=0$,在现实中的意义较小,因流场中有总焓梯度 ∇h^* 时通常也会有熵梯度 ∇s。

$$\boldsymbol{v}\times(\nabla\times\boldsymbol{v})=0 \tag{3-37}$$

称为均能均熵流动，其全流场中$\nabla h^*=\nabla s=0$，对气流无加功，气流的动能和压力势能即可用机械能也无损失，在现实中有意义。

$$\mathrm{D}s/\mathrm{D}t=0 \tag{3-38}$$

称为等熵流动，意义为每一根迹线或流线上气体的熵值不变，但并未限制不同流线的熵值一定是相等的。

例 3.3 就无黏性绝热流动导出圆柱坐标系下的守恒形微分方程组

无黏性绝热流动的原始物理参数形式的微分方程组含有连续、动量、能量三个微分方程。连续方程为

$$\frac{\partial\rho}{\partial t}+\frac{\partial(r\rho v_r)}{r\partial r}+\frac{\partial(\rho v_\theta)}{r\partial\theta}+\frac{\partial(\rho v_z)}{\partial z}=0 \tag{3-39}$$

以r乘上式各项，得守恒形连续方程

$$\frac{\partial(r\rho)}{\partial t}+\frac{\partial(r\rho v_r)}{\partial r}+\frac{\partial(\rho v_\theta)}{\partial\theta}+\frac{\partial(r\rho v_z)}{\partial z}=0 \tag{3-40}$$

动量方程为

$$\frac{\partial v_r}{\partial t}+v_r\frac{\partial v_r}{\partial r}+v_\theta\frac{\partial v_r}{r\partial\theta}+v_z\frac{\partial v_r}{\partial z}-\frac{v_\theta v_\theta}{r}=-\frac{1}{\rho}\frac{\partial p}{\partial r} \tag{3-41}$$

$$\frac{\partial v_\theta}{\partial t}+v_r\frac{\partial v_\theta}{\partial r}+v_\theta\frac{\partial v_\theta}{r\partial\theta}+v_z\frac{\partial v_\theta}{\partial z}+\frac{v_\theta v_r}{r}=-\frac{1}{\rho}\frac{\partial p}{r\partial\theta} \tag{3-42}$$

$$\frac{\partial v_z}{\partial t}+v_r\frac{\partial v_z}{\partial r}+v_\theta\frac{\partial v_z}{r\partial\theta}+v_z\frac{\partial v_z}{\partial z}=-\frac{1}{\rho}\frac{\partial p}{\partial z} \tag{3-43}$$

为了将上述动量方程改写为守恒形方程，分别以$r\rho$乘其中各式两端，得

$$r\rho\frac{\mathrm{D}v_r}{\mathrm{D}t}-\rho v_\theta^2=-\frac{\partial(pr)}{\partial r}+p \tag{3-44}$$

$$r\rho\frac{\mathrm{D}v_\theta}{\mathrm{D}t}+\rho v_\theta v_r=-\frac{\partial p}{\partial\theta} \tag{3-45}$$

$$r\rho\frac{\mathrm{D}v_z}{\mathrm{D}t}=-\frac{\partial(pr)}{\partial z} \tag{3-46}$$

然后，分别以v_r，v_θ，v_z乘式(3-40)，再分别与式(3-44)～式(3-46)相加，即得动量方程三个分量式之守恒形

$$\frac{\partial(r\rho v_r)}{\partial t}+\frac{\partial}{\partial r}[r(\rho v_r^2+p)]+\frac{\partial}{\partial\theta}(\rho v_r v_\theta)+\frac{\partial}{\partial z}(r\rho v_r v_z)=\rho v_\theta^2+p \tag{3-47}$$

$$\frac{\partial(r\rho v_\theta)}{\partial t}+\frac{\partial}{\partial r}(r\rho v_\theta v_r)+\frac{\partial}{\partial\theta}(\rho v_\theta^2+p)+\frac{\partial}{\partial z}(r\rho v_\theta v_z)=-\rho v_\theta v_r \tag{3-48}$$

$$\frac{\partial(r\rho v_z)}{\partial t}+\frac{\partial}{\partial r}(r\rho v_z v_r)+\frac{\partial}{\partial\theta}(\rho v_z v_\theta)+\frac{\partial}{\partial z}[r(\rho v_z^2+p)]=0 \tag{3-49}$$

其中，分量式右端的ρv_θ^2和$-\rho v_\theta v_r$两个项是由圆柱坐标系所定义的圆周向运动所

带来的惯性离心力源项和科氏力源项,见式(2-10)。显然,$-\rho v_\theta v_r$ 项也可以合写入式(3-48)左端的$\frac{\partial}{\partial r}$项,这只需该式乘以 r,从而使该式写为强守恒形方程的形式。能量方程的微分形式的推导见3.4节。由式(3-70)知能量方程在绝热流动时简化为

$$\frac{\mathrm{D}}{\mathrm{D}t}\left(h+\frac{1}{2}V^2\right)=\frac{1}{\rho}\frac{\partial p}{\partial t} \tag{3-50}$$

以 $r\rho$ 乘上式各项,得

$$r\rho\frac{\mathrm{D}h^*}{\mathrm{D}t}=\frac{\partial(pr)}{\partial t} \tag{3-51}$$

以 rh^* 乘式(3-39)各项后与上式相加,得能量方程的守恒形如下

$$\frac{\partial}{\partial t}[r(\rho h^*-p)]+\frac{\partial}{\partial r}(r\rho v_r h^*)+\frac{\partial}{\partial\theta}(\rho v_\theta h^*)+\frac{\partial}{\partial z}(r\rho v_z h^*)=0 \tag{3-52}$$

3.4 热力学第一定律,即能量方程的积分形式、微分形式

在此用矢量形式推导适用于体系和控制体的积分形式能量方程,以及微分形式能量方程的各种形式。

3.4.1 适用于体系的积分形式能量方程

热力学第一定律是从经验中总结出来的在宏观世界中确凿成立的物理定律。将热力学第一定律应用于流体流动问题时就得到其数学表达式——能量方程。能量方程陈述为:对于流体体系,单位时间内外界传给体系的热量 Q 等于体系内所贮存的总能量 E_a 的增加率加上体系对外界在单位时间内的输出功 W,即

$$\frac{\delta Q}{\mathrm{d}t}=\frac{\mathrm{D}E_a}{\mathrm{D}t}+\frac{\delta W}{\mathrm{d}t} \tag{3-53}$$

其中,δQ,δW 为两个数量,而不是数量场,故只用 $\mathrm{d}t$ 来表示其对于时间的微分即可。进一步细致写出上式各量有

$$\frac{\delta Q}{\mathrm{d}t}=\dot{Q} \tag{3-54}$$

$$E_a=\int_V\rho e\,\mathrm{d}V=\int_V\rho\left(u_T+\frac{\boldsymbol{v}^2}{2}\right)\mathrm{d}V \tag{3-55}$$

$$\frac{\delta W}{\mathrm{d}t}=\oint_A p\,\mathrm{d}A\boldsymbol{n}\cdot\boldsymbol{v}-\int_V\rho\boldsymbol{R}\cdot\boldsymbol{v}\mathrm{d}V \tag{3-56}$$

其中,式(3-56)是体系对外界的输出功率,由体系边界处的体系表面力对体系外

界的做功率和彻体力对体系内部流体的做功率两项构成。前者是微团提供的表面(法向)力在微团速度方向上的投影力与微团速度的乘积(见图 3-7),后者的力是微团质量乘以单位质量流体受到的彻体力,同理,其做功率是这个力在微团速度方向上的投影力与微团速度的乘积。又,式(3-55)中单位质量流体的贮存能或总能量 e,是单位质量流体的内能 u_T 与动能 $\boldsymbol{v}^2/2$ 的和。根据式(3-55)可具体写出式(3-53)右端第一项为

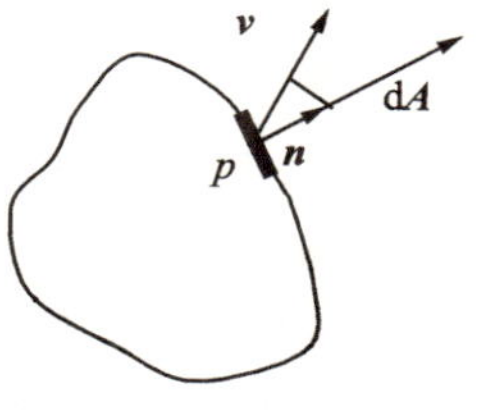

图 3-7　体系表面力的做功率

$$\frac{\mathrm{D}E_a}{\mathrm{D}t}=\frac{\mathrm{D}}{\mathrm{D}t}\int_V \rho e\,\mathrm{d}V=\int_V \frac{\mathrm{D}\rho e}{\mathrm{D}t}\mathrm{d}V \tag{3-57}$$

这里,可以将微分运算与积分运算互换次序的充要条件是,首先空间坐标(x,y,z)和时间坐标 t 互为独立的自变量,其次必须设被积函数 ρe 对时间 t 可微,并且 ρe 对 t 的一阶偏导数还是连续的,即存在$\dfrac{\mathrm{D}\rho e}{\mathrm{D}t}$的有限且连续的值。至此,式(3-53)可以写为

$$\dot{Q}=\int_V \frac{\mathrm{D}}{\mathrm{D}t}\left[\rho\left(u_T+\frac{\boldsymbol{v}^2}{2}\right)\right]\mathrm{d}V+\oint_A \frac{p}{\rho}\rho\boldsymbol{v}\cdot\mathrm{d}\boldsymbol{A}-\int_V \rho\boldsymbol{R}\cdot\boldsymbol{v}\,\mathrm{d}V$$

(适用于体系的积分形式能量方程)　(3-58)

这里,不妨对热力学中关于流体工质在体系或者控制体中做功的三个概念作一个回顾。当以 $v=1/\rho$ 表示比容,则在适用于体系或控制体的不同表达形式的能量方程中会出现单位质量流体的如下形式的功率(参见图 3-8、图 3-9):

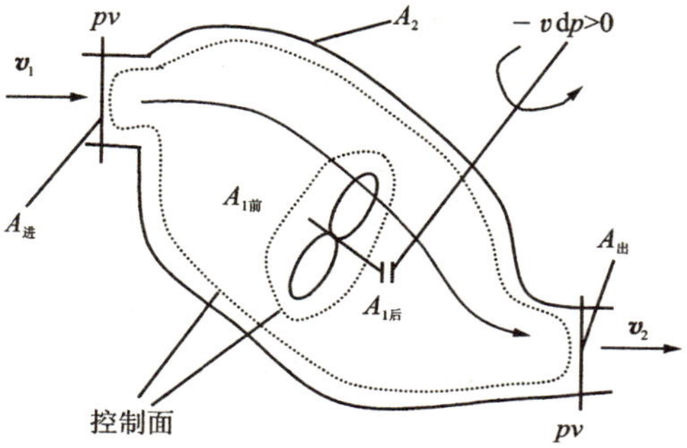

图 3-8　控制体中单位质量流体的四种表面力功率:进口和出口表面进入和排出的流动功率;运动表面取出的技术功率;固定表面上力的 0 做功率

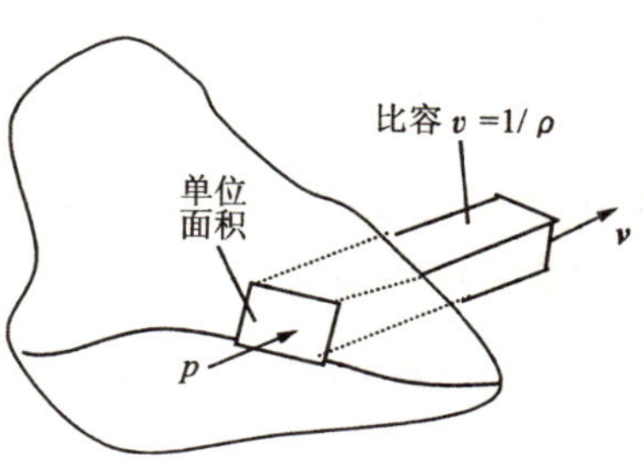

图 3-9　法向流出时单位质量流体的表面力做功率,即控制体的流动功率 pv 或体系的膨胀功率 $p\mathrm{d}v$

$\mathrm{d}(pv)$　控制体进口、出口边界处的流动功率 pv 的差，pv 也称为推动功率；

$p\mathrm{d}v$　体系的膨胀功率，体系可以是不流动的或流动的；

$-v\mathrm{d}p$　从控制体内取出的技术功率，或说由热机等技术可得的机械输出功率。

因此，在式(3-53)右端第二项的细致展开式(3-56)中，也即在式(3-58)中，对于体系表面力的功的另外几种理解方式可以为(见图3-9)

$p\times(1/\rho)\times\rho\boldsymbol{v}\cdot\mathrm{d}\boldsymbol{A}=$
流体在其体系的某块边界上单位面积上受的力 ×
力推动单位质量流体从单位表面积上流出时移动的距离 ×
单位时间内体系从该块边界上流出的全部质量 $\rho\boldsymbol{v}\cdot\mathrm{d}\boldsymbol{A}=$
体系在该块边界上的压力所做的膨胀功率 =
重合控制体的该块边界处的进口或者出口流动分别所做的流动功率　　(3-59)

3.4.2 适用于控制体的积分形式能量方程

现在将体系的积分形式能量方程处理为控制体的积分形式能量方程。由雷诺输运定理，设定理中体系的随流物理量在此具体为

$$N=E_{\mathrm{a}}=\int_V\rho e\mathrm{d}V,\quad \eta=\rho e \tag{3-60}$$

则式(3-58)右端第一项按照微分号在外的写法可以用雷诺输运定理转化如下：

$$\frac{\mathrm{D}}{\mathrm{D}t}E_{\mathrm{a}}=\frac{\mathrm{D}}{\mathrm{D}t}\int_V\rho e\mathrm{d}V=\int_V\frac{\partial\rho e}{\partial t}\mathrm{d}V+\oint_A\rho e\boldsymbol{v}\cdot\mathrm{d}\boldsymbol{A} \tag{3-61}$$

即体系的随流物理量的时间变化率等于在重合控制体中它的增加率加上净流出率。又注意到，在多数实际物理问题中质量力有势且质量力定常，即

$$\boldsymbol{R}=-\nabla U,\quad \frac{\partial U}{\partial t}=0 \tag{3-62}$$

再利用奥-高定理式(1-39)和连续方程的微分形式式(3-8a)，就有对式(3-58)右端第三项的处理

$$-\int_V\rho\boldsymbol{R}\cdot\boldsymbol{v}\mathrm{d}V=\int_V\rho\boldsymbol{v}\cdot\nabla U\mathrm{d}V=\int_V\nabla\cdot(U\rho\boldsymbol{v})\mathrm{d}V-\int_V U\nabla\cdot(\rho\boldsymbol{v})\mathrm{d}V=$$
$$\oint_A U\rho\boldsymbol{v}\cdot\mathrm{d}\boldsymbol{A}+\int_V\frac{\partial\rho U}{\partial t}\mathrm{d}V \tag{3-63}$$

利用式(3-61)和上式，现在可将式(3-58)右端的三项分别按体积分、面积分合并而得

$$\dot{Q}=\int_V\frac{\partial}{\partial t}\left[\rho\left(u_T+\frac{\boldsymbol{v}^2}{2}+U\right)\right]\mathrm{d}V+\oint_A\left(\frac{p}{\rho}+u_T+\frac{\boldsymbol{v}^2}{2}+U\right)\rho\boldsymbol{v}\cdot\mathrm{d}\boldsymbol{A}$$

（适用于控制体的积分形式能量方程） (3-64)

上式第一个小括号中为单位质量流体的内能、动能、势能的和，第二个小括号中则为单位质量流体的静焓、动能、势能的和，而 $\rho\boldsymbol{v}\cdot\mathrm{d}\boldsymbol{A}$ 是流出控制体的质量流量。

为了进一步得到适用于控制体的同时显含轴功率项的积分形式能量方程，对于上式中的封闭面积积分项还可进行如下分解（见图3-8）

$$\oint_A\left(\frac{p}{\rho}+u_T+\frac{\boldsymbol{v}^2}{2}+U\right)\rho\boldsymbol{v}\cdot\mathrm{d}\boldsymbol{A}=\int_{A_2}+\left(\int_{A_{1后}}+\int_{A_{1前}}\right)+\int_{A_{出}}+\int_{A_{进}} \tag{3-65}$$

其中，在控制体外边界 A_2 上的积分，由于流动相切于位置固定的边界 A_2，即 $\boldsymbol{v}\cdot\mathrm{d}\boldsymbol{A}$ 为0，而使积分结果为0；相反的，在相切于运动着的边界 $A_{1前}$ 和 $A_{1后}$ 之上的积分，例如，在涡轮叶片的压力面和吸力面表面上的积分，由于叶片不断移动，流体可以进入叶片原先占据的空间，即 $\boldsymbol{v}$ 与 $\mathrm{d}\boldsymbol{A}$ 一定不垂直，$\boldsymbol{v}\cdot\mathrm{d}\boldsymbol{A}$ 一定不为0，而积分结果必不为0。这时，在流体流入 $A_{1前}$ 和流出 $A_{1后}$ 之间的空间中实际上产生着输出功率 $\dot{W}_{\mathrm{shaft}}$。至于在面积 $A_{出}$ 和 $A_{进}$ 上的积分，则分别是流出和流入控制体的流体的流动功、内能、动能、势能的和。因此经以上物理分析得

$$\dot{Q}=\int_V\frac{\partial}{\partial t}\left[\rho\left(u_T+\frac{\boldsymbol{v}^2}{2}+U\right)\right]\mathrm{d}V+$$
$$\int_{A_{出}}\left(h+\frac{\boldsymbol{v}^2}{2}+U\right)\rho\boldsymbol{v}\cdot\mathrm{d}\boldsymbol{A}+\int_{A_{进}}\left(h+\frac{\boldsymbol{v}^2}{2}+U\right)\rho\boldsymbol{v}\cdot\mathrm{d}\boldsymbol{A}+\dot{W}_{\mathrm{shaft}}$$

（适用于控制体的显含轴功率的积分形式能量方程） (3-66)

首先可见，若将轴功率 $\dot{W}_{\mathrm{shaft}}$ 移项，则上式与不显含轴功率项的式(3-64)形式全同，即从能量角度看热量与功本质相同。其次可见，当控制体内进行的是绝热定常的流动，则上式表明轴输出功率恰等于控制体质量流量 $\int_{A_{进}}\rho\boldsymbol{v}\cdot\mathrm{d}\boldsymbol{A}$ 乘以单位质量流体在控制体进口面上的总焓加势能与在出口面上的总焓加势能的差。

3.4.3 微分形式的能量方程

下面将能量方程推导为微分形式的。将式(3-64)的面积分用奥-高定理变为体积分，又令 $\dot{q}$ 表示单位时间内外界传给单位质量流体的热量，即令

$$\dot{Q}=\int_V\rho\dot{q}\,\mathrm{d}V \tag{3-67}$$

于是有

$$\int_V\left\{\rho\dot{q}-\frac{\partial}{\partial t}\left[\rho\left(u_T+\frac{\boldsymbol{v}^2}{2}+U\right)\right]-\nabla\cdot\left[\left(h+\frac{\boldsymbol{v}^2}{2}+U\right)\rho\boldsymbol{v}\right]\right\}\mathrm{d}V=0 \tag{3-68}$$

由于推导过程中所取体积 V 的位置和大小的任意性，可除去积分，得到能量方程的微分形式

$$\rho\dot{q}-\frac{\partial}{\partial t}\left[\rho\left(u_T+\frac{\boldsymbol{v}^2}{2}+U\right)\right]-\nabla\cdot\left[\left(h+\frac{\boldsymbol{v}^2}{2}+U\right)\rho\boldsymbol{v}\right]=0$$

(守恒形微分形式能量方程) (3-69a)

或使用式(3-121)定义的单位体积流体的总能量 E,而将上式写成另一种形式

$$\rho\dot{q}-\frac{\partial}{\partial t}(E+\rho U)-\nabla\cdot[(E+\rho U+p)\boldsymbol{v}]=0$$

(守恒形微分形式能量方程) (3-69b)

这两个形式的守恒形能量微分方程在计算流体力学的有限差分法中应用。它是一个标量方程,读者可试将它展开写为只含有标量的形式。又经过如下步骤对式(3-69a)继续变形:

在 $\frac{\partial}{\partial t}$ 项的圆括号中加减 $\frac{p}{\rho}$ 项,并对 $\rho, u_T+\frac{\boldsymbol{v}^2}{2}+U, p$ 分别展开 $\frac{\partial}{\partial t}$ 运算;

将 $\nabla\cdot[\cdot]$ 项按 $h+\boldsymbol{v}^2/2+U, \rho\boldsymbol{v}$ 两个因子分别展开求散度的运算;

再引用连续方程式(3-8a)进行化简,

则可将式(3-69a)变为非守恒形,即

$$\dot{q}=\frac{\mathrm{D}}{\mathrm{D}t}\left(h+\frac{\boldsymbol{v}^2}{2}+U\right)-\frac{1}{\rho}\frac{\partial p}{\partial t}\quad \text{(非守恒形微分形式能量方程)} \quad (3-70)$$

能量方程的上式形式值得很好地分析。首先它表明,当研究的是绝热非定常流动,则静焓、动能、势能之和的随流变化率是由压力场的非定常变化所导致。对应于此结论的最常见的例子就是声音在介质中传播的物理现象。在气体声场中某微团的邻域,只要有微团压强随时间的不断变化,该微团上总能量的全导数就不为0,亦即该微团本身的能量在当地随时间变化,邻近微团的能量也因迁移变化率非0而在变化。这样,不管微团的群体随气体主流在进行宏观流动或根本不流动,微团能量的不断变化则将能量流以其专有的速度——声速传播了过去。因此声音现象在传播一种形式的能量,通常即机械振动形式的能量。其次上式又表明,在绝热定常流动时,实际上就得到了绝能流动

$$\boldsymbol{v}\cdot\nabla\left(h+\frac{\boldsymbol{v}^2}{2}+U\right)=V\frac{\partial}{\partial s}\left(h+\frac{\boldsymbol{v}^2}{2}+U\right)=0 \quad (3-71)$$

由于速度 $\boldsymbol{v}=V\boldsymbol{i}_s$ 的方向任意,于是得

$$h+\frac{\boldsymbol{v}^2}{2}+U=C(\psi)$$

(沿多维流线的绝能定常流动的有限形式能量方程) (3-72)

上式与一维定常绝能流动的能量方程形式相同,只不过在由多维坐标架所定义的多维定常绝能流动中,单位质量流体所具有的总能量是沿多维流线不变的。当在流动起始点处各条流线上单位质量流体的总能量相同时,则得到多维定常绝能均能流动。

与动量方程的推导相同，也可用微元体系的方法（见图 3－5）导出各种微分形式的能量方程。前述的控制体积分形式能量方程常可直接用于求解发动机工程中的总体问题，见下例。

例 3.4　压气机出口气流参数的求解

空气以静温 $T=300\ \mathrm{K}$ 和平均速度 150 m/s 进入地面发电站用燃气轮机的压气机。排出压气时的平均速度为 50 m/s，压气机吸收涡轮功率为 100 kJ/kg，并向环境中放出热损失10 kJ/kg。设流动定常，试计算压气机排气的焓和温度，考虑气体随温度的变比热容。

解：从空气的热力学性质表查得 $h_1(t)=h_1(300\ \mathrm{K})=301.329\ \mathrm{kJ/kg}$。当为定常流动，且设为理想（无摩擦）和无彻体力的流动时，则可使用适用于控制体的显含轴功率的积分形式能量方程式（3－66），此情形下其简化为

$$\int_{A_{出}}\left(h+\frac{\boldsymbol{v}^2}{2}\right)\rho\boldsymbol{v}\cdot \mathrm{d}\boldsymbol{A}+\int_{A_{进}}\left(h+\frac{\boldsymbol{v}^2}{2}\right)\rho\boldsymbol{v}\cdot \mathrm{d}\boldsymbol{A}+\dot{W}_{\mathrm{shaft}}-\dot{Q}=0 \tag{3-73}$$

在一维情形下上式易于被简化为

$$\dot{m}\left(h_2+\frac{\boldsymbol{v}_2^2}{2}-h_1-\frac{\boldsymbol{v}_1^2}{2}\right)+\dot{W}_{\mathrm{shaft}}-\dot{Q}=0 \tag{3-74}$$

于是

$$h_2=\frac{\dot{Q}}{\dot{m}}-\frac{\dot{W}_{\mathrm{shaft}}}{\dot{m}}+\frac{\boldsymbol{v}_1^2-\boldsymbol{v}_2^2}{2}+h_1=$$

$$\left[(-10)-(-100)+\frac{150^2-50^2}{2}\Big/1\,000+301.329\right]\ \mathrm{kJ/kg}=$$

$$401.329\ \mathrm{kJ/kg}$$

最后再由空气的热力学性质表查得

$$t_2(h_2)=t_2(401.329\ \mathrm{kJ/kg})=399.18\ \mathrm{K}$$

解毕。

3.5　热力学第二定律，即熵方程的积分形式、微分形式

热力学第二定律也来自于从无数热力学工程事实中总结出来的经验，并且在人类已经使用蒸汽机很多年以后的 19 世纪 20～50 年代，它才被认识到和逐步确立下来，主要由卡诺（法国）、克劳修斯（德国）、开尔文（英国）的研究工作而确立。

在流体力学中，用经过无黏性简化的理想流体的数学模型研究工程实际问题时，希望同样还能估计流体机械中工质状态变化过程的方向的规律和估算黏性损失。这时人们使用各种摩擦损失、其他种类损失的子模型，将其加入到理想流体流

动的动力学方程组的求解中。而熵方程就是统帅这些子模型的物理本质(热力学本质)的数学表达式。

对于一个热力学孤立体系而言,热力学第二定律写为

$$\mathrm{d}S \geqslant \frac{\delta Q}{T} \tag{3-75}$$

其中,δQ 为对整个热力学孤立体系的加热量,它仅是一个数量而不是一个场;dS 是在热力过程中体系的熵的增量,这里并不限制体系是在流动与否;T 是热力学温度,符号“>”对应于不可逆过程,“=”对应于可逆过程。现在进一步要对流动着的孤立流体体系考察第二定律的表达形式和应用,这时产生熵增 dS 的现象是在流动过程中发生的,而且熵增 dS 是在体系所占据的流场空间 V 中的积分量。对于场,以欧拉观点观察从空间某固定点处的邻域内流过的非定常流动的体系时,体系中的物理量,例如熵 S,对时间 t 的变化率应是 S 对 t 的全导数或称为随流导数。因此现在可以将式(3-75)细致地写为变化率的形式

$$\frac{\mathrm{D}S}{\mathrm{D}t} \geqslant \frac{\delta Q/T}{\mathrm{d}t} = \frac{\dot{Q}}{T} \quad \text{(适用于体系的积分形式熵方程)} \tag{3-76}$$

又用雷诺输运定理,令其中 $N = \int_V \rho s \mathrm{d}V$,$\eta = \rho s$,$s$ 为单位质量流体的熵值,则有

$$\int_V \frac{\partial(\rho s)}{\partial t}\mathrm{d}V + \oint_A s\rho \boldsymbol{v} \cdot \mathrm{d}\boldsymbol{A} \geqslant \frac{\dot{Q}}{T} \quad \text{(适用于控制体的积分形式熵方程)} \tag{3-77}$$

用式(3-67)将上式右端改为体积分,再用奥-高公式将面积分也改为体积分,就有

$$\int_V \left[\frac{\partial(\rho s)}{\partial t} + \nabla \cdot (s\rho \boldsymbol{v}) - \frac{\rho \dot{q}}{T}\right]\mathrm{d}V \geqslant 0 \tag{3-78}$$

因为体积 V 是任取的,并设上式的被积函数在 V 内为连续且可微的,则得到上式的被积函数大于或等于0。再次利用连续方程式(3-8a)化简上式的被积函数的展开式如下:

$$s\frac{\partial \rho}{\partial t} + \rho\frac{\partial s}{\partial t} + s\nabla \cdot \rho\boldsymbol{v} + \rho\boldsymbol{v} \cdot \nabla s - \frac{\rho\dot{q}}{T} = \rho\left(\frac{\partial s}{\partial t} + \boldsymbol{v} \cdot \nabla s\right) - \frac{\rho \dot{q}}{T} \geqslant 0 \tag{3-79}$$

即得到

$$\frac{\mathrm{D}s}{\mathrm{D}t} \geqslant \frac{\dot{q}}{T} \quad \text{(微分形式熵方程)} \tag{3-80}$$

进一步,对于定常绝热流动则有

$$\boldsymbol{v} \cdot \nabla s \geqslant 0 \quad \text{或} \quad u\frac{\partial s}{\partial x} + v\frac{\partial s}{\partial y} + w\frac{\partial s}{\partial z} \geqslant 0 \tag{3-81}$$

再沿流线 $\boldsymbol{l}$ 积分上式则有

$$\boldsymbol{v} \cdot \nabla s = v\boldsymbol{l}_0 \cdot \nabla s = v\frac{\partial s}{\partial l} \geqslant 0 \quad \text{或} \quad \boldsymbol{v} \cdot \nabla s = \frac{\mathrm{d}\boldsymbol{l}}{\mathrm{d}t} \cdot \nabla s = \frac{\mathrm{d}s}{\mathrm{d}t} \geqslant 0 \tag{3-82}$$

因 $dt>0$，故有 $ds\geqslant 0$，则最后积分为

$$s_2 \geqslant s_1 \quad (沿多维流线的定常绝能流动的熵方程) \tag{3-83}$$

这个方程说明了在理想流动的方程组中熵的模型或黏性损失模型应必须遵循的原则：熵值不可减小。例如，在现代工程实践中，在各种基于准三维流线模型的叶轮机气动设计方法中，是由设计者依据试验数据或设计经验，输入叶片间通道中沿程各点处的熵增数据；或者，对于静子叶片输入绝对总压恢复系数数据，对于转子叶片输入相对总压损失系数数据，并同时可将损失数据换算为熵增数据。在这种所谓“损失模型”的协助下，用欧拉方程组来设计有黏性损失的实际流动叶轮机。

例 3.5　熵方程的应用——轴流压气机基元叶型准三维设计的流线曲率法中的损失模型

所谓基元叶型，就是一个叶片上的某条叶盆曲线接合它的叶背曲线，二者合围而成的一个就叶展方向而言的薄层叶型。在这个薄层的厚度内设想只通有一条流线。当今轴流压气机转子叶片或静子叶片的现代气动设计方法，其第一部分工作，是从基元叶型设计，到沿着叶展方向积叠起约 20 个不同形状的基元叶型，这样的一个多层型面的逐步气动设计和叶片构型的过程。这个过程被称为压气机的气动通流设计(through flow design)和叶片造型设计(airfoil and blade design)。其第二部分工作，就是利用黏性计算流体动力学正问题(参见 4.7.9 节)的计算机软件，对于已有叶片所造就的流场进行数值分析，以及改进基元叶型设计或改进叶片积叠设计。

在第一部分工作中，经常使用流线曲率法。它是在 20 世纪 40～50 年代产生的流体机械中流面的概念和理论的基础上，于 60 年代中期发展起来的用于叶轮机流场设计反问题(参见 4.7.9 节)的最主要的方法。也可以说它是吴仲华三元流动的普遍理论(参见 3.3.2 节)之两族交叉流面的概念的一种简化应用。流线曲率法属于这样的一类工程设计系统，它使用圆柱坐标系的自变量，但在一个扭曲的空间流面 $S2$ 或 $S1$ 上，写出无黏性完全气体定常流动的气体动力学方程组，然后再加以用熵方程考虑实际叶轮机中的黏性流动损失。这个损失即熵增量，随即被带入到气动方程组的动量微分方程中，从而影响绕叶型流动的速度和热力学参数等。那么，为引入绕基元叶型流动的黏性损失，有下面两种方法。

(1) 直接输入熵增量或损失量的方法

对于静子，输入基元叶型通道中沿程各点处例如 1 点到 2 点处熵增 s_2-s_1 的经验函数数据，并根据热力学理论关系式计算出各点的绝对坐标系下的总压恢复系数 $\sigma=p_2^*/p_1^*$；或者反过来，输入总压恢复系数 σ 的经验函数数据，而计算出熵增。这两种情形下的计算只需用到理论关系式

$$\sigma = e^{-(s_2-s_1)/R} \quad 或 \quad s_2-s_1=-R\ln\sigma$$

又对于转子，首先，转子绝热效率的热力学定义为

$$\eta_K^* \triangleq \frac{T_{2,ad}^* - T_1^*}{T_2^* - T_1^*} = \frac{(p_2^*/p_1^*)^{\frac{\gamma-1}{\gamma}} - 1}{(T_2^*/T_1^*) - 1} < 1 \tag{3-84}$$

其中 $T_{2,ad}^*$ 是在绝热可逆流动条件下转子基元叶型通道出口所应达到的较低的出口总温。其次，可以推证熵增的热力学定义的有限形式可以使用静参数或者总参数写成形式不变的下式

$$s_2 - s_1 = c_p \ln \frac{T_2}{T_1} - R\ln \frac{p_2}{p_1} = c_p \ln \frac{T_2^*}{T_1^*} - R\ln \frac{p_2^*}{p_1^*} \tag{3-85}$$

使用其总参数形式，将绝热效率的定义式带入，就可导出转子熵增与绝热效率的关系

$$s_2 - s_1 = -R\ln\left[\eta_K^* + (1-\eta_K^*)\Big/\left(\frac{T_2^*}{T_1^*}\right)\right]^{\frac{\gamma}{\gamma-1}}$$

可见，对于转子，同样可以输入熵增 $s_2 - s_1$ 的经验函数数据，或者输入效率的数据，而相应计算出效率或者熵增。

(2) 叶型扩散因子法或称为 D 因子(Diffusion factor)法

对于静子基元叶型通道，考虑从它的进口处1到出口处2的整个一段流动，定义一个综合了这段上各种流动损失的系数——总压损失系数 $\bar{\omega}$

$$\bar{\omega} \triangleq \frac{p_{2,ad}^* - p_2^*}{p_1^* - p_1} = \bar{\omega}(D) \qquad \text{其中} \qquad D = \frac{V_{max} - V_2}{V_1} \tag{3-86}$$

其中 $p_{2,ad}^*$ 是在绝热可逆流动条件下转子基元叶型通道出口所应达到的较高的出口总压。总压损失系数 $\bar{\omega}$ 被认定为是扩散因子 D 的函数，而 D 因子是绝对流动速度 V 在通道内的沿程分布的一个简单函数。式(3-86)的特点是，全部自变量压强、速度都是在非转动的绝对坐标系下的物理量。

现由式(3-86)解出在有损失的情况下静子出口实际上所能够达到的较低的出口总压 p_2^*，同样带入熵增的热力学定义式(3-85)，就得到含有总压损失系数的静子熵增表达式

$$s_2 - s_1 = -R\ \ln\left\{1 - \bar{\omega}\left[1 - \left(1 + \frac{\gamma-1}{2}Ma_1^2\right)^{-\frac{\gamma}{\gamma-1}}\right]\left(\frac{T_2^*}{T_1^*}\right)^{-\frac{\gamma}{\gamma-1}}\right\}$$

又对于转子基元叶型通道，同样也定义一个综合了转子段上各种流动损失的总压损失系数 $\bar{\omega}$

$$\bar{\omega} \triangleq \frac{p_{2r,ad}^* - p_{2r}^*}{p_{1r}^* - p_1} = \bar{\omega}(D) \qquad \text{其中} \qquad D = \frac{W_{max} - W_2}{W_1} \tag{3-87}$$

与式(3-86)不同的是，这里 $p_{2r,ad}^*$ 是在绝热可逆流动条件下转子基元叶型通道出口所应达到的较高的相对流动出口总压。这里的 D 因子是相对流动速度 W 在相对通道内的沿程分布的一个简单函数。进而全部自变量都是在转动的相对坐标系

“r”下的物理量。

现由同样的处理，即解出式(3-87)的 p_{2r}^*，再带入定义式(3-85)，就得到含有总压损失系数的转子熵增表达式

$$s_2 - s_1 = -R\ln\left\{1-\bar{\omega}\left[1-\left(1+\frac{\gamma-1}{2}Ma_{1r}^2\right)^{-\frac{\gamma}{\gamma-1}}\right]\left(\frac{T_{2r}^*}{T_{1r}^*}\right)^{-\frac{\gamma}{\gamma-1}}\right\}$$

对于上述的给出熵方程的 D 因子法作如下的分析。首先，总压损失系数 $\bar{\omega}(D)$ 与 D 因子在轴流压气机的工程实际中是按照实验测取的经验函数关系相关联的。其次，从 D 因子本身的定义式可见，D 因子反映了绝对或者相对气流的速度在叶背上所达到的最大值，例如 W_{max} 与在叶型尾缘处的值 W_2、在叶型前缘处的值 W_1 的相对大小。因此，D 因子反映气流绕流加速的最大幅度。在压气机必然造就的沿流向为逆压强流动的流场中，它因而能反映气流趋于从叶背上分离的趋势的大小，和分离产生之后的严重程度。它因此与总压损失系数之间存在必然的联系。这就是 D 因子法这一半经验方法的思想方法。D 因子这一十分重要的经验性参数，是在美国刘易斯(Lewis)航空推进实验室，现名为格伦(Glenn)研究中心，进行了大量的压气机叶栅实验以后，由利卜雷(Lieblein)等于 1953 年提出来的。

3.6　无黏性可压缩流体多维流动的动力学基本方程组，封闭性

这里集中给出基本微分方程组，它常用于推导流场的在各种进一步简化条件下的流动控制方程，和用于计算流体力学的各种数值离散解法中。首先有连续方程

$$\frac{\partial\rho}{\partial t}+\nabla\cdot\rho\boldsymbol{v}=0 \quad 或 \quad \frac{D\rho}{Dt}+\rho\nabla\cdot\boldsymbol{v}=0 \quad (连续方程) \tag{3-88}$$

根据 1.5.2 节和 3.2 节，已可写出连续方程在笛卡儿和圆柱坐标系下的展开形式。然后有动量方程

$$\frac{\partial\boldsymbol{v}}{\partial t}+(\boldsymbol{v}\cdot\nabla)\boldsymbol{v}=\boldsymbol{R}-\frac{1}{\rho}\nabla p \quad (欧拉运动方程)$$

或

$$\frac{\partial\rho\boldsymbol{v}}{\partial t}+\nabla\cdot\rho\boldsymbol{v}\boldsymbol{v}=\boldsymbol{R}\rho-\nabla p \quad (守恒形欧拉运动方程) \tag{3-89}$$

或

$$\frac{\partial\boldsymbol{v}}{\partial t}+\nabla\left(\frac{\boldsymbol{v}^2}{2}\right)-\boldsymbol{v}\times(\nabla\times\boldsymbol{v})=\boldsymbol{R}-\frac{1}{\rho}\nabla p \quad (葛罗米柯运动方程) \tag{3-90}$$

或

$$\frac{\partial\boldsymbol{v}}{\partial t}-\boldsymbol{v}\times(\nabla\times\boldsymbol{v})=T\nabla s-\nabla h^* \quad (克罗克运动方程) \tag{3-91}$$

动量方程(或称为运动方程)在笛卡儿和圆柱坐标系下的展开形式已部分写出过，根据习题已经易于写出其他展开形式。又有能量方程

$$\dot{q} = \frac{D}{Dt}\left(h + \frac{\boldsymbol{v}^2}{2} + U\right) - \frac{1}{\rho}\frac{\partial p}{\partial t}$$

或

$$\rho\dot{q} = \frac{\partial}{\partial t}\rho\left(u_T + \frac{\boldsymbol{v}^2}{2} + U\right) + \nabla\cdot\left(h + \frac{\boldsymbol{v}^2}{2} + U\right)\rho\boldsymbol{v} \quad \text{(能量方程)} \tag{3-92}$$

当进一步为气体的定常绝能流动,则简化为

$$(\boldsymbol{v}\cdot\nabla)\left(h + \frac{\boldsymbol{v}^2}{2}\right) = 0 \tag{3-93}$$

能量方程在笛卡儿和圆柱坐标系下的展开形式已易于根据习题得到。对于求解有黏性流动还必须引入熵方程

$$\frac{Ds}{Dt} \geqslant \frac{\dot{q}}{T} \quad \text{(熵方程)} \tag{3-94}$$

当上式采用“>”号,则用于以无黏性气体动力学方程组解决有黏性的流动问题。一般地,熵增的分布规律在有黏性流动的 N-S 方程组中可以被直接计算出来,而在此处的无黏性流动的欧拉方程组中,是由实验等获得熵增的分布规律的模型,将其代入熵方程(3-94),从而求解出考虑黏性的流动。又当上式采用“=”号,则用于以无黏性气体动力学方程组解决无黏性的流动问题。当进一步为理想定常绝热等熵的流动问题,则熵方程简化为下面的等熵模型

$$(\boldsymbol{v}\cdot\nabla)s = 0 \qquad \text{或} \qquad s_2 = s_1 \tag{3-95}$$

它们均易于在笛卡儿和圆柱坐标系下展开。

当方程组中有状态参数 h 作为函数出现,则通常使用两个状态方程

$$T = T(p,\rho) \quad \text{(关于温度的有限形式状态方程)} \tag{3-96}$$

$$h = h(p,\rho) \quad \text{(关于静焓的有限形式状态方程)} \tag{3-97}$$

当为完全气体的流动则这两个状态方程具体化为

$$p = \rho RT \qquad \text{和} \qquad h = c_p T \tag{3-98}$$

至此,上述方程组已对于待求函数变量 u,v,w,T,p,ρ,h,s 封闭,方程组的自变量为 t,x,y,z。当忽略体力势 U 或体力 $\boldsymbol{R}$,或已知体力的分布规律;当微团在运动中受到的加热率 $\dot{q}$ 由含有自变量、函数变量及其偏导数的所谓加热模型来表示,则上述方程组可解。当然,对于这个拟线性偏微分方程组,需要与具体流动的物理性质相匹配的初值条件和边值条件来为其定解。

加热模型写为

$$\dot{q} = \dot{q}(\text{传导热}) + \dot{q}(\text{生成热}) \tag{3-99}$$

其中

$$\dot{q}(\text{传导热}) = -\frac{1}{\rho}\nabla\cdot(-\lambda\nabla T) \quad \text{或对绝热流动} \quad \dot{q}(\text{传导热}) = 0 \tag{3-100}$$

$$\dot{q}(\text{生成热}) = \text{根据具体物理现象拟定的生成热模型} \tag{3-101}$$

式(3-100)是单位时间内单位质量流体接收的热传导热量,其中引用了傅里叶(法国)于1822年提出的热传导模型 $\boldsymbol{f}=-\lambda\nabla T[\mathrm{J}\cdot(\mathrm{s}\cdot\mathrm{m}^2)^{-1}]$,即热传导的傅里叶定律,或称为傅里叶热流矢量公式。其中的热传导系数 $\lambda[\mathrm{J}\cdot(\mathrm{s}\cdot\mathrm{m}\cdot\mathrm{K})^{-1}]$ 通常也是温度的函数。又对于假设为微团之间绝热的流动,则令热流矢量 $\boldsymbol{f}$ 为0。在式(3-101)中又考虑到流体受到流动以外的系统的加热现象,例如,燃烧生成热,电磁场生成热,原子能生成热等,则引用各种生成热模型来表示。这里希望很好地理解,微分方程所言的加热流动,绝热流动和等熵流动,它们的意义都是针对流体微团而言的。

例3.6 基本方程组的应用——轴流压气机叶片排轴向间隙中流场的简单径向平衡方程

假设气体在压气机叶片排轴向间隙中的流动是完全气体无黏绝热定常流,是圆柱面流动即径向分速 $v_r=0$,轴向间隙中气流参数是周向均匀的即 $\dfrac{\partial}{\partial\theta}=0$,试从基本微分方程组出发,导出轴向间隙中流场的控制方程。

采用圆柱坐标系,则参见式(1-26),展开的连续方程为

$$\frac{\partial\rho}{\partial t}+\frac{\partial r\rho v_r}{r\partial r}+\frac{\partial\rho v_\theta}{r\partial\theta}+\frac{\partial\rho v_z}{\partial z}=0 \tag{3-102}$$

参见式(2-10),r,θ,z 三个方向上的动量方程各为

$$\frac{Dv_r}{Dt}-\frac{v_\theta^2}{r}=-\frac{1}{\rho}\frac{\partial p}{\partial r} \tag{3-103}$$

$$\frac{Dv_\theta}{Dt}+\frac{v_\theta v_r}{r}=-\frac{1}{\rho}\frac{\partial p}{r\partial\theta} \tag{3-104}$$

$$\frac{Dv_z}{Dt}=-\frac{1}{\rho}\frac{\partial p}{\partial z} \tag{3-105}$$

能量方程在此简化为

$$\frac{Dh^*}{Dt}=\frac{1}{\rho}\frac{\partial p}{\partial t} \tag{3-106}$$

状态方程为

$$p=\rho RT \tag{3-107}$$

据题目假设,连续方程简化为

$$\frac{\partial\rho v_z}{\partial z}=0 \tag{3-108}$$

即 ρv_z 只是半径 r 的函数。又因 $v_r=0$,则 r 向动量方程简化为

$$\frac{\partial p}{\partial r}=\rho\frac{v_\theta^2}{r} \tag{3-109}$$

注意到圆柱系中$\frac{D}{Dt}=\frac{\partial}{\partial t}+v_r\frac{\partial}{\partial r}+v_\theta\frac{\partial}{r\partial\theta}+v_z\frac{\partial}{\partial z}$，$v_z\neq 0$，则$\theta$向动量方程简化为

$$\frac{\partial v_\theta}{\partial z}=0$$

同理能量方程简化为

$$\frac{\partial h^*}{\partial z}=0 \tag{3-110}$$

又因$\frac{\partial}{\partial\theta}=0$，故必得$v_\theta=v_\theta(r)$。进一步分析，首先若设$\rho=\rho(r)$，就有$v_z=v_z(r)$，由式(3-110)还有$T=T(r)$，及式(3-107)给出$p=p(r)$，此时$z$向动量方程(3-105)自动满足。这就是说，若在轴向间隙段的出口边界面上给定一种静压的径向分布，其符合这里推出的$p(r)$分布，则在轮毂、机匣这两个等直圆柱面之间的等截面积管道中的无黏绝热定常流，其所有气流参数都只是半径r的函数，而它们沿压气机轴向z不变化。这对应于轴向间隙段出口静压分布与下游的相同，即匹配的情形。又若设$\rho=\rho(r,z)$，则推出v_z，T，p都是r，z的函数，此时连续方程(3-108)给出$v_z=f(r)/\rho(r,z)$，进而z向动量方程(3-105)解出$v_z(r,z)=\sqrt{\frac{\partial p(r,z)}{\partial z}\Big/\frac{\partial\rho(r,z)}{\partial z}}$，这对应于轴向间隙段出口静压分布与其下游的静压分布不匹配的情形，即静压沿轴向发生着变化。再可见，r向动量方程(3-109)说明，气体在轴向间隙中流动时，如果其有周向分速，不管是正是负，则径向的静压梯度一定大于0，即压气机中静压随半径而增大，同一半径处静压随周向分速而增大。r向动量方程(3-109)也称为简单径向平衡方程，它描述轴流压气机气流沿着一族流线有规则流动时，所应遵守的最基本规律。叶轮机械内部流场的径向平衡概念，是瑞士苏黎世工业大学的特劳佩尔(Traupel)教授于20世纪40年代提出来的。

3.7 声速方程的意义和各种形式

在完全气体绝热、等熵、非定常或定常流动时，微团不放热，不受外界系统之加热，微团熵值不变。这时可证明微分形式的能量方程就等价于声速方程，其证明见本节。这时在上面的方程组中就可以除去函数h，而使用函数a，并使方程组简化。

现首先推导各种形式的声速方程。声音是气体中的微弱静压强扰动的传播现象。声速的一般规律是

$$a^2=\left(\frac{\partial p}{\partial\rho}\right)_s$$

(可压缩流体中小扰动波的传速，即原始的声速方程) (3-111)

其中，s表示一般气体的等熵过程。而完全气体的等熵过程则具体为

$$p = c\rho^{\gamma} \tag{3-112}$$

此时，p 仅是 ρ 的函数了，因此现可将式(3－111)中的偏微分应用为全微分。这样就有

$$\mathrm{d}p = ck\rho^{\gamma-1}\mathrm{d}\rho, \quad \frac{\mathrm{d}p}{p} = \frac{c\gamma\rho^{\gamma-1}}{c\rho^{\gamma}}\mathrm{d}\rho = \gamma\frac{\mathrm{d}\rho}{\rho}$$

即

$$\mathrm{d}p = \gamma\frac{p}{\rho}\mathrm{d}\rho = a^2\mathrm{d}\rho \qquad 或 \qquad a = \sqrt{\gamma RT}$$

（完全气体等熵过程的声速方程）　(3－113)

上式仅说明了在一个热力过程中声速的量值，而不管实现该过程时是否伴随有流动现象。那么对于流场中的声速，在流场均熵的条件下（见 3.8 节）我们把沿着流场中某方向写出的上式用流场中物理量分布的梯度的观点改写为

$$\nabla p \cdot \mathrm{d}\boldsymbol{l} = a^2\ \nabla\rho \cdot \mathrm{d}\boldsymbol{l} \tag{3-114}$$

式中点乘的微弧长 $\mathrm{d}\boldsymbol{l}$ 可以为任意方向的。免去点乘运算，则归结为沿着流场中另一方向——梯度方向而写出的形式

$$\nabla p = a^2\ \nabla\rho$$

（完全气体均熵定常流动沿或不沿流线的声速方程）　(3－115)

可见在上式注明的条件下流场中压力梯度与密度梯度同方向。进一步，还可以考虑在非定常流场中声速的表达，这时显然物理量 p,ρ 的变化率应表现为全导数，即含有$\dfrac{\partial}{\partial t}$，$\boldsymbol{v}\cdot\nabla$ 两项变化率。则得

$$\frac{Dp}{Dt} = a^2\frac{D\rho}{Dt}$$

（完全气体均熵非定常流动沿迹线的声速方程）　(3－116)

现再证明在完全气体绝热、均熵流动时，微分形式的能量方程(3－70)就等价于声速方程(3－116)。此时能量方程先自然地简化为

$$\frac{D}{Dt}\left(h + \frac{\boldsymbol{v}^2}{2}\right) - \frac{1}{\rho}\frac{\partial p}{\partial t} = 0 \tag{3-117}$$

将上式的热焓随流导数项直接展开，动能随流导数项展开并利用动量方程式(3－25a)化简，压力时间导数项按随流导数概念展开，分别如下

$$\frac{Dh}{Dt} = \frac{D}{Dt}\left(\frac{\gamma}{\gamma-1}\frac{p}{\rho}\right) = \frac{\gamma}{\gamma-1}\frac{1}{\rho}\frac{Dp}{Dt} - \frac{a^2}{\gamma-1}\frac{1}{\rho}\frac{D\rho}{Dt} \tag{3-118}$$

$$\frac{D}{Dt}\left(\frac{\boldsymbol{v}\cdot\boldsymbol{v}}{2}\right) = \boldsymbol{v}\cdot\frac{D\boldsymbol{v}}{Dt} = \boldsymbol{v}\cdot\left(-\frac{1}{\rho}\nabla p\right) = -\frac{1}{\rho}\boldsymbol{v}\cdot\nabla p \tag{3-119}$$

$$\frac{1}{\rho}\frac{\partial p}{\partial t} = \frac{1}{\rho}\frac{Dp}{Dt} - \frac{1}{\rho}\boldsymbol{v}\cdot\nabla p \tag{3-120}$$

将式(3－118)、式(3－119)和式(3－120)最右端都代回式(3－117)并整理，就得到

声速方程式(3-116)。证毕。

当以声速方程代替能量方程,并用式(3-113)来封闭声速 a 的计算,或也可以在一定条件下用式(3-155)或式(3-160)或式(3-162)等来封闭声速 a 的计算,则上节所给出的动力学基本微分方程组现在对于待求函数 u,v,w,p,ρ,T,a 而保持封闭性。这时熵 s 和熵方程已经自动退出了方程组。

经常使用以其他各种形式进行封闭处理的动力学基本微分方程组。例如,在计算流体力学中最常用对于 u,v,w,p,ρ,T,a,E 封闭的完全气体无黏性或有黏性流动的方程组,它使用能量方程式(3-69b)。其中用有限形式的定义方程

$$E = \rho e = \rho\left(u_T + \frac{\boldsymbol{v}^2}{2}\right)$$

(单位体积流体的内能加动能,或称贮存能、总能量) (3-121)

来封闭总能量 E 的求解。这时方程组也不再用焓

$$h = u_T + \frac{p}{\rho} \qquad \text{(单位质量流体的焓)} \tag{3-122}$$

来作为待求函数之一。在计算流体力学中对于求解有黏性流动也不再用熵方程,而是用 N-S 方程组的黏性项的作用通过动量传递来改变速度 u,v,w,并同样将能量方程中的传热项处理为微团表面传热量 $\dot{q}$(传导热)和其他方式的生成热量 $\dot{q}$(生成热),以此两项手段来模拟非绝热、非等熵的真实流动问题。

3.8 完全气体等熵流动和均熵流动的概念和其不同表达形式

等熵流动是指对一根流线上的流动而言流体的熵值不增的流动。均熵流动是指对流场中所有流线而言流体的熵值相等且不增的流动。在完全气体的这两种流动中,熵不增的概念可用熵方程,或过程方程,或声速方程来表达。

由完全气体的 n 多变过程的熵变表达式

$$s_2 - s_1 = c_V \ln \frac{p_2}{p_1} + c_p \ln \frac{\rho_1}{\rho_2} \tag{3-123}$$

可推得其不定积分形式

$$s = c_V \ln \frac{p}{\rho^\gamma} + C_1 \qquad \text{(在某根流线上或在全场)} \tag{3-124}$$

当为完全气体的等熵过程

$$p/\rho^\gamma = C_2 \qquad \text{(在某根流线上或在全场)} \tag{3-125}$$

则由前式立即得到,等熵(在某根流线上)或均熵(在全场)流动也可表为

$$s = C_3 \qquad \text{(在某根流线上或在全场)} \tag{3-126}$$

又由熵的全导数

$$\frac{Ds}{Dt}=\frac{\partial s}{\partial t}+\boldsymbol{v}\cdot\nabla s \qquad (3-127)$$

知，均熵$\nabla s=0$但熵值非定常$\frac{\partial s}{\partial t}\neq 0$的流动几乎无实际意义，故可认为，均熵流动也即微团的熵值在空间以及时间中都不变的流动，因此均熵流也可表达为下式

$$\frac{Ds}{Dt}=0 \quad (在全场) \qquad (3-128)$$

于是由式(3-124)还可有均熵流动的另一表达式

$$\frac{D}{Dt}\left(\frac{p}{\rho^{\gamma}}\right)=0 \quad (在全场) \qquad (3-129)$$

展开上式并利用完全气体的状态方程，得知均熵流动也可用声速方程描写为

$$\frac{Dp}{Dt}-\gamma\frac{p}{\rho}\frac{D\rho}{Dt}=0 \quad (在全场) \qquad (3-130)$$

$$\frac{Dp}{Dt}-a^2\frac{D\rho}{Dt}=0 \quad (在全场) \qquad (3-131)$$

式(3-128)～式(3-131)和式(3-125)、式(3-126)同样，均为完全气体等熵或均熵流动，或即完全气体绝热可逆、无轴功流动的表达，并互为充要条件。

3.9 定解条件

定解条件问题一般归属于偏微分方程或方程组的解法理论。偏微分方程组本身和其定解条件组这两者共同构成一个偏微分方程组定解问题。对于得到正确的方程组解析积分解或者数值积分解来说，方程和定解条件这两者完全是同等重要的。没有正确地给定定解条件组，偏微分方程组就得不出唯一的非零解。定解条件问题的基本理论是偏微分方程的特征理论。双曲型、抛物型、椭圆型偏微分方程，或当在求解域内有多个待求函数(工程上也称待求参数)时的偏微分方程组，都必须有不同的定解条件，或称初始条件和边界条件，或称初边条件的给法。本节适当地讨论，同时并不只局限于讨论微分方程组的定解条件理论，为使本节的内容能对实际中的计算求解起到作用，这里不可避免地要一同讨论到流动微分方程组的差分方程组的差分定解条件的给法。又因为在物理概念上有统一性，这里不强调区分是仅就本章的无黏性流动基本微分方程组，还是就有黏性流动的微分方程组，做初边条件给法的应用层次的阐述。

在多维流动问题中，根据物理定律逐一写出相应方程之后所得到的方程组，称为原参数方程组。而将方程组中的方程再经升阶处理或其他数学处理，所得到的变形后的方程组或者单个偏微分方程，称为问题的控制方程组或者控制方程。这时方程中的待求函数可能仍为原参数，也可能已经变成其他的复合函数或者无量

纲函数。这方面最好的例子是本书第4章的势函数方程式(4-13)和流函数方程式(4-70)。不管是原参数方程组还是控制方程(组),由对它的类型的数学判断,可以确定共含有 L 个偏微分方程的方程组的实特征线的条数 C(参见第6章),然后才可确定初边条件的给法。在尚未学习到特征理论之前,关于初边条件的给法方面,先举一例如下。对于超声速流场,其含 L 个方程的方程组或控制方程(组)是双曲型的,这时 $C>0$ 并且 $C=L$,需要给定 L 个初始条件,并且必须给定 $C=L$ 个作为时间与空间的确定分布函数的流场上游边界条件;对于亚声速流场,若同样用含有 L 个方程的方程组或控制方程(组)描述它,则由于方程组或控制方程(组)是椭圆型的,因此其 $C=0$,需要给定 L 个初始条件,并且必须给定 $L_1>0$ 个流场上游边界条件,和 $L_2>0$ 个下游边界条件,且使 $L_1+L_2=L$;进而显然,在数值求解跨声速流场时,在同一流场的超声速区域,亚声速区域就必须使用不同规律的边界条件给法。

3.9.1　初始条件

定常的偏微分方程(组)的解析求解和数值求解均不需要初始条件。在使用非定常的偏微分方程组的时间推进数值迭代解法求解定常的流场问题时,这点就对应于不需要给定精确的初始条件,或即在迭代求解之前可随便给出流场的待求函数的初始分布。当然该分布不能超出非定常方程(组)的数值求解起步时所能够耐受的流场非均匀性。

非定常问题则需要精确的初始条件。在各种数值迭代解法中,初始条件即用于启动迭代求解又直接影响待求函数在时间和空间中的最终分布。本章列出的方程组,反映理想多维可压缩流体的流动,或非理想但由性质相近的方程组所控制的流动,是用原始物理量即原参数的形式来表达待求函数的。对应于此种方程组的初始条件为

$$\left.\begin{aligned} \boldsymbol{v}(x,y,z,0) &= f_v(x,y,z) \\ p(x,y,z,0) &= f_p(x,y,z) \\ T(x,y,z,0) &= f_T(x,y,z) \end{aligned}\right\}$$

在非定常流场问题的使用非定常方程组的数值迭代解法中,还有一种介于定常问题与非定常问题之间的求解法,即在沿一维时间自变量进行流场的积分时,在采用时间推进法时,所采用的双层时间步法。这时,外层的时间步对应于物理边界条件随时间的非定常变化,反映着流场的边界参数作为时间的函数的真实物理进程,而内层的时间步则对应于,在无限大的时间跨度以内,让流场物理量的扰动信息和函数计算的误差信息充分传送到每一个计算网格点上,从而弥补数值计算中每一时间步下的信息传送速度大大低于物理世界中的信息传播速度,这一无法平

衡的速率差的问题。在这种非定常计算中，与求解定常的流场问题时一样，显然同样不需要输入精确的流场初始条件。

3.9.2　固体壁面边界条件

常用的边界条件具体陈述如下。

遵循普朗特的边界层理论，对于有黏性流动，不管是层流运动还是紊流运动，均使用壁面速度为 0 即

$$\boldsymbol{v}\,|_b = 0 \qquad (3-132)$$

为固体壁面（简称固壁）b 上的速度边界条件。

在固壁 b 上，无黏性流动的速度边界条件用无穿透且无摩擦流动的所谓滑移条件。设有非定常运动着的刚性壁面曲面或曲线函数

$$f(x,y,z,t) = 0 \qquad (3-133)$$

将上式的 f 更广泛地看作为一个一般的数量场 $f(x,y,z,t)$的一张数值为 0 的等值面 b，如图 3-10 所示。于是有

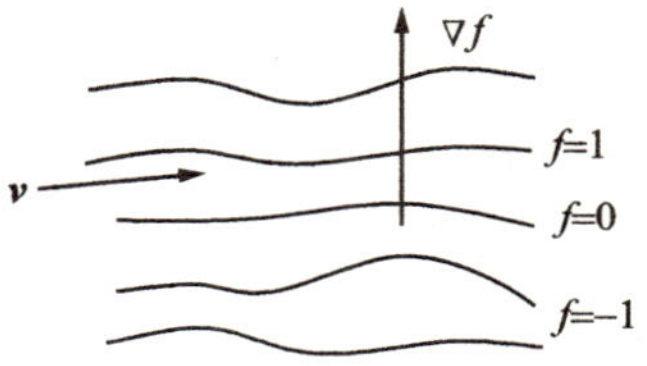

图 3-10　视边界 $f=0$ 为数量场 f 的一个等值面

$$\left.\frac{Df}{Dt}\right|_b = \left.\left(\frac{\partial f}{\partial t} + \boldsymbol{v}\cdot\nabla f\right)\right|_b = 0 \quad （非定常固壁条件） \qquad (3-134)$$

即刚性的壁面曲面或曲线 b 的形状不随时间而变。对于静止壁面问题则从上式有

$$(\boldsymbol{v}\cdot\nabla f)\,|_b = 0 \quad （定常固壁条件） \qquad (3-135)$$

例如，在定常问题中，当三维空间中的刚性壁面曲面函数和二维空间中的刚性壁面曲线函数分别表达如下

$$f(x,y,z) = z - g(x,y), \qquad f(x,y) = y - g(x) \qquad (3-136)$$

则将它们代入式(3－135)并在直角坐标系中展开，分别得到

$$\left.\left(-u\frac{\partial g}{\partial x} - v\frac{\partial g}{\partial y} + w\right)\right|_b = 0, \qquad \left.\left(-u\frac{\mathrm{d}g}{\mathrm{d}x} + v\right)\right|_b = 0 \qquad (3-137)$$

或即

$$\left.\left(\frac{u}{w}\frac{\partial g}{\partial x} + \frac{v}{w}\frac{\partial g}{\partial y}\right)\right|_b = 1, \qquad \left.\frac{v}{u}\right|_b = \left.\frac{\mathrm{d}g}{\mathrm{d}x}\right|_b \qquad (3-138)$$

即在固壁 b 上速度相切于壁面。

对于定常问题的固壁壁面温度边界条件，有等温壁模型，绝热壁模型，即壁面温度的零阶外推法，还有一阶外推法，高阶外推法，各如下所列

$$T = T_b, \qquad \frac{\partial T_b}{\partial n} = 0, \qquad \frac{\partial T_b}{\partial n} = 常数, \qquad \frac{\partial T_b}{\partial n} = 函数 \qquad (3-139a)$$

定常问题的固壁壁面静压 p_b 的边界条件，较常用的有，

$$\frac{\partial p_b}{\partial n}=0,\quad \frac{\partial p_b}{\partial n}=\text{常数},\quad \frac{\partial p_b}{\partial n}=\text{函数} \tag{3-139b}$$

其中最常用的是根据无黏性流动的动量方程导出的上式第一式。而较精确的有,在所讨论的壁面表面以内流场的2～3层薄层网格点之间,建立沿着壁面流向的每个网格点联立的壁面法向有黏性动量方程的方程组,并在计算边界静压 p_b 时,以该条边界的上游第一点处和下游最后一点处的已知静压为边界条件而一次联立求解该方程组。

3.9.3 可压缩流动气体边界条件

在阐述气体边界的边界条件之前,首先介绍计算流体力学中关于气体边界的一些基本概念,如图3-11所示。待求数值解问题的物理计算域(也称为物理空间)的气体边界,或即计算控制体的气体边界,可以是侧面边界,即气流与静止气体相摩擦的边界,或两股气流相切流动的边界;也可以是正面边界,即计算控制体的下游边界,上游边界。其中,物理计算域的侧面边界和正面下游边界,通常都被取为偏微分方程定解问题的下游边界,而物理计算域的正面上游边界则通常即被取为偏微分方程定解问题的上游边界。但从数学概念上讲,一个不规则几何控制体的下游边界和上游边界的划分,并不在于它在控制体中的位置和形状,而仅仅在于边界上的边界条件给法的区别,或即仅仅在于对于边界附近的流场物理量信息的处理方法的区别。处理方法例如,是在计算的多步反复迭代中固定边界上某个物理量的确定值,而使该值去影响流场中其他点的相关物理量,还是在迭代中不固定这个物理量的值,使该值受流场中其他点的相关物理量的影响而产生变化。例如,在学习了特征理论之后会得知(参见第6章),在定常的超声速流场中,下游边界和上游边界的划分仅仅在于沿着流动空间中的特征线方向的边界条件提法的区别。又例如,定常的超声速和亚声速流场计算域边界的上、下游属性,只由边界条件的给法所确定,而完全不由计算域中初始流动的速度方向和静压梯度方向所确定。

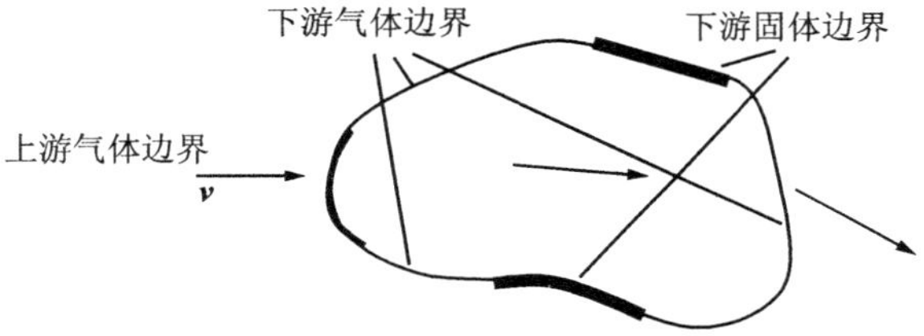

图3-11 偏微分方程定解问题的上游边界和下游边界

根据偏微分方程的特征理论,得到下游气体边界的静压边界条件,它们是

$$p=p_a \quad \text{(亚声速流场下游气体边界条件)} \tag{3-140}$$

其中 p_a 是控制体外部的环境静压。式(3－140)最常用在亚声速流场的控制体正面下游边界处，也用在侧面下游边界处。其物理意义是，固定这一环境静压的值，并使环境静压在亚声速流场中通过压强信息的逆流上传而影响控制体内部的流场的其他物理量分布。还有

$$\frac{\partial p}{\partial n} = 0$$

（超声速流场下游气体边界条件，在边界处沿特征线方向 n 使用）　(3－141)

式(3－141)实际上是令控制体下游边界处的静压等于在同一根特征线上的边界内某点的静压。式(3－141)最常用在超声速流场的控制体下游正面边界处，也用在下游侧面边界处。下游正面边界处时"沿特征线方向 n 使用"常可被简化成沿着流线的方向，或沿着正面边界的法向，或沿着流向网格线的方向使用，并同时带来近似后的边界条件误差。这种误差不仅体现为边界值不正确，更重要地，当差分格式中含有前差差分时，体现为在边界处流场物理量的畸变值逆流向流场的内部有反射。下游侧面边界处时"沿特征线方向 n 使用"也常被简化成沿着与流向准垂直的网格线的方向使用，并因为同样的原理而带来更大的边界条件误差，使侧面边界附近的流场呈现严重的畸变。

根据特征理论，上游气体边界的压力边界条件和速度边界条件应被系统地一同研究。其结果表明，首先应分为不可压缩流动和可压缩流动两类不同的边界条件给法。其次在可压缩流动中，又应分为亚声速流动和超声速流动两类不同的边界条件给法。

在可压缩流动中，通常为方便而在流场上游引用气体来流的函数不变量总温、总压，而将边界条件表达为分别适用于亚声速上游、超声速上游的不同形式。对于亚声速上游使用下式

$$p^* = p^*_\infty, \quad T^* = T^*_\infty, \quad w = w_\infty, \quad v = v_\infty, \quad \frac{\partial u}{\partial n} = 0$$

（亚声速流场上游气体边界条件，全部公式沿边界处流线方向 n 使用）

(3－142)

上式最后一个等式是令控制体上游边界处的一个速度分量等于边界内某点的同一速度分量。上式中各式可以根据不同的命题而置换为其他变量，但实质上必须保证亚声速流场的上游边界处有一个边界条件的值是由流场内部的值沿当地流线外推而得出的。对于超声速上游则使用下式

$$p^* = p^*_\infty, \quad T^* = T^*_\infty, \quad \boldsymbol{v} = \boldsymbol{v}_\infty$$

（超声速流场上游气体边界条件，全部公式沿边界处特征线方向 n 使用）

(3－143)

上式也可置换为其他变量。但必须保证的实质是，超声速流场的全部上游边界条

件只能由控制体边界处的超声速来流本身在当地特征线上的条件给定,而不受任何下游流场的影响。其物理意义是,在超声速流场中压强信息不可能逆流上传到上游流场中而影响上游任何物理量的分布。

至于气体正面下游边界和侧面边界的速度边界条件,已论述过该两种边界统属于偏微分方程定解问题的下游边界。特征理论的结论是,对于式(3—142)或式(3—143)的上游边界条件给法(而不置换为其他变量),超声速和亚声速流场下游边界处的速度只能由流场内部决定,即各速度分量都应采用下式之一的外推法

$$\frac{\partial(u,v,w)}{\partial n}=0,\qquad \frac{\partial(u,v,w)}{\partial n}=\text{常数},\qquad \frac{\partial(u,v,w)}{\partial n}=\text{函数} \tag{3-144}$$

气体边界的温度边界条件同样有等温边界模型,绝热边界模型等。其表达式与式(3-139a)相同。

式(3-140)~式(3-144)对于定常流动问题可直接应用。对于非定常流动问题,这些公式所体现的边界处信息传输的原则也是正确的,只不过对于非定常流动,压强 p_a 等实际上是时间的函数,同时多维非定常流动时边界条件公式的形式也更复杂一些。

3.9.4 不可压缩流动气体边界条件

不可压缩流动,包含液体的流动和气体的低速流动,即通常取为的马赫数小于0.3的气体流动,又分为非定常的和定常的流动,再分为无黏性的和有黏性的流动。描述它们的偏微分方程组或控制方程(组)比起可压缩流动的通常要简单,但它们的数值求解并不简单,甚至于难于可压缩流动的数值求解。其方程组较为简单的原因是,流场中的任何物理量仅由压强分布 $p(x,y,z,t)$ 和流速分布 $\boldsymbol{v}(x,y,z,t)$ 完全决定,密度的不变化,导致热力学温度 $T(x,y,z,t)$ 已经自动与联立方程组解耦或者说退出了方程组。结果方程组仅由连续方程和动量方程构成,并仅含有变量 p 和 $\boldsymbol{v}$。同时流动的特征是流体的内能及其表征参数温度在流动中的变化极小。其方程组的数值求解较难的原因分析如下。低速流场中的压强信息是时刻都在向包括上下游方向的任意方向上传播的,这种传播的速度是当地的声速,传播的物理机制是,流体微团的被重复地压缩和扩张的非定常运动,使得密度 ρ 按声频而以一定的相位差变化的微团的体系,持续传递着波动运动所载的机械振动形式的能量。但流体的不可压缩数学模型却设定微团及其体系的密度 ρ 为绝对不变的常量,导致原先振动的体系中的各点现在不能在其局域和瞬时贮存压缩和扩张形式的机械能,对应的物理结果应是,流体中任一种压强扰动的信息在瞬间就要传遍全流场。进而对应的偏微分方程(组)的构形特点,则可举一例来具体查看。本书第6章式(6-52)至式(6-56)是无黏性无彻体力完全气体绝热可压缩非定常多维流

动的基本方程组，对其进一步给出不可压缩定常二维流动的简化，就得到如下的流量方程加上 x 向，y 向两个动量方程的方程组

$$\left.\begin{aligned}&u_x+v_y=0\\&uu_x+vu_y+p_x/\rho=0\\&uv_x+vv_y+p_y/\rho=0\end{aligned}\right\}$$

其中角标 x，y 表示对待求函数求偏导数。可见，方程中除了待求函数 p 和 $\boldsymbol{v}$ 以外，因 ρ 现为常数，则不存在任何的其他函数变量，使借助它们可以将 p 和 $\boldsymbol{v}$ 在迭代过程中的数值变化量趋于松弛、缓变或抹平。这使方程组表现为有直接的确定性或不妨称为一种刚性。此时若给出全部边界上 p 和 u，v 的确定值边界条件，则三个方程可完满解出三个未知数。在偏微分方程组的数值解法中，对于已知边界确定值的这类方程组，实际上就是采用在每个计算网格点上列出各偏导数的差分方程，而得到一个线性代数方程组，从而一次性地解出全场的解法。这就是平衡型或称椭圆型方程组的解法。但是在流体力学的这类反映流动的方程组的性质中，所要求的这种边界确定值，在求解之前恰恰是无法完全知道的，它们实际上是由流动的上游边界或即部分边界所确定。例如表现为每根流线上的流体微团的不同的总能量，而沿流场中待定的曲线流线的传递后，到达下游边界某点上的一种推进型的确定值。这样可发现，转而用推进型或即双曲型方程的推进迭代的解法，在此例中就是从流场上游沿着流线即空间自变量的某种发展途径而向下游进行一种称为空间推进的推进，应该就可数值解出此类方程组。它的求解原理是模拟物理量变化的影响在流场的时间或空间中的传播过程，多个推进步即充分的传播之后即可得到流场的数值解。在理论上这是可行的解法，但在实施上出现了新的困难。由于这类方程组的信息瞬间传遍全场的性质，为在推进过程中使这个高速传播扰动的流场的计算误差收敛，也即计算具有稳定性，所必需采取的每步推进的步长，事实上小到了无法实用的程度。也可以反过来说，在采用实用的较大步长的推进计算中，p 和 $\boldsymbol{v}$ 的信息来源不能够包含正确的上游流场信息，又由于方程组没有 ρ 的调节作用而显得很刚性，计算误差没有一个具备缓冲机制的函数变量来抑制，使得迭代计算不能稳定地进行和收敛到原偏微分方程组的正确解。因此，由于其偏微分方程组通常兼具平衡型物理现象的和推进型物理现象的相混杂的数学性质，这个例子的方程组实际上几乎不可数值解出。不可压缩流动中的这类方程组还有若干个。对于其中混杂性质稍弱而平衡型或推进型性质相对明显的，则在实际中可解。不过仍不可能使用可压缩流动的各类数值解法，而必须发展专门的数值解法。本书第 4 章学习的势函数方程、流函数方程方法首先采用经典的偏微分方程理论建立二阶偏导数的单参数流动控制方程，当采用椭圆型偏微分方程的数值解法，则可求无旋的不可压缩流动的数值解。20 世纪 60 年代至今的计算流体力学又已经发展出了四类不可压缩流动的数值解法，课程参考书目[12]第 12 章较详细地讨论

了这四类适用于一般不可压缩流动的解法。本节不准备分析上述这些解法,而是力图对于它们的边界条件给法的原则能给出综合的表述。

对上述解法困难中的物理和计算数学现象的理论分析研究是采用偏微分方程组的特征理论来进行的。经特征理论分析,不可压缩流动的原参数的或其他参数的非定常的或定常的偏微分方程组或方程,通常是椭圆型的,或为抛物型的,或为椭圆型交织于抛物型或者双曲型所形成的混杂型的。椭圆型也称平衡型,双曲型也称推进型,分别对应于在方程(组)的自变量空间中的全部特征线都是虚的,都是实的。而经过适用于不可压缩流动的某种数值解法的处理,所相应得出的差分方程组或差分方程,则除了上述类型之外,还有可能变成为双曲型的。当差分方程(组)是纯粹椭圆型的,并且它的某类数值解法收敛,则其压强和速度边界条件的给法应是,在计算域的全部边界上给定全部待求函数的确定分布值。进而,若在这个全部边界的外围的流场中继续差分求解,而在外围的新边界上外推得到压强和速度分布,则当新的边界附近流场函数的变化率为0,且差分方法稳定时,仍然能够得到外围流场的收敛解。相应地原全部边界实际上也可以仅为流场中的一个点。又当差分方程为抛物型的,并且它的关于某个自变量的推进法数值解法收敛,则边界条件的给法应是,在控制体上游边界给定待求函数的确定分布值,并据此向下游边界推进求解。又当差分方程(组)是椭圆型与双曲型混杂型的,并且两种型的表现强度(偏导数项的数量级)相当,则通常无法给定边界条件而使数值解收敛。再当差分方程(组)是双曲型的,并且它的关于某个自变量的推进法数值解法收敛,例如关于时间自变量的所谓时间推进法收敛,则单个差分方程时,应与抛物型的边界条件给法相同,而差分方程组时,其压强和速度边界条件的给法通常是,在流场的上游边界仅给定确定的速度 $\boldsymbol{v}$ 分布,同时在下游边界仅给定确定的压强 p 分布。或者也可以将 $\boldsymbol{v}$ 与 p 易位。在这种双曲型方程组的边界条件给法下,经由时间推进过程,将分布有确定的 $\boldsymbol{v}$ 值和 p 值的边界对于流场的影响先传播到流场的内部,最终再传播到未给定 $\boldsymbol{v}$ 值和 p 值的下游和上游边界上。

边界条件给法的原则可详细参阅第6章的特征线法和特征分析法和5.3节的线性化欧拉方程组理论,以及20世纪90年代初以来世界上发表的关于无反射边界条件的三类实现理论的研究论文,特别是其中基于偏微分方程的特征理论的论文。

3.10 运动微分方程的第一积分

在很多问题中,仅用运动微分方程就可以揭示流动的基本特征。又在一些简化条件下,运动微分方程可以单独地被积分出来。积分后的有限形式的运动方程配合上有限形式的流量方程、能量方程,则可以解决一大批实验问题和工程问题。

本节使用葛罗米柯运动微分方程(3-27)

$$\frac{D\boldsymbol{v}}{Dt}=\frac{\partial \boldsymbol{v}}{\partial t}+\nabla\frac{\boldsymbol{v}^2}{2}-\boldsymbol{v}\times(\nabla\times\boldsymbol{v})=-\frac{1}{\rho}\nabla p+\boldsymbol{R}$$

在数学条件

$$\boldsymbol{s}\cdot\boldsymbol{v}\times(\nabla\times\boldsymbol{v})=0 \tag{3-145}$$

成立的情形下积分该动量方程，这里 $\boldsymbol{s}$ 是流场中某个方向的单位矢量。这时得到很著名的拉格朗日积分，伯努利-拉格朗日积分和伯努利积分。

3.10.1　拉格朗日积分

当流动有三个性质：

(1) 流体理想，即流体微团表面只承受正压力 p，无剪切力 τ。

(2) 彻体力有势，即

$$\boldsymbol{R}=-\nabla U \tag{3-146}$$

(3) 流体正压，即流体密度只是压力的函数，参见 2.7.4 节，从而可以定义一个关于压力 p 的数量函数 P

$$P(p)=\int_{任意l}\frac{\mathrm{d}p}{\rho(p)}\quad 或\quad \nabla P(p)=\frac{1}{\rho}\nabla p \tag{3-147}$$

由下式可得知上式的第二个公式成立

$$P(p)=\int_{任意l}\mathrm{d}P(p)=\int_{任意l}\nabla P(p)\cdot\mathrm{d}\boldsymbol{l}=\int_{任意l}\frac{\mathrm{d}p}{\rho(p)}=\int_{任意l}\frac{\nabla p\cdot\mathrm{d}\boldsymbol{l}}{\rho(p)} \tag{3-148}$$

并且进一步，若流动还是无旋的，即

$$\nabla\times\boldsymbol{v}=0\quad 或\quad \boldsymbol{v}=\nabla\varphi \tag{3-149}$$

则由葛罗米柯运动方程(3-27)可化简得

$$\frac{\partial\nabla\varphi}{\partial t}+\nabla\frac{\boldsymbol{v}^2}{2}+\nabla P+\nabla U=0 \tag{3-150}$$

其中，求导运算 $\partial/\partial t$ 和 ∇ 是对于相互独立无关的时间自变量 t、空间自变量 x,y,z 分别求导，因而运算可以互换。于是得

$$\nabla\left(\frac{\partial\varphi}{\partial t}+\frac{\boldsymbol{v}^2}{2}+P+U\right)=0 \tag{3-151}$$

或积分出拉格朗日积分

$$\frac{\partial\varphi}{\partial t}+\frac{\boldsymbol{v}^2}{2}+P+U=C(t,在全场)$$

(动量方程的拉格朗日积分)　(3-152)

其中，用 $C(t,在全场)$ 强调表示方程左端的量是时间的函数，而不是空间坐标的函数。

由上式可见,拉格朗日积分的用法是,在同一时刻,对无旋流场中不同的点,建立上式左端量相等的关系。当上式应用于完全气体均熵流动或者等熵流动的情形

$$p/\rho^{\gamma} = C_1(\text{在全场}) \tag{3-153}$$

则具体有

$$P(p) = \int_{\text{任意}l} \frac{\mathrm{d}p}{(p/C_1)^{1/\gamma}} = \frac{\gamma}{\gamma-1}\frac{p}{\rho} = c_p T = h \tag{3-154}$$

$$\frac{\partial\varphi}{\partial t} + \frac{\boldsymbol{v}^2}{2} + \frac{\gamma}{\gamma-1}\frac{p}{\rho} + U = C(t,\text{在全场}) \tag{3-155}$$

又当式(3-152)应用于不可压缩重流体情形,显然有

$$P(p) = p/\rho \tag{3-156}$$

则具体有

$$\frac{\partial\varphi}{\partial t} + \frac{\boldsymbol{v}^2}{2} + \frac{p}{\rho} + U = C(t,\text{在全场}) \tag{3-157}$$

3.10.2 伯努利积分

在与拉格朗日积分相同的三个前提条件下(即 (1) 流体理想;(2) 彻体力有势;(3) 流体正压),进一步若流动还是定常的,则葛罗米柯方程也得到简化。再将简化的方程向流场中某个方向 $\boldsymbol{s}$ 投影而处理为

$$\boldsymbol{s}\cdot\nabla\left(\frac{\boldsymbol{v}^2}{2} + P + U\right) - \boldsymbol{s}\cdot\boldsymbol{v}\times(\nabla\times\boldsymbol{v}) = 0 \tag{3-158}$$

上式中的函数 P 显然即式(3-154)或式(3-156)的 P。现在仅对第二项为零的情形进行该动量方程的积分。

(1) 无旋情形,即$\nabla\times\boldsymbol{v}=0$,属于定常的拉格朗日积分,或称为伯努利-拉格朗日积分。积分得

$$\frac{\boldsymbol{v}^2}{2} + P + U = C(\text{在全场})$$

(动量方程的伯努利-拉格朗日积分) (3-159)

上式以 C(在全场)表示常数 C 与空间自变量和时间 t 都无关,全流场持有同一个常数 C。当上式应用于完全气体均熵流动的情形,则将式(3-154)带入有

$$\frac{\boldsymbol{v}^2}{2} + \frac{\gamma}{\gamma-1}\frac{p}{\rho} = \frac{\boldsymbol{v}^2}{2} + \frac{a^2}{\gamma-1} = \frac{\boldsymbol{v}^2}{2} + c_v T + \frac{p}{\rho} =$$

$$\frac{\boldsymbol{v}^2}{2} + u_T + \frac{p}{\rho} = \frac{\boldsymbol{v}^2}{2} + h = h^*(\text{在全场})$$

(完全气体可压缩定常无旋均熵流动的伯努利-拉格朗日积分的各种形式)

(3-160)

上式的物理意义为,在式后所标注的流动条件下,可压缩流动的动能、内能、压力势

能的和守恒。式(3-159)对于不可压缩重流体情形的具体化与式(3-157)的形式全同。

(2) $\boldsymbol{s}$ 为流线方向的情形,则 $\boldsymbol{s}$ 与 $\boldsymbol{v}$ 同方向,由于 $\boldsymbol{v}$ 的方向垂直于矢量 $\boldsymbol{v}\times(\nabla\times\boldsymbol{v})$,这使式(3-158)的第二项因为点乘运算而为0。得

$$\frac{\partial}{\partial s}\left(\frac{\boldsymbol{v}^2}{2}+P+U\right)=0(\text{流线}) \tag{3-161}$$

$$\frac{\boldsymbol{v}^2}{2}+P+U=C(\text{流线}) \qquad (\text{伯努利积分}) \tag{3-162}$$

上式即著名的伯努利积分,由丹尼尔第一・伯努利(瑞士)于1738年导出。其中的 C(流线)称为伯努利常数,其值随流线不同而一般不同。

(3) $\boldsymbol{s}$ 为涡线方向的情形,则类似地,使式(3-158)的第二项为0。得

$$\frac{\boldsymbol{v}^2}{2}+P+U=C(\text{涡线}) \tag{3-163}$$

(4) 流线与涡线平行的情形,即 $\boldsymbol{v}/\!/\boldsymbol{\Omega}$。该情形为螺旋运动,仅在三维运动中存在,例如机翼后缘产生的诱导流动。则类似地,使式(3-158)的第二项为0。且因为此处 $\boldsymbol{s}$ 的方向并未被限定,而得

$$\nabla\left(\frac{\boldsymbol{v}^2}{2}+P+U\right)=0 \tag{3-164}$$

$$\frac{\boldsymbol{v}^2}{2}+P+U=C(\text{在全场}) \tag{3-165}$$

式(3-162)~式(3-164)对于气体均熵流动情形、不可压缩重流体情形的具体化与式(3-160)、式(3-157)在形式上全同。

例 3.7　旁管出流的非定常过程——拉格朗日积分的应用

研究液体大容器的旁管突然开始出流的非定常阶段(图 3-12)。

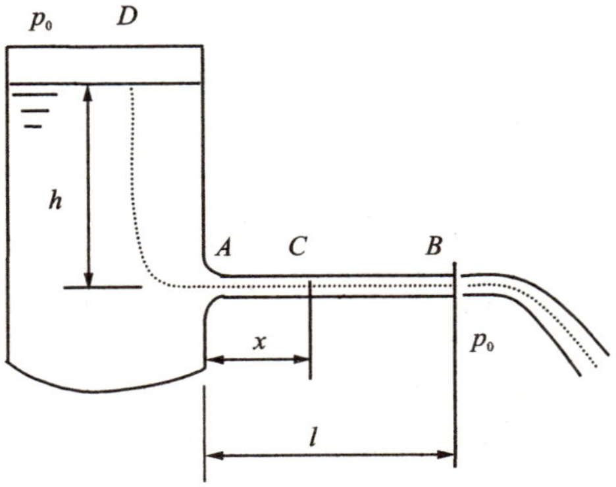

图 3-12　旁管出流的非定常问题

理想不可压缩重流体的拉格朗日积分为

$$\frac{\partial\varphi}{\partial t}+\frac{\boldsymbol{v}^2}{2}+\frac{p}{\rho}+gz=f(t)\qquad(\boldsymbol{R}=-\nabla U,\ U=gz)\tag{3-166}$$

设本题为一维的无旋流动 $\boldsymbol{v}$。这样应沿流线设

$$v\boldsymbol{v}^{\circ}=\boldsymbol{v}=\nabla\varphi=\frac{\partial\varphi}{\partial x}\boldsymbol{i}\tag{3-167}$$

取流线(虚线)在水平旁管中的一段 AB,则对流线上速度势 φ 有

$$\varphi=\varphi_A+\int_0^x\frac{\partial\varphi}{\partial x}\mathrm{d}x=\varphi_A+\int_0^x v\,\mathrm{d}x\tag{3-168}$$

故

$$\frac{\partial\varphi}{\partial t}=\int_0^x\frac{\partial v}{\partial t}\mathrm{d}x\tag{3-169}$$

因旁管等截面,故 v 不是 x 的函数,即 $v=v(t)$。则

$$\frac{\partial\varphi}{\partial t}=\frac{\mathrm{d}v}{\mathrm{d}t}\int_0^x\mathrm{d}x=\frac{\mathrm{d}v}{\mathrm{d}t}x\tag{3-170}$$

代入拉格朗日积分有

$$\frac{\mathrm{d}v}{\mathrm{d}t}x+\frac{v^2}{2}+\frac{p}{\rho}+gz=f(t)\tag{3-171}$$

在同一刻对两个端点 B、D 分别写出上式并联立,因为 $v_D\approx0$,$\frac{\mathrm{d}v_D}{\mathrm{d}t}\approx0$,则得

$$\frac{\mathrm{d}v}{\mathrm{d}t}l+\frac{v^2}{2}+\frac{p_0}{\rho}+0=0\times l_D+0+\frac{p_0}{\rho}+gh$$

所以

$$\frac{\mathrm{d}v}{\mathrm{d}t}=\frac{1}{l}\left(gh-\frac{v^2}{2}\right),\qquad 且有\qquad v(0)=0$$

所以

$$v(t)=\sqrt{2gh}\ th\left(\frac{\sqrt{2gh}}{2l}t\right)\tag{3-172}$$

上式即旁管出流问题的解。进一步分析得知

$$v(\infty)=\sqrt{2gh}$$

$$v(t_1)=v\left(\frac{2l}{\sqrt{2gh}}\times1.5\right)=0.9\sqrt{2gh}=0.9v(\infty)$$

即上升到90%的稳衡流速的时间 t_1 为 $1.5\dfrac{2l}{\sqrt{2gh}}$(s)。例如,当 $h=70$ m,$l=10$ m,得 $t_1=0.08$ s。可见该加速现象是一极快的非定常过渡过程。注意该解题原理没有虑及液体黏性的重要影响。显然在旁管较细长时黏性的影响显著。

例 3.8　叶栅受力——积分形式连续方程、动量方程和动量方程第一积分的联合应用

研究理想不可压缩气体定常流对无限叶栅中单位叶展的叶片的作用力 X、Y。作控制体如图 3-13 所示。注意到只有水平分速度 u_1 才使气流进入控制体，故由控制体积分形式连续方程有

$$\rho u_1 d = \rho u_2 d \qquad 因此 \qquad u_1 = u_2 = u$$

控制体积分形式动量方程为

$$\int_V \frac{\partial \rho \boldsymbol{v}}{\partial t} \mathrm{d}V + \oint_A (\rho \boldsymbol{v}) \boldsymbol{v} \cdot \mathrm{d}\boldsymbol{A} = \int_V \boldsymbol{R} \rho \mathrm{d}V - \oint_A p \, \mathrm{d}\boldsymbol{A}$$

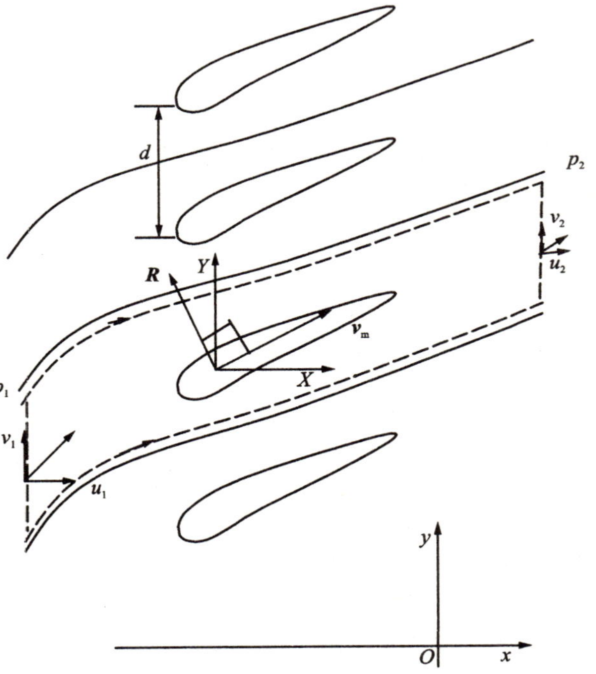

图 3-13　叶栅受力问题及其控制体

注意到所设控制体有周期性条件：控制体上下两条曲边上的气体压力完全对应相等，因此这两条边上提供的面力的合力为 0。现将上方程向二维空间投影为两个分动量方程。关于投影量的正负号，首先注意到，上面矢量方程左端的动量封闭表面积分项的取符号原则为：流出控制体的动量为正，流入控制体的动量为负；又注意到，右端的面力封闭表面积分项的取符号原则为：向控制体内流体施加压力为正；最后还要注意到，动量方程的两端向坐标系中的某轴投影时，要按该轴正方向再次决定所有一维投影分量的符号。故实施上述原则，将上式在图示坐标系的 x

方向、y 方向分别投影得

$$\begin{cases}0+(\rho u_2 d)u_2-(\rho u_1 d)u_1=0+[-p_2 d+p_1 d+(-X)]\\0+(\rho u_2 d)v_2-(\rho u_1 d)v_1=0+(-Y)\end{cases}$$

上式化简得

$$\begin{cases}X=d(p_1-p_2)\\Y=\rho ud(v_1-v_2)\end{cases}\tag{3-173}$$

则问题已经由上式解出。但它对于叶栅受力或产生升力、阻力的机理尚没有给出深刻的揭示。

由拉格朗日定理(2.7.5节)知,无穷远处理想无旋来流的叶栅绕流将保持全流场无旋。于是应用伯努利-拉格朗日积分于这一不可压缩流动就有

$$\frac{u_1^2+v_1^2}{2}+\frac{p_1}{\rho}=\frac{u_2^2+v_2^2}{2}+\frac{p_2}{\rho}$$

或变为压力由速度表达的形式

$$p_1-p_2=\frac{1}{2}\rho(v_2^2-v_1^2)=\frac{1}{2}\rho(v_2+v_1)(v_2-v_1)$$

再利用沿控制体表面的速度环量来进一步简化上面的结果。因控制体上下两表面有周期性条件:从曲线几何到气动条件完全相等,使得两曲线上的环量反向抵消,则得环量 $-\Gamma$,$\Gamma>0$ 为

$$-\Gamma=d(v_2-v_1)$$

用上两公式化简式(3-173),则其化为

$$\left.\begin{aligned}X&=-\rho\frac{v_2+v_1}{2}\Gamma\\Y&=\rho u\Gamma\end{aligned}\right\}\tag{3-174}$$

上式仍是以升力、阻力的形式表达的叶栅受力。但上式已深刻表明:叶片所受到的升力 Y 和阻力 X,都与气体密度、叶栅进出口平均的分速度、叶片产生的速度环量三者成正比。特别是,不同叶片的空气动力性能的好坏、来流对于叶片的攻角的大小,在此被统一地归结为叶片所相应产生的速度环量的大小。当在其他流动环境下研究机翼的受力问题时,也得到非零的环量导致并且正比于升力和阻力这一基本而重要的结论。

又当以合力的形式表达式(3-174)的结论,我们有平均合速度

$$\boldsymbol{v}_{\mathrm{m}}=u\boldsymbol{i}+\frac{v_2+v_1}{2}\boldsymbol{j}$$

合力的模

$$|\boldsymbol{R}|=\sqrt{Y^2+X^2}=\rho\Gamma\sqrt{u^2+\left(\frac{v_2+v_1}{2}\right)^2}=\rho\Gamma|\boldsymbol{v}_{\mathrm{m}}|\tag{3-175}$$

合力方向角

$$\angle(\boldsymbol{R},Y)=\tan^{-1}\frac{X}{Y}=\tan^{-1}\left[\frac{-(v_2+v_1)/2}{u}\right]=\angle(\boldsymbol{v}_{\mathrm{m}},X) \quad (3-176)$$

其中,合力的模表达了同样的结论:气流对叶片的合作用力的大小与气体密度 ρ、平均合速度的模 $|\boldsymbol{v}_{\mathrm{m}}|$、环量 Γ 成正比。

习题 3

3.1　试确定下列各流场中的速度是否满足不可压缩流体的连续性条件。

(1) $u=K(x^2+xy-y^2)$, $v=K(x^2+y^2)$

(2) $u=K\sin xy$, $v=-K\sin xy$

3.2　在不可压缩流体的三维流动中,已知分速度

$$u=x^2+y^2+xy+2,\quad v=y^2+2yz$$

试用连续方程导出分速度 w 的表达式。

3.3　写出下列流体运动的连续方程

(1) 流体轨迹位于绕 z 轴的圆柱面上;

(2) 流体质点在包含 z 轴的子午平面上运动。

3.4　已知不可压缩流动的速度场为 $v_r=2r\sin\theta\cos\theta, v_\theta=-2r\sin^2\theta$,问

(1) 流场是否连续?

(2) 流场是否有旋?

(3) 流场处于单连通域还是双连通域?

(4) 用两种方法求流场在单位圆圆周上的速度环量;

(5) 用两种方法求流场在圆心在原点半径为 2 的圆周上的速度环量。

3.5　把下列矢量恒等式

$$(\boldsymbol{v}\cdot\nabla)\boldsymbol{v}=\nabla\left(\frac{V^2}{2}\right)-\boldsymbol{v}\times(\nabla\times\boldsymbol{v})$$

中各项展成直角坐标系中的分量,以验证这个恒等式。

3.6　把下列矢量恒等式

$$(\boldsymbol{v}\cdot\nabla)\boldsymbol{v}=\nabla\left(\frac{V^2}{2}\right)-\boldsymbol{v}\times(\nabla\times\boldsymbol{v})$$

中各项展成圆柱坐标系中的分量,以验证这个恒等式。

3.7　证明以下速度场

$$u=-ky,\quad v=kx,\quad w=\sqrt{c-2k^2(x^2+y^2)}$$

所确定的运动中,涡量矢量与速度矢量的方向相同,并求出涡量与速度之间的数量关系,其中 c,k 为常量。

3.8　有一流场,其速度分布为

$$\boldsymbol{v}=Ax\boldsymbol{i}+Ay\boldsymbol{j}-2Az\boldsymbol{k},\quad 其中\ A=1\ \mathrm{s}^{-1}$$

试证明这是不可压缩流动。又假定质量力为重力，z 轴垂直向上，$\rho=1\ 000\ \mathrm{kg/m^3}$，长度量纲是 m，试求在点 $P(2,2,5)$ 处的压强梯度。

3.9　试写出无黏性可压缩流动的矢量形式的微分方程组，即矢量形式的欧拉方程组的连续方程、动量方程、能量方程、完全气体状态方程。若方程组尚不封闭，则再写出有限形式的一个封闭用方程。

问在科学和工程的通常的流动求解问题中，方程组中那些变量被用作自变量，哪些是已知的数量分布函数或矢量分布函数，哪些是待求函数？

3.10　熵方程的物理意义是什么？微分形式怎样写？在什么情况下描述流动的微分方程组中必须使用熵方程？如何使用？

3.11　试用 u,v,p,ρ 写出无黏性完全气体定常平面均能(也就认为是绝热的)均熵流动的封闭方程组。

3.12　试推证，无黏性可压缩流体的正压力的压力差对流体的机械推动功率 $-\boldsymbol{v}\cdot\nabla p$ 与正压力对流体的压缩变形功率 $-p\nabla\cdot\boldsymbol{v}$ 和 $-\nabla\cdot p\boldsymbol{v}$，可以写成单位体积流体的流动功率的全导数项 $-\rho\dfrac{D(p/\rho)}{Dt}$ 与压力非定常项 $\dfrac{\partial p}{\partial t}$ 的和。提示：应用 p 的全导数，连续方程，$1/\rho$ 的全导数公式。

3.13　不可压缩无黏性流体作无旋流动，质量力有势 $\boldsymbol{R}=-\nabla U$，试证明流体中任意两点之间存在

$$\frac{\partial\varphi}{\partial t}+\frac{1}{2}V^2+U+\frac{p}{\rho}=C(t)$$

3.14　如图 3-14 所示的等截面直角形管道 ABC，垂直段管长 AB，水平段管长 BC，且 $AB=BC=L$。管中盛满水，C 处有阀门，管道置于大气中，大气压力为 p_a，彻体力为重力。试问当阀门突然打开，管中的压力分布随时间如何变化？

提示：把坐标原点放在水平管的中心线与垂直管的中心线的交点 B 上。流线从 A 点开始计算，管道的中心线可以看作是流线，管道横截面上的物理量都用其所在截面上的平均值代替。

提示：在同时刻 t 先对端点 A，C 列出拉格朗日积分式以求 $V(t)$ 分布，在同时刻 t 再对端点 A，y 和端点 C，x 分别列出拉格朗日积分式。

3.15　参见图 3-15。无黏定常平行流绕圆周 $r=r_0$ 的不可压平面流动的势函数为

$$\varphi=v_\infty\left(1+\frac{r_0^2}{r^2}\right)r\cos\theta$$

求圆周 $r=r_0$ 上任一点的压力 p。其中 r,θ 为极坐标，且 $r\geqslant r_0$，v_∞，r_0，ρ，p_∞ 均为已知常数。

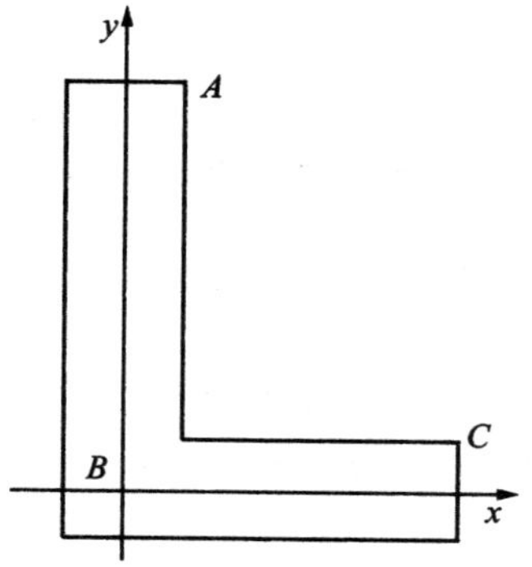

图 3－14　题 3.14 图示

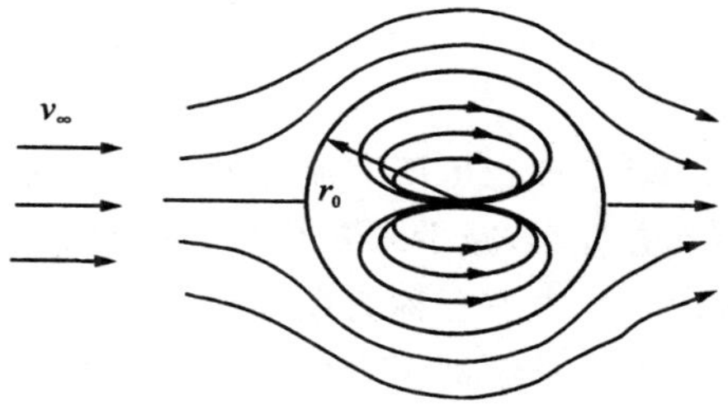

图 3－15　题 3.15 图示

第 4 章 势函数方程,流函数方程

对于理想可压缩流体的绝热流动的求解问题,可以进一步根据流动的性质化简其方程组,减少未知数和方程的数目,达到仅求解一类二阶的单个偏微分方程的方法。这类方程称为在各种条件下的势函数方程、流函数方程。在一阶偏微分方程组不易求解甚至不可能解析求解的情形下,和计算机不很发达的 20 世纪 50～80 年代,这是一种极其有用的求解理想流动的途径,例如用于机翼等飞行器部件绕流问题的求解。直至今天,在很多场合这一类方法仍有它的优越之处:它揭示流动问题时主要矛盾明显或主控因素明显,物理概念清晰,适用于很多定常、非定常气体与固体相互作用问题。例如用势函数的叠加原理,可以求解十分复杂而几乎无黏性的运动流体中的声场问题,进而在对黏性流动进行模型化处理以后,也可以求解涡运动与声波的相互作用问题。

4.1 气体的势函数方程,即气体动力学方程

无黏性完全气体(可压缩无彻体力并符合完全气体状态方程的流体)绝热定常流动时,展开全导数项

$$\frac{D}{Dt}=\frac{\partial}{\partial t}+\boldsymbol{v}\cdot\nabla \tag{4-1}$$

则 3.6 节的多维流动基本方程组可进一步简化为

$$\boldsymbol{v}\cdot\nabla\rho+\rho\nabla\cdot\boldsymbol{v}=0 \quad \text{(连续方程)} \tag{4-2}$$

$$(\boldsymbol{v}\cdot\nabla)\boldsymbol{v}=-\frac{1}{\rho}\nabla p \quad \text{(欧拉运动方程)} \tag{4-3}$$

$$\boldsymbol{v}\cdot\nabla p=a^2\boldsymbol{v}\cdot\nabla\rho \quad \text{(声速方程,替代能量方程)} \tag{4-4}$$

$$(\boldsymbol{v}\cdot\nabla)s=0 \quad \text{(熵方程)} \tag{4-5}$$

$$p=\rho RT \quad \text{(状态方程)} \tag{4-6}$$

现进一步设流动为无旋的。则上面微分方程组中的声速可用有限形式的方程——完全气体无旋定常均熵流动的伯努利-拉格朗日积分式(3-160)来封闭

$$\frac{\boldsymbol{v}^2}{2}+\frac{a^2}{\gamma-1}=C\text{(全场)} \tag{4-7}$$

下面对方程组(4-2)～方程组(4-7)进行消元处理。将连续方程带入声速方程有

$$\boldsymbol{v}\cdot\nabla p=-a^2\rho\nabla\cdot\boldsymbol{v} \tag{4-8}$$

以葛罗米柯运动方程式(3-27)替换欧拉运动方程式(4-3)，因为无旋即$\nabla\times\boldsymbol{v}=0$，有

$$\nabla\left(\frac{\boldsymbol{v}^2}{2}\right)=-\frac{1}{\rho}\nabla p \tag{4-9}$$

上式点乘$-\rho\boldsymbol{v}$有

$$-\rho\boldsymbol{v}\cdot\nabla\left(\frac{\boldsymbol{v}^2}{2}\right)=\boldsymbol{v}\cdot\nabla p \tag{4-10}$$

上式联立式(4-8)就有

$$\boldsymbol{v}\cdot\nabla\left(\frac{\boldsymbol{v}^2}{2}\right)-a^2\,\nabla\cdot\boldsymbol{v}=0 \quad （气体动力学方程） \tag{4-11a}$$

上式已将流场的求解问题归结为仅求解关于速度分量u,v,w的一个标量方程，称为气体动力学方程。它在直角坐标系中的展开写法整理为

$$(a^2-u^2)u_x+(a^2-v^2)v_y+(a^2-w^2)w_z-2uvu_y-2wuw_x-2vwv_z=0 \tag{4-11b}$$

上式中角标x,y,z表示求偏导数。上式中已经代入了直角坐标系中的无旋条件(参见式(1-27))

$$\left.\begin{aligned}v_x-u_y&=0\\u_z-w_x&=0\\w_y-v_z&=0\end{aligned}\right\} \tag{4-11c}$$

引用无旋流场的速度势函数φ则可以进一步化简气体动力学方程。首先，在直角坐标系中引用φ的定义(2.4 节)并使用简化符号如下

$$\left.\begin{aligned}&u=\frac{\partial\varphi}{\partial x}=\varphi_x,\quad v=\varphi_y,\quad w=\varphi_z\\&\frac{\partial u}{\partial x}=\frac{\partial^2\varphi}{\partial x^2}=\varphi_{xx},\quad \frac{\partial v}{\partial y}=\varphi_{yy},\quad \frac{\partial w}{\partial z}=\varphi_{zz}\\&\frac{\partial u}{\partial y}=\frac{\partial v}{\partial x}=\frac{\partial^2\varphi}{\partial x\partial y}=\varphi_{xy},\quad \frac{\partial v}{\partial z}=\frac{\partial w}{\partial y}=\frac{\partial^2\varphi}{\partial y\partial z}=\varphi_{yz},\quad \frac{\partial w}{\partial x}=\frac{\partial u}{\partial z}=\frac{\partial^2\varphi}{\partial x\partial z}=\varphi_{zx}\end{aligned}\right\} \tag{4-12}$$

将上式代入式(4-11b)，整理得

$$\begin{aligned}&\left(1-\frac{\varphi_x^2}{a^2}\right)\varphi_{xx}+\left(1-\frac{\varphi_y^2}{a^2}\right)\varphi_{yy}+\left(1-\frac{\varphi_z^2}{a^2}\right)\varphi_{zz}-\\&2\frac{\varphi_x\varphi_y}{a^2}\varphi_{xy}-2\frac{\varphi_y\varphi_z}{a^2}\varphi_{yz}-2\frac{\varphi_z\varphi_x}{a^2}\varphi_{zx}=0\end{aligned}$$

$$（直角坐标系中的势函数方程） \tag{4-13}$$

可见，关于速度分量u,v,w的气体动力学方程现已被进一步简化为仅仅关于速度的势函数φ的单个二阶偏微分方程了。而且是拟线性偏微分方程。其次，同理，可在圆柱坐标系中引用φ的定义并使用简化符号如下

$$\left.\begin{array}{lll} v_r=\dfrac{\partial\varphi}{\partial r}=\varphi_r, & rv_\theta=\dfrac{\partial\varphi}{\partial\theta}=\varphi_\theta, & v_z=\dfrac{\partial\varphi}{\partial z}=\varphi_z \\ \dfrac{\partial v_r}{\partial r}=\dfrac{\partial^2\varphi}{\partial r^2}=\varphi_{rr}, & r\dfrac{\partial v_\theta}{\partial\theta}=\dfrac{\partial^2\varphi}{\partial\theta^2}=\varphi_{\theta\theta}, & \dfrac{\partial v_z}{\partial z}=\dfrac{\partial^2\varphi}{\partial z^2}=\varphi_{zz} \\ \dfrac{\partial v_r}{\partial\theta}=\dfrac{\partial(rv_\theta)}{\partial r}=\dfrac{\partial^2\varphi}{\partial r\partial\theta}=\varphi_{r\theta}, & \dfrac{\partial(rv_\theta)}{\partial z}=\dfrac{\partial v_z}{\partial\theta}=\dfrac{\partial^2\varphi}{\partial\theta\partial z}=\varphi_{\theta z}, & \dfrac{\partial v_z}{\partial r}=\dfrac{\partial v_r}{\partial z}=\dfrac{\partial^2\varphi}{\partial z\partial r}=\varphi_{zr} \end{array}\right\} \tag{4-14}$$

在圆柱坐标系中展开气体动力学方程并将上式代入,整理得

$$\left(1-\frac{\varphi_r^2}{a^2}\right)\varphi_{rr}+\left(1-\frac{\varphi_\theta^2}{r^2a^2}\right)\frac{\varphi_{\theta\theta}}{r^2}+\left(1-\frac{\varphi_z^2}{a^2}\right)\varphi_{zz}-$$
$$2\frac{\varphi_r\varphi_\theta}{r^2a^2}\varphi_{r\theta}-2\frac{\varphi_\theta\varphi_z}{r^2a^2}\varphi_{\theta z}-2\frac{\varphi_z\varphi_r}{a^2}\varphi_{zr}+\frac{\varphi_r}{r}\left(1+\frac{\varphi_\theta^2}{r^2a^2}\right)=0$$

(圆柱坐标系中的势函数方程) (4-15)

进一步,在圆柱坐标系下的圆柱面内流场中有

$$\varphi_r=\frac{\partial\varphi}{\partial r}=v_r=0 \tag{4-16}$$

即此时流体微团没有径向分速度,势函数方程进一步简化为准三维的

$$\left(1-\frac{\varphi_\theta^2}{r^2a^2}\right)\frac{\varphi_{\theta\theta}}{r^2}+\left(1-\frac{\varphi_z^2}{a^2}\right)\varphi_{zz}-2\frac{\varphi_\theta\varphi_z}{r^2a^2}\varphi_{\theta z}=0$$

(圆柱坐标系中圆柱面内流动的势函数方程) (4-17)

相应的,在圆柱坐标系下的轴对称流场中有

$$\varphi_\theta=\frac{\partial\varphi}{\partial\theta}=rv_\theta=0 \tag{4-18}$$

即此时流体微团没有周向分速度,势函数方程进一步简化为准三维的

$$\left(1-\frac{\varphi_r^2}{a^2}\right)\varphi_{rr}+\left(1-\frac{\varphi_z^2}{a^2}\right)\varphi_{zz}-2\frac{\varphi_z\varphi_r}{a^2}\varphi_{zr}+\frac{\varphi_r}{r}=0$$

(圆柱坐标系中轴对称流动的势函数方程) (4-19)

例 4.1 推导无黏性完全气体绝热非定常无旋流动的势函数方程

在动量方程式(4-3)左端加上速度的当地变化率项$\dfrac{\partial \boldsymbol{v}}{\partial t}$,就得非定常的动量方程。用$\boldsymbol{v}$点乘它有

$$\boldsymbol{v}\cdot\frac{\partial\boldsymbol{v}}{\partial t}+\boldsymbol{v}\cdot(\boldsymbol{v}\cdot\nabla)\boldsymbol{v}+\frac{1}{\rho}\boldsymbol{v}\cdot\nabla p=0 \tag{4-20}$$

其中,注意到式(1-37),可得

$$\boldsymbol{v}\cdot\frac{\partial\boldsymbol{v}}{\partial t}=\frac{1}{2}\frac{\partial\boldsymbol{v}^2}{\partial t},\quad \boldsymbol{v}\cdot(\boldsymbol{v}\cdot\nabla)\boldsymbol{v}=\boldsymbol{v}\cdot\nabla\frac{\boldsymbol{v}^2}{2} \tag{4-21}$$

以及

$$\frac{1}{\rho}\boldsymbol{v}\cdot\nabla p=\frac{1}{\rho}(\boldsymbol{v}\cdot\nabla)p=\frac{1}{\rho}\frac{Dp}{Dt}-\frac{1}{\rho}\frac{\partial p}{\partial t} \tag{4-22}$$

用完全的连续方程式(3－9)联立完全的声速方程式(3－116)，可消去密度全导数得

$$\frac{Dp}{Dt}+a^2\rho\nabla\cdot\boldsymbol{v}=0 \tag{4-23}$$

式(4－21)～式(4－23)代回式(4－20)，消去静压全导数$\frac{Dp}{Dt}$得到

$$\frac{1}{2}\frac{\partial \boldsymbol{v}^2}{\partial t}+\frac{1}{2}\boldsymbol{v}\cdot\nabla\boldsymbol{v}^2-a^2\ \nabla\cdot\boldsymbol{v}=\frac{1}{\rho}\frac{\partial p}{\partial t} \tag{4-24}$$

上式左端现已仅仅含有速度 $\boldsymbol{v}$，可以引入速度势函数 φ 了。同时，对上式右端，可利用第 3 章得到的对于非定常动量方程的拉格朗日积分式(3－152)

$$\frac{\partial\varphi}{\partial t}+\frac{\boldsymbol{v}^2}{2}+\int_{任意l}\frac{\mathrm{d}p}{\rho(p)}=C(t,在全场) \tag{4-25}$$

来消去静压 p，而将方程归结为仅含速度势 φ 的方程。具体做法为，先令上式中 $P(p)=\int_{任意l}\frac{\mathrm{d}p}{\rho(p)}$ 为关于 p 的一元函数，再将上式两端对时间 t 求偏导数。由于

$$\frac{\partial}{\partial t}P(p)=\frac{\mathrm{d}P}{\mathrm{d}p}\frac{\partial p}{\partial t}=\frac{1}{\rho(p)}\frac{\partial p}{\partial t} \tag{4-26}$$

于是式(4－25)对 t 求导的结果为

$$\frac{\partial^2\varphi}{\partial t^2}+\frac{\partial}{\partial t}\frac{\boldsymbol{v}^2}{2}+\frac{1}{\rho(p)}\frac{\partial p}{\partial t}=0 \tag{4-27}$$

式(4－27)可代入式(4－24)，并以$\nabla\varphi$ 替换 $\boldsymbol{v}$，就得到非定常无旋流的势函数方程

$$\frac{\partial^2\varphi}{\partial t^2}+\frac{\partial}{\partial t}(\nabla\varphi)^2+\frac{1}{2}\ \nabla\varphi\cdot\nabla(\nabla\varphi)^2-a^2\ \nabla^2\varphi=0 \tag{4-28}$$

显见，当定常流动时这个势函数方程自动兑化为定常流的势函数方程式(4－11a)。

4.2　二阶线性、拟线性偏微分方程的分类，特征线概念初步

从上面已经展开写出的四个势函数方程可以看出，势函数方程一般是二阶拟线性偏微分方程。它们的求解一般都要采用数值解法。当求得 φ 函数的数值分布，则得到三个分速度的数值分布，并用原方程组中的其他方程求出热力学函数 p,ρ,T 的数值分布。

对于上述数值解法问题，必须根据二阶线性偏微分方程的数学性质，或二阶拟线性偏微分方程在求解点附近的局部数学性质——方程的类型为椭圆型的(elliptic)，或抛物型的(parabolic)，或双曲型的(hyperbolic)，来采取相对应的数值迭代

解法,相对应的上下游边界条件给法,才有可能使数值解法的迭代过程收敛。因此偏微分方程的分类成为最首要的问题。在二维笛卡儿空间(x,y)上的一般的二阶偏微分方程为

$$A\varphi_{xx}+B\varphi_{xy}+C\varphi_{yy}=D \tag{4-29}$$

当A,B,C是常数,则上式为线性方程;当A,B,C是$x,y,\varphi,\varphi_x,\varphi_y$的函数,则为拟线性方程。

现介绍对于上方程的分类法如下。一般的一阶可微函数$\varphi_x(x,y),\varphi_y(x,y)$的全微分为

$$\frac{\partial\varphi_x}{\partial x}\mathrm{d}x+\frac{\partial\varphi_x}{\partial y}\mathrm{d}y=\varphi_{xx}\mathrm{d}x+\varphi_{xy}\mathrm{d}y=\mathrm{d}(\varphi_x) \tag{4-30}$$

$$\frac{\partial\varphi_y}{\partial x}\mathrm{d}x+\frac{\partial\varphi_y}{\partial y}\mathrm{d}y=\varphi_{yx}\mathrm{d}x+\varphi_{yy}\mathrm{d}y=\mathrm{d}(\varphi_y) \tag{4-31}$$

现用上两式联立式(4-29)而组成求解未知函数$\varphi_{xx},\varphi_{xy},\varphi_{yy}$的线性非齐次方程组。当用克莱姆法则求解,若该方程组解出的$\varphi_{xx},\varphi_{xy},\varphi_{yy}$为不连续函数,则这件事只能发生在方程组的系数行列式为0之时

$$\begin{vmatrix} A & B & C \\ \mathrm{d}x & \mathrm{d}y & 0 \\ 0 & \mathrm{d}x & \mathrm{d}y \end{vmatrix}=0 \tag{4-32}$$

上式即

$$A\left(\frac{\mathrm{d}y}{\mathrm{d}x}\right)^2-B\frac{\mathrm{d}y}{\mathrm{d}x}+C=0 \tag{4-33}$$

或解出在(x,y)平面上使式(4-32)成立的曲线族

$$\frac{\mathrm{d}y}{\mathrm{d}x}=\frac{B\pm\sqrt{B^2-4AC}}{2A} \tag{4-34}$$

即沿着上式给出的两族曲线$\frac{\mathrm{d}y}{\mathrm{d}x}$,函数$\varphi_{xx},\varphi_{xy},\varphi_{yy}$即函数$\varphi(x,y)$的二阶导数可以不连续。该两族曲线被称为函数$\varphi(x,y)$的特征线,或数量场$\varphi(x,y)$的特征线(图4-1)。根据特征线的存在与否而定义了对关于函数$\varphi(x,y)$的二阶偏微分方程式(4-29)的分类法

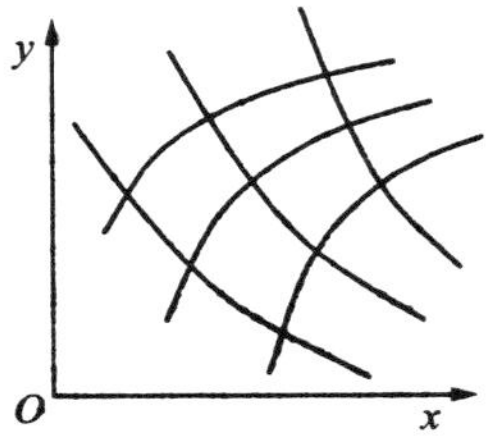

图4-1　标量连续函数$\varphi(x,y)$在平面(x,y)上的不多于两族特征曲线,沿该曲线φ_{xx}等函数可能不连续

$$B^2-4AC\begin{cases} <0 & \text{不存在实的特征线,称偏微分方程为椭圆型的} \\ =0 & \text{存在一族实特征线,称偏微分方程为抛物型的} \\ >0 & \text{存在两族实特征线,称偏微分方程为双曲型的} \end{cases} \tag{4-35}$$

例如,对于前面所述直角坐标系中的势函数方程式(4-13),当其自变量空间

降为二维空间(x,y)，则有

$$B^2-4AC=\left(-\frac{2\varphi_x\varphi_y}{a^2}\right)^2-4\left(1-\frac{\varphi_x^2}{a^2}\right)\left(1-\frac{\varphi_y^2}{a^2}\right)=$$

$$4\left(\frac{u^2+v^2}{a^2}-1\right)=4(Ma^2-1) \tag{4-36}$$

可见，上面这个判别式的代数取值是随着流动速度相对于声速的大小，或说是随着相似速度——马赫数 Ma 而变化的。对于更高维的自变量空间，以及对于其他正交曲线坐标系中的势函数方程，可以得到在本质上与上式相同的结论。由此得出势函数方程的类别

$$\left.\begin{array}{l}\text{在定常流亚声速流场中，关于 }\varphi\text{ 的势函数方程为椭圆型的}\\ \text{在定常流声速截面附近，关于 }\varphi\text{ 的势函数方程为抛物型的}\\ \text{在定常流超声速流场中，关于 }\varphi\text{ 的势函数方程为双曲型的}\end{array}\right\} \tag{4-37}$$

方程类型的不同反映的是流场物理性质的不同。因此从亚声速、跨声速至超声速流场，它们的物理性质有变化。这里直接指出，该物理性质分别对应于有相同数学本质的下列同类二阶偏微分方程问题：

（1）平衡态的温度场问题、浓度场问题，与时间无关，线性或拟线性的椭圆型方程

$$D_1u_{xx}+D_2u_{yy}+D_3u_{zz}+D_4u_x+D_5u_y+D_6u_z=0 \tag{4-38}$$

（2）热传导问题、扩散问题，与时间 t 有关，线性或拟线性的抛物型方程

$$u_t-(D_1u_{xx}+D_2u_{yy}+D_3u_{zz}+D_4u_x+D_5u_y+D_6u_z)=0 \tag{4-39}$$

（3）振动或波动问题，与时间 t 有关并对时间可逆，线性或拟线性的双曲型方程

$$u_{tt}-(a_1^2u_{xx}+a_2^2u_{yy}+a_3^2u_{zz})=0 \tag{4-40}$$

4.3　流函数的概念和定义

（1）可压缩流动在直角坐标系中的二维流动 $\boldsymbol{v}(x,y)$ 的情形。此时由绝热的二维定常可压缩流动的连续方程，引入总密度常数 ρ^* 有

$$\nabla\cdot\rho\boldsymbol{v}=0\qquad\text{或}\qquad\frac{\partial(\rho u/\rho^*)}{\partial x}=\frac{\partial(-\rho v/\rho^*)}{\partial y} \tag{4-41}$$

可见在上式成立的流场中总可以找到可微且一阶导数连续的标量函数 ψ，使下式成立

$$\frac{\partial\psi}{\partial y}=\frac{\rho}{\rho^*}u,\quad \frac{\partial\psi}{\partial x}=-\frac{\rho}{\rho^*}v \tag{4-42}$$

上面这三个式子已经是函数 ψ 存在全微分的充要条件了，称 ψ 为流函数。因此有流函数的微分和积分表达式

$$d\psi = \psi_x dx + \psi_y dy = -\frac{\rho}{\rho^*} v dx + \frac{\rho}{\rho^*} u dy \tag{4-43}$$

$$\psi(x,y) = \int \frac{1}{\rho^*}(-\rho v dx + \rho u dy) \tag{4-44}$$

引用 ρ^* 是为了使 ψ_x 的量纲与势函数 φ_x 的量纲相同,同样为速度。又因为在绝热且定常的流动中微团之间是互相绝热且绝能的,这点表达为 $T^*=$常数,$p^*=$常数,因此有 $\rho^*=$常数。

(2) 可压缩流动在圆柱坐标系中的轴对称流动 $\boldsymbol{v}(r,z)$的情形。此时同样由绝热的二维定常可压缩流动的连续方程(参见第1章中的圆柱坐标系散度公式),引入总密度常数 ρ^*,而可找出与上面类似的相应于该轴对称流动的流函数 ψ,及其微分、积分表达式。现一并列出如下

$$\nabla \cdot \rho \boldsymbol{v} = 0 \quad \text{或} \quad \frac{\partial(-r\rho v_r/\rho^*)}{\partial r} = \frac{\partial(r\rho v_z/\rho^*)}{\partial z} \tag{4-45}$$

令

$$\frac{\partial \psi}{\partial z} = -r\frac{\rho}{\rho^*} v_r, \quad \frac{\partial \psi}{\partial r} = r\frac{\rho}{\rho^*} v_z \tag{4-46}$$

则有

$$d\psi = \psi_r dr + \psi_z dz = r\frac{\rho}{\rho^*} v_z dr - r\frac{\rho}{\rho^*} v_r dz \tag{4-47}$$

$$\psi(r,z) = \int \frac{1}{\rho^*}(r\rho v_z dr - r\rho v_r dz) \tag{4-48}$$

(3) 可压缩流动在圆柱坐标系中的圆柱面流动 $\boldsymbol{v}(\theta,z)$的情形。此时同样由绝热的二维定常可压缩流动的连续方程,引入总密度常数 ρ^*,而可找出与上面类似的相应于该圆柱面流动的流函数 ψ,及其微分、积分表达式。也一并列出如下

$$\nabla \cdot \rho \boldsymbol{v} = 0 \quad \text{或} \quad \frac{\partial(-\rho v_\theta/\rho^*)}{\partial \theta} = \frac{\partial(r\rho v_z/\rho^*)}{\partial z} \tag{4-49}$$

令

$$\frac{\partial \psi}{\partial z} = -\frac{\rho}{\rho^*} v_\theta, \quad \frac{\partial \psi}{\partial \theta} = r\frac{\rho}{\rho^*} v_z \tag{4-50}$$

则有

$$d\psi = \psi_\theta d\theta + \psi_z dz = r\frac{\rho}{\rho^*} v_z d\theta - \frac{\rho}{\rho^*} v_\theta dz \tag{4-51}$$

$$\psi(\theta,z) = \int \frac{1}{\rho^*}(r\rho v_z d\theta - \rho v_\theta dz) \tag{4-52}$$

(4) 不可压缩流动在直角坐标系和圆柱坐标系中的二维流动 $\boldsymbol{v}(x,y)$的情形。此时由二维定常以及非定常不可压缩流动的连续方程

$$\nabla \cdot \boldsymbol{v} = 0 \tag{4-53}$$

可知,只需在上面三种情形的对可压缩流动成立的流函数表达式中,令 $\rho=\rho^*$ 即可。这时流函数的形式简化了很多。各种坐标系中不可压缩流动的流函数也是最为常用的流函数。

综上由本节可以得出,对于绝热定常二维流动,无论有旋与否,其流函数 ψ 存在;对于不可压缩二维流动,无论定常与否有旋与否,其流函数 ψ 存在。

4.4 流函数性质

(1) 等流函数线就是流线。现在直角坐标系中证明之。等流函数线即

$$\psi = C \qquad 或 \qquad \mathrm{d}\psi = \psi_x \mathrm{d}x + \psi_y \mathrm{d}y = 0 \tag{4-54}$$

由绝热的二维定常可压缩流动中流函数的定义,上式即

$$\mathrm{d}\psi = -\frac{\rho}{\rho^*} v\mathrm{d}x + \frac{\rho}{\rho^*} u\mathrm{d}y = \frac{\rho}{\rho^*}(-v\mathrm{d}x + u\mathrm{d}y) = 0 \tag{4-55}$$

即

$$\frac{\mathrm{d}x}{u} = \frac{\mathrm{d}y}{v} \tag{4-56}$$

上式恰是二维定常流动的流线微分方程。反向也可证明该论断。证毕。

(2) 等流函数线族与等势线族正交(图 4-2)。现在直角坐标系中证明之。已知绝热的二维定常可压缩无旋流动同时存在着流函数 ψ 和势函数 φ。令

$$\left.\begin{aligned} \psi(x,y) &= C_1 \\ \varphi(x,y) &= C_2 \end{aligned}\right\} \tag{4-57}$$

则得到等势线族和等流函数线族。按定义沿等流函数线和等势线各有

$$\mathrm{d}\psi = \frac{\rho}{\rho^*}(-v\mathrm{d}x + u\mathrm{d}y) = 0 \tag{4-58}$$

$$\mathrm{d}\varphi = u\mathrm{d}x + v\mathrm{d}y = 0 \tag{4-59}$$

其斜率各为

$$\left.\frac{\mathrm{d}y}{\mathrm{d}x}\right|_{\psi} = \frac{v}{u}, \quad \left.\frac{\mathrm{d}y}{\mathrm{d}x}\right|_{\varphi} = -\frac{u}{v} \tag{4-60}$$

上式已经证明了两族曲线互相垂直,或均构成正交网。

(3) 两点的流函数数值之差与过该两点的流线之间的质量流量成正比(图 4-3)。现在直角坐标系中证明之。在所述的两条流线之间任意画一条非流线的曲线 AB,对绝热的二维定常可压缩流动有

$$\begin{aligned} \dot{m} &= \int_l \mathrm{d}\dot{m} = \int_l \rho \,|\, \boldsymbol{v} \times \mathrm{d}\boldsymbol{l} \,|= \int_l \rho(-v\mathrm{d}x + u\mathrm{d}y) = \rho^* \int_l -\frac{\rho}{\rho^*} v\mathrm{d}x + \frac{\rho}{\rho^*} u\mathrm{d}y = \\ &\rho^* \int_l (\psi_x \mathrm{d}x + \psi_y \mathrm{d}y) = \rho^* \int_l \mathrm{d}\psi = \rho^* (\psi_B - \psi_A) \end{aligned} \tag{4-61}$$

其中,叉乘的展开可按运算规则和图 4-3 的几何意义这两种方法来理解。又由上式,对不可压缩二维定常以及非定常的流动则有

$$\frac{\dot{m}}{\rho} = \int_l |\, \boldsymbol{v} \times \mathrm{d}\boldsymbol{l} \,| = \psi_B - \psi_A \tag{4-62}$$

即两点的流函数数值之差等于两流线之间的容积流量。

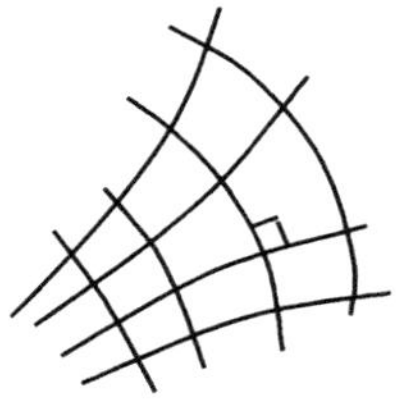

图4-2 等势函数线族和等流函数线族互正交

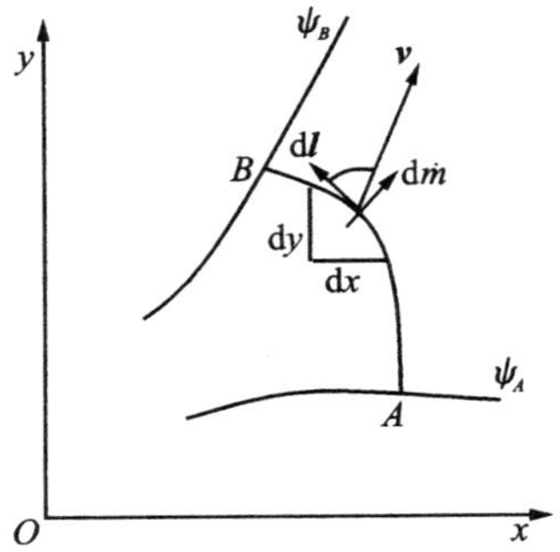

图4-3 两点间流函数差正比于两点间通过的流量

4.5 流函数方程

在理想、可压缩、绝热流动的前提下,若流动进一步为二维、定常、均熵、并且无旋的,则流场中同时存在流函数 φ 和势函数 ψ。这时可以得到仅以流函数表示的二维流动的控制方程,称为流函数方程。

(1) 首先在直角坐标系中推导如下。已知

$$\frac{\partial v}{\partial x}=\frac{\partial u}{\partial y} \quad \text{(二维无旋条件)} \tag{4-63}$$

展开连续方程$\nabla \cdot \rho \boldsymbol{v}=0$,并按式(4-42)定义流函数 ψ,再代入上式的无旋条件有

$$\frac{\partial}{\partial x}\left(-\frac{\rho^*}{\rho}\frac{\partial \psi}{\partial x}\right)=\frac{\partial}{\partial y}\left(\frac{\rho^*}{\rho}\frac{\partial \psi}{\partial y}\right) \tag{4-64}$$

上式展开即得到流函数方程的未完善形式

$$\psi_{xx}+\psi_{yy}=\psi_x\frac{1}{\rho}\rho_x+\psi_y\frac{1}{\rho}\rho_y \tag{4-65}$$

可见,对于不可压缩流动,上式右端简化为0,它已经是完全由流函数 ψ 表达的所谓流函数方程。它是拉普拉斯方程,即二维定常以及非定常的不可压缩无旋流动的流函数方程是拉普拉斯方程。下面继续对于可压缩流动推导流函数方程,即消去上方程的 ρ_x,ρ_y 而完全由 ψ 的导数表达。由以下条件

$$\mathrm{d}\rho=\frac{1}{a^2}\mathrm{d}p \quad \text{(完全气体定常流沿流线等熵过程的声速方程)} \tag{4-66}$$

$$\mathrm{d}p=-\rho\mathrm{d}\left(\frac{u^2+v^2}{2}\right)=-\frac{\rho}{2}\mathrm{d}\left[\left(\frac{\rho^*}{\rho}\right)^2(\psi_y^2+\psi_x^2)\right]$$

(葛罗米柯运动方程的定常无旋情形向流线投影) (4-67)

联立上两式再展开有

$$\mathrm{d}\rho = -\frac{\rho}{a^2}\left(\frac{\varrho^*}{\rho}\right)^2\left[\psi_x \mathrm{d}\psi_x + \psi_y \mathrm{d}\psi_y - (\psi_x^2 + \psi_y^2)\frac{1}{\rho}\mathrm{d}\rho\right] \tag{4-68}$$

用 $\mathrm{d}\psi_x = \psi_{xx}\mathrm{d}x + \psi_{xy}\mathrm{d}y$ 等展开上式中的全微分 $\mathrm{d}\psi_x$ 等，再将展开结果与全微分表达式 $\mathrm{d}\rho = \rho_x \mathrm{d}x + \rho_y \mathrm{d}y$ 作对比，就得到

$$\rho_x = -\frac{\dfrac{\rho}{a^2}\left(\dfrac{\varrho^*}{\rho}\right)^2(\psi_x\psi_{xx} + \psi_y\psi_{xy})}{1 - \dfrac{1}{a^2}\left(\dfrac{\varrho^*}{\rho}\right)^2(\psi_x^2 + \psi_y^2)}, \quad \rho_y = -\frac{\dfrac{\rho}{a^2}\left(\dfrac{\varrho^*}{\rho}\right)^2(\psi_x\psi_{xy} + \psi_y\psi_{yy})}{1 - \dfrac{1}{a^2}\left(\dfrac{\varrho^*}{\rho}\right)^2(\psi_x^2 + \psi_y^2)} \tag{4-69}$$

上式代入流函数方程式(4－65)，整理得

$$\left[1 - \left(\frac{\varrho^*}{\rho}\right)^2\frac{\psi_y^2}{a^2}\right]\psi_{xx} + \left[1 - \left(\frac{\varrho^*}{\rho}\right)^2\frac{\psi_x^2}{a^2}\right]\psi_{yy} + 2\left(\frac{\varrho^*}{\rho}\right)^2\frac{\psi_x\psi_y}{a^2}\psi_{xy} = 0$$

（直角坐标系可压缩流动的流函数方程）　(4－70)

像势函数方程的情形一样，上式中的 ρ, a^2 可用式(4－6)，式(4－7)等已知有限形式的方程和积分结果来封闭，从而解出该流函数方程。

(2) 同理，在圆柱坐标系中可得到控制圆柱面流动的流函数方程。定义圆柱面流动的特征为

$$v_r = 0, \quad \boldsymbol{v} = \boldsymbol{v}(\theta, z), \quad \frac{\partial}{\partial r} = 0 \tag{4-71}$$

此时由式(1－27)易得知无旋条件为

$$\frac{\partial v_z}{r\partial\theta} = \frac{\partial v_\theta}{\partial z} \tag{4-72}$$

按式(1－26)易于展开连续方程 $\nabla \cdot \rho \boldsymbol{v} = 0$，并由它得知应按下式定义流函数 ψ

$$v_z = -\frac{\varrho^*}{\rho}\frac{\partial\psi}{r\partial\theta}, \quad v_\theta = \frac{\varrho^*}{\rho}\frac{\partial\psi}{\partial z} \tag{4-73}$$

上式代入前式有

$$\frac{\partial}{r\partial\theta}\left(-\frac{\varrho^*}{\rho}\frac{\partial\psi}{r\partial\theta}\right) = \frac{\partial}{\partial z}\left(\frac{\varrho^*}{\rho}\frac{\partial\psi}{\partial z}\right) \tag{4-74}$$

展开立即得到流函数方程的未完善形式

$$\frac{1}{r^2}\psi_{\theta\theta} + \psi_{zz} = \frac{1}{r^2}\psi_\theta\frac{1}{\rho}\rho_\theta + \psi_z\frac{1}{\rho}\rho_z \tag{4-75}$$

然后按照与直角坐标系情形同样的处理过程，就得到

$$\left[1 - \left(\frac{\varrho^*}{\rho}\right)^2\frac{\psi_z^2}{a^2}\right]\frac{1}{r^2}\psi_{\theta\theta} + \left[1 - \left(\frac{\varrho^*}{\rho}\right)^2\frac{\psi_\theta^2}{a^2 r^2}\right]\psi_{zz} + 2\left(\frac{\varrho^*}{\rho}\right)^2\frac{\psi_\theta\psi_z}{a^2 r^2}\psi_{\theta z} = 0$$

（圆柱坐标系圆柱面可压缩流动的流函数方程）　(4－76)

(3) 同理，在圆柱坐标系中还可得到控制轴对称流动的流函数方程。定义轴

对称流动的特征为

$$v_\theta = 0, \quad \boldsymbol{v} = \boldsymbol{v}(r,z), \quad \frac{\partial}{\partial\theta} = 0 \tag{4-77}$$

经过引用无旋条件，展开连续方程，定义流函数，再与前面同理地处理流函数方程的未完善形式，最后就得到

$$\left[1-\left(\frac{\rho^*}{\rho}\right)^2\frac{\psi_z^2}{a^2r^2}\right]\psi_{rr}+\left[1-\left(\frac{\rho^*}{\rho}\right)^2\frac{\psi_r^2}{a^2r^2}\right]\psi_{zz}+2\left(\frac{\rho^*}{\rho}\right)^2\frac{\psi_r\psi_z}{a^2r^2}\psi_{rz}-\frac{\psi_r}{r}=0$$

（圆柱坐标系轴对称可压缩流动的流函数方程） (4-78)

4.6 流函数方程与势函数方程的对比

重要地，上面得到的三个流函数方程也都是二阶非线性偏微分方程。流函数方程一般是二阶非线性偏微分方程。由推导过程知，势函数运动微分方程和流函数运动微分方程是等价的。流函数方程的形式要复杂一些，并且只适用于二维流动，因此通常尽可能使用势函数方程解决问题。

对于有旋流动也有形势更复杂些的流函数方程。

下面讨论可压缩流动的流函数方程的数值解法中遇到的密度先决问题。将式(4-69)直接代入式(4-65)形式的流函数方程，且不加以整理，则可见，可压缩流动的流函数方程可以被理解为是对不可压缩流动的流函数方程 $\psi_{xx}+\psi_{yy}=0$ 的右端加以修正而得到的。而修正后的右端含有函数因子 $\psi_x^2+\psi_y^2$。由于

$$\psi_x^2+\psi_y^2=\left(\frac{\rho}{\rho^*}\right)^2(u^2+v^2)=\frac{(\rho\boldsymbol{v})^2}{(\rho_{\rm cr}\boldsymbol{v}_{\rm cr})^2}\frac{(\rho_{\rm cr}\boldsymbol{v}_{\rm cr})^2}{\rho^{*2}}=q^2(\lambda)\left(\frac{\rho_{\rm cr}\boldsymbol{v}_{\rm cr}}{\rho^*}\right)^2=$$

$$q^2(\lambda)f(\gamma,R,T^*) \tag{4-79}$$

因此，在理想绝热流动的恒定总能量 T^* 已经确定以后，流场中某点处的 $q(\lambda)$ 值却对应着亚声速和超声速的两个 λ 值，使得上式左端，即流动的速度与密度出现双解，解不唯一但是均有意义。因此，在跨声速流场的求解中，必须正确地选定某点 (x,y) 处的 λ 为亚声速值或超声速值，以协助求解。而在可压缩流动的势函数方程中则没有变量 ρ，于是问题比较简单。

在不可压缩流动中，因为 $a\to\infty$，4.1节的四种势函数方程和4.5节的三种流函数方程各简化为相应的拉普拉斯方程

$$\varphi_{xx}+\varphi_{yy}+\varphi_{zz}=0 \tag{4-80}$$

$$\varphi_{rr}+\frac{1}{r^2}\varphi_{\theta\theta}+\varphi_{zz}+\frac{\varphi_r}{r}=0 \tag{4-81}$$

$$\frac{1}{r^2}\varphi_{\theta\theta}+\varphi_{zz}=0 \qquad (v_r=0) \tag{4-82}$$

$$\varphi_{rr} + \varphi_{zz} + \frac{\varphi_r}{r} = 0 \qquad (v_\theta = 0) \tag{4-83}$$

$$\psi_{xx} + \psi_{yy} = 0 \qquad (v_z = 0) \tag{4-84}$$

$$\frac{1}{r^2}\psi_{\theta\theta} + \psi_{zz} = 0 \qquad (v_r = 0) \tag{4-85}$$

$$\psi_{rr} + \psi_{zz} - \frac{\psi_r}{r} = 0 \qquad (v_\theta = 0) \tag{4-86}$$

由本章的推导知，它们的共性还有，均适用于完全气体绝热均熵的无旋流动。用场论符号可以将它们统一表达为

$$\nabla^2\varphi = 0, \quad \nabla^2\psi = 0 \tag{4-87}$$

求解流函数方程时，固壁上速度边界条件也用无穿透且无黏性流动的滑移条件，例如式(3-138)的条件。但经过变换(参见式(4-97))可以直接用流函数写出这一条件，并进而陈述为“物面是流线”，如下

$$\psi\Big|_b = \text{const} \tag{4-88}$$

4.7　理想不可压缩流体的绝热二维定常无旋流动

理想不可压缩流体的绝热平面定常势流理论是20世纪初由茹科夫斯基(俄罗斯)、普朗特(德国)等人建立起来的空气动力学理论体系。首先用简单势流叠加起复杂势流；又研究在无限翼展前提下机翼剖面的气动性能；再研究有限翼展情况下机翼的举力线理论；后发展至机翼的举力面理论。这一系列发展在低速机翼的理论和工程设计方面达到了辉煌的成就，并至今仍在继续被推广为各种高速流动中的新理论。事实说明，研究一类看起来很简单的基本流动将具有重大的理论和实用价值。这里只采用势函数、流函数的数学方法介绍上述理论中最基本的内容。

4.7.1　不可压缩平面定常无旋流动解的可叠加性

可叠加性用于构造复杂的无旋流场。已知不可压缩的平面定常无旋流动满足拉普拉斯方程$\nabla^2\varphi=0$或$\nabla^2\psi=0$(式(4-87))。由于φ与ψ两族曲线互相垂直，因此解出φ,ψ函数之一即可。现在设有两个势函数φ_1,φ_2均满足拉普拉斯方程

$$\nabla^2\varphi_1(x,y) = 0, \quad \nabla^2\varphi_2(x,y) = 0 \tag{4-89}$$

现取常数A,B，则对流场中势函数的线性组合

$$\varphi = A\varphi_1 + B\varphi_2 \tag{4-90}$$

有

$$\nabla^2\varphi = \nabla^2(A\varphi_1) + \nabla^2(B\varphi_2) = A\nabla^2\varphi_1 + B\nabla^2\varphi_2 = 0 \tag{4-91}$$

即，势函数的线性组合也是拉普拉斯方程的解。由此进一步看流场中的速度关

系,有

$$\varphi_x = A\varphi_{1x} + B\varphi_{2x} \tag{4-92a}$$

$$\varphi_y = A\varphi_{1y} + B\varphi_{2y} \tag{4-92b}$$

$$\boldsymbol{v} = u\boldsymbol{i} + v\boldsymbol{j} = \varphi_x\boldsymbol{i} + \varphi_y\boldsymbol{j} = A(\varphi_{1x}\boldsymbol{i} + \varphi_{1y}\boldsymbol{j}) + B(\varphi_{2x}\boldsymbol{i} + \varphi_{2y}\boldsymbol{j}) = A\boldsymbol{v}_1 + B\boldsymbol{v}_2 \tag{4-93}$$

即合速度 $\boldsymbol{v}$ 也是各个势函数所对应的速度 $\boldsymbol{v}_1$,$\boldsymbol{v}_2$ 的同一个线性组合。

4.7.2 不可压缩平面定常无旋流动问题通常的提法

现讨论求解这一类流动的一般流场时,例如用计算机求解时,对问题的定义方法。

不可压缩平面定常无旋流动问题,常被用于无限空间中的固体绕流流场的求解,例如飞行器绕流的求解。这时对于静止的平面固体例如机翼,无穷远处有均匀来流 V_∞ 不脱体地流过它。对该问题有三种数学提法,均构成偏微分方程定解问题。

(1) 以势函数 φ 为未知函数,有

$$\left.\begin{aligned} &\nabla^2\varphi = 0 \\ &\frac{\partial\varphi}{\partial \boldsymbol{n}_b} = 0 \\ &\varphi_x\Big|_\infty = u_\infty,\ \varphi_y\Big|_\infty = v_\infty \end{aligned}\right\} \tag{4-94}$$

其中,固壁边界条件的推导过程为,设 $\boldsymbol{l}_b$ 为边界曲线 $F(x,y)=0$(图 4-4),$n_b\boldsymbol{n}_b^0$ 为边界曲线的法向矢量,于是有如下推证

边界方程:

$$F(x,y) = C \Rightarrow \mathrm{d}F = F_x\mathrm{d}x + F_y\mathrm{d}y = \nabla F \cdot \mathrm{d}\boldsymbol{l}_b = 0 \Rightarrow \nabla F = \boldsymbol{n}_b^0\frac{\partial F}{\partial n_b}$$

速度平行壁面:

$$\boldsymbol{v}\cdot\nabla F = 0 \Rightarrow \nabla\varphi\cdot\boldsymbol{n}_b^0\frac{\partial F}{\partial n_b} = \frac{\partial\varphi}{\partial n_b}\frac{\partial F}{\partial n_b} = 0 \Rightarrow \frac{\partial\varphi}{\partial n_b} = 0 \tag{4-95}$$

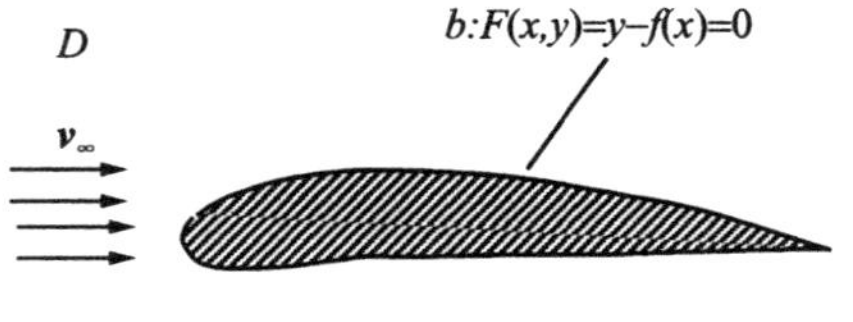

图 4-4 绕流问题的提法和固壁边界条件

(2) 以流函数 ψ 为未知函数,有

$$\left.\begin{array}{l}\nabla^2\psi = 0 \\ \psi_b = \text{const} \\ \psi_y\Big|_\infty = u_\infty,\ \psi_x\Big|_\infty = -v_\infty\end{array}\right\} \tag{4-96}$$

其中，固壁边界条件的推导过程为，同样取式(4-95)的第一行，而第二行改为速度平行壁面：

$$\boldsymbol{v}\times \mathrm{d}\boldsymbol{l}_b = 0 \Rightarrow (-v\mathrm{d}x + u\mathrm{d}y)\Big|_b = (\psi_x \mathrm{d}x + \psi_y \mathrm{d}y)\Big|_b = (\mathrm{d}\psi)\Big|_b = 0$$

$$\Rightarrow \psi_b = \text{const} \tag{4-97}$$

(3) 在复数平面 $z=x+\mathrm{i}y$ 上设复数势函数

$$\phi(x+\mathrm{i}y) = \varphi(x,y) + \mathrm{i}\psi(x,y) \tag{4-98}$$

以复数势函数 $\phi(z)$ 为未知函数，设 $\phi(z)$ 在 b 外无界区域 D 内解析，在 $D+b$ 上连续，$\bar{V}_\infty$ 是无穷远处的共轭复数速度 $\bar{V}_\infty = u_\infty - \mathrm{i}v_\infty$，则得到求解析复变量函数问题

$$\left.\begin{array}{l}\text{求 } \phi(z) \\ \mathrm{Im}(\phi(z))\Big|_b = \psi\Big|_b = \text{const} \\ \phi'_z\Big|_\infty = \bar{V}_\infty\end{array}\right\} \tag{4-99}$$

在科学研究与工程设计中，还有一类取相反思路的方法，称为反问题方法。即先写出具体的、简单的 φ,ψ 函数来定义一个流动，再研究 φ,ψ 所对应的简单流场的图像，进而可以将简单流场有限次、无限次地叠加起来，而成一复杂的真实流场。最终，重要地，分析和计算出流场的边界，即与流体相互作用的固体壁面的几何形状，从而达到流体机械设计的目的。本章下面将讨论这类方法的基础性内容。它们至今相当有用。

4.7.3　直匀流

作为最简单的基本平面势流模型，直匀流的流动特点是，全流场速度唯一(图 4-5)

$$\boldsymbol{v} = \boldsymbol{v}_\infty = (u_\infty, v_\infty) = (V_\infty \cos\alpha, V_\infty \sin\alpha) = (\text{const}, \text{const}) \tag{4-100}$$

其中，常数 α 是速度与直角坐标系 x 轴的夹角。因此可求出该流动的势函数、流函数为

$$\mathrm{d}\varphi = \varphi_x \mathrm{d}x + \varphi_y \mathrm{d}y = V_\infty \cos\alpha \mathrm{d}x + V_\infty \sin\alpha \mathrm{d}y \tag{4-101}$$

$$\varphi = V_\infty \cos\alpha \cdot x + V_\infty \sin\alpha \cdot y + C_1 \tag{4-102}$$

$$\mathrm{d}\psi = \psi_x \mathrm{d}x + \psi_y \mathrm{d}y = -V_\infty \sin\alpha \mathrm{d}x + V_\infty \cos\alpha \mathrm{d}y \tag{4-103}$$

$$\psi = -V_\infty \sin\alpha \cdot x + V_\infty \cos\alpha \cdot y + C_2 \tag{4-104}$$

当令过原点的等 φ 线、等 ψ 线为 0 值线，则 $C_1=0, C_2=0$；再当取 $\alpha=0$，则得到

$$\varphi = V_\infty x,\quad \psi = V_\infty y \tag{4-105}$$

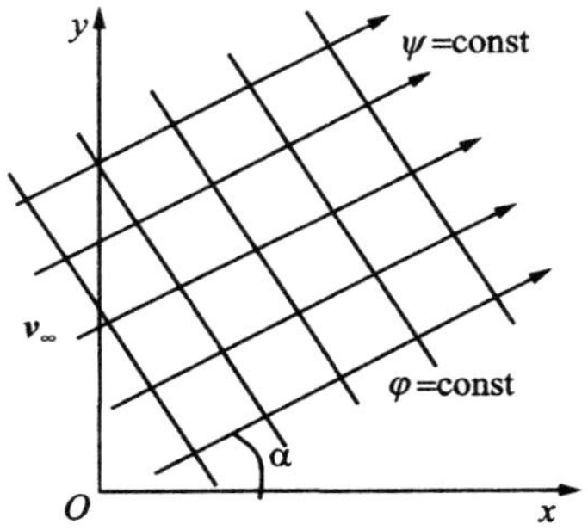

图 4-5 直匀流

可验证等 φ 线和等 ψ 线确为互正交的两个直线族。

4.7.4 点源、点汇

流动特点是(图 4-6)

$$\boldsymbol{v} = (v_r, v_\theta) = [v_r(r), 0] \tag{4-106}$$

$$\text{流量 } Q = \text{const} \quad (>0 \text{ 称为点源}, <0 \text{ 称为点汇}) \tag{4-107}$$

由式(4-106)(4-107)两式的定义可以推知流量、流速与坐标的关系为

$$Q = 2\pi r v_r \tag{4-108}$$

考查式(4-108)的 $r=0$ 处,可见这是一个以原点为奇点的双连通域中的无旋流场。又由 $\boldsymbol{v}$ 的定义推知速度、势函数与坐标的关系

$$\boldsymbol{v} = v_r \boldsymbol{e}_r + v_\theta \boldsymbol{e}_\theta = \nabla\varphi = \frac{\partial\varphi}{\partial r}\boldsymbol{e}_r + \frac{\partial\varphi}{r\partial\theta}\boldsymbol{e}_\theta \Rightarrow$$

$$\varphi_r = v_r,\ \frac{\varphi_\theta}{r} = v_\theta \tag{4-109}$$

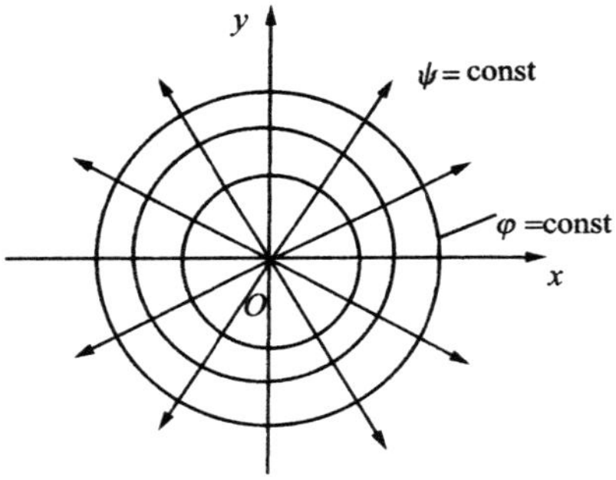

图 4-6 点源

$$\mathrm{d}\varphi = \varphi_r \mathrm{d}r + \varphi_\theta \mathrm{d}\theta = v_r \mathrm{d}r + 0 = \frac{Q}{2\pi r}\mathrm{d}r \tag{4-110}$$

$$\varphi = \frac{Q}{2\pi}\ln r = \frac{Q}{2\pi}\ln\sqrt{x^2 + y^2}$$

$$(r \neq 0, \text{并已取积分常数 } \varphi(r=1) = 0) \tag{4-111}$$

再按照 4.3 节的一般的定义流函数的原理,可推知本平面极坐标下给定的流场的流函数为

$$\nabla \cdot \boldsymbol{v} = \frac{\partial r v_r}{r\partial r} + \frac{\partial v_\theta}{r\partial\theta} = 0 \Rightarrow \psi_\theta = r v_r,\ \psi_r = -v_\theta \tag{4-112}$$

$$\mathrm{d}\psi = \psi_r \mathrm{d}r + \psi_\theta \mathrm{d}\theta = 0 + r v_r \mathrm{d}\theta = \frac{Q}{2\pi}\mathrm{d}\theta \tag{4-113}$$

$$\psi = \frac{Q}{2\pi}\theta = \frac{Q}{2\pi}\tan^{-1}\left(\frac{y}{x}\right)$$

（已取积分常数 $\psi(\theta = 0) = 0$ 即从 x 轴计量 ψ 值）　(4-114)

可验证等 φ 线和等 ψ 线确为互正交的同心圆族和半射线族。

4.7.5　点涡(或称环流、自由涡)

流动特点是(图 4-7)

$$\boldsymbol{v} = (v_r, v_\theta) = \left(0, \frac{K}{r}\right) \qquad (K = \text{const} \neq 0) \tag{4-115}$$

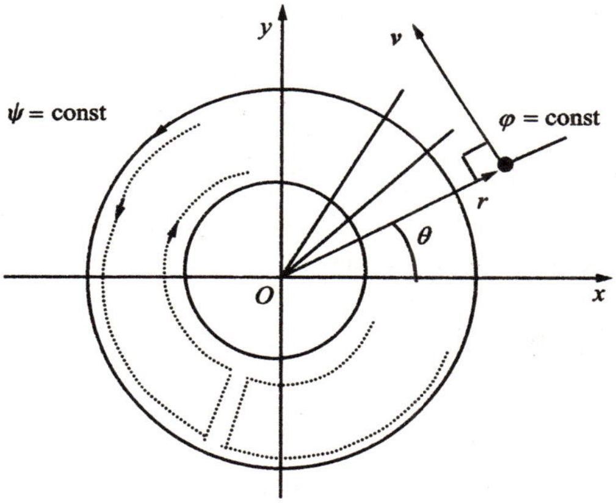

图 4-7　点涡

可见这也是一个双连通域中的无旋流场。由 2.6 节知，对于无旋流场，当包围域中使封闭曲线不可缩的点(称为奇点)积分，则任意封闭曲线上的速度环量相等。于是这里包围坐标原点积分时的速度环量为

$$\Gamma_{逆圆周} = \int_{逆圆周} \boldsymbol{v} \cdot \mathrm{d}\boldsymbol{l} = \int_0^{2\pi} \frac{K}{r} r \,\mathrm{d}\theta = 2\pi K = \Gamma = \text{const} \tag{4-116}$$

即此时该无旋流场有非 0 速度环量。进而推知周向速度可表达为

$$v_\theta = \frac{\Gamma}{2\pi r} \tag{4-117}$$

而当不包围域中奇点积分时，任意封闭曲线上的速度环量为 0。可验证这里不包围坐标原点积分时的速度环量的确为 0

$$\Gamma_{逆圆周 r_1 + 正圆周 r_2 + 过渡线} = \Gamma + (-\Gamma) + \int_{径向} v_r \mathrm{d}r + \int_{径向} v_r(-\mathrm{d}r) = 0 \tag{4-118}$$

因此与式(4-109)相同，可推知势函数为

$$d\varphi = \varphi_r dr + \varphi_\theta d\theta = 0 + r\frac{\Gamma}{2\pi r}d\theta = \frac{\Gamma}{2\pi}d\theta \tag{4-119}$$

$$\varphi = \frac{\Gamma}{2\pi}\theta = \frac{\Gamma}{2\pi}\tan^{-1}\left(\frac{y}{x}\right)$$

(已取积分常数 $\varphi(\theta=0)=0$ 即从 x 轴计量 φ 值)　　(4-120)

同样由式(4-112)可推知流函数为

$$d\psi = \psi_r dr + \psi_\theta d\theta = -\frac{\Gamma}{2\pi r}dr + 0 = -\frac{\Gamma}{2\pi r}dr \tag{4-121}$$

$$\psi = -\frac{\Gamma}{2\pi}\ln r = -\frac{\Gamma}{2\pi}\ln\sqrt{x^2+y^2}$$

($r\neq 0$,并已取积分常数 $\psi(r=1)=0$)　　(4-122)

可验证等 φ 线和等 ψ 线确为互正交的半射线族和同心圆族。

以上是三种基本平面势流的流速分布模型,及其 φ 函数和 ψ 函数分析。其中的结果式(4-111)与式(4-122)形式相同,式(4-114)与式(4-120)形式相同。这些势流模型可以被叠加为多种更复杂的流动。下面就由上面的基本平面势流模型叠加出几种十分重要的平面势流模型。

4.7.6 偶极流(或称偶极子)

把无限接近放置的强度为 $Q>0$ 和 $-Q<0$ 的点源和点汇的流场叠加起来,得到一种新的有势流动,称为偶极流。首先看以偏心距 $2\varepsilon>0$ 分开的点源和点汇所形成的流场(图4-8),场中 M 点的势函数值、流函数值是点源和点汇的势函数、流函数共同作用的结果。根据4.7.1节的可叠加性原理,我们得

$$\varphi = \varphi_Q + \varphi_{-Q} = \frac{Q}{2\pi}\ln r_1 + \frac{-Q}{2\pi}\ln r_2 = \frac{Q}{2\pi}\ln\frac{r_1}{r_2} \tag{4-123}$$

$$\psi = \psi_Q + \psi_{-Q} = \frac{Q}{2\pi}\theta_1 + \frac{-Q}{2\pi}\theta_2 = \frac{Q}{2\pi}(\theta_1 - \theta_2) \tag{4-124}$$

由图4-8,利用三角关系和反三角公式

$$r_1, r_2 = \sqrt{(x\pm\varepsilon)^2 + y^2},\quad \tan\theta_1,\ \tan\theta_2 = \frac{y}{x\pm\varepsilon} \tag{4-125}$$

$$\tan^{-1}A - \tan^{-1}B = \tan^{-1}\frac{A-B}{1+AB} \tag{4-126}$$

可将势、流函数用直角坐标表达,整理得

$$\varphi = \frac{Q}{2\pi}\frac{1}{2}\ln\left[1 + \frac{4\varepsilon x}{(x-\varepsilon)^2 + y^2}\right] \tag{4-127}$$

$$\psi = \frac{Q}{2\pi}\tan^{-1}\frac{-2\varepsilon y}{x^2 + y^2 - \varepsilon^2} \tag{4-128}$$

又知当 $\varepsilon \to 0$，可利用下面的泰勒级数展开上两式

$$\ln(1+x) = x - \frac{x^2}{2} + \cdots \tag{4-129}$$

$$\tan^{-1} x = x - \frac{x^3}{3} + \cdots \tag{4-130}$$

故仅取前两式展开后的第一项，得

$$\varphi \approx \frac{Q}{2\pi} \frac{2\varepsilon x}{(x-\varepsilon)^2 + y^2} \tag{4-131}$$

$$\psi \approx \frac{Q}{2\pi} \frac{-2\varepsilon y}{x^2 + y^2 - \varepsilon^2} \tag{4-132}$$

现在，令 $\varepsilon \to 0$，$Q \to \infty$，使得

$$2\varepsilon Q = m \tag{4-133}$$

其中，常数 m 称为偶极流强度，称取这样的位置和强度的一对源汇所造成的流场为偶极流。因此现在得到经过极限运算而精确的偶极流的势函数、流函数

$$\varphi = \frac{m}{2\pi} \frac{x}{x^2 + y^2} = \frac{m}{2\pi} \frac{\cos\theta}{r} \tag{4-134}$$

$$\psi = \frac{m}{2\pi} \frac{-y}{x^2 + y^2} = \frac{m}{2\pi} \frac{-\sin\theta}{r} \tag{4-135}$$

并定义由汇到源的直线（x 轴的 2ε 段）为偶极流的轴线，轴线上由汇到源的方向为偶极流的正向。又当令上式的 $\varphi = D_1$，$\psi = D_2$，则得到等势线和流线。用配方法可将其变形为

$$\left(x - \frac{m}{2\pi}\frac{1}{2D_1}\right)^2 + y^2 = \left(\frac{m}{2\pi}\frac{1}{2D_1}\right)^2 \quad \text{（偶极流等 } \varphi \text{ 线）} \tag{4-136}$$

$$x^2 + \left(y + \frac{m}{2\pi}\frac{1}{2D_2}\right)^2 = \left(\frac{m}{2\pi}\frac{1}{2D_2}\right)^2 \quad \text{（偶极流等 } \psi \text{ 线，流线）} \tag{4-137}$$

可见，等 φ 线是与 y 轴相切的同心圆族，等 ψ 线是与 x 轴相切的同心圆族（图 4－9）。

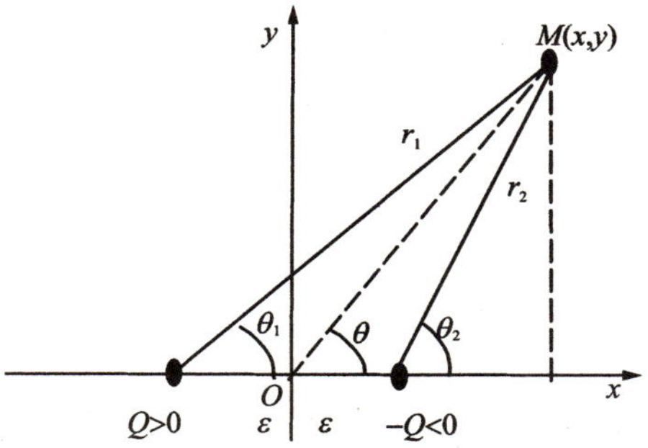

图 4－8　偶极流

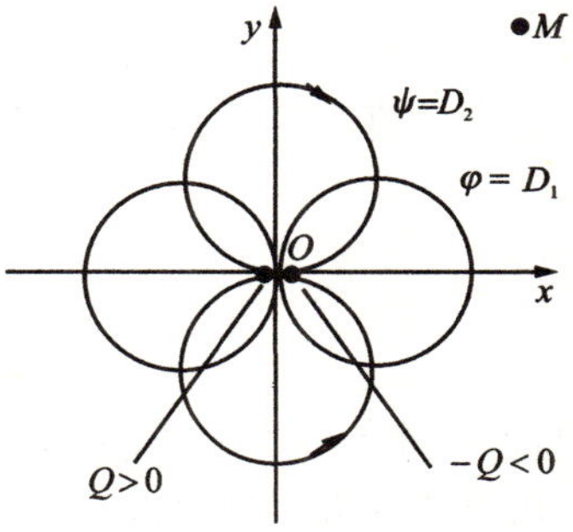

图 4－9　偶极流的等势线和流线

例 4.2　点源和点涡的叠加

由 4.7.4 节和 4.7.5 节的知识就有

$$\varphi = \frac{Q}{2\pi}\ln r + \frac{\Gamma}{2\pi}\theta \tag{4-138}$$

$$\psi = \frac{Q}{2\pi}\theta - \frac{\Gamma}{2\pi}\ln r \tag{4-139}$$

$Q\ln r + \Gamma\theta = D_1$　　或　　$r = \mathrm{e}^{\frac{D_1-\Gamma\theta}{Q}}$　　(点源加点涡的等势线方程)　　(4－140)

$Q\theta - \Gamma\ln r = D_2$　　或　　$r = \mathrm{e}^{\frac{Q\theta-D_2}{\Gamma}}$　　(点源加点涡的流线方程)　　(4－141)

可见,等势线是对数螺旋线族,流线也是对数螺旋线族,但两族螺旋线的旋向相反(图 4－10)。

当离心式水泵泵轮不转,但仍供水时,水泵导轮内是点源流动;当泵轮转动,但不供水时,水泵导轮内是点涡流动。因此当泵轮转动,也供水时,导轮内为点源加点涡流动。导轮叶片的形状应当按这一流动的流线设计,才可能减少流动的流阻损失。

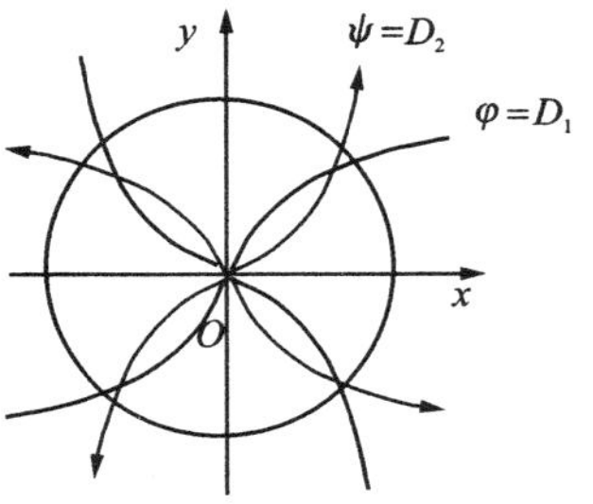

图 4－10　点源和点涡叠加的流动

4.7.7　无环流(或称无环量)的圆柱绕流

设有一在无穷远处速度为 u_∞ 的平行流,从与圆柱体轴线垂直的方向绕过半径为 r_0 的无限长圆柱体。则这构成平面内的圆柱绕流问题。

现设想,该问题由直匀流加上一个点源流动再加上一个点汇流动,然后源汇之间的距离收缩而构成(图 4－11)。这就是设想圆柱绕流由直匀流叠加一个偶极流而成。下面证明确实如此(图 4－12)。由 4.7 节前面已知的基本流动,用极坐标试写出圆柱绕流的势、流函数各为

$$\varphi = u_\infty r\cos\theta + \frac{m}{2\pi}\frac{r\cos\theta}{r^2} \tag{4-142}$$

$$\psi = u_\infty r\sin\theta - \frac{m}{2\pi}\frac{r\sin\theta}{r^2} \tag{4-143}$$

其中,偶极流的强度 m 现在尚不能确定。

由偏微分方程理论得知,满足拉普拉斯方程 $\nabla^2\varphi=0$ 和 $\nabla^2\psi=0$ 的数量场 φ 和 ψ,在确定的边界条件下仅存在唯一的非零解。因此,我们可以,也只能通过检验上面已列出的势函数、流函数在问题流场的内边界——圆柱面上和外边界——无

穷远处，是否满足流场应有的速度分布规律，来考查这个设想出来的数学模型的正确与否。

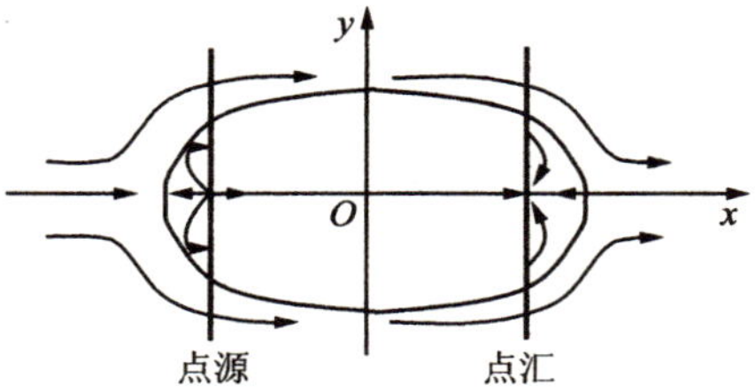

图 4-11 设想的直匀流、点源、点汇的叠加流

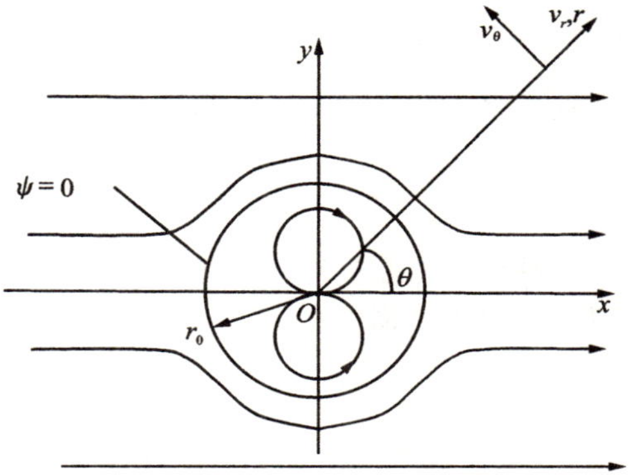

图 4-12 无环流的绕圆柱流动

现在特别讨论 $\psi=0$ 这条流线的意义。容易解出

$$\psi = 0 \quad 等价于 \quad \begin{cases} \theta = 0 \text{ 或 } \pi & (x\text{ 轴方程}) \\ r^2 = \dfrac{m}{2\pi u_\infty} = r_0^2 & (\text{圆方程}) \end{cases} \tag{4-144}$$

可见，由 x 轴和中心在原点半径为 $r_0=\sqrt{m/(2\pi u_\infty)}$ 的圆组成了 $\psi=0$ 的流线。在本问题中，这条流线就模拟出了流场中被绕流物体的物面——圆。当取

$$m = 2\pi u_\infty r_0^2 \tag{4-145}$$

则势、流函数得到简化，为

$$\varphi = u_\infty \cos\theta\left(r + \frac{r_0^2}{r}\right) \tag{4-146}$$

$$\psi = u_\infty \sin\theta\left(r - \frac{r_0^2}{r}\right) \tag{4-147}$$

并且就得到该绕流问题的速度场

$$v_r = \frac{\partial\varphi}{\partial r} = u_\infty \cos\theta\left(1 - \frac{r_0^2}{r^2}\right) \tag{4-148}$$

$$v_\theta = \frac{\partial\varphi}{r\partial\theta} = -u_\infty \sin\theta\left(1 + \frac{r_0^2}{r^2}\right) \tag{4-149}$$

现在从上两式看在内边界 $r=r_0$ 和外边界 $r=\infty$ 上的速度分布是否符合所讨论流场应有的速度边界条件。可推得

$$v_r\Big|_{r_0} = 0 \qquad v_\theta\Big|_{r_0} = -2u_\infty \sin\theta \quad (\text{圆周 } r = r_0 \text{ 为流线}) \tag{4-150}$$

$$v_r\Big|_{\infty} = u_\infty \cos\theta \quad v_\theta\Big|_{\infty} = -u_\infty \sin\theta \quad (\text{无穷远 } r = \infty \text{ 为未受扰动流线}) \tag{4-151}$$

故由图 4-12 可见，上两式符合边界流动的速度限制条件。至此可说，所构造的 φ 确实是拉普拉斯方程满足上面速度边界条件的解。

同时也得知了圆柱面上的速度分布。在速度分布上，应特别注意到圆周上速度为 0 的点的位置，由上两式解出，有两个这样的点 (r_0,π) 和 $(r_0,0)$，它们被称为物面上绕流流动的驻点。值得指出，在一般性的问题中，求代表物面的流线的一般方法是，在流场中所有流线所组成的流线族 $\psi=C$ 中，找出含有流动驻点的那一根 $\psi=C_1$ 即是。

现在导出圆柱面上的压强分布。因为流场定常无旋，可用伯努利-拉格朗日积分于此不可压缩流动

$$p+\frac{1}{2}\rho \boldsymbol{v}^2=p_\infty+\frac{1}{2}\rho u_\infty^2=C(\text{全场}) \tag{4-152}$$

由此，按压强系数的定义有圆柱面 r_0 处的压强系数

$$C_p=\frac{p-p_\infty}{\frac{1}{2}\rho u_\infty^2}=1-\frac{\boldsymbol{v}^2}{u_\infty^2}=1-\frac{0^2+(-2u_\infty\sin\theta)^2}{u_\infty^2}=1-4\sin^2\theta \tag{4-153}$$

其中，当 $C_p<0$ 时，表示 $p<p_\infty$。

现在依据上面得到的圆柱表面速度分布、压强分布的三个表达式，来分析圆柱绕流的流场，其结果列于表 4-1。可见，流动速度上下对称，并且左右也是对称的；压强分布也上下左右对称，因此圆柱体表面所受的合力为 0。

表 4-1　无环量绕圆柱流动的速度和压强分布

位置 θ	180°	150°	90°	30°	0°
速度	$\boldsymbol{v}=0$	$\lvert\boldsymbol{v}\rvert=u_\infty$	$\lvert\boldsymbol{v}\rvert=2u_\infty$	$\lvert\boldsymbol{v}\rvert=u_\infty$	$\boldsymbol{v}=0$
压强系数 C_p	1	0	−3.0	0	1
特征	前驻点	加速流	最大速度	减速流	后驻点

这个结论就是著名的达朗贝尔详谬，因为在实际流动中，圆柱体表面显然是受到非 0 的合力的。这个解的受力之所以不符合实际流动现象，是因为它没有考虑到流体的黏性对柱体运动所产生的摩擦阻力，和柱体表面边界层分离所产生的压差阻力。这一无黏无旋理论解与实际流动的压强分布的对比见图 4-13，实际的黏性绕流现象是，在流动的雷诺数 $\frac{\rho u_\infty r_0}{\mu}$ 较小时，粗略地讲，流动在 y 轴之前的圆柱面上呈层流状态，在 y 轴之后的圆柱面上呈湍流小分离流动，圆柱上后驻点 $(r,\theta)=(r_0,0)$ 处的压强 p 只能恢复到比远前方来流压强还低 0.5 倍的来流动能 $\frac{1}{2}\rho u_\infty^2$ 的水平(而前驻点 (r_0,π) 处压强则恢复到比远前方来流压强还高 1 倍的来流动能)；当雷诺数继续增大就出现了在 y 轴之前的圆柱面上就呈湍流小分离流动，

y 轴之后的圆柱面上呈湍流大分离流动,后驻点处的压强此时仅能恢复到比远前方来流压强低 1 倍多的来流动能的水平。

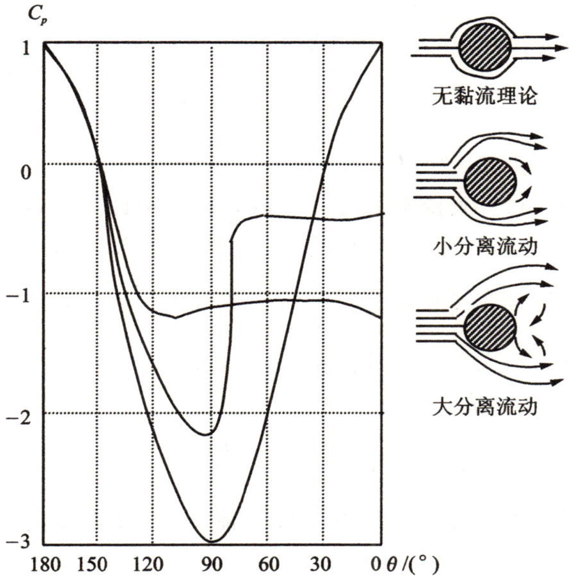

图 4－13　圆柱无环流绕流理论与实际流动的对比

又得包围圆柱体表面的速度环量为

$$\Gamma = \oint_{r=r_0} v_\theta r\,\mathrm{d}\theta = -u_\infty r_0\left(1+\frac{r_0^2}{r_0^2}\right)\int_0^{2\pi}\sin\theta\mathrm{d}\theta = 0 \tag{4-154}$$

因此这是双连通域中的无旋流场的无环量绕流。

4.7.8　有环流(或称有环量)的圆柱绕流

设想可用无环量圆柱绕流进一步加上一个点涡流动 $-\Gamma<0$,而构成有环量的圆柱绕流(图 4－14)。这样,就会造成一种离圆柱面较远处的微团其圆周速度逐渐减小的流动。由 4.7 节前面已知的圆柱绕流和点涡流动,用极坐标试写出这一绕流的势、流函数各为

$$\varphi = u_\infty\cos\theta\left(r+\frac{r_0^2}{r}\right)+\frac{-\Gamma}{2\pi}\theta \tag{4-155}$$

$$\psi = u_\infty\sin\theta\left(r-\frac{r_0^2}{r}\right)+\left(-\frac{-\Gamma}{2\pi}\ln r\right) \tag{4-156}$$

相应得出其速度分布为

$$v_r = \frac{\partial\varphi}{\partial r} = u_\infty \cos\theta\left(1 - \frac{r_0^2}{r^2}\right) \tag{4-157}$$

$$v_\theta = \frac{\partial\varphi}{r\partial\theta} = -u_\infty \sin\theta\left(1 + \frac{r_0^2}{r^2}\right) - \frac{\Gamma}{2\pi r} \tag{4-158}$$

进而导得在 r_0 和∞两条边界上的速度分布为

$$v_r\Big|_{r_0} = 0 \qquad v_\theta\Big|_{r_0} = -2u_\infty \sin\theta - \frac{\Gamma}{2\pi r_0} \tag{4-159}$$

$$v_r\Big|_{\infty} = u_\infty \cos\theta \qquad v_\theta\Big|_{\infty} = -u_\infty \sin\theta \tag{4-160}$$

上两式确实符合该两边界处流动的速度限制条件。至此可说,所构造的 φ 确实是拉普拉斯方程满足上面速度边界条件的解。同时也得知了圆柱面上的速度分布。而且由上两式的速度分布可见,除 r_0 边界上多出一个周向常速度项 $-\dfrac{\Gamma}{2\pi r_0}$ 以外,其余的边界速度分布与无环流的圆柱绕流的相同。进一步,令 $v_\theta\Big|_{r_0}=0$ 可解得绕流流动的驻点的位置(r_0,θ_0)为

$$\sin\theta_0 = \frac{-\Gamma}{4\pi r_0 u_\infty} \tag{4-161}$$

这个多值解分别对应于图4-15中的两驻点流动、一驻点流动、无驻点流动三种情形。

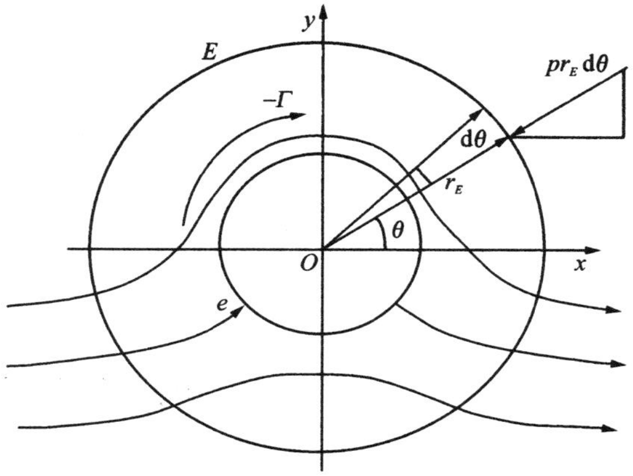

图4-14　有环流圆柱绕流模型的流线、驻点、升力积分控制体

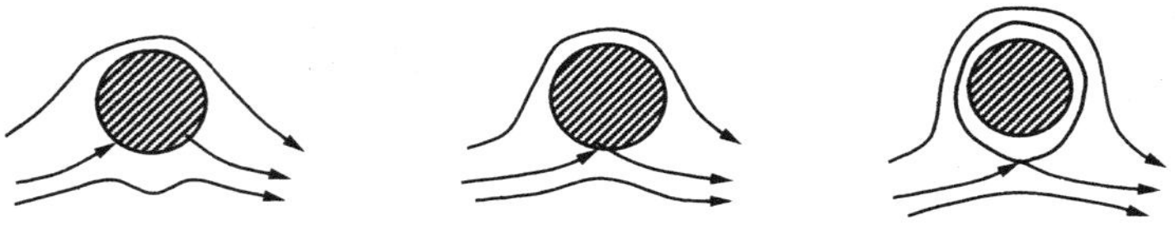

图4-15　圆柱表面上 $v_\theta=0$ 有解、无解时所对应的流动图画

现给出圆柱表面压强分析。同理由伯努利-拉格朗日积分式(4-152)变形有

$$p-p_{\infty}=\frac{1}{2}\rho u_{\infty}^{2}\left[1-\left(2\sin\theta+\frac{\Gamma}{2\pi r_{0}u_{\infty}}\right)^{2}\right] \tag{4-162}$$

$$C_{p}=1-\left(2\sin\theta+\frac{\Gamma}{2\pi r_{0}u_{\infty}}\right)^{2} \tag{4-163}$$

可见，由于上式存在着 $\sin\theta$ 与一常数的和，则压强对称于 y 轴，但不对称于 x 轴。由于圆柱下部相应位置上的压强大，速度小，因此必产生向上的合力。但在 x 方向合力仍为 0，这也是因为没有考虑黏性对柱体所产生的摩擦阻力和柱体表面边界层分离所产生的压差阻力。

y 向合力可由压强分布式(4-162)的积分求解，也可用积分形式的动量方程来计算，这里使用后者。由适用于控制体的积分形式动量方程

$$\int_{V}\frac{\partial\rho\boldsymbol{v}}{\partial t}\mathrm{d}V+\oint_{A}\rho\boldsymbol{v}v_{n}\mathrm{d}A=-\boldsymbol{F}_{e}-\int_{A-e}p\,\mathrm{d}\boldsymbol{A}+\int_{V}\boldsymbol{R}\rho\,\mathrm{d}V \tag{4-164}$$

将上式中圆柱体所受到的气流作用力 $\boldsymbol{F}_e$ 在 y 方向的投影以 F_{ey} 表示，速度用两种坐标系下的分量(v_r, v_θ)和(u, v)表示，当不计彻体力，流动定常，则对图 4-14 中由 E，e 两条边界所围成的环形控制体，可列出气流在 y 方向的动量方程为

$$F_{ey}=-\int_{E}\rho v v_{r}\mathrm{d}E-\int_{e}\rho v(-v_{r})\mathrm{d}e-\int_{E}p\,\mathrm{d}(E_{y})=$$

$$-\int_{0}^{2\pi}\rho v v_{r}r_{E}\mathrm{d}\theta-0-2\int_{-\frac{\pi}{2}}^{\frac{\pi}{2}}p\sin\theta r_{E}\mathrm{d}\theta \tag{4-165}$$

为积分上式，可利用联系全流场和边界 E 的伯努利-拉格朗日积分

$$p=C(\text{全场})-\frac{1}{2}\rho v_{\theta}^{2}-\frac{1}{2}\rho v_{r}^{2} \tag{4-166}$$

将式(4-157)和式(4-158)的一般 v_r，v_θ 带入上式，再将上式代入前式含 p 的一项积分，以将它化简。因为 v_r，v_θ 仅含有奇函数、偶函数两种项，而上式得出的最终的偶函数项使该对称区间积分为 0，因此该积分只剩下对应于 v_θ^2 中奇函数项的一项

$$-2\int_{-\frac{\pi}{2}}^{\frac{\pi}{2}}-\frac{1}{2}\rho u_{\infty}\left(1+\frac{r_{0}^{2}}{r_{E}^{2}}\right)\frac{\Gamma}{\pi r_{E}}\sin^{2}\theta r_{E}\mathrm{d}\theta=\frac{\rho u_{\infty}\Gamma}{2}\left(1+\frac{r_{0}^{2}}{r_{E}^{2}}\right) \tag{4-167}$$

对于 y 方向动量方程剩下的另一项积分，用流场的 ψ 函数式(4-156)求 y 方向分速度 v 最方便。有

$$v=-\frac{\partial\psi}{\partial x}=-\left(\frac{2u_{\infty}r_{0}^{2}xy}{r^{4}}+\frac{\Gamma x}{2\pi r^{2}}\right) \tag{4-168}$$

则该项积分为

$$-\int_{0}^{2\pi}-\rho\left(\frac{2u_{\infty}r_{0}^{2}\cos\theta\sin\theta}{r_{E}^{2}}+\frac{\Gamma\cos\theta}{2\pi r_{E}}\right)\left[u_{\infty}\cos\theta\left(1-\frac{r_{0}^{2}}{r_{E}^{2}}\right)\right]r_{E}\mathrm{d}\theta=$$

$$\frac{\rho u_{\infty}\Gamma}{2}\left(1-\frac{r_0^2}{r_E^2}\right) \tag{4-169}$$

最后得

$$F_{ey}=\rho u_{\infty}\Gamma \tag{4-170}$$

可以这样地理解用均匀来流 u_{∞} 中的偶极子流模型来模拟固体对流体的干扰作用的基本原理:固体的运动前端由于不断地挤入流体原先所占据的空间,相当于将原先空间中的流体源出,并与来流 u_{∞} 相挤压而改变着流动的方向(图 4-11);而运动固体的尾缘由于不断地腾出着空间,则相当于不断将周围流体中的一部分汇入原先固体所占据的空间中。因此,正、负点源不管是否分开放置,只要物体是封闭的,则代表这个物体的挤出和汇入作用的正、负源的流量总和就必然是等于0的,这时固体的总的作用和一个偶极子的作用是没有什么区别的。此时再若从一个相对于任意形状的运动固体而言是无穷大的空间的外围去观察该固体的运动行为,则圆柱或机翼等就成为一个在气流中运动的精确的偶极子了。回顾本节的分析所依据的数学模型——在运动偶极子的流场中叠加一环流 Γ 而产生的有环量绕流模型,则容易理解,上面得到的圆柱升力的分析结果深刻地揭示了圆柱乃至于机翼产生升力的根本原因,即气体绕流固体之时产生了绕固体的速度环量 $\Gamma\neq 0$。通常即简单地称机翼产生升力的原理就是环量不为0。事实上式(4-170)表明,升力的量值与圆柱或机翼的具体几何形状、来流相对于圆柱或机翼的迎角这两种因素之间都没有唯一确定的联系,与控制体取多大范围也无关系,而仅仅简单地与 ρ,u_{∞} 和 Γ 三者成正比。1909年,用复变函数的保角映射方法严格地证明了对任意形状固体绕流问题的结论式(4-170),称为库塔-茹科夫斯基定理。对于无黏性不可压缩无旋流场的不脱体绕流,例如绕钝形的圆柱体和尖后缘的任意翼型的不脱体流动,该定理都正确而有效,因而式(4-170)具有普遍的意义。

我们还应关注一个问题,即在上述数学模型中和在各种科学实验、实际工程中,分别如何产生出环量 Γ。对于圆柱体绕流问题,无黏性数学模型中的环量是由点涡的周向速度人为给出的,我们因此得以研究在柱面上及其以外 $r\geqslant r_0$ 处的整个流场中的无旋性质的旋转流动。而在实际现象中,近似的点涡可以由旋转着的圆柱体表面各层气流之间的黏性摩擦作用而自然产生。古代曾出现风筒船,其借助旋转的风筒表面拖带起来的黏性环量所产生的升力,驱动船舶。现代则出现排球和乒乓球运动中的弧圈球、侧旋球,其借助表面黏性环量产生的升力,使球体受到指向运动轨迹侧向的力,而运行出一条曲线轨迹。又在机翼绕流问题中,无黏性数学模型中的机翼环量同样是需要人为地添加而不能自动产生的。因为由拉格朗日定理(2.7.5节),远前方无旋的理想流动,将时时处处保持无旋流动。故上、下翼面上不同的流速和弧段所产生的 $\boldsymbol{v}\cdot \mathrm{d}\boldsymbol{l}$ 沿机翼全周界的积分必然为0。而在实际现象中,机翼绕流则必然有环量,其也是由翼表面的黏性流动所自然产生的,因此机翼确可产生升力。下节将要讨论用无黏性流动数学模型求解实际中的机翼绕流时，环量值 Γ 的确定方法。

4.7.9　机翼翼型或叶轮机叶型设计理论中的几个基本概念

（1）翼型设计和叶片设计的正问题和反问题

正问题或称为分析问题，是指已知被绕流物体的几何形状，例如已知翼型，求绕流问题的复数势函数，或 φ,ψ 函数，或直接求绕流的速度场。也即求流场的解。例如，本书中的定解问题式(4－94)、式(4－96)和式(4－99)就都是正问题。

反问题或称为设计问题，是指已知绕流问题的复数势函数，或 φ,ψ，或已确定了所需要的速度场的性质，求被绕流物体的几何形状，也即求流体机械的几何设计。例如，本书中的无环流的和有环流的圆柱绕流问题的解法，就是最简单的一类反问题解法。

这两个概念现已被推广应用于所有的流体与固体相互作用现象的理论解法、数值解法、甚至实验研究法中。

（2）环量 Γ 的确定原则

在圆柱有环量绕流问题中，“直匀流＋偶极流＋点涡流”中点涡的速度环量 Γ 的值在实际物理问题中如何确定？在实际机翼翼型的绕流问题中也使用 Γ 这个量，但至此尚未解决它的求法，在前述理论中 Γ 是个未确定的量。

由 4.7.8 节中最后的分析我们已知，实际现象中的环量是由流体的黏性物理机制而自然产生的。由于无黏性流体动力学所依据的欧拉方程组没有描述黏性流动的功能，我们从这个方程组所表达的基本数学模型出发，就不可能在理想流体理论的范畴内将黏性现象及其导致的速度环量确定出来。那么怎样确定环量才是合理的？存在着两种克服困难的方法。一个是采用符合实际的真实有黏性流体流动的基本数学模型的办法，即以 N-S 方程组为基本数学模型，从微分分析上最终导出所有与黏性有关的函数。另一个就是在理想流体假设的范畴内，再补充一个合理的经验模型或称假设，据此确定环量 Γ，及所有与黏性相关的函数。由于黏性流体运动的复杂性，第一法是非常复杂的，至今仍有很多关于 N-S 方程求解法的黏性流体力学问题正在被继续研究着。而第二法如果建立在坚实的宏观科学实验的基础之上，其功能和科学魅力将并不逊于微分分析的第一法。事实上在 20 世纪初叶的流体力学发展水平上，当时也只能采用第二法。在具体建立这个确定环量的经验模型的步骤中，首先应当分析具有不同环量的机翼剖面的绕流图案，然后才有可能提出符合实际物理现象的假设。

（3）茹科夫斯基假设或库塔条件

经过对实际流动的观察和分析，库塔（Kutta，德国）和茹科夫斯基（Жуковски

й,俄罗斯)提出了库塔条件,完满地给出了环量 Γ 的确定方法。库塔条件可以有不同的陈述方式,如下所列(见图 4-16)。

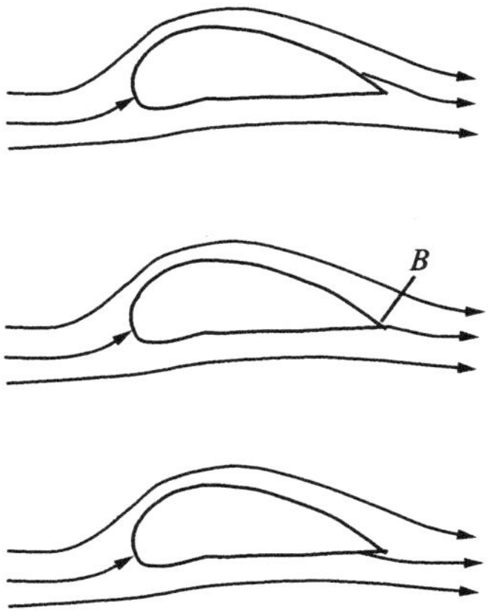

图 4-16 库塔条件的根据——观测实际流动得知驻点 B 在尾缘上

流动合理而高效的翼型,其流动驻点位于翼型的后缘上,或说后缘处表现为一平滑流动;

翼型后缘角点 B 处的速度应为有限确定值;

后缘附近上、下翼面的压力分布应为有限确定的连续压力场而不存在压力间断点。

倘若后缘附近的流动不是如此,则气流从下翼面后缘处的向后流动,瞬间折变为上翼面后缘附近的向前流动,则意味着有限速度变化 $\boldsymbol{v}_{上}-\boldsymbol{v}_{下}$ 在空间点角点 B 处立即发生,对应着速度的空间变化率为无穷大,速度场间断而速度值不确定。相应的,压力的空间变化率也为无穷大,压力场间断而压力值不确定。这与实际观察不符。实际现象是,上、下翼面的两股流体顺流平滑地在 B 点相遇并继续向下游流动,没有折回现象。故此,1909 年茹科夫斯基提出该假设,表达为 B 处的复数势函数 $\phi(z)$ 对复数空间 z 的变化率为有限确定值,也就是 B 处的速度为有限确定值,即

$$\left.\frac{\mathrm{d}\phi(z)}{\mathrm{d}z}\right|_B=\left.\frac{\mathrm{d}(\varphi+\mathrm{i}\psi)}{\mathrm{d}(x+\mathrm{i}y)}\right|_B=u-\mathrm{i}v\Big|_B=\text{有限确定值} \tag{4-171}$$

由式(4-171)就可推导出任意一个钝后缘或尖后缘固体绕流问题的环量 Γ,从而导出关于任意物体绕流升力的库塔-茹科夫斯基定理(参见 4.7.8 节)。

库塔条件的数学意义是,在被绕流固体表面曲线或曲面的几何非光滑点处,给出流场物理量的合理边界条件,以协助偏微分方程的求解。据此,在现代研究中,已经在多种类型的势流求解问题中推广应用了不同形式的库塔条件。

4.7.10 复数势函数

(1) 定义速度势函数和流函数

仿照由式(2-28)和式(2-30)发现无旋流场存在势函数的方法,现在重新写出

$$\mathrm{rot}\,\boldsymbol{v}=\nabla\times\boldsymbol{v}=0 \qquad \text{(无旋条件)} \tag{4-172a}$$

$$\nabla\times(-\nabla\varphi)=0 \qquad \text{(梯度的旋度为 0)} \tag{4-172b}$$

对比式(4-172a)与式(4-172b)可知,对于二维空间 (x,y) 上的无旋的速度场 $\boldsymbol{v}$,

也可以如下定义它的势函数 φ，与本书前面的定义只相差一个负号

$$\boldsymbol{v} = -\nabla\varphi \quad 或 \quad \boldsymbol{i}u + \boldsymbol{j}v = \boldsymbol{i}\left(-\frac{\partial\varphi}{\partial x}\right) + \boldsymbol{j}\left(-\frac{\partial\varphi}{\partial y}\right) \quad (势函数定义) \tag{4-173}$$

由二维空间 (x,y) 上的流量方程式(4-41)，和相应的流函数 ψ 的定义式(4-42)，当流动进一步为不可压缩流动 $\rho=\rho^*$，则也可以如下定义它的流函数 ψ，与前面的定义也只相差一个负号

$$\frac{\partial\psi}{\partial y} = -u, \quad \frac{\partial\psi}{\partial x} = v \quad (不可压缩流动的流函数定义) \tag{4-174}$$

因此势函数与流函数的关系与本书前面的关系相比保持不变，仅它们与速度场 (u,v) 的关系有变化

$$\frac{\partial\varphi}{\partial x} = \frac{\partial\psi}{\partial y} = -u, \quad \frac{\partial\varphi}{\partial y} = -\frac{\partial\psi}{\partial x} = -v \tag{4-175}$$

其中势函数与流函数的关系式在复变函数论中也称为柯西—黎曼方程。

(2) 复数势函数及其重要关系式

由式(4-173)和式(4-174)可见，一个理想不可压缩流体的绝热二维定常无旋流动，可以用其分速度场 (u,v) 来表达，也可以用其势函数的偏导数 $\left(-\frac{\partial\varphi}{\partial x}, -\frac{\partial\varphi}{\partial y}\right)$ 来表达，也可以用其流函数的偏导数 $\left(-\frac{\partial\psi}{\partial y}, \frac{\partial\psi}{\partial x}\right)$ 来表达。现在指出，该流动因为满足柯西——黎曼方程，故也可以用势函数的偏导数之一和流函数的偏导数之一来合成表达。这时人们引用复数的概念，构造出一个复的函数变量 $\phi(z)$

$$\phi = \varphi + \mathrm{i}\psi \quad (复数势函数) \tag{4-176}$$

ϕ 称为流场 (u,v) 的复数势函数，简称复势函数，或复势。这样，参考图 4-17 的空间定义，就可以进一步导出以下诸关系式[26]

$$\frac{\partial\varphi}{\partial x} + \mathrm{i}\frac{\partial\psi}{\partial x} = \frac{\partial\phi}{\partial x} = \frac{\partial\phi}{\partial z}\frac{\partial z}{\partial x} = \frac{\mathrm{d}\phi}{\mathrm{d}z}\frac{\partial z}{\partial x} = \frac{\mathrm{d}\phi}{\mathrm{d}z}$$

(用势流函数的偏导数之一合成复势的导数)　(4-177)

$$\frac{\partial\varphi}{\partial x} - \mathrm{i}\frac{\partial\psi}{\partial x} = \frac{\partial\bar{\phi}}{\partial x} = \frac{\partial\bar{\phi}}{\partial\bar{z}}\frac{\partial\bar{z}}{\partial x} = \frac{\mathrm{d}\bar{\phi}}{\mathrm{d}\bar{z}}\frac{\partial\bar{z}}{\partial x} = \frac{\mathrm{d}\bar{\phi}}{\mathrm{d}\bar{z}} = \overline{\left(\frac{\mathrm{d}\phi}{\mathrm{d}z}\right)}$$

(用势流函数的偏导数之一合成复势的导数的共轭)　(4-178)

$$\boldsymbol{v} = u - \mathrm{i}v = -\frac{\mathrm{d}\phi}{\mathrm{d}z} \quad (用分速度表达复势的导数) \tag{4-179}$$

$$\bar{\boldsymbol{v}} = u + \mathrm{i}v = \overline{\left(-\frac{\mathrm{d}\phi}{\mathrm{d}z}\right)} = -\overline{\left(\frac{\mathrm{d}\phi}{\mathrm{d}z}\right)} \quad (用分速度表达复势的导数的共轭) \tag{4-180}$$

$$\frac{\partial x}{\partial \varphi}=\frac{\partial y}{\partial \psi},\quad \frac{\partial y}{\partial \varphi}=-\frac{\partial x}{\partial \psi} \tag{4-181}$$

$$\zeta=-\frac{\mathrm{d}z}{\mathrm{d}\phi}=\frac{1}{u-\mathrm{i}v}=\frac{(u+\mathrm{i}v)}{(u-\mathrm{i}v)(u+\mathrm{i}v)}=\frac{1}{q}\left(\frac{u}{q}+\mathrm{i}\,\frac{v}{q}\right),\quad q=\sqrt{u^2+v^2} \tag{4-182}$$

$$|\zeta|=\left|\frac{1}{q}\left(\frac{u}{q}+\mathrm{i}\,\frac{v}{q}\right)\right|=\frac{1}{q}\,\frac{|u+\mathrm{i}v|}{q}=\frac{1}{q}=\left|\frac{\mathrm{d}z}{\mathrm{d}\phi}\right| \tag{4-183}$$

其中,以横向速度 u 和纵向速度 v 定义了速度矢量 $\boldsymbol{v}$ 与速度矢量的共轭矢量 $\bar{\boldsymbol{v}}$。式(4-182)定义了速度矢量 $\boldsymbol{v}$ 的倒数为复变量 ζ。进一步式(4-183)表明,在复平面 ζ 上,从原点 O 到任意一点的矢量的模 $|\zeta|$ 为复平面 $\boldsymbol{v}$ 上对应点处速度矢量 $\boldsymbol{v}$ 的模 q 的倒数。

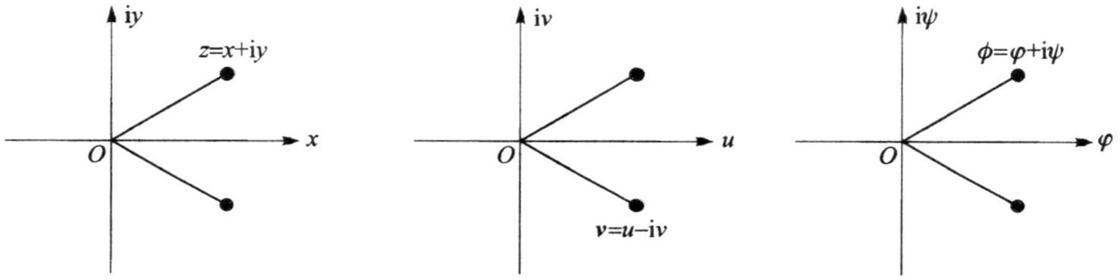

(a) 自变量空间,z空间　(b) 速度空间,v空间　(c) 势流函数空间,ϕ空间

图4-17　复数自变量 z,复数速度 $\boldsymbol{v}$,复数势函数 ϕ 三个空间的定义

4.7.11　四极子

(1) 几种简单势流流动的复势

1932年,兰姆的著作(参考文献[25]第63节)指出,指数 $n=1,n=-1,n=-2$ 的一类简单势流流动,它们的复势方程可以统一写为

$$\phi = Az^n \qquad (A,n\ 为实数) \tag{4-184}$$

或即

$$\phi=\varphi+\mathrm{i}\psi=Ar^n\cos(n\theta)+\mathrm{i}Ar^n\sin(n\theta) \tag{4-185}$$

的一般表达式。上述三种流动现今称为直匀流,偶极子,四极子。

例如,根据式(4-173)的定义,用与4.7.3节同样的推导方法,得流向 x 轴正方向的速度为 V_∞ 的直匀流的复势为

$$\phi=\varphi+\mathrm{i}\psi=-V_\infty x+\mathrm{i}(-V_\infty)y=-V_\infty(x+\mathrm{i}y)=-V_\infty z=-V_\infty z^1 \tag{4-186}$$

又根据式(4-173)的定义,用与4.7.6节同样的推导方法,得图4-9中的偶极子的复势方程为

$$\phi=\varphi+\mathrm{i}\psi=-\frac{m}{2\pi}\frac{\cos\theta}{r}+\mathrm{i}\left(-\frac{m}{2\pi}\frac{-\sin\theta}{r}\right)=-\frac{m}{2\pi}\frac{\cos\theta-\mathrm{i}\sin\theta}{r}=$$

$$-\frac{m}{2\pi}\frac{\mathrm{e}^{-\mathrm{i}\theta}}{r}=-\frac{m}{2\pi}\frac{1}{r\mathrm{e}^{\mathrm{i}\theta}}=-\frac{m}{2\pi}\frac{1}{z}=-\frac{m}{2\pi}z^{-1} \quad (4-187)$$

再如果适当取实数 A，正实数 α，令 $n=\pi/\alpha$，由式(4－184)得复势方程

$$\phi=Az^{\pi/\alpha}=Ar^{\pi/\alpha}\mathrm{e}^{\mathrm{i}\theta\pi/\alpha} \quad (4-188)$$

可以看出，这是夹角为 π/α 的两个壁面所组成的角域的流动的复势方程。

（2）四极子

1967 年，肯纳德(Kennard,E. H.，参考文献[27]第 38 节)给出了势流四极子流动的特性的公式及其流网分布。四极子流动，见图 4－18，可以看成是两个强度 m 相等方向相反的偶极子在垂直于其偏心距 2ε 的方向上再次无限靠近的极限流动，也可以看成是两对点源点汇无限靠近的极限流动。这也是将其称作四极子的原因。

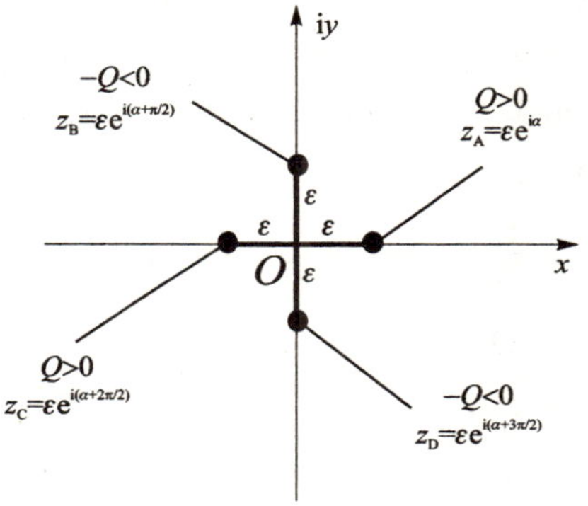

（图中 $\varepsilon>0$，两个点源之间连线对 x 轴的倾角 α 选取为 0 弧度）

图 4－18　四极子的两个点源两个点汇的分布示意

首先，推导 z 空间中任意一点 z_0 处的点源或者点汇所造成的对流场中任意一点 M 处的复势的方程。仿照式(4－173)的定义，在平面极坐标的情形下应相应地对式(4－109)的两个定义式均添加负号，而成为

$$\varphi_r=-v_r,\quad \frac{\varphi_\theta}{r}=-v_\theta \quad (4-189)$$

又仿照式(4－174)的定义，在平面极坐标的情形下应相应地对式(4－112)的两个定义式均添加负号，而成为

$$\psi_\theta=-rv_r,\quad \psi_r=v_\theta \quad (4-190)$$

于是由式(4－111)，式(4－114)的相应变化形式，得坐标原点处的流量为 $Q=\text{const}>0$ 的点源的复势为

$$\phi=\varphi+\mathrm{i}\psi=-\frac{Q}{2\pi}\ln\sqrt{x^2+y^2}+\mathrm{i}\left[-\frac{Q}{2\pi}\tan^{-1}\left(\frac{y}{x}\right)\right]=$$

$$-\frac{Q}{2\pi}\{\ln r+\mathrm{i}\ln[\exp(\theta)]\}=-\frac{Q}{2\pi}\ln[r\exp(\mathrm{i}\theta)]=-\frac{Q}{2\pi}\ln(z) \quad (4-191)$$

进一步得坐标原点处的流量为 $-Q=\text{const}<0$ 的点汇的复势为

$$\phi=\frac{Q}{2\pi}\ln(z) \quad (4-192)$$

又，由 z 空间坐标原点处的点源的复势方程式(4－191)，经过坐标平移变换，可以

得到 z 空间点 z_0 处的点源的复势方程为

$$\phi = -\frac{Q}{2\pi}\ln(z - z_0) \tag{4-193}$$

同理,由式(4-192)得到 z 空间点 z_0 处的点汇的复势方程为

$$\phi = \frac{Q}{2\pi}\ln(z - z_0) \tag{4-194}$$

再,用 ε 表示图 4-18 中诸点源,点汇到坐标原点的距离,即它们的位置的复数的模,由式(4-193)得点 A 和点 C 处点源的复势方程,由式(4-194)得点 B 和点 D 处点汇的复势方程。最后,由于势流流动具有可叠加性,则 z 空间中任意一点 M 处的复势,是这四个复势方程的叠加,写为

$$\begin{aligned}
\phi &= \phi_A + \phi_B + \phi_C + \phi_D = \\
&\frac{Q}{2\pi}\left[-\ln(z - \varepsilon e^{i\alpha}) + \ln(z - \varepsilon e^{i(\alpha+\frac{\pi}{2})}) - \ln(z - \varepsilon e^{i(\alpha+\frac{2\pi}{2})}) + \ln(z - \varepsilon e^{i(\alpha+\frac{3\pi}{2})})\right] = \\
&\frac{Q}{2\pi}\left\{-\ln\left[z\left(1 - \frac{\varepsilon e^{i\alpha}}{z}\right)\right] + \ln\left[z\left(1 - \frac{\varepsilon e^{i(\alpha+\frac{\pi}{2})}}{z}\right)\right] - \right. \\
&\left.\ln\left[z\left(1 - \frac{\varepsilon e^{i(\alpha+\frac{2\pi}{2})}}{z}\right)\right] + \ln\left[z\left(1 - \frac{\varepsilon e^{i(\alpha+\frac{3\pi}{2})}}{z}\right)\right]\right\} = \\
&\frac{Q}{2\pi}\left(\frac{2\varepsilon^2 e^{i2\alpha}}{z^2} + \frac{2\varepsilon^6 e^{i6\alpha}}{3z^6} + \cdots\right) = \\
&\frac{2Q\varepsilon^2 e^{i2\alpha}}{2\pi}\frac{1}{z^2} + \frac{2Q\varepsilon^6 e^{i6\alpha}}{2\pi}\frac{1}{3z^6} + \cdots
\end{aligned} \tag{4-195}$$

其中,用到了 $\ln(1+x)$ 在点 $x=0$ 处附近的泰勒展开式

$$\ln(1+x) = x - \frac{1}{2}x^2 + \frac{1}{3}x^3 + \cdots + (-1)^{n+1}\frac{x^n}{n} + \cdots \qquad (n = 1,2,\cdots) \tag{4-196}$$

现在,令 $\varepsilon \to 0, Q \to \infty$,使得

$$2Q\varepsilon^2 e^{i2\alpha} = m_4 \qquad (0 \leqslant \alpha < 2\pi) \tag{4-197}$$

在这个求极限的运算后式(4-195)仅剩下第一项而成为精确表达式。其中,常数 m_4 称为四极子强度。称取这样的位置和强度的两对源汇所造成的流场为四极子流动。

现在,取式(4-195)中两个点源之间连线对 x 轴的倾角 α 为 0 弧度,则有 $z_A = \varepsilon e^{i\alpha} = \varepsilon e^{i0}$, $2Q\varepsilon^2 = m_4$,得到图 4-18 中的特定的两对点源点汇无限靠近的极限流动所形成的四极子的复势方程为

$$\phi = \frac{A}{z^2} = Az^{-2} \qquad \left(2Q\varepsilon^2 = m_4, A = \frac{m_4}{2\pi}\right) \tag{4-198}$$

式(4-198)也可以看成是在式(4-184)中令 $n=-2$ 即得到四极子的复势方程。

自变量复数 z 的指数形式为

$$z = re^{i\theta} \tag{4-199}$$

因此式(4-198)也可以写为

$$\phi = \varphi + i\psi = \frac{A}{z^2} = \frac{A}{(re^{i\theta})^2} = \frac{A}{r^2}[\cos(2\theta) - i\sin(2\theta)] \tag{4-200}$$

或即

$$\varphi = \frac{A}{r^2}\cos(2\theta),\quad \psi = -\frac{A}{r^2}\sin(2\theta) \tag{4-201}$$

式(4-198)代入式(4-179)得

$$\boldsymbol{v} = u - iv = -\frac{d\varphi}{dz} = \frac{2A}{z^3} = \frac{2A}{r^3}e^{-i3\theta} = \frac{2A}{r^3}\cos(3\theta) - i\frac{2A}{r^3}\sin(3\theta) \tag{4-202}$$

或即

$$u = \frac{2A}{r^3}\cos(3\theta),\quad v = \frac{2A}{r^3}\sin(3\theta) \tag{4-203}$$

式(4-202)代入式(4-183)得

$$q = \left|\frac{d\varphi}{dz}\right| = \frac{2A}{r^3} \tag{4-204}$$

势流四极子在 xOy 坐标系第一象限的势函数等值线，流函数等值线的分布如图 4-19。由式(4-198)知，原点是一个奇异点，为二阶极点。势函数等值线与流函数等值线各由两条双纽线构成。在图 4-19 中，势函数等值线的对称轴为 x 轴和 y 轴，流函数等值线的对称轴为直线 $y=x$ 和直线 $y=-x$，流函数等值线上的流速方向既关于 x 轴对称也关于 y 轴对称。

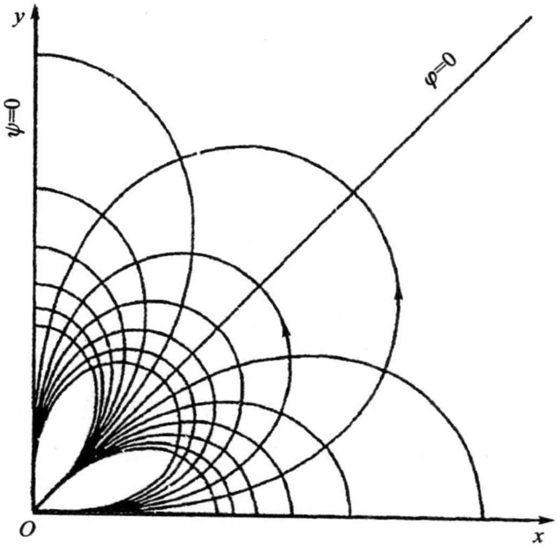

图 4-19 四极子的势函数等值线，流函数等值线分布

在流场中,四极子流动模拟了喷出与吸入四股气流,非常有用。在经典声学中,四极子相当于二阶脉动球声源。现代在气动声学中,四极子相当于一对力源,称为第三类流体动力声源。在跨超声速流场中,四极子声源的声功率相对于单极子,偶极子声源的声功率的比重比亚声速流场中的大。

气动声学中的偶极子可以看成是由两个单极子叠加的结果,偶极子是流场中一个运动物体作用于周围流体所形成的起伏力源。气动声学中的四极子是四个单极子叠加的结果,四极子是流场中流体与流体相互作用的内应力,可以看成是一对作用力与反作用力所形成的力源,对应于流场中的宽频噪声源。

4.7.12 二维管道入流

(1) 二维管道入流的复势

1932年,兰姆的著作(参考文献[25]第66节第2部分)给出了二维平面上从开放区域流入两个平行薄壁组成的直管道而形成的无旋有势入流流场的复势方程,及相关分析。这里对该部分内容进行整理与分析。首先,写出一个复势 ϕ 的方程为

$$z=\phi+\exp(\phi) \tag{4-205}$$

将复势的表达式式(4-176)代入,并展开整理为实部与虚部的形式,即为

$$x+\mathrm{i}y=\varphi+\exp(\varphi)\cos\psi+\mathrm{i}[\psi+\exp(\varphi)\sin\psi] \tag{4-206}$$

与本章前文不同,式(4-205),式(4-206)实际上是以隐函数的形式给出了流场的势函数 φ、流函数 ψ 的表达式,这给出了一种新的定义表达 φ、ψ 的方法。此外由已知的 φ、ψ 也可以直接确定二维平面流场中任意一点的坐标 x、y。

由式(4-186),进一步得流向 x 轴负方向的速度为1 m/s的直匀流的复势为

$$\phi=z \tag{4-207}$$

其反函数为

$$z=\phi \tag{4-208}$$

又由式(4-192)进一步得坐标原点处的流量为 $-Q=-2\pi<0$ 的点汇的复势为

$$\phi=\ln(z) \tag{4-209}$$

其反函数为

$$z=\exp(\phi) \tag{4-210}$$

现将式(4-208)与式(4-210)合并,即得到式(4-205)。这表明,复势满足复势方程式(4-205)的二维流动,可以看成是图4-17中的 z 空间上的流向 x 轴负方向速度为1 m/s的直匀流动向 ϕ 空间上的映射与 z 空间上的坐标原点处的流量为 $-Q=-2\pi$ 的点汇流动向 $\exp(\phi)$ 空间上的映射的进一步直接叠加所得到的 $\phi+\exp(\phi)$ 空间所反映射到 z 空间的流场。

现在分析这个二维流动的表象。由式(4-206)可以发现,当 $\psi=0$ 时,有 $y=0$,

即流线 $\psi=0$ 为 x 轴。当 $\psi=\pi$ 时，有 $y=\pi$，$-\infty<x\leqslant-1$，此时 φ 从 $+\infty$ 减小到 0 再减小到 $-\infty$，x 则从 $-\infty$ 增大到 -1 再减小到 $-\infty$，因此流线 $\psi=\pi$ 可以看成是 $y=\pi$ 的直线在 $x=-1$ 处的对折，使得该直线的 $x\geqslant-1$ 部分与 $x\leqslant-1$ 部分重合。同理，流线 $\psi=-\pi$ 可以看成是 $y=-\pi$ 的直线在 $x=-1$ 处的对折。

又由式(4-176)，式(4-182)，式(4-205)，可求导得

$$\zeta=-\frac{\mathrm{d}z}{\mathrm{d}\phi}=-1-\exp(\varphi)\cos\psi-\mathrm{i}\exp(\varphi)\sin\psi \tag{4-211}$$

分析式(4-211)，式(4-182)，式(4-183)给出，当 $\varphi=-\infty$ 时，$\zeta=-1$，对应着横向速度 $u=-1$，纵向速度 $v=0$，即速度指向 x 轴负方向。当 $\varphi=+\infty$ 时，合速度为 0，无论 ψ 为何值，速度矢量 $\boldsymbol{v}$ 的倒数的模 $|\zeta|$ 为 $+\infty$。

再在壁面端点 $(x,y)=(-1,\pm\pi)$ 处，有 $\varphi=0$，$\psi=\pm\pi$，而且 $\zeta=0$，即速度为无穷大。

将上述这些对重要的特征点处的流场的分析，进一步与对一般性点处的流场的逐点描画相结合，可以得出流函数 ψ 的等间隔等值线分布，如图 4-20 所示。可见，复势方程式(4-205)的数学模型所描述的，是一种二维的管道入流流场。

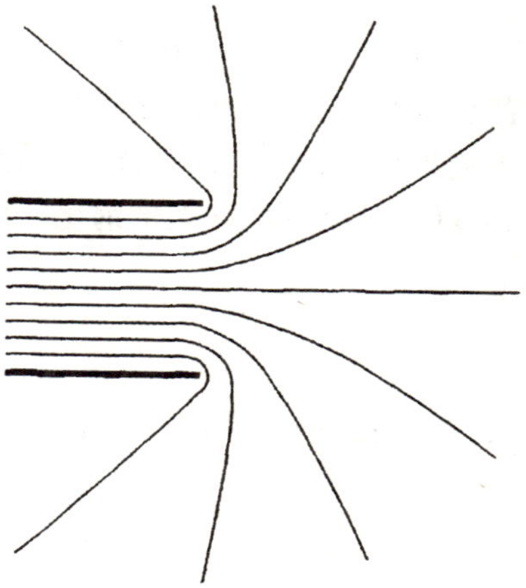

图 4-20　二维直管道入流的流函数 ψ 即流线分布

以上为二维直管道无旋有势入流流场的流网分析。还可以说明的是，在式(4-205)中的复势前加负号，可以得到直管道入流的反向流动即直管道出流的复势方程，即

$$z=-\phi+\exp(-\phi) \tag{4-212}$$

但更应注意到的是，无论是入流还是出流，这里的理想不可压缩流体的绝热二维定常无旋流动，首先是流线之间的热能与机械能全无交换的流动，或即每根流线的上下游的总能量 T^* 与总机械能 p^* 都守恒的流动。其流动方向和速度大小的驱动力物理参数是流场各个进出口边界之间的静压差别。因此对应于式(4-205)的复势方程，刚才所分析的从低速向高速的入流流动，仅仅通过速度反向而得到的相应出流流动，应该只是对应于低压高动能的流体向广阔空间的高压低动能流体的冲压流动，而不是对应于从高压向广阔空间的低压的喷气流动。或者说本小节的入流与出流都只对应于工程上的进气道流动，而不是喷管流动。

(2) 二维管道入流复势的一种变形及其无量纲化形式

克希霍夫(Kirchhoff, R. H.，参考文献[28]第 1.18 节)进一步给出了由

式(4-205)变形得到的无量纲化复势方程。现推导该无量纲化方程。取管道总宽度为$2b$,取管道内远离进口处的流速为U。根据上一小节所述的复势方程式(4-205)右端所在的复空间$\phi+\exp(\phi)$与其左端所在的流场复空间z两者之间为一种相互映射关系这一分析,复势方程式(4-205)也可以改写为如下的另一种相互映射关系

$$\frac{\pi}{b}z=\frac{\pi}{Ub}\phi+\exp\left(\frac{\pi}{Ub}\phi\right) \tag{4-213}$$

将复势方程式(4-213)展开整理为实部与虚部的形式,即为

$$\frac{\pi x}{b}+\mathrm{i}\,\frac{\pi y}{b}=\left[\frac{\pi\varphi}{Ub}+\exp\left(\frac{\pi\varphi}{Ub}\right)\cos\left(\frac{\pi\psi}{Ub}\right)\right]+\mathrm{i}\left[\frac{\pi\psi}{Ub}+\exp\left(\frac{\pi\varphi}{Ub}\right)\sin\left(\frac{\pi\psi}{Ub}\right)\right] \tag{4-214}$$

式(4-213)与式(4-205)相似,当$\psi=\pm Ub$时,$y=\pm b$。此时已知管道壁面上下端点处的势函数φ为0,因此可以解出管道壁面上下端点处的横坐标为$x=-b/\pi$。

下面推导式(4-205)的无量纲化形式。

1)对流函数ψ进行无量纲化。以半个体积流量Ub为参考值,定义无量纲流函数$\bar{\psi}$为

$$\bar{\psi}=\frac{\psi}{Ub} \tag{4-215}$$

式(4-214)的虚部可以解出势函数的表达式

$$\frac{\pi\varphi}{Ub}=\ln\left(\frac{\pi\left(\frac{y}{b}-\frac{\psi}{Ub}\right)}{\sin\left(\frac{\pi\psi}{Ub}\right)}\right) \tag{4-216}$$

将式(4-216)又代入式(4-214)的实部,就消元φ而得到了仅含有流函数的方程

$$\frac{\pi x}{b}=\ln\frac{\pi\left(\frac{y}{b}-\frac{\psi}{Ub}\right)}{\sin\left(\frac{\pi\psi}{Ub}\right)}+\frac{\pi\left(\frac{y}{b}-\frac{\psi}{Ub}\right)}{\sin\left(\frac{\pi\psi}{Ub}\right)}\cos\left(\frac{\pi\psi}{Ub}\right) \tag{4-217}$$

按照定义式(4-215),式(4-217)可写为

$$\frac{x}{b}=\frac{1}{\pi}\ln\frac{\pi\left(\frac{y}{b}-\bar{\psi}\right)}{\sin(\pi\bar{\psi})}+\frac{\frac{y}{b}-\bar{\psi}}{\tan(\pi\bar{\psi})} \tag{4-218}$$

由式(4-218)可绘制无量纲流函数$\bar{\psi}$的等值线图或即流线图,如图4-21的上半部分。

2)对势函数φ进行无量纲化。以半个体积流量Ub为参考值,定义无量纲势函数$\bar{\varphi}$为

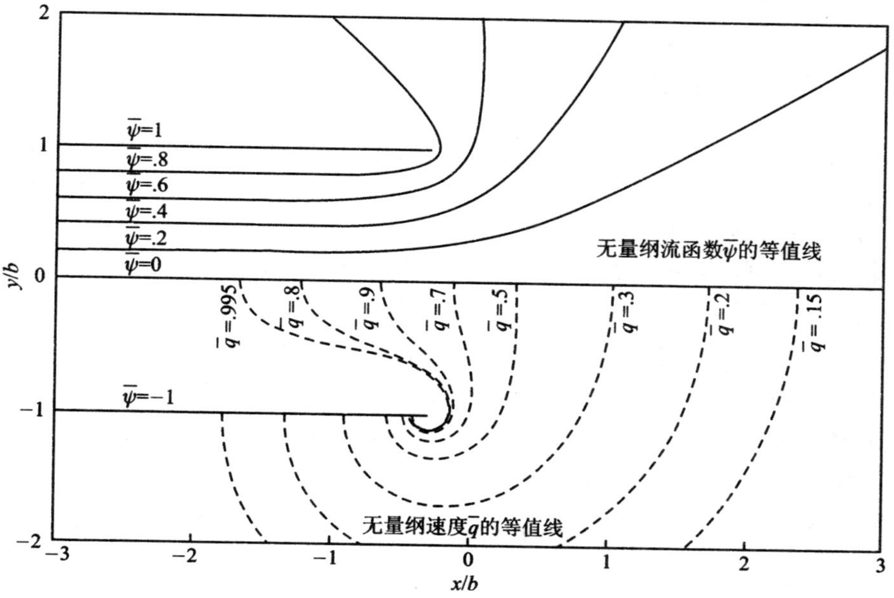

图 4－21　宽度 2b 下游流速 U 的二维管道入流的无量纲流线，无量纲等速线分布

$$\bar{\varphi}=\frac{\varphi}{Ub} \tag{4-219}$$

式(4－213)两边对 z 求导得

$$\frac{\pi}{b}=\frac{\pi}{Ub}\frac{\mathrm{d}\phi}{\mathrm{d}z}+\exp\left(\frac{\pi\phi}{Ub}\right)\frac{\pi}{Ub}\frac{\mathrm{d}\phi}{\mathrm{d}z} \tag{4-220}$$

式(4－179)合并式(4－182)，再将式(4－220)代入，有

$$q=|\boldsymbol{v}|=\left|-\frac{\mathrm{d}\phi}{\mathrm{d}z}\right|=\left|-\frac{U}{1+\exp\left(\dfrac{\pi\phi}{Ub}\right)}\right| \tag{4-221}$$

进一步定义无量纲速度 $\bar{q}$ 为

$$\bar{q}=\frac{q}{U} \tag{4-222}$$

将式(4－221)两端同除以 U，利用欧拉公式 $\exp(\mathrm{i}\theta)=\cos\theta+\mathrm{i}\sin\theta$ 展开 ϕ，将定义式(4－176)，式(4－215)，式(4－219)，式(4－222)带入，带入后两端同平方，则可将式(4－221)改写为

$$\frac{1}{\bar{q}^2}=1+2\exp(\pi\bar{\varphi})\cos(\pi\bar{\psi})+\exp(2\pi\bar{\varphi}) \tag{4-223}$$

对于选定的无量纲速度 $\bar{q}$，和试取的无量纲流函数 $\bar{\psi}$，方程式(4－223)可通过一维牛顿迭代法求解出无量纲势函数 $\bar{\varphi}$。再联立复势方程式(4－214)，就可得到平面坐标 z。即得到了无量纲速度 $\bar{q}$ 的等值线图或即等速线图，见图 4－21 的下半

部分。

4.7.13 引用保角变换的二维管口入流

二维波达管口(Borda's mouthpiece)入流流动的特点是流动并不充满整个管道。1967 年肯纳德(Kennard,E. H.,参考文献[27]第 112 节)给出了用保角变换方法得到的波达管口入流的复势方程。参考文献[28]第 1.47 节进一步给出了波达管口入流流动的复势方程的无量纲化形式。现推导该复势方程及其无量纲化方程。

含有复杂固体壁面边界的二维不可压有势流动,其复势方程一般可以利用若干次保角变换,将流动变换到简单固体边界范围内的方法得到。这当中一种很重要的保角变换是施瓦茨-克里斯托费尔(Schwarz - Christoffel)保角变换(参考文献[27],参见本书图 4 - 22)

$$\frac{\mathrm{d}z}{\mathrm{d}t} = K\,(t-a_1)^{-\alpha_1}\,(t-a_2)^{-\alpha_2}\cdots(t-a_n)^{-\alpha_n} \qquad (n=1,\cdots,N) \tag{4-224}$$

式(4 - 224)中,K 为实数或复数的常量。$a_1,a_2,\cdots,a_n$ 和 $\alpha_1,\alpha_2,\cdots,\alpha_n$ 为实数的常量,且 $a_1<a_2<\cdots<a_n(n=1,\cdots,N)$各为 t 空间实轴的坐标,$\alpha_n(n=1,\cdots,N)$为 z 空间相应顶点处外角 $\alpha_n\pi$ 与 π 的比值。式(4 - 224)可将 z 空间上的多角区域映射到 t 空间的上半部分,多角区域的边映射到实轴上,多角区域可为封闭的有限区域或不封闭的半无限区域。特别是,在复变函数论中可以证明,施瓦茨-克里斯托费尔保角变换将平面半无限矩形流动变换为平面半点汇流动,见图 4 - 23 中从第三图即 $\ln\zeta$ 空间中的流动到第四图即 t 空间中的流动的保角变换。详见参考文献[27]或其他书籍。

(1) 复势方程

在二维管道进口的顶点处,波达管口入流流动分离,边界流体逐渐形成一条曲线的自由流线。假设其最终发展成与管轴平行的,速度为常量,因而静压也为常量的自由流线。为方便,可取沿着该自由流线的速度大小为 $U=1$,以及在流动均匀后的远下游处,流动全截面上的流速均为 $U=1$。对于波达管口入流,首先借助保角变换方法,将 z 空间上管道宽度为 $2a$ 的波达管口入流流动经三次依次映射到 ζ 空间,$\ln\zeta$ 空间,t 空间上,映射关系依次为 $\zeta=-\dfrac{\mathrm{d}z}{\mathrm{d}\phi}$,$\ln\zeta=\ln|\zeta|+\mathrm{i}\arg(\zeta)$,以 $\ln\zeta$ 空间作为象原空间 z 而映射到象空间 t 的式(4 - 224)。三次映射见图 4 - 23。由于 t 空间上的势流为已知的简单势流,根据它的复势方程可以经过反映射而得到以复变量 t 为参数的自变量 z 的方程 $z=z(t)$和复势 ϕ 的方程 $\phi=\phi(t)$。当形式不很复杂,也有可能将其合并为 $\phi=\phi(z)$的形式。

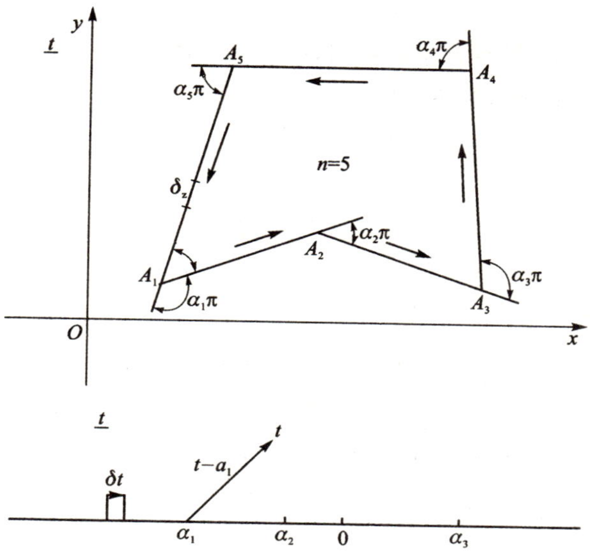

图 4-22 施瓦茨-克里斯托费尔 z 空间到 t 空间映射的图示

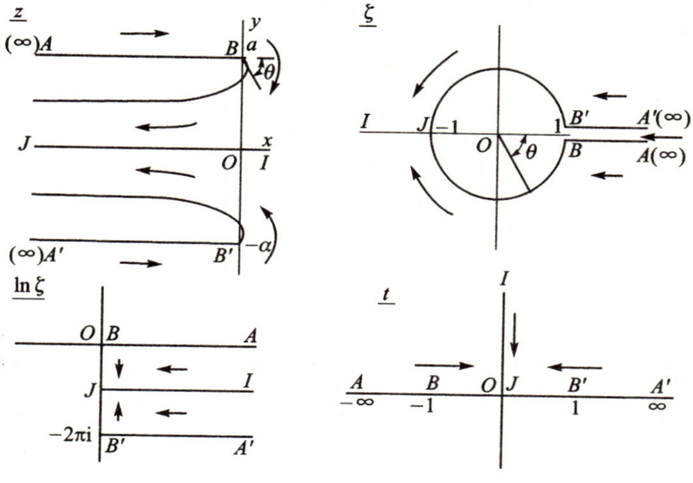

图 4-23 二维波达管口入流的保角变换的 4 个空间 $z,\zeta,\ ln\,\zeta,t$

在第三次映射式(4-224)中，以 $\ln\zeta$ 作为 z。$\ln\zeta$ 空间中的 B 点与 t 空间中的 B 点为同一点。B' 点与 B' 点也为同一点。在本例中 $N=2,a_1=-1,\alpha_1=1/2,a_2=1,\alpha_2=1/2$，得

$$\frac{\mathrm{d}}{\mathrm{d}t}\ln\zeta=K\,(t+1)^{-1/2}\,(t-1)^{-1/2} \tag{4-225}$$

积分得

$$\ln\zeta = K\ln[t+(t^2-1)^{1/2}]+L \tag{4-226}$$

对比 t 空间与 $\ln\zeta$ 空间,在 B 点 $t=-1,\ln\zeta=0$。在 B' 点 $t=1,\ln\zeta=-\mathrm{i}2\pi$。代入式(4-226)则可得积分常数 $K=2,L=-\mathrm{i}2\pi$,即

$$\ln\zeta = 2\ln[t+(t^2-1)^{1/2}]-2\pi\mathrm{i} \tag{4-227}$$

或即

$$\zeta = [t+(t^2-1)^{1/2}]^2 \tag{4-228}$$

式(4-228)联立式(4-182)得

$$-u+\mathrm{i}v = \frac{\mathrm{d}\phi}{\mathrm{d}z} = -\frac{1}{\zeta} = -[t+(t^2-1)^{1/2}]^{-2} \tag{4-229}$$

从另一方面,式(4-192)证明,在 t 空间上位于原点的半点汇的复势方程为

$$\phi = \varphi+\mathrm{i}\psi = c\ln t \qquad (\text{实数 } c>0,\arg t\in[0,\pi]) \tag{4-230}$$

现在,联立式(4-230),式(4-228),式(4-182)得

$$\mathrm{d}z = -\zeta\mathrm{d}\phi = -c[2t^2-1+2t(t^2-1)^{1/2}]\mathrm{d}t/t \tag{4-231}$$

求不定积分得

$$z = -c\{t^2+t(t^2-1)^{1/2}-\ln t-\ln[t+(t^2-1)^{1/2}]\}+k \tag{4-232}$$

对比 t 空间与 z 空间,在 B 点 $t=-1,z=\mathrm{i}a$。在 B' 点 $t=1,z=-\mathrm{i}a$。代入式(4-232)则可得积分常数

$$c=\frac{a}{\pi},\quad k=\frac{a}{\pi}-\mathrm{i}a \tag{4-233}$$

将式(4-233)代入式(4-232),式(4-230),得以 t 为参数的复势方程为

$$z = -\frac{a}{\pi}\{t^2+t(t^2-1)^{1/2}-\ln t-\ln[t+(t^2-1)^{1/2}]\}+\frac{a}{\pi}-\mathrm{i}a = z(t) \tag{4-234}$$

$$\phi = \frac{a}{\pi}\ln t = \phi(t) \tag{4-235}$$

下面讨论波达管口入流在远下游边界处的表现。由式(4-183)可以分析出,在 ζ 空间,自由流线 BJ 被映射为单位园的下半部分,故 ζ 空间上的流线 BJ 可以表示为

$$\zeta = \mathrm{e}^{\mathrm{i}\theta} \qquad (\theta\in(-\pi,0]) \tag{4-236}$$

或即

$$\zeta^{1/2} = \mathrm{e}^{\mathrm{i}\theta/2} = \cos\frac{\theta}{2}+\mathrm{i}\sin\frac{\theta}{2} \tag{4-237}$$

联立式(4-237),式(4-228)得

$$\cos\frac{\theta}{2} = \frac{1}{2}(\zeta^{1/2}+\zeta^{-1/2}) = -t \qquad (t=|t|\mathrm{e}^{\mathrm{i}\pi},|t|\in[-1,0)) \tag{4-238}$$

又,复势方程式(4-235)两端对 t 求导,然后将式(4-238)代入,得

$$d\phi = -\frac{a}{2\pi}\tan\frac{\theta}{2}\cdot d\theta \tag{4-239}$$

现在，将式(4－239)，式(4－237)，代入式(4－182)中的微分关系，得

$$dz = dx + idy = -\zeta d\phi = \frac{a}{2\pi}\left(\cos\frac{\theta}{2} + i\sin\frac{\theta}{2}\right)^2\tan\frac{\theta}{2}\cdot d\theta \tag{4-240}$$

对式(4－240)不定积分得

$$x + iy = \left[\frac{a}{2\pi}\left(2\ln\cos\frac{\theta}{2} - \cos\theta\right) + C_1\right] + i\left[\frac{a}{2\pi}(\theta - \sin\theta) + C_2\right] \tag{4-241}$$

在 ζ 空间中 B 点的坐标为 $(r,\theta)=(1,0)$，在 z 空间中 B 点的坐标为 $(x,y)=(0,a)$，代入式(4－241)求得积分常数

$$C_1 = \frac{a}{2\pi},\quad C_2 = a \tag{4-242}$$

式(4－242)代入式(4－241)得 z 空间中自由流线 BJ 的坐标为

$$x = \frac{a}{\pi}\left(\sin^2\frac{\theta}{2} - \ln\frac{1}{\cos\frac{\theta}{2}}\right),\quad y = \frac{a}{2\pi}(\theta - \sin\theta) + a \qquad \theta \in (-\pi, 0] \tag{4-243}$$

当 $\theta \to -\pi$ 时，由式(4－243)得 $x \to -\infty$，$y \to a/2$，即 x 轴上部的自由流线 BJ 在远下游处与 x 轴的距离为 $a/2$，因为流动关于 x 轴对称，则在管道内远离入口处，流体最终形成总宽度为 a 的流动区域，即波达管口入流流动的收缩比为 1/2。由于已设 $U=1$，则管道内远下游处体积流量为 $Ua=a$，则管道入口处体积流量也为 a。

(2) 无量纲化复势方程

复变量 t 的一般表达式可以写为

$$t = \rho\exp(i\theta) \tag{4-244}$$

式(4－234)的无量纲化形式为

$$\bar{z} = \frac{z}{a} = -\frac{1}{\pi}\{t^2 + t(t^2-1)^{1/2} - \ln t - \ln[t + (t^2-1)^{1/2}]\} + \frac{1}{\pi} - i \tag{4-245}$$

又以 Ua 为参考值，定义无量纲流函数 $\bar{\psi}$，无量纲势函数 $\bar{\varphi}$ 为

$$\bar{\psi} = \frac{\psi}{Ua},\quad \bar{\varphi} = \frac{\varphi}{Ua} \tag{4-246}$$

联立式(4－246)，式(4－244)，复势方程式(4－235)，定义式(4－176)，注意到 $U=1$，得

$$\bar{\psi} = \frac{\theta}{\pi},\quad \bar{\varphi} = \frac{\ln|t|}{\pi} = \frac{\ln\rho}{\pi} \tag{4-247}$$

将式(4－244)代入式(4－245)，又将式(4－247)的第一式代入式(4－245)，就得到

了以 $|t|=\rho$ 为参数的无量纲化流函数方程。可绘制 $\bar{z}$ 平面上无量纲流函数 $\bar{\psi}$ 的等值线图或即流线图,见图 4-24 的下半部分。式(4-247)的第二式就是以 $|t|=\rho$ 为参数的无量纲化势函数方程。

由式(4-182),式(4-222)又可得

$$\bar{q}^2 = 1/(\zeta\bar{\zeta}) = 1/|\zeta|^2 \tag{4-248}$$

式(4-183)说明,在 ζ 平面上等速线为圆形。而由式(4-244),式(4-245),式(4-229),式(4-248)可得物理平面 $\bar{z}$ 上的等速线分布,见图 4-24 的上半部分。在 4.7.12 节的二维管道入流中管道进口处的速度为无限大。然而,波达管口入流在管道进口处的速度为有限值。

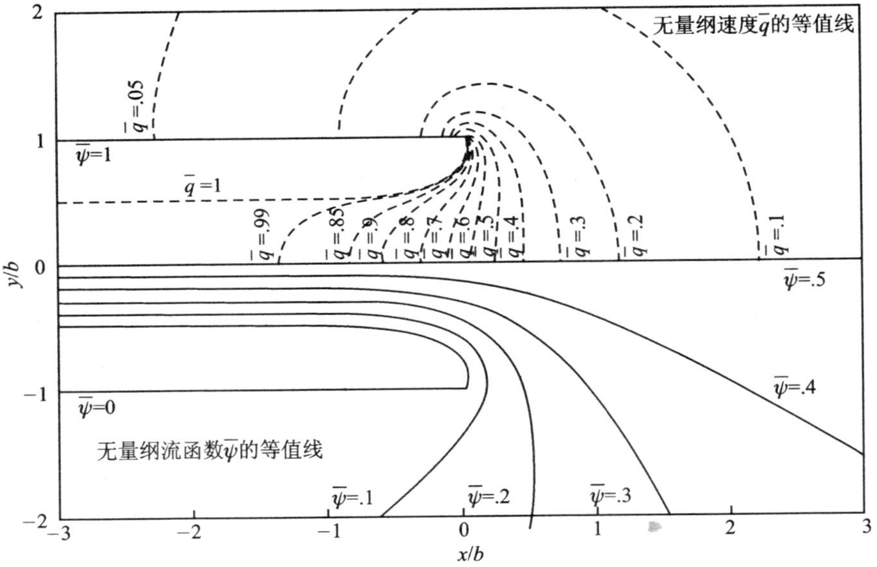

图 4-24 管道宽度 2a 自由流线流速 U=1 的二维波达管口入流的无量纲等速线,无量纲流线分布

二维管道入流与二维波达管口入流的分析结果不同,主要是因为两种关于理想不可压缩流体的绝热二维定常无旋流动在管道入流问题中的复势数学模型的定义细节不同。前者取管道内远离进口处的流速为均匀的常数 U,后者取沿着管口内自由流线的速度大小为常数 $U=1$。很显然还可以假设其它的流动边界条件,然后得到其它种类的复势方程及相应分析结果。这导致一个推理,即管道入流的真实边界条件才能够给出真实的分析解。而真实边界条件应该来自实验,并可能复杂到不易做出分析解。现代条件下研究管道黏性入流所产生的管道器件推力的大小,或者管道器件引射流量的大小,是对于不同的管道入口流线形型面的几何与流动细节进行研究,计算中采用的是数值离散后连续分布的大量基本势流模型,或者

是离散的黏性流体力学数值模型。已经可以给出切合实际构型流动的实验结果和数值解。

习题 4

4.1　对于理想、定常、无旋、绝能、均熵的完全气体流动，将本章矢量形式的气体动力学方程在直角坐标系展开，化简为已给的势函数方程。

4.2　对于理想、定常、无旋、绝能、均熵的完全气体流动，将本章矢量形式的气体动力学方程在圆柱坐标系展开，化简为已给的势函数方程。

4.3　在二维空间 x,y 中的连续一阶可微函数 $\varphi(x,y)$ 的特征线上，函数 φ，$\varphi_x,\varphi_y,\varphi_{xx},\varphi_{xy},\varphi_{yy}$ 中谁连续，谁一阶可微？在亚声速流场、跨声速局部流场、超声速流场中，速度势函数 φ 的势函数方程一般各为什么型的二阶拟线性偏微分方程？

4.4　推导 4.3 节对圆柱坐标系得出流函数的两种情形(2)、(3)中的公式，感悟得到流函数 ψ 的一般方法。

4.5　已知不可压流动的速度势为 $\varphi=xy$，(1) 求速度分量；(2) 求流函数；(3) 画出 $\varphi=1,2,3$ 时的等势线；(4) 证明等势线和流线是正交的。

4.6　不可压缩流体平面流动的速度势为 $\varphi=x^2-y^2+x$，求其流函数。

4.7　不可压缩流体平面流动的流函数为 $\psi=xy+2x-3y+10$，求其速度势。

4.8　下列各流函数是否都是有势流动？

(1) $\psi=K\ln xy^2$；

(2) $\psi=K\left(1-\dfrac{1}{r^2}\right)r\sin\theta$。

4.9　一理想、不可压缩、定常流动，在极坐标系中势函数为

$$\varphi=\sqrt{r}\cos\frac{\theta}{2}$$

求速度分量与流函数，并分析流动图案。

4.10　已知理想不可压缩流体的平面定常无旋流动的方程组为

$$\nabla\cdot\boldsymbol{v}=0$$

$$\nabla\times\boldsymbol{v}=0$$

$$p+\frac{1}{2}\rho v^2=C(\text{全场})$$

试由方程中的前两式出发，在直角坐标系 x,y 中，以 φ,ψ 建立该流动的势函数方程，流函数方程。

4.11　试由流函数的定义出发，推导三种不可压缩平面无旋流动的流函数方程：

(1) 在直角坐标系 x,y 中的；

(2) 在圆柱坐标系轴向平面 r,θ 中的；

(3) 在圆柱坐标系子午平面 r,z 上的轴对称流动的。

并注意比较三种流函数方程的主要区别。

4.12　分别用速度势 φ 和流函数 ψ 表示下述流场的物面边界条件。在与物体相固结的坐标系中讨论流体的绝对运动。物面方程是

$$\frac{x^2}{a^2}+\frac{y^2}{b^2}=1$$

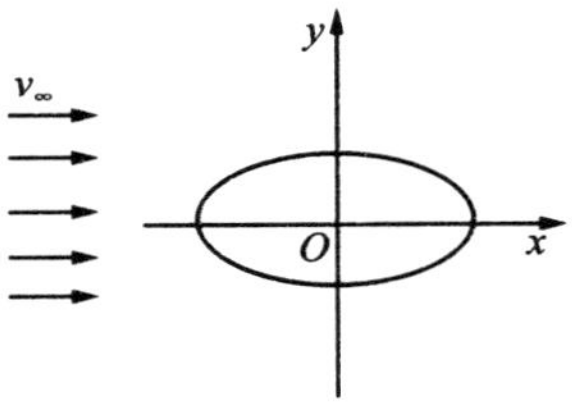

图 4-25　题 4.12 图示

4.13　在点 $(a,0)$，$(-a,0)$ 处放置等强度点源，在点 $(0,a)$，$(0,-a)$ 处放置与点源等强度的点汇，证明通过这四点的圆周是一条流线。

4.14　在点 $(a,0)$，$(-a,0)$ 处各有强度为 $2\pi m$ 的点源，在原点有强度为 $4\pi m$ 的点汇，试证明流线方程是

$$(x^2+y^2)^2-a^2(x^2-y^2)=\lambda xy$$

其中，λ 是可变参数。并证明在任意点上的流速为

$$2ma^2\big/(r_1r_2r_3)$$

其中，r_1,r_2,r_3 分别为此点离这三个奇点的距离。

4.15　证明速度分量

$$u=U\left[1-\frac{ay}{x^2+y^2}+\frac{b^2(x^2-y^2)}{(x^2+y^2)^2}\right],\quad v=U\left[\frac{ax}{x^2+y^2}+\frac{2b^2xy}{(x^2+y^2)^2}\right]$$

代表一个流体运动可能的速度分布，且是无旋的。进一步，说明它是由哪几种基本流动合成的，常数 U,a,b 代表什么物理意义？

4.16　有环量圆柱绕流是由哪几种基本解叠加而成的？写出该流动的势函数和流函数，导出该流动的物面速度、远场速度。该两处的速度是否符合实际流动而可以被提为该问题的边界条件？

4.17　为什么要提出机翼绕流的库塔条件？机翼绕流库塔条件的物理陈述？在什么类型的流场求解数学问题中必然需要提库塔条件？什么时候不能提库塔条件？库塔条件的一般性数学意义？

第 5 章　小扰动线性化理论

建立小扰动线性化理论的目的是，在多维流动中将非线性的各类气体动力学微分方程或微分方程组简化为线性的，以利于求解。在各种无黏性流动模型、有黏性流动模型中，在机翼绕流、叶轮机非定常流、气动声学等问题中，该理论均获得了广泛的应用。在许多情形下，这类理论近似方法可给出简化了很多的微分方程、积分方程或微积分方程，并且它们的解仍保持十分接近实际物理现象。

5.1　基本概念与基本定义

设在三维空间中有一小扰动流动，现采用比以前稍有变化的符号系统来描述它。当将直角坐标系的 x 轴平行于主流来流 U_∞，见图 5-1，则流动的合成速度 $\boldsymbol{V}$ 显然可以被视为是主流速度 U_∞ 和扰动速度 $\boldsymbol{v}$ 之和

$$\boldsymbol{V} = \boldsymbol{i}U_\infty + \boldsymbol{v} \tag{5-1}$$

展开写即为

$$\left.\begin{aligned} U &= U_\infty + u \\ V &= v \\ W &= w \end{aligned}\right\} \tag{5-2}$$

进而，引入小扰动假设，其表述为

$$\frac{u}{U_\infty},\ \frac{v}{U_\infty},\ \frac{w}{U_\infty} \ll 1 \tag{5-3}$$

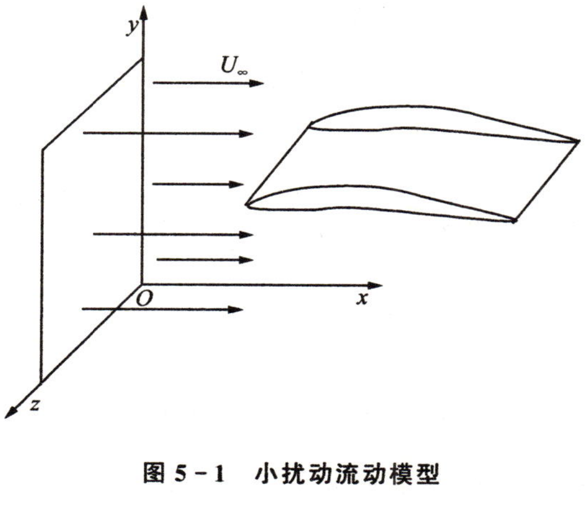

图 5-1　小扰动流动模型

以上是小扰动模型的基本假设。应注意到,这里的主流流动被设为是一维的 U_∞,而小扰动流动则被设为是三维的 u,v,w。现进一步对于无旋的小扰动流动深化这一模型。当对于无旋流动使用势函数的概念,则进一步有,设合成速度势与扰动速度势分别为

$$\nabla\phi = \mathbf{V},\quad \nabla\varphi = \boldsymbol{v} \tag{5-4}$$

于是可写出

$$\left.\begin{aligned} \phi_x &= \frac{\partial\phi}{\partial x} = U = U_\infty + u = U_\infty + \frac{\partial\varphi}{\partial x} = U_\infty + \varphi_x \\ \phi_y &= \frac{\partial\phi}{\partial y} = V = v = \frac{\partial\varphi}{\partial y} = \varphi_y \\ \phi_z &= \frac{\partial\phi}{\partial z} = W = w = \frac{\partial\varphi}{\partial z} = \varphi_z \end{aligned}\right\} \tag{5-5}$$

由定义式(5-1)、式(5-4),再注意到 $\boldsymbol{i}U_\infty = \nabla(U_\infty x)$,就可积分出 ϕ 与 φ 的关系为

$$\phi = U_\infty x + \varphi \tag{5-6}$$

其中已取积分常数 $C=0$。以上是无黏性流体小扰动线性化理论使用的主要定义系统和常用符号。

5.2 无黏性流体定常可压缩均熵无旋流动的小扰动法

对于理想(无黏性)流体定常可压缩均熵无旋流动,可以应用小扰动线性化理论来简化其控制方程的求解。这种流动的工程背景是高速飞行中薄机翼的绕流问题。此时,完全气体的气体动力学方程式(4-11)和动量方程的伯努利第一积分公式(4-7)构成了一个封闭的关于合成速度 $\mathbf{V}$ 和声速 a 的非线性方程组

$$\left.\begin{aligned} (\mathbf{V}\cdot\nabla)\left(\frac{\mathbf{V}^2}{2}\right) - a^2\,\nabla\cdot\mathbf{V} = 0 \\ \frac{a^2}{\gamma-1} + \frac{\mathbf{V}^2}{2} = \frac{a_\infty^2}{\gamma-1} + \frac{U_\infty^2}{2} \end{aligned}\right\} \tag{5-7}$$

在直角坐标系中气体动力学方程的展开为

$$\begin{aligned} & a^2(U_x + V_y + W_z) = \\ & U^2U_x + V^2V_y + W^2W_z + UV(V_x + U_y) + VW(W_y + V_z) + WU(U_z + W_x) \end{aligned} \tag{5-8}$$

式(5-8)是精确的展开。为引用小扰动理论简化它,首先将伯努利积分代入式(5-8)消去 a^2,其次将式(5-2)代入并进一步展开,再则略去展开后含有 $\left(\frac{u}{U_\infty}\right)$,

$\left(\frac{v}{U_\infty}\right)$，$\left(\frac{w}{U_\infty}\right)$的二次方以上因子的高阶小量的项，而仅保留含有它们的一次方的一阶小量的项，然后令

$$Ma_\infty = U_\infty / a_\infty \tag{5-9}$$

这样就得到气体动力学方程的近似展开为

$$(1-Ma_\infty^2)u_x + v_y + w_z = (\gamma+1)Ma_\infty^2 \frac{u}{U_\infty}u_x + (\gamma-1)Ma_\infty^2 \frac{u}{U_\infty}(v_y + w_z) + Ma_\infty^2 \frac{v}{U_\infty}(v_x + u_y) + Ma_\infty^2 \frac{w}{U_\infty}(w_x + u_z) \tag{5-10}$$

由于含最高阶导数 u_x 的项的系数中也有函数 u 本身，因此式(5-10)仍为一个非线性偏微分方程。对它可有进一步的化简如下。

当马赫数(Ma_∞)不接近于 1，可进一步略去式(5-10)中含一阶小量$\frac{u}{U_\infty}$等的项，得到

$$(1-Ma_\infty^2)u_x + v_y + w_z = 0 \tag{5-11}$$

或用速度势写出为

$$(1-Ma_\infty^2)\varphi_{xx} + \varphi_{yy} + \varphi_{zz} = 0$$

（小扰动速度势二阶线性化方程，纯亚声速或纯超声速流动，非高超声速）

(5-12)

可见式(5-12)已被简化为一个二阶线性偏微分方程了。又，当 Ma_∞ 接近于 1，则式(5-10)中关于 u_x 的左边第一项与右边第一项可以达到同一个一阶小量量级。这时若删去式中全部含一阶小量的项，则将过分简化该气体动力学方程而使其不能描述三维流动现象。于是应保留方程两端必要的含有一阶小量的 u_x 项。但是同样含一阶小量的右端 v_y，w_z 项，由于它们与左端的 v_y，w_z 项相比仍是高阶小量，仍在可以删除之列。于是，仅保留了右边第一项而略去右边其他的含一阶小量的项，得

$$(1-Ma_\infty^2)u_x + v_y + w_z = (\gamma+1)Ma_\infty^2 \frac{u}{U_\infty}u_x \tag{5-13}$$

或用速度势写出为

$$(1-Ma_\infty^2)\varphi_{xx} + \varphi_{yy} + \varphi_{zz} = (\gamma+1)Ma_\infty^2 \frac{\varphi_x}{U_\infty}\varphi_{xx}$$

（跨声速小扰动速度势二阶非线性方程）　(5-14)

可见式(5-14)虽仍为一个二阶拟线性的或称二阶非线性的偏微分方程，但已得到了很大的简化。对于式(5-12)的线性化方程(简称线化方程)，还可写为以合成速度势为待求函数的形式

$$(1-Ma_\infty^2)\phi_{xx} + \phi_{yy} + \phi_{zz} = 0 \tag{5-15}$$

又,对于圆柱坐标系,线化方程则写为(参见式(4-14))

$$(1-Ma_{\infty}^{2})\varphi_{zz}+\frac{1}{r^{2}}\varphi_{\theta\theta}+\varphi_{rr}+\frac{1}{r}\varphi_{r}=0 \tag{5-16}$$

或

$$(1-Ma_{\infty}^{2})\varphi_{zz}+\frac{1}{r^{2}}\varphi_{\theta\theta}+\frac{1}{r}(r\varphi_{r})_{r}=0 \tag{5-17}$$

这两式也可被改写为以合成速度势为待求函数的形式,改写依据下式进行

$$\left.\begin{aligned}\phi_{r}&=\varphi_{r}\\ \phi_{\theta}&=\varphi_{\theta}\\ \phi_{z}&=U_{\infty}+\varphi_{z}\end{aligned}\right\} \tag{5-18}$$

或

$$\phi=U_{\infty}z+\varphi \tag{5-19}$$

读者可将这里的小扰动速度势方程式(5-15)等与4.1节的精确的速度势方程式(4-13)等进行一个逐项对比分析,判知这里略去了哪些原有的项和略去的原因,从而加深对本章小扰动理论的理解。注意本章的ϕ对应于第4章的φ。

小扰动线化方程和跨声速小扰动非线性方程可以使用数值解法。在很多特殊物面的绕流问题中,该两方程甚至可以被推导出解析解,例如波形壁的亚声速绕流问题和波形壁的超声速绕流问题。这些可参见课程参考书目[10]等。另外,亚声速气流、超声速气流绕薄翼翼型流动问题的小扰动解法的准确度,随问题的小扰动假设与实际绕流问题的接近程度而可以极其高。

5.3 非定常欧拉方程组的小扰动法

在叶轮机械内部,一排叶片的两只相邻叶片之间的亚声速或者超声速流场,在很多情况下可以被看作一种准二维的流场。其主要特征是,在某空间点P处,其时间平均的速度仅有两个方向上的非0分量

$$U_{0}>0,\ V_{0}>0,\ W_{0}=0 \tag{5-20}$$

为研究很多可以作为无黏性流动来处理的这类二维主流流动问题,人们采用图5-2所示的直角坐标系$Oxyz$,或摆放方位与它相一致的圆柱坐标系$Or\theta z$。这样,原先为拟线性的三维非定常欧拉方程组,在小扰动流动假设下可以被进一步化简为线性的,并由此得到一批很有用的分析方法与解法。这里的坐标系也是在一般的三维叶轮机械问题中最常用的坐标系,它也可看做是图5-1的一维主流小扰动问题坐标系绕其自身的z轴逆时针旋转一定角度而得。

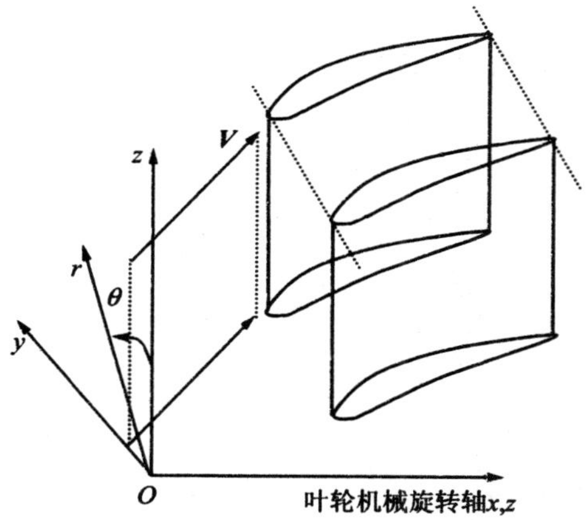

图 5-2　二维主流问题的常用坐标系

5.3.1　非定常欧拉方程组的小扰动线性化

用小扰动思想，设流场中的非定常流速 $\boldsymbol{V}$ 为

$$\boldsymbol{V} = \boldsymbol{i}U + \boldsymbol{j}V + \boldsymbol{k}W \tag{5-21}$$

其中，三个方向上各自的合速度 U,V,W 可以各分解为

$$\begin{aligned} U &= U_0 + u \\ V &= V_0 + v \\ W &= W_0 + w,\ W_0 = 0 \end{aligned} \tag{5-22}$$

这里，U_0, V_0, W_0 是所观察的空间点 P 处的时间平均流速(mean velocity)，而 u, v, w 是在时间平均流动上叠加的小扰动流速(fluctuating velocity)。并且由小扰动假设有

$$\frac{u}{U_0},\ \frac{v}{U_0},\ \frac{w}{U_0},\ \frac{u}{V_0},\ \frac{v}{V_0},\ \frac{w}{V_0} \ll 1 \tag{5-23}$$

对于流场中的热力学变量也同样采用时间平均量叠加小扰动量的分解方法，定义为

$$\begin{aligned} p &= p_0 + p' \\ \rho &= \rho_0 + \rho' \\ T &= \frac{p}{\rho R} = \frac{p_0 + p'}{\rho_0 R + \rho' R} \doteq \frac{p_0}{\rho_0 R} + \frac{p'}{\rho_0 R} \triangleq T_0 + T' \end{aligned} \tag{5-24}$$

这里 p 为非定常压强，p_0 为时间平均压强(mean pressure)，而 p' 为小扰动压强(fluctuating pressure)，等等。且同样假设

$$\frac{p'}{p_0},\ \frac{\rho'}{\rho_0},\ \frac{T'}{T_0} \ll 1 \tag{5-25}$$

由第3章式(3-88),式(3-89)和式(3-130)知,无黏性完全气体绝热均熵非定常多维流动的基本方程组,也称为气体的欧拉方程组,可以写为下面形式

$$\frac{\partial \rho}{\partial t}+\nabla \cdot \rho \mathbf{V}=0 \tag{5-26}$$

$$\frac{\partial \mathbf{V}}{\partial t}+(\mathbf{V} \cdot \nabla)\mathbf{V}=-\frac{1}{\rho}\nabla p \tag{5-27}$$

$$\frac{Dp}{Dt}-\gamma\frac{p}{\rho}\frac{D\rho}{Dt}=0 \tag{5-28}$$

现将小扰动分解式(5-22),式(5-24)代入流量方程式(5-26),并展开写为标量形式得

$$\frac{\partial(\rho_0+\rho')}{\partial t}+\frac{\partial(\rho_0+\rho')(U_0+u)}{\partial x}+\frac{\partial(\rho_0+\rho')(V_0+v)}{\partial y}+\frac{\partial(\rho_0+\rho')w}{\partial z}=0 \tag{5-29}$$

式(5-29)展开各个偏导数得

$$\frac{\partial(\rho_0+\rho')}{\partial t}+(\rho_0+\rho')\left[\frac{\partial(U_0+u)}{\partial x}+\frac{\partial(V_0+v)}{\partial y}+\frac{\partial w}{\partial z}\right]+$$
$$\left[(U_0+u)\frac{\partial(\rho_0+\rho')}{\partial x}+(V_0+v)\frac{\partial(\rho_0+\rho')}{\partial y}+w\frac{\partial(\rho_0+\rho')}{\partial z}\right]=0 \tag{5-30}$$

忽略式(5-30)第一行中的高阶小量 $\rho'[\cdot]$ 和第二行中的高阶小量 $u\frac{\partial(\rho_0+\rho')}{\partial x}$, $v\frac{\partial(\rho_0+\rho')}{\partial y}$, $w\frac{\partial(\rho_0+\rho')}{\partial z}$;又注意到剩下的只与时间平均量 ρ_0, U_0, V_0, W_0 有关的所有项恰好满足平均流动的流量方程

$$\frac{\partial \rho_0}{\partial t}+\frac{\partial \rho_0 U_0}{\partial x}+\frac{\partial \rho_0 V_0}{\partial y}+\frac{\partial 0}{\partial z}=0 \tag{5-31}$$

则由式(5-30)易于化简得下面形式的流量方程

$$\frac{\partial \rho'}{\partial t}+U_0\frac{\partial \rho'}{\partial x}+V_0\frac{\partial \rho'}{\partial y}+\rho_0\left(\frac{\partial u}{\partial x}+\frac{\partial v}{\partial y}+\frac{\partial w}{\partial z}\right)=0$$

(小扰动线性化流量方程) (5-32)

在空间某一点处,这个方程是仅关于小扰动量函数 $\rho', u, v, w(x,y,z,t)$ 的一阶线性常系数偏微分方程,因此称它为小扰动线性化流量方程。

又将小扰动分解式(5-22),式(5-24)代入上面欧拉方程组中的 x 方向动量方程,有

$$\frac{\partial(U_0+u)}{\partial t}+(U_0+u)\frac{\partial(U_0+u)}{\partial x}+(V_0+v)\frac{\partial(U_0+u)}{\partial y}+w\frac{\partial(U_0+u)}{\partial z}=$$
$$-\frac{1}{\rho_0+\rho'}\frac{\partial(p_0+p')}{\partial x} \tag{5-33}$$

或

$$\frac{\partial U_0}{\partial t}+(U_0+u)\frac{\partial U_0}{\partial x}+(V_0+v)\frac{\partial U_0}{\partial y}+w\frac{\partial U_0}{\partial z}+$$
$$\frac{\partial u}{\partial t}+(U_0+u)\frac{\partial u}{\partial x}+(V_0+v)\frac{\partial u}{\partial y}+w\frac{\partial u}{\partial z}=$$
$$-\frac{1}{\rho_0+\rho'}\frac{\partial p_0}{\partial x}-\frac{1}{\rho_0+\rho'}\frac{\partial p'}{\partial x} \tag{5-34}$$

式(5－34)左端第一行忽略高阶小量 $u\frac{\partial U_0}{\partial x}$，$v\frac{\partial U_0}{\partial y}$，$w\frac{\partial U_0}{\partial z}$之后，恰与右端第一项（忽略高阶小量 ρ'）构成了 x 方向定常流动的动量方程，于是可以双双消去；左端第二行忽略高阶小量$u\frac{\partial u}{\partial x}$，$v\frac{\partial u}{\partial y}$，$w\frac{\partial u}{\partial z}$之后，则就与右端第二项（忽略 ρ'）构成了小扰动线性化 x 方向动量方程。

按同样的处理方法，可将方程组式(5－26)～式(5－28)全部展开为五个标量方程，再逐一化简，于是得到下面的所谓小扰动线性化欧拉方程组。由于方程组中并不含式(5－24)所定义的非定常压强 p 和非定常密度 ρ，因此，将小扰动量 p'，ρ' 全部省去了角标而简写为 p 和 ρ。

$$\frac{\partial \rho}{\partial t}+U_0\frac{\partial \rho}{\partial x}+V_0\frac{\partial \rho}{\partial y}=-\rho_0\left(\frac{\partial u}{\partial x}+\frac{\partial v}{\partial y}+\frac{\partial w}{\partial z}\right) \tag{5-35}$$

$$\frac{\partial u}{\partial t}+U_0\frac{\partial u}{\partial x}+V_0\frac{\partial u}{\partial y}=-\frac{1}{\rho_0}\frac{\partial p}{\partial x} \tag{5-36a}$$

$$\frac{\partial v}{\partial t}+U_0\frac{\partial v}{\partial x}+V_0\frac{\partial v}{\partial y}=-\frac{1}{\rho_0}\frac{\partial p}{\partial y} \tag{5-36b}$$

$$\frac{\partial w}{\partial t}+U_0\frac{\partial w}{\partial x}+V_0\frac{\partial w}{\partial y}=-\frac{1}{\rho_0}\frac{\partial p}{\partial z} \tag{5-36c}$$

$$\frac{\partial p}{\partial t}+U_0\frac{\partial p}{\partial x}+V_0\frac{\partial p}{\partial y}=\gamma\frac{p_0}{\rho_0}\left(\frac{\partial \rho}{\partial t}+U_0\frac{\partial \rho}{\partial x}+V_0\frac{\partial \rho}{\partial y}\right) \tag{5-37}$$

可见，方程组式(5－35)～式(5－37)对比于原方程组式(5－26)～式(5－28)的最明显变化是，第一所有待求函数均改成了小扰动量；第二所有待求函数的偏导数项均以常数作为系数从而实现了线性化。这第二点变化的好处是，首先给流场的求解问题带来了极大的简化；其次使原方程组的性质即其对于时间而言的双曲型特征变得更加清晰（参见本书的 6.6～6.8 节）。进一步，如果将上方程组的流量方程式(5－35)带入能量方程式(5－37)的右端以消去后者的$\frac{\partial \rho}{\partial t}$项，再将右端的所有项都移到左端，则不难写出上方程组的矩阵写法

$$\frac{\partial \boldsymbol{U}}{\partial t}+\boldsymbol{A}\frac{\partial \boldsymbol{U}}{\partial x}+\boldsymbol{B}\frac{\partial \boldsymbol{U}}{\partial y}+\boldsymbol{C}\frac{\partial \boldsymbol{U}}{\partial z}=0 \tag{5-38}$$

其中，偏导数表示对矢量中的每一个分量求偏导，而矢量 $\boldsymbol{U}$ 和系数矩阵 $\boldsymbol{A}$，$\boldsymbol{B}$，$\boldsymbol{C}$ 各为

$$\boldsymbol{U}=\begin{pmatrix}\rho\\u\\v\\w\\p\end{pmatrix},\boldsymbol{A}=\begin{pmatrix}U_0&\rho_0&0&0&0\\0&U_0&0&0&1/\rho_0\\0&0&U_0&0&0\\0&0&0&U_0&0\\0&\rho_0a_0^2&0&0&U_0\end{pmatrix},$$

$$\boldsymbol{B}=\begin{pmatrix}V_0&0&\rho_0&0&0\\0&V_0&0&0&0\\0&0&V_0&0&1/\rho_0\\0&0&0&V_0&0\\0&0&\rho_0a_0^2&0&V_0\end{pmatrix},\boldsymbol{C}=\begin{pmatrix}0&0&0&\rho_0&0\\0&0&0&0&0\\0&0&0&0&0\\0&0&0&0&1/\rho_0\\0&0&0&\rho_0a_0^2&0\end{pmatrix}\tag{5-39}$$

其中按气体中声速的公式定义了时间平均声速 a_0

$$a_0=\sqrt{\gamma\frac{p_0}{\rho_0}}\tag{5-40}$$

由式(5-39)中矩阵 $\boldsymbol{A},\boldsymbol{B},\boldsymbol{C}$ 的极其稀疏和强对角线的特征,可以更好地看出小扰动线性化欧拉方程组的上述变化及其所带来的好处。矩阵写法的方程组式(5-38)至式(5-40)在当代非定常气体动力学和气动声学的研究中被广泛使用。

5.3.2 频域法,时域法

现代求解非定常多维流动问题的方法通常可分为两大类。第一类是直接求解以物理量原参数 $\rho,u,v,w,e,a,p,T(x,y,z,t)$ 为待求函数的流体力学基本数学模型,即原参数 Euler 方程组或 Navier-Stokes 方程组,途径是用差分法、有限体积法或流体力学有限元法来离散偏微分方程组并求其数值解。第二类则是专门数学模型方法,途径是,首先进一步引入一些假设条件,其次依据条件由 Euler 方程组或 Navier-Stokes 方程组简化出某些专门数学模型,它们常是一些简化了的微分、积分或微积分方程或方程组,最后仍用计算机离散求解。该类方法的优势是其同时可以得到很清晰的物理揭示。第二类方法通常引入下述假设:

(1) 主流区域无黏性

当实际流动中黏性对流体速度、压强的损失值得计入时,再引入其他专门数学模型。

(2) 小扰动假设

大部分主流非定常流动保有一个重要的特征,即主流实际上保持着明显的宏观确定方向与确定速率,而不是流动方向纯粹交变的流动。因此首先,流动非定常性可以采用宏观速度和方向交变的扰动速度相叠加的方法来描述,其次,在很多情形下扰动速度的振幅又确属相对很小，于是小扰动假设可用。

在第二类方法中，多数还采用下面的数学途径：

(1) 用复变量表示规则变化的小扰动物理量

一个对时间而言是定常的物理量只用一个实数 A 就可以确切定义了。现在看一个非定常物理量，它通常可以被分解为一个平均值实数（定常量）与一个随时间而正负交变的实变数（非定常量）的和，这就是小扰动假设的数学基础。进一步，对于其中正负交变的实变数 $A_{\sim}$，下面首先讨论它按正旋或余旋规律随时间 t 规则变化时如何来定义它。这时，$A_{\sim}$ 可以被转而用它的最大幅值实数——振幅 A，和判断最大幅值出现点的横坐标实数——相位 ωt（单位为弧度），这两个实数来定义，并且只需这两个实数就能确切定义随时间而交变变化的实数 $A_{\sim}$。于是，利用复数平面上的复变量 $\widetilde{A}$ 来表达这个具有双实参数的变量就有（图 5-3）

$$\widetilde{A} = A\cos\omega t + \mathrm{i}\,A\sin\omega t = A\mathrm{e}^{\mathrm{i}\omega t} \qquad (\mathrm{i} = \sqrt{-1}) \qquad (5-40)$$

式(5-40)中，后一个等式即复变函数论中著名的欧拉公式，而复变量 $A\mathrm{e}^{\mathrm{i}\omega t}$ 则成为非定常流动的分析与求解研究中表达非定常小扰动物理量的最常用形式。

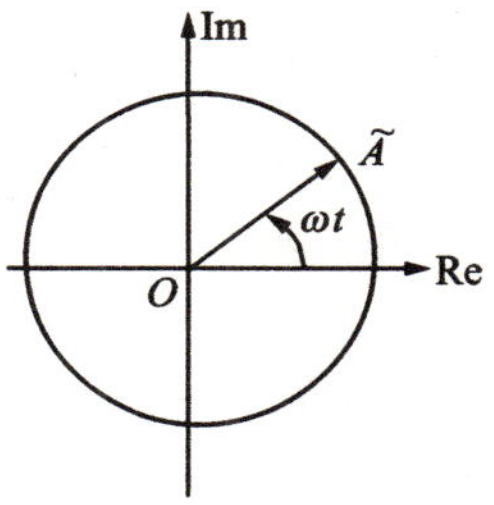

图 5-3　时间的正旋、余旋实函数变量 $A_{\sim}$ 可用复变量 $\widetilde{A}$ 来表达

(2) 傅里叶变换——用无穷三角级数分解复杂变化的小扰动物理量

那么，对任意非正弦余弦振型的小扰动物理量如何统一表达为好？对于以时间 t 为自变量的任意振型的函数 $f(t)$，用傅里叶积分变换方法可以将它变换或“改写”成为一个无穷三角函数系列的和。确切地说，任意时间函数可以被分解成无穷多个角频率各为 ω_i($i=1,2,\cdots,\infty$)的三角函数的线性和，这些三角函数构成了一个完备的三角函数空间。这点表为

$$f(t) = \frac{1}{2\pi}\int_{-\infty}^{\infty} A(\omega)\mathrm{e}^{\mathrm{i}\omega t}\,\mathrm{d}\omega \qquad \text{（傅里叶逆变换，傅里叶分解）} \qquad (5-41)$$

其中，参见式(5-40)可见，实函数 $A(\omega)$ 是三角函数复变量 $A(\omega)\mathrm{e}^{\mathrm{i}\omega t}$ 的振幅，也称为傅里叶变换的原函数 $f(t)$ 的频谱函数。频谱函数的计算式为

$$A(\omega) = \int_{-\infty}^{\infty} f(t)\mathrm{e}^{-\mathrm{i}\omega t}\,\mathrm{d}t \qquad \text{（傅里叶变换）} \qquad (5-42)$$

式(5-41)和式(5-42)即是定义在无穷时间域 $t\in(-\infty,\infty)$ 上的非周期实函数 $f(t)$ 的(广义)傅里叶积分变换的表达式。由傅里叶积分式(5-42)的收敛性理论得知，这个变换的存在性只需要一些很弱的条件，在非定常流场的物理背景下，可以假设这些条件都是具备的。

原函数 $f(t)$的分解式,也就是傅里叶逆变换式的重要功能之一是,它使构成任意振型函数 $f(t)$的所有子部分,都具有式(5-40)的完全统一的三角函数复变量的形式。因此,只提取其中具有任意某个角频率 ω_1 的一个一般的子部分 $A(\omega)e^{i\omega t}(\omega=\omega_1)$来演算和分析非定常流场小扰动量的性质,就可获得具有代表性的结果。这早已成为非定常流场的研究中非常方便有用的方法。在关于机械振动、各种物理场等广泛而一般的非定常物理问题的学科中,这类研究由傅里叶变换得出的三角函数复变量 $A(\omega)e^{i\omega t}$,或者直接研究其中的振幅函数 $A(\omega)$的方法,被统称为频域(frequency domain)法,也称为频谱分析法、频谱(frequency spectrum)法、积分变换(integral transform)法等。这是因为,该类方法已经将对于时间的函数 $f(t)$的分析和求解,变换成了对于某个分解角频率 ω 下的振幅函数 $A(\omega)$的分析和求解,问题的自变量空间从时间 t 变换为角频率 ω 了。

为加深理解频域法,再给出以下的论述。在频域法中,每个实数 ω_1 所对应的那个$A(\omega)e^{i\omega t}$被称为一个本征函数,ω_1 被称为这个本征函数的本征值,这个本征函数被称为由全部本征函数所构成的本征函数系也即无穷级数式(5-42)中的一个模态,这个级数的各个系数就是每个模态的振幅。于是,角频率与振幅的各种特定的配合关系就确定了 $f(t)$可以被分解成无穷多个特定的波动过程,这种特定的配合关系就被称为频谱,频谱的数学形式就是傅里叶逆变换或广义傅里叶逆变换式(5-41)的系数——傅里叶系数 $A(\omega)$。每一个适应了自变量 t 轴上的初始或边界条件的分段光滑的时间函数 $f(t)$,都有它自己特定的本征函数系,并对应于相应的一套傅里叶系数——频谱。反之,每一套频谱决定了除间断点外唯一的函数 $f(t)$。这恰如在三维空间中的一个坐标系中的情形,即每一个空间点或矢量 $\boldsymbol{a}$ 都有它自己的一套坐标分量(a_1,a_2,a_3),反之每一套坐标分量(a_1,a_2,a_3)都决定了唯一的一个空间点 $\boldsymbol{a}$。因此,本征函数系 $A(\omega)e^{i\omega t}$ 在此起着坐标分量的作用,只不过在此使用的是无穷维的(三角函数系)空间。由此可见,不用写出“矢量”$f(t)$的完整表达式式(5-41),而只需要写出其在“坐标函数系”即本征函数系 $A(\omega)e^{i\omega t}$ 中的坐标分量——频谱,即广义傅里叶系数 $A(\omega)$,对其加以分析和求解研究就够了。这种理论就叫作频谱分析法或频谱法。相应地,对于时间的原函数 $f(t)$或一组原函数 $\rho,u,v,w,e,a,p,T(x,y,z,t)$等直接分析和求解的方法,被统称为时域(time domain)法。

5.3.3 线性化欧拉方程组的频域解法,色散关系

用频域法,不妨将非定常流场的五个小扰动物理量写为一个矢量的形式,具体地,是将它们的对应于同一个本征函数 $e^{i(\cdot)}$的模态写为列矢量

$$\begin{bmatrix} \rho \\ u \\ v \\ w \\ p \end{bmatrix} = \begin{bmatrix} \bar{\rho} \\ \bar{u} \\ \bar{v} \\ \bar{w} \\ \bar{p} \end{bmatrix} \mathrm{e}^{\mathrm{i}(\omega t+\alpha x+\beta y+\gamma z)} \tag{5-43}$$

其中，$\bar{\rho},\bar{u},\bar{v},\bar{w},\bar{p}$ 是小扰动量在这个本征函数处的振幅，而 $\omega,\alpha,\beta,\gamma$ 则定义了这个本征函数，和五个小扰动量的这五个模态 $\bar{\rho}\mathrm{e}^{\mathrm{i}(\cdot)},\cdots,\bar{p}\mathrm{e}^{\mathrm{i}(\cdot)}$。由于时间是一维的，而空间有三维，因此，任一个小扰动本征函数 $\mathrm{e}^{\mathrm{i}(\cdot)}$ 及其频谱 $\bar{\rho},\bar{u},\bar{v},\bar{w},\bar{p}$ 也都是四维函数。相应于 ω 被称为关于时间的角频率，α,β,γ 于是被称为在 x,y,z 各空间方向上的波数，即每米长度上的全周波的数目。

由于基本方程组式(5－26)～式(5－28)已经假设了全流场是均熵的(即绝热可逆的)，因此在全流场有

$$\frac{\partial p}{\partial \rho} = \left(\frac{\partial p}{\partial \rho}\right)_s = \left(\frac{\mathrm{d}p}{\mathrm{d}\rho}\right)_s = a^2 \tag{5-44}$$

其中，a 是声速；s 表示均熵。为了求解小扰动线性化欧拉方程组式(5－35)～式(5－37)，先将其流量方程式(5－35)依据式(5－44)进行如下原理的改写

$$\frac{\partial \rho}{\partial(t,x,y)} = \frac{1}{a^2}\frac{\partial p}{\partial(t,x,y)} \tag{5-45}$$

又将式(5－43)代入流量方程并求导，再将式(5－43)代入该方程组的其余四式并求导，最后易于整理得下面的方程组

$$\begin{bmatrix} \omega+U_0\alpha+V_0\beta & a^2\alpha\rho_0 & a^2\beta\rho_0 & a^2\gamma\rho_0 & 0 \\ \alpha/\rho_0 & \omega+U_0\alpha+V_0\beta & 0 & 0 & 0 \\ \beta/\rho_0 & 0 & \omega+U_0\alpha+V_0\beta & 0 & 0 \\ \gamma/\rho_0 & 0 & 0 & \omega+U_0\alpha+V_0\beta & 0 \\ -\frac{\rho_0}{\gamma p_0}(\omega+U_0\alpha+V_0\beta) & 0 & 0 & 0 & \omega+U_0\alpha+V_0\beta \end{bmatrix} \begin{bmatrix} \bar{p} \\ \bar{u} \\ \bar{v} \\ \bar{w} \\ \bar{\rho} \end{bmatrix} = 0 \tag{5-46}$$

在这个方程组中，各项的本征函数 $\mathrm{e}^{\mathrm{i}(\omega t+\alpha x+\beta y+\gamma z)}$ 已被约去，并且由偏微分方程组出发所得到的是一个代数方程组，它是关于小扰动物理量的某个四维模态 $\omega,\alpha,\beta,\gamma$ 的振幅函数 $\bar{\rho},\bar{u},\bar{v},\bar{w},\bar{p}$ 的常系数齐次线性代数方程组。通常称这种只含有振幅函数的方程或方程组为振幅方程或方程组。

根据线性方程组理论，式(5－46)有非 0 解的充要条件是其系数矩阵不满秩，即其系数行列式为 0。用行列式的展开法得这个条件即如下方程

$$(\omega+U_0\alpha+V_0\beta)^3\left[(\omega+U_0\alpha+V_0\beta)^2 - a^2(\alpha^2+\beta^2+\gamma^2)\right] = 0 \tag{5-47}$$

这个方程一般地被称为色散关系(the dispersion relation)，或称频散关系。意即，对于不同的模态参数，也就是关于时间的角频率 ω 和关于空间的波数 α,β,γ，由这

个方程将解出不同的物理量传播波。将看到这些波具有不同的物理本质,不同的传播方向,以及不同的角频率,不同的空间波数。因此,色散关系蕴涵着丰富的物理现象。

在叶轮机中的非定常流动等实际问题中,例如对于图5-2所示的流动模型,其流动的横向方向上的扰动波数β与γ两者之间,通常由于受流场的横向诸边界的边界条件之间的约束,而存在一定的关联关系。例如,圆周向的叶轮机周期性边界条件和径向的叶轮机机匣与轮毂边界条件,这两者之间是有一定的关联关系的。但这些内容超出了本书研究的范围,我们在此且取它们之间无关联的假设,即认为β和γ的取值各有其完全的自由度。这假设恰对应于三维无界自由空间中的问题,并且不妨碍以后引入横向边界之后的进一步细致分析。

5.3.4 压力波

色散关系式(5-47)显然共有五个解。现先来研究由下式给出的两个解

$$(\omega + U_0\alpha + V_0\beta)^2 - a^2(\alpha^2 + \beta^2 + \gamma^2) = 0 \tag{5-48}$$

注意到,非定常流场的小扰动旋度可由式(5-43)分别求出为

$$\Omega_z = \frac{\partial v}{\partial x} - \frac{\partial u}{\partial y} = (\mathrm{i}\alpha\bar{v} - \mathrm{i}\beta\bar{u})\mathrm{e}^{\mathrm{i}(\omega t+\alpha x+\beta y+\gamma z)} = \bar{\Omega}_z\mathrm{e}^{\mathrm{i}(\omega t+\alpha x+\beta y+\gamma z)} \tag{5-49}$$

$$\Omega_y = \frac{\partial u}{\partial z} - \frac{\partial w}{\partial x} = (\mathrm{i}\gamma\bar{u} - \mathrm{i}\alpha\bar{w})\mathrm{e}^{\mathrm{i}(\omega t+\alpha x+\beta y+\gamma z)} = \bar{\Omega}_y\mathrm{e}^{\mathrm{i}(\omega t+\alpha x+\beta y+\gamma z)} \tag{5-50}$$

$$\Omega_x = \frac{\partial w}{\partial y} - \frac{\partial v}{\partial z} = (\mathrm{i}\beta\bar{w} - \mathrm{i}\gamma\bar{v})\mathrm{e}^{\mathrm{i}(\omega t+\alpha x+\beta y+\gamma z)} = \bar{\Omega}_x\mathrm{e}^{\mathrm{i}(\omega t+\alpha x+\beta y+\gamma z)} \tag{5-51}$$

其中,$\bar{\Omega}_z$,$\bar{\Omega}_y$,$\bar{\Omega}_x$是相应的小扰动旋度的振幅。进一步,取全流场旋度为0的情形,即

$$\Omega_z = \Omega_y = \Omega_x = 0 \qquad 或 \qquad \bar{\Omega}_z = \bar{\Omega}_y = \bar{\Omega}_x = 0 \tag{5-52}$$

式(5-52)带入式(5-49)~式(5-51),分别得到小扰动旋度三个振幅的相对关系

$$\frac{\bar{u}}{\bar{v}} = \frac{\alpha}{\beta},\ \frac{\bar{w}}{\bar{v}} = \frac{\gamma}{\beta},\ \frac{\bar{w}}{\bar{u}} = \frac{\gamma}{\alpha} \tag{5-53}$$

又由方程组(5-46)中的三个动量方程,分别得到小扰动压强振幅的相对关系

$$\begin{aligned}\frac{\bar{p}}{\bar{u}} &= -\frac{\rho_0\alpha}{\beta^2}(\omega + U_0\alpha + V_0\beta)\\ \frac{\bar{p}}{\bar{v}} &= -\frac{\rho_0}{\beta}(\omega + U_0\alpha + V_0\beta)\\ \frac{\bar{p}}{\bar{w}} &= -\frac{\rho_0\gamma}{\beta^2}(\omega + U_0\alpha + V_0\beta)\end{aligned} \tag{5-54}$$

由上面三组公式可见,在这个小扰动无旋流场的情况下,没有小扰动涡量Ω_z,Ω_y,Ω_x的传播,当进一步设β,γ为非0实数,则恰存在且仅存在压强p的小扰动的传

播。称这时流场中的波动为压力波(pressure wave)。此时,求式(5－48)给出的色散关系的两个解,用 ω,β,γ 表达 x 方向上的波数 α 有

$$\alpha_{1,2}=\frac{(\omega+V_0\beta)U_0\pm a\sqrt{(\omega+V_0\beta)^2-(a^2-U_0^2)(\beta^2+\gamma^2)}}{a^2-U_0^2} \tag{5-55a}$$

或写为

$$\alpha_{1,2}=\frac{(\omega+V_0\beta)}{a}\frac{Ma_x\pm\sqrt{S}}{1-Ma_x^2}=\text{实数 }\alpha_1,\alpha_2\qquad(S>0) \tag{5-55b}$$

$$\alpha_{3,4}=\frac{(\omega+V_0\beta)}{a}\frac{Ma_x\pm\mathrm{i}\sqrt{-S}}{1-Ma_x^2}=\text{复数 }\alpha_3,\alpha_4\qquad(S<0) \tag{5-55c}$$

其中

$$Ma_x=U_0/a \tag{5-56}$$

$$S=1-(1-Ma_x^2)\frac{a^2(\beta^2+\gamma^2)}{(\omega+V_0\beta)^2} \tag{5-57}$$

现对于压力波在传播时的振幅特征作下述分析。第一组解式(5－55b)给出 x 方向上的波数 α 必是实数,由式(5－43)可得这时的压力小扰动为

$$p=\bar{p}\mathrm{e}^{\mathrm{i}(\omega t+\alpha x+\beta y+\gamma z)}\qquad(\bar{p},\alpha,\beta,\gamma\text{ 是实数}) \tag{5-58}$$

可见,式(5－58)是 x,y,z 三个方向上的声波,并且在传播过程中小扰动压强 p 仅呈现周期性变化,其振幅 $\bar{p}$ 并不衰减。而第二组解式(5－55c)给出 x 方向上的波数 α 必是复数,同样由式(5－43)可得,这时的压力小扰动为

$$p=\bar{p}\mathrm{e}^{\mathrm{i}(\omega t+\alpha x+\beta y+\gamma z)}=\bar{p}\mathrm{e}^{\mathrm{i}(\omega t+\mathrm{Re}\alpha\cdot x+\beta y+\gamma z)}\mathrm{e}^{\mathrm{i}(\pm\mathrm{i}\,\mathrm{Im}\,\alpha\cdot x)}=\left[\bar{p}\mathrm{e}^{-(\pm\mathrm{Im}\,\alpha\cdot x)}\right]\mathrm{e}^{\mathrm{i}(\omega t+\mathrm{Re}\alpha\cdot x+\beta y+\gamma z)}$$
$$(\bar{p},\beta,\gamma\text{ 是实数},\alpha\text{ 是复数}) \tag{5-59}$$

可见,式(5－59)也是 x,y,z 三个方向上的声波,但其小扰动压强 p 在 x 方向上一边呈周期性变化,一边按指数规律增加或者衰减着它的振幅 $\bar{p}$。然而,在无穷远处振幅增至无穷大即振幅发散的情况在通常的物理条件下是不存在的,也就是说,小扰动在扰动的发生点以外的所有 x 处均随离发生点距离的增大而衰减。因此,复数解 α_3,α_4 的表达式(5－55c)中的符号"±"应按无穷远边界处振幅衰减的物理条件,也即按满足下式来选择

$$\lim_{\substack{x\to\infty\text{ or}\\x\to-\infty}}(\pm\mathrm{Im}\alpha\cdot x)=\lim_{\substack{x\to\infty\text{ or}\\x\to-\infty}}\frac{(\omega+V_0\beta)}{a}\frac{(\pm\sqrt{-S})}{1-Ma_x^2}x>0\qquad(S<0) \tag{5-60}$$

现再对于压力波在传播时的方向特征作下述分析。容易得知,若 $\alpha<0$,则压力扰动模态 $p=\bar{p}\mathrm{e}^{\mathrm{i}(\omega t+\alpha x+\beta y+\gamma z)}$ 在 x 较大处的相位坐标 $\omega t+\alpha x+\beta y+\gamma z$ 就较小,这显然意味着扰动波 p 是向 x 轴正向即主流平均速度 U_0 的下游方向传播的,因此称它为下游传播波(downstream going perturbations);反之 $\alpha>0$ 的波称为上游传播波(upstream going perturbations)。根据这个原理,为分析各种情况下压力波的传

播方向，首先分析 α 的实数解 α_1,α_2 和复数解 α_3,α_4 的实部的取值。分析过程见例 5.1，分析结果如表 5-1 所列。

例 5.1　二维主流时三维小扰动压力波的传播方向

建立一种分析 $Ma_x^2(S)$ 函数的方法以得到压力波在 x 方向的实数波数 α_1,α_2。式(5-57)易于改写为一个一次线性函数

$$Ma_x^2 = K\cdot S+(1-K) \tag{5-61a}$$

其图像如图 5-4 所示。其中得到一个横向波数的组合数 K

$$K=\frac{(\omega+V_0\beta)^2}{a^2(\beta^2+\gamma^2)} \tag{5-61b}$$

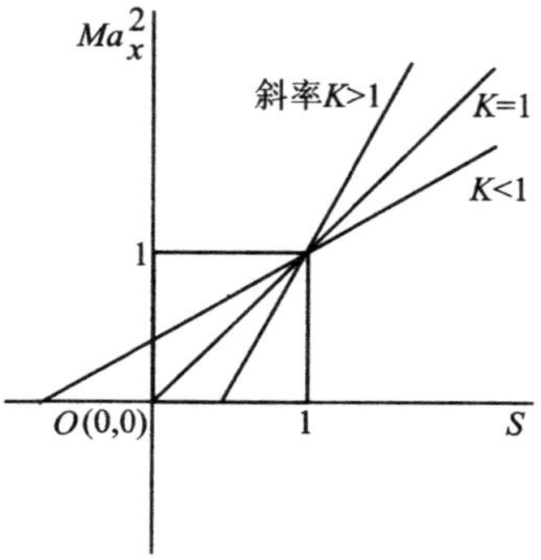

图 5-4　求压力波在 x 方向实数波数的符号的一种函数方法

设 β,γ 为非 0 实数，则必然地，K 成为一个正实数。现根据式(5-61a)和式(5-61b)所确定的图像和式(5-55b)来进行分析。

(1) 当$(\omega+V_0\beta)>0$，则易于填写出如下的计算表格。为看清楚最为主要的式(5-55b)中第二个分式对于 α_1,α_2 的作用，计算表格的公式中暂不标出 α_1,α_2 的第一个因子$\dfrac{(\omega+V_0\beta)}{a}$。

当 $K=1$	当 $Ma_x<1$，显然 $S=Ma_x^2$，因此 $\begin{cases}\alpha_1=2Ma_x/(1-Ma_x^2)>0\\ \alpha_2=0\end{cases}$	当 $Ma_x>1$，显然 $S=Ma_x^2$，因此 $\begin{cases}\alpha_1=2Ma_x/(1-Ma_x^2)<0\\ \alpha_2=0\end{cases}$
当 $K>1$	当 $Ma_x<1$，显然 $S>Ma_x^2$，因此 $\begin{cases}\alpha_1>2Ma_x/(1-Ma_x^2)>0\\ \alpha_2<0\end{cases}$	当 $Ma_x>1$，显然 $S<Ma_x^2$，因此 $\begin{cases}2Ma_x/(1-Ma_x^2)<\alpha_1<0\\ \alpha_2<0\end{cases}$
当 $K<1$	当 $Ma_x<1$，显然 $S<Ma_x^2$，因此 $\begin{cases}2Ma_x/(1-Ma_x^2)>\alpha_1>0\\ \alpha_2>0\end{cases}$	当 $Ma_x>1$，显然 $S>Ma_x^2$，因此 $\begin{cases}\alpha_1<2Ma_x/(1-Ma_x^2)<0\\ \alpha_2>0\end{cases}$

(2) 当 $Ma_x=1$ 即 $U_0=a$，则由色散关系解式(5-58)易于得 α 的一次方程

$$\alpha=\frac{a^2(\beta^2+\gamma^2)-(\omega+V_0\beta)^2}{2a(\omega+V_0\beta)} \tag{5-61c}$$

于是得当 $K=1,K>1,K<1$，分别对应着 $\alpha=0,\alpha<0,\alpha>0$。

(3) 当$(\omega+V_0\beta)<0$，则式(5-55b)变为

$$\alpha_{1,2}=\frac{|\omega+V_0\beta|}{a}\frac{-Ma_x\pm\sqrt{S}}{1-Ma_x^2}=\text{实数 }\alpha_1,\alpha_2\qquad (S>0) \tag{5-61d}$$

因此经分析可知，将上述所有分析结论中关于 α_1,α_2 的不等号全部反号即可。

又，直接分析式(5-55c)，可填写出复数波数 α_3,α_4 的实部的如下计算表格

(1) 当$(\omega+V_0\beta)>0$ | 当 $Ma_x<1$，得 $\begin{cases}\mathrm{Re}\alpha_3>0\\ \mathrm{Re}\alpha_4>0\end{cases}$ | 当 $Ma_x>1$，得 $\begin{cases}\mathrm{Re}\alpha_3<0\\ \mathrm{Re}\alpha_4<0\end{cases}$

(2) 当$(\omega+V_0\beta)<0$，分析知将上述分析结论中关于 α_1,α_2 的不等号全部反号即可。以上计算结果集中示于表 5-1。解毕。

表 5-1　压力波在传播时的方向特征

	$0<Ma_x<1$ 时	$Ma_x=1$ 时	$Ma_x>1$ 时
$\dfrac{\omega+V_0\beta}{\sqrt{\beta^2+\gamma^2}}<a$	$\begin{cases}A>\alpha_1>0\\ \alpha_2>0\end{cases}$ 上游传播波 上游传播波	$\alpha>0$ 上游传播波	$\begin{cases}\alpha_1<A<0\\ \alpha_2>0\end{cases}$ 下游传播波 上游传播波
$\dfrac{\omega+V_0\beta}{\sqrt{\beta^2+\gamma^2}}=a$	$\begin{cases}\alpha_1=A>0\\ \alpha_2=0\end{cases}$ 上游传播波 无波	$\alpha=0$ 无波	$\begin{cases}\alpha_1=A<0\\ \alpha_2=0\end{cases}$ 下游传播波 无波
$\dfrac{\omega+V_0\beta}{\sqrt{\beta^2+\gamma^2}}>a$	$\begin{cases}\alpha_1>A>0\\ \alpha_2<0\end{cases}$ 上游传播波 下游传播波	$\alpha<0$ 下游传播波	$\begin{cases}A<\alpha_1<0\\ \alpha_2<0\end{cases}$ 下游传播波 下游传播波
$(\omega+V_0\beta)>0$	$\mathrm{Re}\alpha_4=B>0$ 上传衰减单波		$\mathrm{Re}\alpha_3=B<0$ 下传衰减单波
(1) $(\omega+V_0\beta)>0$，$A=\dfrac{\omega+V_0\beta}{a}\dfrac{2Ma_x}{1-Ma_x^2}$，$B=\dfrac{\omega+V_0\beta}{a}\dfrac{Ma_x}{1-Ma_x^2}$； (2) 当$(\omega+V_0\beta)<0$，将上述所有分析结论中关于 α_1,α_2 的不等号全部反号即可			

从表 5-1 可以清楚地看到压力波的上游传播波、下游传播波的出现条件。第一，向上游传播还是向下游传播，取决于主流 x 方向平均速度 U_0 是亚声速的还是超声速的；第二，上传还是下传还取决于横向模态的组合数$\dfrac{\omega+V_0\beta}{\sqrt{\beta^2+\gamma^2}}$为亚声速的还是超声速的；第三，只有 U_0 亚声速而组合数超声速以及 U_0 超声速而组合数亚声速，这两种状态下才同时出现上游传播和下游传播两个压力波；第四，U_0 和组合数均为亚声速，则出现两个不同速的上游传播波，U_0 和组合数均为超声速，则出现两个不同速的下游传播波；第五，组合数为声速时，U_0 超声速则出现单个下游传播波，U_0 亚声速则出现单个上游传播波；第六，衰减压力波只出现单个波，因为根据式(5-60)的振幅不容发散的取符号原则，只能满足同向的两个待定衰减波中的

一个。

5.3.5 涡　波

取色散关系的另外两个重根解

$$\omega + U_0\alpha + V_0\beta = 0 \tag{5-62}$$

因此有

$$\alpha = -(\omega + V_0\beta)/U_0 \tag{5-63}$$

这里取 β 为实数。式(5-62)带入小扰动振幅方程组式(5-46)中的三个动量方程,它们一致解出

$$\bar{p} = 0 \tag{5-64}$$

式(5-62)又带入该方程组的流量方程,解出

$$\bar{u}\alpha + \bar{v}\beta + \bar{w}\gamma = 0 \qquad \text{或即} \qquad \frac{\bar{u}}{\bar{v}} = -\left(\frac{\beta}{\alpha} + \frac{\gamma}{\alpha}\frac{\bar{w}}{\bar{v}}\right) \tag{5-65}$$

采用式(5-65)后一写法显然已设 α 不为 0。式(5-65)再带入小扰动旋度式(5-49)～式(5-51)而解出旋度三个分量的振幅的相对值

$$\frac{\bar{\Omega}_z}{\bar{v}} = \mathrm{i}\left[\left(\alpha + \frac{\beta^2}{\alpha}\right) + \frac{\beta\gamma}{\alpha}\frac{\bar{w}}{\bar{v}}\right] \tag{5-66}$$

$$\frac{\bar{\Omega}_y}{\bar{v}} = -\mathrm{i}\left[\frac{\beta\gamma}{\alpha} + \left(\alpha + \frac{\gamma^2}{\alpha}\right)\frac{\bar{w}}{\bar{v}}\right] \tag{5-67}$$

$$\frac{\bar{\Omega}_x}{\bar{v}} = \mathrm{i}\left(-\gamma + \beta\frac{\bar{w}}{\bar{v}}\right) \tag{5-68}$$

现先分析流场中仅存在二维小扰动速度 u,v 的情形。这时式(5-64)～式(5-68)中不出现 $\bar{w},\gamma$,因此 $\bar{\Omega}_y,\bar{\Omega}_x$ 也不存在。这时有

$$\bar{\Omega}_z = \mathrm{i}\left(\alpha + \frac{\beta^2}{\alpha}\right)\bar{v} \tag{5-69}$$

$$\Omega_z = \mathrm{i}\left(\alpha + \frac{\beta^2}{\alpha}\right)\bar{v}\mathrm{e}^{\mathrm{i}(\omega t + \alpha x + \beta y + \gamma z)} = \mathrm{i}\left(\alpha + \frac{\beta^2}{\alpha}\right)v \tag{5-70}$$

当取 β 为实数,则式(5-63)给出 α 也必是实数,则 $\alpha + \frac{\beta^2}{\alpha}$ 必是非 0 实数,因此在二维小扰动速度并取实数 β 的情况下,式(5-69)和式(5-70)说明流场中必有涡量振幅存在,并存在着涡量小扰动的传播,而压强扰动的振幅 $\bar{p}$ 为 0,即没有压力小扰动量 p 的传播。称这时流场中的波动为涡波(vorticity wave)。式(5-69)和式(5-70)振幅中的 i 还说明,涡量 Ω_z 的最大幅值比小扰动横向分速 v 的最大幅值提前或落后 1/4 振动周期出现(当 $\alpha + \frac{\beta^2}{\alpha} > 0$ 或 < 0),由于这时式(5-63)和式(5-65)联合给出 $\frac{\bar{u}}{\bar{v}} = -\frac{\beta}{\alpha}$ 是正实数,即振幅 $\bar{u}$ 与 $\bar{v}$ 同相位,故 Ω_z 实际上是与小

扰动的合速度有这种 1/4 周的相位关系。这表明流场中涡量小扰动的相速度(周/秒)恰等于速度小扰动的相速度(周/秒)。因此,二维的涡波是一个在全二维空间分布的涡量的小扰动波,它与主流中的速度小扰动以相同的速率在流场中移动。由于小扰动速度又是叠加在主流流速 U_0,V_0 之上,而气体微团在小扰动速度振动中以主流的速度流向下游,因此可见涡波也随主流同速传向下游流场,这就是涡波的传播速度和传播方向。称这个现象为涡波被主流流场以主流的速度向下游输运,这是关于涡波的重要结论。

再讨论三维小扰动的情形。这时即便取 γ 为实数,由式(5－66)可见也不能确认涡量振幅 $\bar{\Omega}_z$ 与小扰动速度振幅 $\bar{v}$,或涡量 Ω_z 与小扰动分速度 v 的相位关系。此时流场中通常会有非 0 的涡量振幅存在和涡量小扰动 Ω_z,Ω_y,Ω_x 的传播,而压强扰动的振幅 $\bar{p}$ 仍为 0,即必没有压力小扰动量 p 的传播。这时流场中的波动也称为涡波。

5.3.6　熵　波

取色散关系的三重根解的最后一个

$$\omega + U_0\alpha + V_0\beta = 0 \tag{5-71}$$

因此也有

$$\alpha = -(\omega + V_0\beta)/U_0 \tag{5-72}$$

下面与对于涡波的分析类似,但这里取压力波情形、涡波情形以外的所有可能的 β 取值域来研究,即包含 β 为复数的情形来进行研究。一般地,作为实数而具有确定物理意义的量,例如波数 β,变为复数后的物理意义是,该量有了波动相位上的平移。式(5－71)带入小扰动振幅方程组式(5－46)中的三个动量方程,它们一致解出

$$\bar{p} = 0 \tag{5-73}$$

式(5－71)又带入该方程组的流量方程,解出

$$\bar{u}\alpha + \bar{v}\beta + \bar{w}\gamma = 0 \qquad \text{或} \qquad \frac{\bar{u}}{\bar{v}} = -\left(\frac{\beta}{\alpha} + \frac{\gamma}{\alpha}\frac{\bar{w}}{\bar{v}}\right) \tag{5-74}$$

采用式(5－74)后一写法显然已设 α 不为 0。式(5－74)再带入小扰动旋度式(5－49)～式(5－51)而解出旋度三个分量的振幅的相对值

$$\frac{\bar{\Omega}_z}{\bar{v}} = \mathrm{i}\left[\left(\alpha + \frac{\beta^2}{\alpha}\right) + \frac{\beta\gamma}{\alpha}\frac{\bar{w}}{\bar{v}}\right] \tag{5-75}$$

$$\frac{\bar{\Omega}_y}{\bar{v}} = -\mathrm{i}\left[\frac{\beta\gamma}{\alpha} + \left(\alpha + \frac{\gamma^2}{\alpha}\right)\frac{\bar{w}}{\bar{v}}\right] \tag{5-76}$$

$$\frac{\bar{\Omega}_x}{\bar{v}} = \mathrm{i}\left(-\gamma + \beta\frac{\bar{w}}{\bar{v}}\right) \tag{5-77}$$

现先分析在二维主流流场中存在三维小扰动线性化无旋流动的可能性。直接令式(5-75)～式(5-77)旋度式为0,可依次解出

$$\frac{\bar{w}}{\bar{v}}=-\frac{\alpha^2+\beta^2}{\beta\gamma},\quad \frac{\bar{w}}{\bar{v}}=-\frac{\beta\gamma}{\alpha^2+\gamma^2},\quad \frac{\bar{w}}{\bar{v}}=-\frac{\gamma}{\beta} \tag{5-78}$$

可见,当令 $\bar{\Omega}_z$ 为0,则 $\bar{\Omega}_y$,$\bar{\Omega}_x$ 不可能为0。这就是说,色散关系,即小扰动线性化欧拉方程组的第五个解式(5-71),不对应于三维小扰动无旋流。于是我们转而先来研究仅存在二维小扰动速度 u,v 的情形。这时式(5-73)～式(5-78)中不出现 $\bar{w}$,γ,因此 $\bar{\Omega}_y$,$\bar{\Omega}_x$ 也不存在。这时有

$$\bar{\Omega}_z=\mathrm{i}\left(\alpha+\frac{\beta^2}{\alpha}\right)\bar{v} \tag{5-79}$$

$$\Omega_z=\mathrm{i}\left(\alpha+\frac{\beta^2}{\alpha}\right)\bar{v}\mathrm{e}^{\mathrm{i}(\omega t+\alpha x+\beta y+\gamma z)}=\mathrm{i}\left(\alpha+\frac{\beta^2}{\alpha}\right)v \tag{5-80}$$

已经取 β 为复数,则可令

$$\alpha+\frac{\beta^2}{\alpha}=0\qquad 或\qquad \alpha^2+\beta^2=0 \tag{5-81}$$

因此得

$$\bar{\Omega}_z=0\qquad 或\qquad \Omega_z=0 \tag{5-82}$$

于是,式(5-82)和式(5-73)的 $\bar{p}=0$ 就共同定义了一种无压力波,同时也无涡波(无旋)的二维小扰动流场。该流场中是否存在其他波动量？再将式(5-71)代入小扰动线性化欧拉方程组式(5-46)最后一行的能量方程,则该方程成为

$$0\times\bar{p}=0\times\frac{\gamma p_0}{\rho_0}\bar{\rho} \tag{5-83}$$

方程式(5-83)将永被满足,但其中的密度波动的振幅 $\bar{\rho}$ 也将永不受该方程及欧拉方程组的约束,因此这时全流场存在着密度波动 $\rho=\bar{\rho}\mathrm{e}^{\mathrm{i}(\cdot)}$ 的幅值自由度。从能量方程的原形式(5-37)或式(5-28)可清楚地看到,这时压力波动量 p 为0,而 ρ 的波动量任意,因此本质上为均熵流动控制方程的该能量方程即声速方程现在不起控制作用了,因此说,在小扰动的量级上流场不能维持均熵,或说流场中各点都可有 ρ 的变化带来的熵的变化。称这种 $\bar{p}=0$,$\bar{\Omega}_z=0$,而 $\bar{\rho}$ 任意的流场中的波动为熵波(entropy wave)。

下面继续分析熵波的传播特征。由式(5-81)用复数开方法则求 α,再代入式(5-74)的二维情形,分别有

$$\alpha_{1,2}=\pm\mathrm{i}\beta \tag{5-84}$$

$$\left.\frac{\bar{u}}{\bar{v}}\right|_{1,2}=-\frac{\beta}{\alpha}=\frac{\alpha}{\beta}=\pm\mathrm{i} \tag{5-85}$$

式(5-85)说明振幅 $\bar{u}$ 与 $\bar{v}$ 的相位差为1/4周,也就是小扰动流向分速 $\bar{u}$ 的最大幅值比小扰动横向分速 $\bar{v}$ 的最大幅值提前或落后1/4振动周期出现。至此,我们看

到的是这样的一个小扰动速度场，其在 x，y 两方向上波动振幅的模相同，波动波数的模相同，波动传播的相速度（周/秒）相同，波动的相位则相差 1/4 周；同时全流场没有旋度的波动，这要求在任何 x，y 空间点上非定常的 v 对 x 的变化率与非定常的 u 对 y 的变化率相等；在这样的波动运动中密度的三维波动模态 $\bar{\rho}\ \exp(\omega t+\mathrm{i}\beta x+\beta y)$ 或 $\bar{\rho}\ \exp(\omega t-\mathrm{i}\beta x+\beta y)$ 与速度的三维波动模态的形式相同，但密度的振幅 $\bar{\rho}$ 却是无穷多解的。注意到波动运动中同时也没有压力的波动，于是根据伯努利方程可知，密度的波动是配合速度的波动而发生的，因此密度波动的传播速率与速度波动的传播速率相同，又注意到速度波动是叠加在主流速度之上以主流的速度 U_0，V_0 传向下游的，因此密度波动，即熵波也是以主流的速度被主流向下游输运的。这就是熵波的传播速度和传播方向，这是关于熵波的重要结论。

再讨论三维小扰动的情形。已知色散关系的这第五个解不对应三维无旋流，那么按式(5-78)取某 $\gamma\neq 0$ 而有 $\bar{\Omega}_z=0$，但 $\bar{\Omega}_y$，$\bar{\Omega}_x$ 不为 0 的三维有旋流场。此时流场中必定有非 0 的涡量振幅存在和涡量小扰动 Ω_y，Ω_x 的传播。而压强扰动的振幅 $\bar{p}$ 仍为 0，即必没有压力小扰动量 p 的传播。近似地也称这时流场中存在熵波，并应用这里相关的分析结果。

5.3.7　小结，边界条件应用简述

现对本节知识做一总结。压力波、涡波、熵波的出现，在本质上是对欧拉方程组的线性化处理所产生的结果，在实际中对应于非定常气动现象和声学现象。它清楚地表明了一个线性的或者拟线性的二维、三维无黏性非定常均熵流场可能存在的五种运动形态，它们就是由色散关系所解出的五种传播波。

小扰动线性化欧拉方程组的上述分析解有很多应用，例如在计算流体力学离散求解偏微分方程组的过程中。在 5.3.2 节所论述的第一类求解方法中，流场中的气体边界在物理上原本是不存在的，但计算时显然需要在气流中用边界来圈定一个物理计算域。这时，一个合理的标准就是，人工引入的计算域中的气体边界应不对域内流场产生影响，或说域内的流体微团应不感到这个人工气体边界的存在，也就是气体在进出气体边界时不产生界面本身对于物理量的反射、折射、吸收等作用。这一般地称为在计算域边界上没有物理波的反射，或说在计算方法中应该采用无反射的气体边界条件。

根据本节的波动理论，可以构筑在边界上各种波动均不反射的边界条件，用于原参数欧拉方程组的求解。以理论分析上已经明了的二维波动情形为例，在 x 方向上进出气体边界的波无非有下面四个，它们分别来自式(5-55b)或式(5-55c)的压力波、式(5-63)的涡波和式(5-72)的熵波

$$\left.\begin{aligned}
\alpha_1 &= \frac{(\omega+V_0\beta)}{a}\frac{Ma_x+\sqrt{S}}{1-Ma_x^2}, \qquad \alpha_2 = \frac{(\omega+V_0\beta)}{a}\frac{Ma_x-\sqrt{S}}{1-Ma_x^2} \\
\alpha_3 &= -\frac{(\omega+V_0\beta)}{a}\frac{1}{Ma_x}, \qquad \alpha_4 = -\frac{(\omega+V_0\beta)}{a}\frac{1}{Ma_x}
\end{aligned}\right\} \tag{5-86}$$

式(5-86)表明,首先应对穿越边界的关于时间的任意波动函数实施傅里叶分解,然后对于分解后具有某一角频率 ω 的三角函数波动进行讨论。第一,流场中气体边界条件给定的基本原理显然应为:对于下游传播波,在且只在上游边界上给定这个波的边界值;对于上游传播波,则在且只在下游边界上给定这个波的边界值;在不给定其边界值的气体边界上波的边界值不应影响流场内部的物理量。如果精确地遵循了这个基本原理,则边界条件就是无反射的。然而这个基本原理通常是被求解定常流场的计算流体力学程序在不同的近似形式下所应用的,即尚不能达到无反射的效果。这时在定常流场时间推进法的求解完成后,在流场的某条边界上一直反射着的一至四种波和其他边界上反射的波,于这条边界附近和流场内部留下物理量的求解误差。第二,为了做到无反射,要对边界上的原参数进行关联性处理:当在一条边界上已给定了某个波的边界条件,则实际上在这个边界上一个或几个物理量原参数的值就已被给定了,那么这条边界上剩下的尚未被定值的那些原参数,如果和已定值原参数相协调而满足了一个无反射的条件,则这条边界将无反射。

现陈述这个无反射条件如下。

第一,将边界上的小扰动物理量写为下面的波动分解形式的列向量

$$\begin{bmatrix}\rho\\ u\\ v\\ p\end{bmatrix} = \left[\sum_{n=1}^{N} c_n \begin{pmatrix}\bar{\rho}_n\\ \bar{u}_n\\ \bar{v}_n\\ \bar{p}_n\end{pmatrix} e^{i\alpha_n x}\right] e^{i(\omega t+\beta y)} \tag{5-87}$$

其中,$\alpha_n(n=1,\cdots,N)$是在 x 方向上进出该边界的第 n 个波的波数,它就是色散关系式(5-47)对应于某个确定的 ω,β 的第 n 个根。二维情形时 $N=4$。c_n 是为定义边界条件而引入的待定系数。因此,式(5-87)实际上是将边界上的小扰动物理量原参数表达为按照 x 方向上穿越边界的 n 个波来分解的形式,总振幅值 $\bar{\rho},\bar{u},\bar{v},\bar{p}$ 是 n 个波各自的振幅值的矢量和。

第二,精确的无反射边界条件应该如此定义:该边界上的每个接收波(incoming wave)的 c_n 取为0,而该边界上的各个发射波(outgoing wave)的 c_n 相匹配以满足待求问题所给定的直接或间接形式的边界物理量的值,例如,总焓、熵、气流方向角等。这里的接收波是指在别的边界上已经给予了它的边界定值而传入流场的波,而发射波则是指在本边界上给予其定值的波。式(5-87)的无反射边界条件在实用中必须按照偏微分方程组的不同维数、定常与否而被进一步变换形式。概括

地说，它最终以与欧拉方程组式(5-46)的矩阵相关的一个奇异矩阵的左特征矢量和右特征矢量点积为 0 的表达式，即两个矢量必须正交的条件被应用。

对于如上做法可以证明，见 6.5～6.7 节并参见 6.8 节，在一维定常、非定常和二维定常流场问题中，可以给出精确的无反射边界条件；在二维非定常、三维定常和非定常流场问题中，则只能给出近似的无反射边界条件。从本节对于三种波的分析也可以看到，在三维小扰动情况下很难对于波动现象作出明确的分析结论。又在依据 N-S 方程组求解的黏性流场问题中，由于所使用的已不是拟线性的和局部线性化的纯双曲型偏微分方程组，无反射边界条件的应用也只能是近似的。尽管如此，无反射的要求仍然是 20 世纪 90 年代以来对于高精度的计算流体力学(CFD)问题和计算气动声学(CAA)问题的基本要求及其发展方向，对于声学问题，在很多情况下甚至于是流场、声场的数值解能否相容于实际现象的关键因素。计算边界条件的提法问题主要被归入计算流体力学或计算物理学的课程，并且无反射问题是这些学科在当代研究的前沿问题之一。

5.4　均匀静止气体中平面声波传播的控制方程的线性化形式及其解

本节用本章的小扰动线性化理论再研究一个在主流静止条件下一维声波传播的基本声学问题。

对于静止气体中的小扰动，比如在一个假想的房间里，谈话开始之前空气是完全静止的，声运动使得均匀静止状态产生偏差，这就是气体的小扰动运动。其瞬时当地密度由下式给出

$$\rho = \rho_0 + \rho' \tag{5-88}$$

这里 ρ' 是在未受扰动的均匀静止状态的密度 ρ_0 上的小扰动，有 $|\rho'| \ll \rho_0$。与上式类似，瞬时当地速度 $\boldsymbol{V}$ 可写成

$$\boldsymbol{V} = \boldsymbol{0} + u\boldsymbol{i} = \boldsymbol{v} \tag{5-89}$$

即速度是从均匀静止状态 $\boldsymbol{0}$ 开始的一个扰动，此扰动速度 $u\boldsymbol{i}$ 也是很小的。现在采用小扰动法导出上述条件下均匀静止气体中平面声波传播的控制方程的线性化形式。

按照无黏流动的假定，在此没有黏性损失；设也没有热传导，没有热量加入，即流动是均熵的；由于原先均匀静止气体中无旋，由拉格朗日定理，声运动也就保持为无旋的流动。由第 4 章，控制这种流动的微分方程组中有以下三个微分方程

$$\frac{\partial \rho}{\partial t} + \nabla \cdot \rho \boldsymbol{v} = 0 \qquad \text{(连续方程)} \tag{5-90}$$

$$\frac{\mathrm{D}\boldsymbol{v}}{\mathrm{D}t} = -\frac{1}{\rho}\nabla p \qquad \text{(动量方程)} \tag{5-91}$$

$$\frac{\mathrm{D}p}{\mathrm{D}t}=a^2\frac{D\rho}{Dt}\qquad \text{（完全气体等熵非定常流动的声速方程）}\tag{5-92}$$

设题目所描述的流体运动为平面内的运动，又设该平面扰动只引起了流体微团平行于 x 轴的运动 u，因此流体中任一点的速度为式(5－89)所表示的。于是诸物理量的随流导数以及散度为

$$\frac{\mathrm{D}\boldsymbol{v}}{\mathrm{D}t}=\boldsymbol{i}\left(\frac{\partial u}{\partial t}+u\frac{\partial u}{\partial x}\right)\tag{5-93}$$

$$\frac{\mathrm{D}p}{\mathrm{D}t}=\frac{\partial p}{\partial t}+u\frac{\partial p}{\partial x}\tag{5-94}$$

$$\frac{\mathrm{D}\rho}{\mathrm{D}t}=\frac{\partial \rho}{\partial t}+u\frac{\partial \rho}{\partial x}\tag{5-95}$$

$$\nabla\cdot\boldsymbol{v}=\frac{\partial u}{\partial x}\tag{5-96}$$

展开方程(5－90)中的散度运算，再代入方程(5－92)得

$$\frac{\mathrm{D}p}{\mathrm{D}t}=a^2(-\rho\nabla\cdot\boldsymbol{v})\tag{5-97}$$

将式(5－93)代入方程(5－91)，又将式(5－94)、式(5－96)代入上式，再将方程(5－92)移项，分别得到

$$\rho\frac{\partial u}{\partial t}+\rho u\frac{\partial u}{\partial x}+\frac{\partial p}{\partial x}=0\tag{5-98}$$

$$\frac{\partial p}{\partial t}+u\frac{\partial p}{\partial x}+\rho a^2\frac{\partial u}{\partial x}=0\tag{5-99}$$

$$\frac{\mathrm{D}}{\mathrm{D}t}(p-a^2\rho)=0\tag{5-100}$$

上三式组成的方程组已经是一维非定常流动的控制方程组。

下面进行小扰动处理。设

$$U=u,\ p=p_0+p',\ \rho=\rho_0+\rho',\ a=a_0+a'\tag{5-101}$$

其中，速度扰动 u 很小，且 p',ρ',a' 代表对应物理量的扰动，它们对应地比未受扰动物理量 p_0,ρ_0,a_0 小得多。将上式代入式(5－98)和式(5－99)，并略去所有的扰动量同扰动量的导数的乘积，就得到

$$\left.\begin{aligned}\rho_0\frac{\partial u}{\partial t}+\frac{\partial p'}{\partial x}=0\\ \frac{\partial p'}{\partial t}+\rho_0a_0^2\frac{\partial u}{\partial x}=0\end{aligned}\right\}\tag{5-102}$$

上方程组已经是均匀静止气体中平面声波传播的线性化一阶偏微分控制方程组了。若再将上方程组中第一式对 x 求导，第二式对 t 求导，并联立其结果，就得到通常所知的二阶的一维波动方程

$$\frac{\partial^2 p'}{\partial t^2} = a_0^2 \frac{\partial^2 p'}{\partial x^2} \tag{5-103}$$

也可将方程组(5－102)中的两式互换求导自变量而求二阶偏导数，这样就得到以速度 u 表达的同一波动问题

$$\frac{\partial^2 u}{\partial t^2} = a_0^2 \frac{\partial^2 u}{\partial x^2} \tag{5-104}$$

另一方面，将等熵流动条件式(5－100)直接积分得

$$p - a^2\rho = p_0 - a_0^2\rho_0 = \text{常数} \qquad \text{即} \qquad p' = a_0^2\rho' \tag{5-105}$$

其中，利用连续函数 $p-a^2\rho$ 的一个已知点 $p_0-a_0^2\rho_0$ 得到了积分常数，并也略去了 a 中的高阶小量 a'。上式代入式(5－103)就又得到关于密度的一维波动方程

$$\frac{\partial^2 \rho'}{\partial t^2} = a_0^2 \frac{\partial^2 \rho'}{\partial x^2} \tag{5-106}$$

在本题目所提的具体物理问题中，方程(5－103)，式(5－104)和式(5－106)各描述微小压力、速度、密度扰动的一维传播现象。这三个方程的功能相同，解的结构相同。又由偏微分方程一般理论可知，该三式均是属于式(4－40)一类的，具体为线性的二阶双曲型偏微分方程，描述物理量的振动或波动问题，其解与时间 t 有关并对时间可逆。其中静止空气的声速 a_0 是压力、速度、密度小扰动在本题目 x 方向上的传播速度。读者应注意到，流体微团是以小扰动往复振动速度 u 在气流整体流动速度为 $\mathbf{V}=\mathbf{0}$ 的背景中运动着，或者也可以是在某一个 $\mathbf{V}<a_0\boldsymbol{i}$ 的背景中运动着。即波动能量传播的速度 a_0，微团的振动变速度 $u(t,x)$，以及微团在气流中的宏观流动速度 $\mathbf{V}$ 是三个不同的运动概念。这就描写了声音传播现象，其是微团在其平衡位置附近以变化的速度 u 做简谐振动的，压力微小扰动以波速为 a_0 的纵波疏密波方式传播的，流体宏观流动可以为 $\mathbf{0}$ 速度或 $\mathbf{V}$ 速度的，物理量小扰动量及其所携带机械能量的传播过程。

解出方程式(5－103)，式(5－104)和式(5－106)中的任一个即可解出本问题。可以采用所谓的特征线法求解，其一般理论详见第 6 章。在此具体做法为，用原坐标变量 x，t 变换出特征线坐标变量 ξ，η

$$\xi = x - a_0 t,\ \eta = x + a_0 t \tag{5-107}$$

以 ξ，η 为中间变量，方程(5－103)可被变形为

$$\frac{\partial^2 p'}{\partial \xi \partial \eta} = 0 \tag{5-108}$$

将式(5－108)先对 ξ 积分，再对 η 积分，分别得

$$\frac{\partial p'}{\partial \eta} = f(\eta),\ p' = f_1(\xi) + f_2(\eta) \tag{5-109}$$

其中，f，f_1，f_2 都是任意的一元函数，其表达式可以根据具体题目的边界条件以及初始条件确定出来。这样，用原坐标变量表达积分结果就有

$$p' = f_1(x - a_0 t) + f_2(x + a_0 t) \tag{5-110}$$

式(5-110)指出,在特征线坐标变量 $x-a_0t$,$x+a_0t$ 保持为常数的坐标点 x,t 处,压力小扰动量的值 p'不变。也就是在特征线 ξ,η 上,p'不变。回顾上述解法可见,小扰动量 u,ρ'可以完全同理解出,只不过函数 f,f_1,f_2 的形式随边界条件和初始条件的不同而一般不相同。

习题5

5.1 复习无黏性流体小扰动线性化理论使用的定义系统和常用符号。

5.2 从式(5-7)出发,推导小扰动速度势二阶线性化方程。

5.3 小扰动速度势方程和跨声速小扰动速度势方程在数学意义上的区别是什么?推导过程中略去高阶小量时遇到的问题有何不同?

5.4 小扰动速度势方程的一个缺点是不适用于驻点。在驻点,$U=V=0$,因此得

$$u = -U_\infty,\ v = 0$$

可见,在驻点上 x 向扰动速度分量不是无穷小量,但 y 向扰动速度分量仍是无穷小量。这种情况可以叫作二维平面流动问题的 x 向大扰动。试建立 x 向大扰动速度势方程。

5.5 试从选用基本方程组出发,推导小扰动线性化非定常欧拉方程组。

5.6 试从小扰动线性化非定常欧拉方程组出发,推导色散关系。

5.7 试从色散关系出发,推导出压力波在传播时的方向特征,即表5-1的内容。

5.8 试总结只存在二维小扰动速度时压力波、涡波、熵波的传播特征,即传播方向、传播速度。

5.9 静止气体中小压力扰动在三维区域中的传播,其偏微分控制方程就是三维波动方程。试推导这个方程。假设压力扰动是很小的,过程是等熵的,导数与未受扰动气体中的声速 a_0 相比是小的。

提示:根据假设有

$$U = u,\ V = v,\ W = w,\ p = p_0 + p',\ \rho = \rho_0 + \rho',\ a = a_0 + a'$$

其中,速度扰动 u,v,w 很小,且 p',ρ',a'代表对应物理量的扰动,它们对应地比未受扰动物理量 p_0,ρ_0,a_0 小得多。

第6章 理想二维超声速流动的特征线法和理想多维气体流动的特征分析法

6.1 基本概念

特征线解法适用于求解有两个自变量(x,t)或(x,y)或(r,z)的双曲型一阶线性或一阶拟线性偏微分方程或偏微分方程组。线性方程是指待求函数的最高阶偏导数的系数为常数的方程，而拟线性方程是指待求函数的最高阶偏导数的系数仅为x，y和待求函数本身和待求函数的低阶偏导数的函数，而不含有待求函数的最高阶偏导数的方程。例如方程

$$au_x + bu_y + c = 0 \quad \text{（单个一阶线性或拟线性偏微分方程）} \tag{6-1}$$

它描写的是一个二维平面(x,y)上的函数$u(x,y)$的波动现象，由6.2节便还可知，它永远是双曲型的方程，即一定可求解出它的一族实的特征线。又当我们抖动绳索而使其向前传出振幅为u的波动时（图6-1），则我们具体观察的是空间x和时间t这一个二维平面上的函数$u(x,t)$。再从第3章3.6节和3.7节，我们可有展开写法的气体动力学方程组

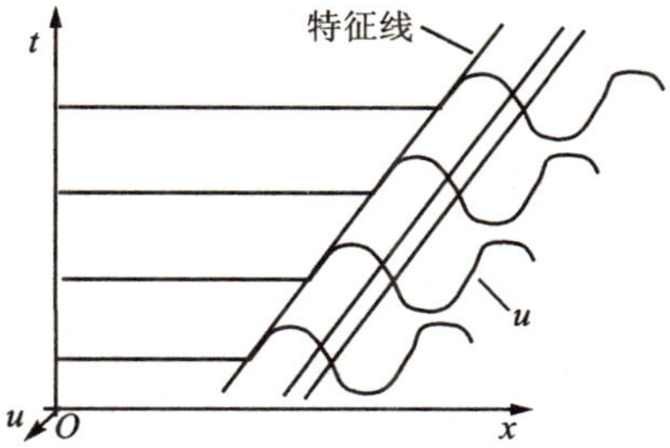

图6-1 绳索上的行波上振幅相同的点的连线是特征线

$$\left.\begin{aligned}
&\rho u_x + \rho v_y + u\rho_x + v\rho_y = 0 && \text{（连续方程）}\\
&uu_x + vu_y = -\frac{1}{\rho}p_x && \text{（}x\text{向动量方程）}\\
&uv_x + vv_y = -\frac{1}{\rho}p_y && \text{（}y\text{向动量方程）}\\
&up_x + vp_y = a^2u\rho_x + a^2v\rho_y && \text{（能量方程或声速方程）}
\end{aligned}\right\} \tag{6-2}$$

$$p = \rho RT \quad \text{（完全气体状态方程）} \tag{6-3}$$

$$\frac{a^2}{\gamma-1} + \frac{u^2+v^2}{2} = C\text{（流线）} \quad \text{（动量方程的伯努利第一积分）} \tag{6-4}$$

这是无黏性完全气体二维定常可压缩绝热流动的控制方程组，是关于两个自变量x，y，六个函数ρ，u，v，p，T，a的一阶拟线性偏微分方程组。它在超声速流动

$(Ma>1)$问题中为双曲型的方程组。其中后两式是有限形式的方程,用于封闭前四个微分方程中出现的待求函数变量。

特征曲线(或简称为特征线)的物理意义是,其被定义为一个物理量扰动的传播线。这里的扰动可以是弱扰动或者强扰动。上面提到的绳索上的波动现象$u(x,t)$,绳索上有着相同的振动幅度u的点的连线在平面(x,t)上的投影线,就是函数u在平面(x,t)上的特征线(图6-1)。由于这一具体物理现象所对应的方程(6-1)中的系数是常数,因此稍后阐述该方程的特征线解法时我们就会得知,其特征线是直线。又关于定常流动气动方程组式(6-2)至式(6-4)中任一个函数在平面(x,y)上的特征线,我们先行直接指出(参见6.5节,6.7节),激波直(曲)线、马赫直(曲)线、流线,就是超声速流场中的特征线在可见时的表象(图6-2,图6-3)。沿着这些直线或曲线,或者在这些曲线或直线的两侧,流动物理量函数的值才显现出变化,人们将此现象称为:在超声速流场中物理量的扰动是沿着特征线传播的。当超声速流场中某点处没有扰动时,即某些特征线不能被观察到时,这些特征线的影响物理量传播方向的本质并不消失,即特征线并不会消失,只是暂时不显现其作用。

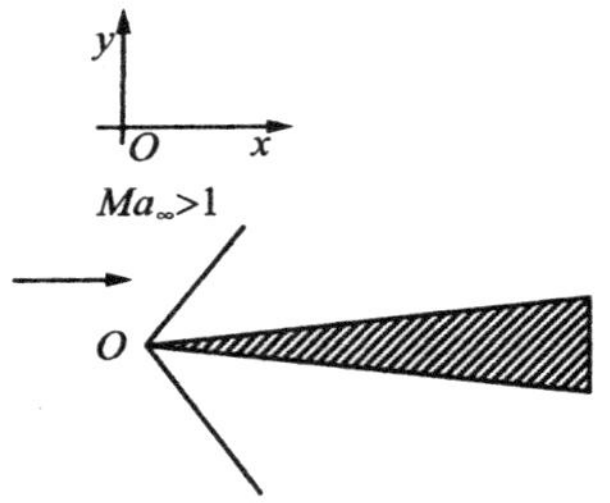

图6-2 激波是流场中的特征线

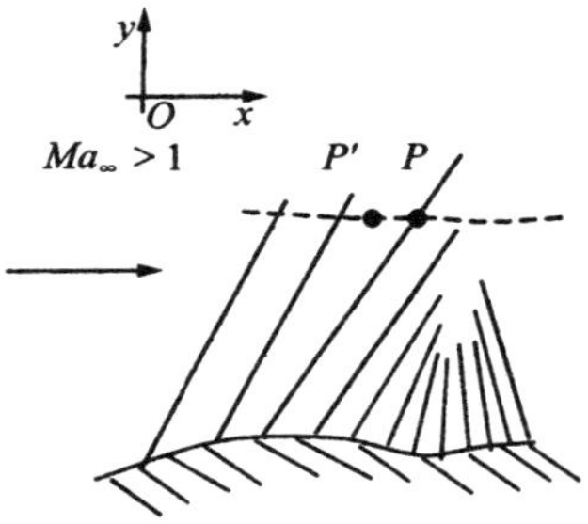

图6-3 膨胀波和弱压缩波是流场中的特征线

特征曲线的第一个数学意义是,它是平面上的这样一种曲线族,沿着此族中任一根曲线,可以把待求解物理量的一阶偏微分控制方程改变为(简化为)常微分控制方程,即消去了偏导数。这便十分有利于流场的求解。这个常微分方程被称为原来的偏微分方程或偏微分方程组的相容性方程。当原来为偏微分方程组,则相容性方程和特征曲线方程共若干个共同组成了又一个方程组,它可以取代原来的偏微分方程组,并且是极其利于求解的,与原来的方程组同样精确的方程组。所以,特征线法的基本思想就是,不求解原偏微分方程或方程组,而是沿某种平面曲线来求解另一个常微分方程或常微分方程组。这显然是一种有用的,并且有利的化简问题的方法。

稍后我们再提出特征线的第二个数学意义。

另外，特征线法更具有揭示流动问题和声学问题的物理特征，加深对问题本质的理解的其他方法不可取代的物理意义，和发展偏微分方程一般理论的数学意义。

通常先研究必为双曲型的单个一阶偏微分方程的特征线法，再研究一阶偏微分方程组的特征线法。研究方法是推导出特征线方程和相容性方程，然后求解它们。

6.2 单个偏微分方程的特征线法

将式(6-1)改写为

$$a\left(u_x + \frac{b}{a}u_y\right) + c = 0 \tag{6-5}$$

设 $u(x, y)$ 为连续可微函数，并且设 $u(x, y)$ 有其全微分形式

$$\mathrm{d}u = u_x \mathrm{d}x + u_y \mathrm{d}y \tag{6-6}$$

即

$$\frac{\mathrm{d}u}{\mathrm{d}x} = u_x + \frac{\mathrm{d}y}{\mathrm{d}x}u_y \tag{6-7}$$

将式(6-7)与式(6-5)做一个对比可见，当令

$$\frac{\mathrm{d}y}{\mathrm{d}x} = \frac{b}{a} = \lambda \tag{6-8}$$

也就是当沿着式(6-8)所定义的平面曲线，则原来的偏微分方程式(6-5)便简化为

$$a\frac{\mathrm{d}u}{\mathrm{d}x} + c = 0 \qquad \text{或} \qquad a\mathrm{d}u + c\mathrm{d}x = 0 \tag{6-9}$$

上式已经是一个关于函数 u 的常微分方程了。但只沿着曲线式(6-8)，这个常微分方程才成立。由本章前面已论述的概念得知，式(6-8)是原偏微分方程式(6-1)的特征线方程，而式(6-9)是原偏微分方程式(6-1)的相容性方程。因为式(6-9)联系了 $u(x, y)$ 和其自变量之一 x 的关系，如图 6-4 所示，因此现在已可以沿着特征线来找到解 $u(x, y)$ 在特征线上的一系列值了。这便是对单自变量 x，沿特征线来积分相容性微分方程。特征线方程和相容性方程通常必须被联立而求它们的积分解析解，或者由逐步推进自变量 x 的所谓“推进法”而联立求积分数值解。这里进一步可以注意到，如前所说，一阶偏微分方程式(6-1)的特征线式(6-8)是永远都存在的，并且当式(6-1)是线性方程，则 a，b 为常数，其特征线式(6-8)是直线；当

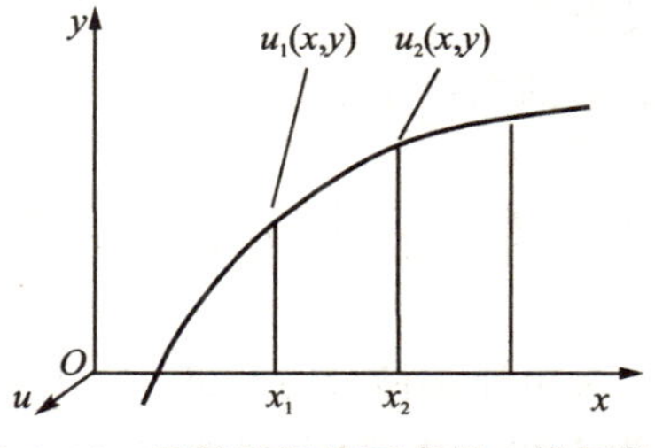

图 6-4　沿着特征线可求解一维函数 $u(x, y(x))$ 的常微分方程

式(6-1)是非线性方程,则其特征线一般是斜率变化的曲线。

例 6.1 用特征线法求解单个一阶拟线性偏微分方程

给出一阶方程

$$2\frac{\partial u}{\partial x}+3x\frac{\partial u}{\partial y}=4xu \tag{6-10}$$

和 $u(x,y)$ 关于 x 的初始条件

$$u(0,y)=5y+1 \tag{6-11}$$

求:(1) 通过 (x,y) 平面上点(2,4)的特征线方程;(2) 沿着该特征线的相容性方程;(3) $u(2,4)$ 的数值。

将原方程变形为

$$u_x+\frac{3x}{2}u_y=2xu$$

设函数 u 连续可微,并设 u 存在全微分,则必有

$$\mathrm{d}u=u_x\mathrm{d}x+u_y\mathrm{d}y \qquad 或即 \qquad \frac{\mathrm{d}u}{\mathrm{d}x}=u_x+\frac{\mathrm{d}y}{\mathrm{d}x}u_y$$

上式对比前式知,当沿循平面曲线

$$\frac{\mathrm{d}y}{\mathrm{d}x}=\frac{3x}{2} \qquad 或即积分后的 \qquad y=\frac{3}{4}x^2+C_1 \tag{6-12}$$

则原偏微分方程就可写为常微分方程

$$\frac{\mathrm{d}u}{\mathrm{d}x}=2xu \qquad 或即积分后的 \qquad u=C_2\mathrm{e}^{x^2} \tag{6-13}$$

因此式(6-12)是原偏微分方程的微分和积分形式的特征线方程,而式(6-13)是原偏微分方程的微分和积分形式的相容性方程,但积分形式尚待确定积分常数。

因为特征线经过平面点(2,4),代入特征线方程式(6-12)则解出 $C_1=1$。又得同一特征线在 $x=0$ 处取值 $y=1$。$x=0$ 和 $y=1$ 再代入 u 的初始条件曲线式(6-11),并联立相容方程式(6-13),则得到 $u(0,1)=5\times1+1=C_2\mathrm{e}^{0^2}$,即 $C_2=6$。则又由相容方程,在点(2,4)处得到 $u=6\mathrm{e}^{2^2}=6\mathrm{e}^4$。至此特征线方程、相容方程、$u(2,4)$ 的数值全部解毕。

6.3 特征线可以是待求函数的导数的间断线

又由原偏微分方程式(6-1)联立一般全微分方程式(6-6),以函数的导数 u_x,u_y 为未知函数,写出线性方程组

$$\left.\begin{aligned} au_x+bu_y&=-c\\ \mathrm{d}xu_x+\mathrm{d}yu_y&=\mathrm{d}u\end{aligned}\right\} \tag{6-14}$$

使用线性方程组的 Gramer 法则可直接解出该非齐次线性方程组为

$$
\left.\begin{aligned}
u_y &= \begin{vmatrix} a & -c \\ \mathrm{d}x & \mathrm{d}u \end{vmatrix} \Big/ \begin{vmatrix} a & b \\ \mathrm{d}x & \mathrm{d}y \end{vmatrix} = \frac{a\mathrm{d}u + c\mathrm{d}x}{a\mathrm{d}y - b\mathrm{d}x} \\
u_x &= \frac{-b\mathrm{d}u - c\mathrm{d}y}{a\mathrm{d}y - b\mathrm{d}x}
\end{aligned}\right\} \tag{6-15}
$$

可见，当沿着式(6－8)表示的特征线，上两式的分母恰为 0，同时由相容方程式(6－9)知 u_y 的分子也为 0，将 u_x 的分母带入分子，可证 u_x 的分子也为 0。即，沿着特征线，函数 u_y，u_x 为 0/0 型的不定式，存在着 u_y，u_x 作为 x，y 的函数是不连续函数的可能性。因此，使用特征线法并不限制在求解 $u(x,y)$的区域中 u_x，u_y 即待求函数的导数必须是连续的，而只限制了函数 u 是连续可微的。这就是特征线的第二个数学意义。

本章研究的是一阶的偏微分方程，若再回顾 4.2 节对于二阶的偏微分方程的特征线所论述的意义，则可知，特征线的第二个数学意义的一般性阐述可以为：在特征线上，偏微分方程中的最高阶偏导数可能是不连续函数。

6.4　两个偏微分方程的方程组的特征线法

我们的希望仍然是找到一个等价于原偏微分方程组的、由特征线方程和相容性方程组成的方程组，来代替原偏微分方程组，从而简化问题的求解。

设两个偏微分方程的方程组为

$$
\left.\begin{aligned}
L_1(u,v;x,y) &= a_{11}u_x + b_{11}u_y + a_{12}v_x + b_{12}v_y + c_1 = 0 \\
L_2(u,v;x,y) &= a_{21}u_x + b_{21}u_y + a_{22}v_x + b_{22}v_y + c_2 = 0
\end{aligned}\right\} \tag{6-16}
$$

其中，a_{ij}，b_{ij} $(i,j=1,2)$和 c_i $(i=1,2)$对于线性方程组情形是常数，对于拟线性情形则是两个自变量 x，y 和两个待求函数 u，v 的函数。设两个偏微分方程的线性和为

$$
L = \sigma_1 L_1 + \sigma_2 L_2 \tag{6-17}
$$

其中，σ_1，σ_2 是待定参数。由上式出发可以类似于单个偏微分方程的情形，求得特征线方程和在特征线上的代替并相容于原偏微分方程组的常微分方程组。前式带入上式整理得

$$
(a_{11}\sigma_1 + a_{21}\sigma_2)\left(u_x + \frac{b_{11}\sigma_1 + b_{21}\sigma_2}{a_{11}\sigma_1 + a_{21}\sigma_2}u_y\right) + (a_{12}\sigma_1 + a_{22}\sigma_2)\left(v_x + \frac{b_{12}\sigma_1 + b_{22}\sigma_2}{a_{12}\sigma_1 + a_{22}\sigma_2}v_y\right) + (c_1\sigma_1 + c_2\sigma_2) = 0 \tag{6-18}
$$

这里同样也设连续且可微函数 u，v 具有全微分 $\mathrm{d}u$，$\mathrm{d}v$，因此有全微分表达式

$$
\mathrm{d}u = u_x\mathrm{d}x + u_y\mathrm{d}y \qquad \text{和} \qquad \mathrm{d}v = v_x\mathrm{d}x + v_y\mathrm{d}y \tag{6-19}
$$

上式两端同除以 $\mathrm{d}x$ 得

$$\frac{\mathrm{d}u}{\mathrm{d}x}=u_x+\frac{\mathrm{d}y}{\mathrm{d}x}u_y \qquad 和 \qquad \frac{\mathrm{d}v}{\mathrm{d}x}=v_x+\frac{\mathrm{d}y}{\mathrm{d}x}v_y \tag{6-20}$$

现将上式右端与式(6-18)作对比观察。可发现,当沿循着假定存在的,斜率为 λ 的同一条平面曲线

$$\frac{\mathrm{d}y}{\mathrm{d}x}=\lambda=\frac{b_{11}\sigma_1+b_{21}\sigma_2}{a_{11}\sigma_1+a_{21}\sigma_2}=\frac{b_{12}\sigma_1+b_{22}\sigma_2}{a_{12}\sigma_1+a_{22}\sigma_2} \tag{6-21}$$

去获得式(6-20)左端的全微分$\frac{\mathrm{d}u}{\mathrm{d}x}$,$\frac{\mathrm{d}v}{\mathrm{d}x}$,那么原两个偏微分方程的线性和式(6-18)就得到变化为常微分方程的重大化简。这个常微分方程即

$$(a_{11}\sigma_1+a_{21}\sigma_2)\mathrm{d}u+(a_{12}\sigma_1+a_{22}\sigma_2)\mathrm{d}v+(c_1\sigma_1+c_2\sigma_2)\mathrm{d}x=0 \tag{6-22}$$

由它将确立出原两个偏微分方程的相容性方程,而相容性方程成立于它所沿循的特征线式(6-21)上。

下面首先确立特征线方程。由于偏微分方程组(6-16)的类型尚未被判定,现在只知道它存在实的或者虚的特征线,即特征线的斜率 λ 属于确定的复数。因此式(6-21)的分母不应为0,由此,式(6-21)可被变形写为

$$\left.\begin{aligned}\sigma_1(a_{11}\lambda-b_{11})+\sigma_2(a_{21}\lambda-b_{21})=0\\ \sigma_1(a_{12}\lambda-b_{12})+\sigma_2(a_{22}\lambda-b_{22})=0\end{aligned}\right\} \tag{6-23}$$

为使关于 σ_1,σ_2 的上式齐次线性方程组有 σ_1,σ_2 的非零解,只能其系数行列式为0,即

$$\begin{vmatrix}a_{11}\lambda-b_{11} & a_{21}\lambda-b_{21}\\ a_{12}\lambda-b_{12} & a_{22}\lambda-b_{22}\end{vmatrix}=0 \tag{6-24}$$

上式的左端是取原偏微分方程组中诸方程的系数和待求的特征线斜率 λ,经规则排列而成的行列式,它被专门称为偏微分方程组的特征行列式,而上式则被称为偏微分方程组的特征方程,它的两个根 λ_1,λ_2,也就是两条特征线的斜率$\left.\frac{\mathrm{d}y}{\mathrm{d}x}\right|_{1,2}$,进一步被称为特征方程的特征根。该特征方程也可写成

$$a\lambda^2+b\lambda+c=0 \qquad 其中 \qquad \left.\begin{aligned}a&=a_{11}a_{22}-a_{12}a_{21}\\ b&=-a_{22}b_{11}-a_{11}b_{22}+a_{12}b_{21}+a_{21}b_{12}\\ c&=b_{11}b_{22}-b_{12}b_{21}\end{aligned}\right\} \tag{6-25}$$

于是该特征方程的特征根就是

$$\left(\frac{\mathrm{d}y}{\mathrm{d}x}\right)_{\pm}=\lambda_{\pm}=\frac{-b\pm\sqrt{b^2-4ac}}{2a} \tag{6-26}$$

因此,得到对于原偏微分方程组类型的判断为

$$b^2-4ac\begin{cases}<0 & 则考察点不存在实的特征线\lambda,原方程组是椭圆型的\\ =0 & 则考察点存在一族实特征线\lambda,原方程组是抛物型的\\ >0 & 则考察点存在两族实特征线\lambda,原方程组是双曲型的\end{cases} \tag{6-27}$$

由上两式可见，在式(6-16)的两方程方程组问题中，对于双曲型方程组得出的特征线有两条了。至此可以理解，对于双曲型的方程或方程组，由于存在着与方程的个数相等的实特征线条数，因此才可以用特征线法求解。

下面再确立相容性方程。由于已经令式(6-23)存在待定系数 σ_1, σ_2 的非零解，现可以解出它们为

$$\left.\begin{aligned}\sigma_1 &= -\frac{\sigma_2(a_{21}\lambda_{\pm}-b_{21})}{a_{11}\lambda_{\pm}-b_{11}}\\ \sigma_2 &= \sigma_2\end{aligned}\right\} \tag{6-28}$$

将上式代入相容性方程的雏形式(6-22)以消去待定系数，可得到分别对应于特征线 λ_+, λ_- 的同样是两个相容性方程，用符号 $\lambda_{\pm}, \mathrm{d}u_{\pm}, \mathrm{d}v_{\pm}, \mathrm{d}x_{\pm}$ 合写为

$$(a_{11}b_{21}-a_{21}b_{11})\mathrm{d}u_{\pm}+[(a_{22}a_{11}-a_{12}a_{21})\lambda_{\pm}+(a_{12}b_{21}-a_{22}b_{11})]\mathrm{d}v_{\pm}+ \\ [(c_2a_{11}-c_1a_{21})\lambda_{\pm}+(c_1b_{21}-c_2b_{11})]\mathrm{d}x_{\pm}=0 \tag{6-29}$$

至此，我们可以用由上式和式(6-26)的共四个常微分方程所组成的方程组，来代替原先的两个偏微分方程的方程组(6-16)，从而用特征线法求解。

求相容性方程的积分数值解时，当已知道函数的初值线 $\Gamma_0(u,v)$（图 6-5），则可以沿 x,y 平面上 $m(x_0,y_0)$ 点的当地特征线 λ_+, λ_- 的方向，用常微分方程组求解 u,v 两个曲面的函数值，而不是沿任意方向用偏微分方程组求解 u,v 两个曲面了。由于在每条特征线 λ_+ 或 λ_- 上有其自己的相容性方程，而每个相容性方程中又有 $\mathrm{d}u, \mathrm{d}v$ 两个函数的微分，所以单个相容性方程无法求解；但任意点 $P(x,y)$ 上有两条特征线 λ_+, λ_- 到达，其上的函数全微分 $\mathrm{d}u_+, \mathrm{d}v_+, \mathrm{d}u_-, \mathrm{d}v_-$ 虽是沿不同的特征线而发展变化，其终值 u_P, v_P 却是同一个，因此经过 P 点的两根特征线上的各一个相容性方程可以联立求解。实际上是采用很方便的数值法逐点 $m(x_0,y_0)$，逐线 $\Gamma_0(m,n,\cdots)$，至平面上全求解域 $\Gamma_0, \Gamma_1, \cdots$ 地求解。

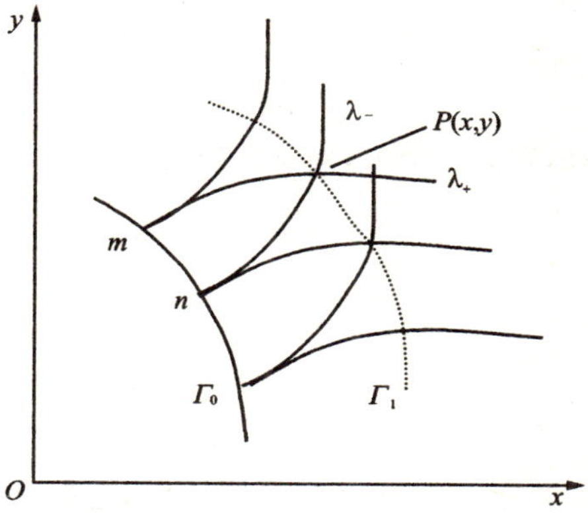

图 6-5　两个偏微分方程的特征线法的数值求解

6.5　n 个偏微分方程的方程组的特征线法和特征分析法

又显然，在于自变量平面 (x,y) 上给出了 n 个偏微分方程的情况下，例如

式(6-2)含有 $n=4$ 个偏微分方程,则可以同理得到类似于式(6-24)的该偏微分方程组的特征方程。求出特征方程的根则肯定可以得到 n 条实或虚的平面曲线 $\left.\frac{\mathrm{d}y}{\mathrm{d}x}\right|_1,\cdots,\left.\frac{\mathrm{d}y}{\mathrm{d}x}\right|_n$。当这些曲线都是实的,该偏微分方程组就是双曲型方程组。这时,由本章特征线理论的已有知识就可推知,显然在 x,y 平面上的每一点就有 n 条特征线通过,并在每一条特征线上分别有一个相容性方程成立。于是同样可以逐点、逐线、至平面上全求解域地求解由总共 n 个特征线常微分方程和 n 个相容性常微分方程所组成的方程组。

例如,按照上述概念和特征方程式(6-24)的排列规则,可以得到偏微分方程组式(6-2)的特征方程,它是关于斜率 λ 的一个4阶行列式方程

$$\begin{vmatrix} \rho\lambda-0 & 0\lambda-\rho & 0\lambda-0 & u\lambda-v \\ \rho u\lambda-\rho v & 0\lambda-0 & 1\lambda-0 & 0\lambda-0 \\ 0\lambda-0 & \rho u\lambda-\rho v & 0\lambda-1 & 0\lambda-0 \\ 0\lambda-0 & 0\lambda-0 & u\lambda-v & -a^2(u\lambda-v) \end{vmatrix}=0 \tag{6-30}$$

它是按照偏导数 $u_x,u_y,v_x,v_y,p_x,p_y,\rho_x,\rho_y$ 的横排列顺序相应写出的。这个方程的展开写法就是一个4次代数方程

$$\rho^2(u\lambda-v)^2[a^2(1+\lambda^2)-(u\lambda-v)^2]=0 \tag{6-31}$$

可解出它的4个根,即特征根为

$$\left(\frac{\mathrm{d}y}{\mathrm{d}x}\right)_{1,2}=\lambda_{1,2}=\frac{v}{u} \tag{6-32}$$

$$\left(\frac{\mathrm{d}y}{\mathrm{d}x}\right)_{3,4}=\lambda_{3,4}=\frac{\frac{u}{a}\frac{v}{a}\pm\sqrt{\frac{u^2+v^2}{a^2}-1}}{\left(\frac{u}{a}\right)^2-1} \tag{6-33}$$

显然,当超声速流动即 $Ma>1$ 时,它的全部 $n=4$ 个特征根都是实数,即式(6-2)对于描述超声速流动问题是双曲型一阶偏微分方程组。

进一步可见,式(6-2)的4个一阶偏微分方程所构成的气体动力学方程组,以式(6-32)、式(6-33)为其特征线。其中式(6-32)的两条特征线就是流线,这个解具有深刻的物理意义。我们说过,特征线在物理上被定义为物理量扰动的传播线。那么某点 P 处(参见图6-3)的超声速流场的物理量 u,v,p,ρ 等,除了受到其邻域内其他点上的物理量扰动量沿特征线传过来的影响外,当然也受到经过 P 点的流线上的上游一点 P' 处的物理量 u,v,p,ρ(或 p^*,ρ^*,u,v 等形式)的影响,因此流线也是特征线。在6.9节中还将看到,式(6-33)的两条特征线恰对应着膨胀波或者弱压缩波,因此,称式(6-32)为流特征线(族),而称式(6-33)为波特征线(族)。

特征线法目前主要应用在两个方面。第一是用特征线法求解二维自变量空间

上的偏微分方程组。例如对于(x,y)空间上的原始方程组，找出其特征线方程和特征线上的相容性方程，从而求解一个相容于原始方程组的常微分方程组。第二是对于多维自变量空间上的偏微分方程组进行一种特征分析。例如对于二维空间(x,y)或(t,x)上的方程组，分析它们在自变量空间上的特征线$\frac{\mathrm{d}y}{\mathrm{d}x}$或$\frac{\mathrm{d}x}{\mathrm{d}t}$的存在性，从而判断出方程组的类型。这时并不去找出和求解相容于原问题的常微分方程组，而是转而准备采用全自变量空间上的数值差分方法来直接求解原问题的偏微分方程组。判断类型是在计算物理方法和计算流体力学方法中需要首先进行的极其重要的求解步骤，它给出了偏微分方程组中决定性物理信息的通常不相同的传播方向，这些方向导致了求解中必然要采用不同的差分格式，和不同的边界条件给定法。课程参考书目[12]很详细地讨论分析了差分格式用法和边界条件给定法原则的问题。

下面用比本节前面的方法在形式上稍有变化的特征分析法，来继续偏微分方程组的特征分析问题的讨论。这里仍从两个偏微分方程的方程组式(6-16)入手。该式可用矩阵形式写为

$$\begin{pmatrix} a_{11} & a_{12} \\ a_{21} & a_{22} \end{pmatrix}\begin{pmatrix} u_x \\ v_x \end{pmatrix}+\begin{pmatrix} b_{11} & b_{12} \\ b_{21} & b_{22} \end{pmatrix}\begin{pmatrix} u_y \\ v_y \end{pmatrix}=-\begin{pmatrix} c_1 \\ c_2 \end{pmatrix} \tag{6-34}$$

或即

$$\boldsymbol{A}\boldsymbol{U}_x+\boldsymbol{B}\boldsymbol{U}_y=-\boldsymbol{C} \tag{6-35}$$

其中的矩阵和矢量各为

$$\boldsymbol{A}=\begin{pmatrix} a_{11} & a_{12} \\ a_{21} & a_{22} \end{pmatrix},\quad \boldsymbol{B}=\begin{pmatrix} b_{11} & b_{12} \\ b_{21} & b_{22} \end{pmatrix},\quad \boldsymbol{C}=\begin{pmatrix} c_1 \\ c_2 \end{pmatrix},\quad \boldsymbol{U}=\begin{pmatrix} u \\ v \end{pmatrix} \tag{6-36}$$

而角标x,y表示对矢量的每一个分量求偏导数。用$\boldsymbol{A}$的逆矩阵$\boldsymbol{A}^{-1}$化简式(6-35)得

$$\boldsymbol{U}_x+\boldsymbol{A}^{-1}\boldsymbol{B}\boldsymbol{U}_y=-\boldsymbol{A}^{-1}\boldsymbol{C}\quad 或\quad \boldsymbol{U}_x+\boldsymbol{D}\boldsymbol{U}_y=\boldsymbol{E} \tag{6-37}$$

其中矩阵$\boldsymbol{D}=\boldsymbol{A}^{-1}\boldsymbol{B}$，矢量$\boldsymbol{E}=-\boldsymbol{A}^{-1}\boldsymbol{C}$。注意到，式(6-37)已经将原始的偏微分方程组式(6-34)或即式(6-16)变形为首项系数为1的偏微分方程组了。又，设待求函数u,v存在全微分$\mathrm{d}u,\mathrm{d}v$，则其表达式式(6-19)也可写为矩阵形式

$$\begin{pmatrix} u_x \\ v_x \end{pmatrix}+\begin{pmatrix} \frac{\mathrm{d}y}{\mathrm{d}x} & 0 \\ 0 & \frac{\mathrm{d}y}{\mathrm{d}x} \end{pmatrix}\begin{pmatrix} u_y \\ v_y \end{pmatrix}=\begin{pmatrix} \frac{\mathrm{d}u}{\mathrm{d}x} \\ \frac{\mathrm{d}v}{\mathrm{d}x} \end{pmatrix}\quad 或\quad \boldsymbol{U}_x=-\begin{pmatrix} \frac{\mathrm{d}y}{\mathrm{d}x} & 0 \\ 0 & \frac{\mathrm{d}y}{\mathrm{d}x} \end{pmatrix}\boldsymbol{U}_y+\begin{pmatrix} \frac{\mathrm{d}u}{\mathrm{d}x} \\ \frac{\mathrm{d}v}{\mathrm{d}x} \end{pmatrix} \tag{6-38}$$

上式中的$\frac{\mathrm{d}y}{\mathrm{d}x}=\lambda$即为原问题的偏微分方程组在其自变量空间$(x,y)$上的特征线。可将式(6-38)带入式(6-37)而消去偏导数项$\boldsymbol{U}_x$，得到

$$(\boldsymbol{A}^{-1}\boldsymbol{B}-\lambda\boldsymbol{I})\boldsymbol{U}_y=-\boldsymbol{A}^{-1}\boldsymbol{C}-\begin{pmatrix}\dfrac{\mathrm{d}u}{\mathrm{d}x}\\ \dfrac{\mathrm{d}v}{\mathrm{d}x}\end{pmatrix}\quad 或 \quad (\boldsymbol{D}-\lambda\boldsymbol{I})\boldsymbol{U}_y=\boldsymbol{E}-\begin{pmatrix}\dfrac{\mathrm{d}u}{\mathrm{d}x}\\ \dfrac{\mathrm{d}v}{\mathrm{d}x}\end{pmatrix} \tag{6-39}$$

其中 $\boldsymbol{I}$ 为单位矩阵。上式为关于待求函数 u,v 的最高阶偏导数 $\boldsymbol{U}_y$ 的非齐次线性方程组。它的解中若有 $\boldsymbol{U}_y$ 不连续的点存在,则这事只能发生在方程组的系数行列式为0时,即

$$|\boldsymbol{A}^{-1}\boldsymbol{B}-\lambda\boldsymbol{I}|=0 \quad 或 \quad |\boldsymbol{D}-\lambda\boldsymbol{I}|=0 \tag{6-40}$$

由6.4节的术语定义和这里的推导过程可知,上式的后一形式就是形如式(6-37)后一形式的方程组——二维自变量空间(x,y)上首项系数为1的偏微分方程组的特征方程。因此同样称其中的特征线斜率 λ 为特征方程的特征根,或也称为矩阵 $\boldsymbol{D}$ 的特征根,称行列式 $|\boldsymbol{D}-\lambda\boldsymbol{I}|$ 为首项系数为1的偏微分方程组的特征行列式,或也称为矩阵 $\boldsymbol{D}$ 的特征多项式,称矩阵 $\boldsymbol{D}-\lambda\boldsymbol{I}$ 为首项系数为1的偏微分方程组的特征矩阵,或也称为矩阵 $\boldsymbol{D}$ 的特征矩阵,矩阵 $\boldsymbol{D}$ 的 λ 矩阵。与式(6-24)的特征方程相对比可以注意到,这里的特征行列式只需在方程组系数矩阵 $\boldsymbol{D}$ 的对角线元上减去 λ 就可列出了。

例 6.2　对于气体无旋均熵流动方程组用特征方程方法进行特征分析

本节的式(6-30)~式(6-33)已经分析了式(6-2)的无黏性完全气体二维定常可压缩绝热流动的控制方程组的特征,发现在超声速流动时它是有四根实特征线的双曲形一阶方程组。现在再对该方程组增加无旋条件和流场均熵条件(而不仅是增加沿流线等熵条件),则得到式(4-2)~式(4-7)的方程组,并可进一步化简出气体动力学方程式(4-11a)与式(4-11c),或者其展开写法的式(4-11b)与式(4-11c)。展开写法在二维自变量空间时的形式为

$$(a^2-u^2)u_x-2uvu_y+(a^2-v^2)v_y=0 \tag{6-41}$$

$$v_x-u_y=0 \tag{6-42}$$

现分析这个一阶方程组的特征,并与升阶后的二阶方程式(4-13)的特征分析结果式(4-34)及式(4-36)相对照。上方程组的矩阵写法可为

$$\boldsymbol{U}_x+\boldsymbol{D}\boldsymbol{U}_y=\begin{pmatrix}u\\ v\end{pmatrix}_x+\begin{pmatrix}\dfrac{-2uv}{a^2-u^2} & \dfrac{a^2-v^2}{a^2-u^2}\\ -1 & 0\end{pmatrix}\begin{pmatrix}u\\ v\end{pmatrix}_y=0 \tag{6-43}$$

该方程组的特征方程为

$$|\boldsymbol{D}-\lambda\boldsymbol{I}|=\begin{vmatrix}\dfrac{-2uv}{a^2-u^2}-\lambda & \dfrac{a^2-v^2}{a^2-u^2}\\ -1 & 0-\lambda\end{vmatrix}=\lambda^2+\frac{2uv}{a^2-u^2}\lambda+\frac{a^2-v^2}{a^2-u^2}=0 \tag{6-44}$$

于是解出

$$\left(\frac{\mathrm{d}y}{\mathrm{d}x}\right)_{1,2}=\lambda_{1,2}=\frac{\dfrac{u}{a}\dfrac{v}{a}\pm\sqrt{\dfrac{u^2+v^2}{a^2}-1}}{\left(\dfrac{u}{a}\right)^2-1}\tag{6-45}$$

可见，第一，尽管采用的是由矩阵 $\boldsymbol{D}$ 写出特征方程的方法，式(6－45)给出的两条特征线的解仍全同于方程组式(6－2)～式(6－4)即式(6－30)的四个解之中的后两个即式(6－33)。易于分析知，例 6.2 方程组中的式(4－7)与式(6－4)不同，即例 6.2 不但是全场定常绝能(且设为均能的)流场，而且是约束更多的无旋因而均熵的流场，参见克罗克方程式(3－32)和式(3－35)。结果看到，问题的流特征线(族)自动消失了，而问题的两个波特征线(族)仍然精确地存在。这样，该约束更多的方程组，在超声速流动时由两族实的特征线表现为纯粹双曲型的方程组，而在亚声速流动时由两族虚的特征线表现为纯粹椭圆型的方程组。这点与方程组式(6－2)～式(6－4)的特征混杂型方程组不同，而将影响到该方程组的超、亚声速数值求解格式和边界条件给法。第二，尽管偏微分方程组与其升阶方程的阶数不同，这里的解与式(4－34)及式(4－36)的解关于特征的结论完全相同。

6.6　非定常一维流动的特征分析法

本节以及其后两节讨论在时间和多维自变量空间(t,x,y,z)上写出的非定常一阶偏微分方程组的特征分析和近似特征分析问题。在这方面最有代表性的例子就是各种形式的多维气体动力学方程组。做一个类推便可知，在用非定常的气体动力学方程组，例如关于 $u,v,p,\rho(t,x)$的方程组等，解决非定常流动、定常流动的流场数值求解时，对于方程组的类型判别和求其特征线的问题，显然应定义特征线为

$$\left(\frac{\mathrm{d}x}{\mathrm{d}t}\right)=\lambda,\quad 或\quad \left(\frac{\mathrm{d}y}{\mathrm{d}t}\right)=\lambda,\quad \left(\frac{\mathrm{d}l}{\mathrm{d}t}\right)=\lambda\tag{6-46}$$

等。这里的长度 l 等，在非定常流动问题中是迹线弧长，在定常流动问题中就是流线弧长。也就是说，这时所研究的是物理量函数在时间和空间定义域中的传播问题。而处理偏微分方程类型、特征线问题的数学方法则完全相同于本章的定常流动问题。

由第 3 章的守恒形方程式(3－88)，式(3－89)，式(3－92)，式(3－121)和式(3－96)知，无黏性无彻体力完全气体绝热可压缩非定常多维流动的基本方程组，可以写为下面的形式

$$\frac{\partial\rho}{\partial t}+\nabla\cdot\rho\boldsymbol{v}=0\tag{6-47}$$

$$\frac{\partial \rho \boldsymbol{v}}{\partial t} + \nabla \cdot \rho \boldsymbol{v}\boldsymbol{v} = -\nabla p \tag{6-48}$$

$$\frac{\partial}{\partial t}\rho\left(u_T + \frac{\boldsymbol{v}^2}{2}\right) + \nabla \cdot \left(u_T + \frac{p}{\rho} + \frac{\boldsymbol{v}^2}{2}\right)\rho \boldsymbol{v} = 0 \tag{6-49}$$

$$\rho e = \rho\left(u_T + \frac{\boldsymbol{v}^2}{2}\right) = \rho\left(\frac{1}{\gamma - 1}\frac{p}{\rho} + \frac{\boldsymbol{v}^2}{2}\right) \tag{6-50}$$

$$p = \rho R T \tag{6-51}$$

其中引入了式(3-121)的单位体积流体贮存能 ρe 的定义式。它也和状态方程一起用于以代数方程来封闭能量方程中的压强场 p 和求出温度场 T。这就是气体动力学欧拉方程组。但应注意到这个方程组只要求流动是等熵的,而不要求是无旋的,也不要求是均熵的,参见克罗克方程式(3-32)。因此这方程组与例6.2的方程组的不同在于非定常和仅为等熵两个方面。在三维笛卡儿坐标系中展开偏微分方程组式(6-47)至式(6-49)为标量写法,得

$$\rho_t + (\rho u)_x + (\rho v)_y + (\rho w)_z = 0 \tag{6-52}$$

$$(\rho u)_t + (\rho u u)_x + (\rho u v)_y + (\rho u w)_z + p_x = 0 \tag{6-53}$$

$$(\rho v)_t + (\rho v u)_x + (\rho v v)_y + (\rho v w)_z + p_y = 0 \tag{6-54}$$

$$(\rho w)_t + (\rho w u)_x + (\rho w v)_y + (\rho w w)_z + p_z = 0 \tag{6-55}$$

$$(\rho e)_t + [(\rho e + p)u]_x + [(\rho e + p)v]_y + [(\rho e + p)w]_z = 0 \tag{6-56}$$

其中角标 t,x,y,z 表示对待求函数求偏导数。

现进一步写出这个方程组对应于非定常一维流场问题 $\rho,u,e,p(t,x)$ 的简化方程组,其矩阵写法为

$$\boldsymbol{U}_t + \boldsymbol{F}_x = 0 \tag{6-57}$$

其中矢量

$$\boldsymbol{U} = \begin{pmatrix} \rho \\ \rho u \\ \rho e \end{pmatrix}, \quad \boldsymbol{F} = \begin{bmatrix} \rho u \\ \rho u u + p \\ (\rho e + p)u \end{bmatrix} \tag{6-58}$$

而角标 t,x 表示对矢量中的每个分量分别求偏导数。进而,式(6-57)还可写成:

$$\boldsymbol{U}_t + \boldsymbol{A}\boldsymbol{U}_x = 0 \tag{6-59}$$

其中用雅可比矩阵 $\boldsymbol{A}$ 将矢量 $\boldsymbol{F}$ 的分量表达为矢量 $\boldsymbol{U}$ 的分量的一阶齐次函数,故 $\boldsymbol{A}$ 应为

$$\boldsymbol{A} = \left(\frac{\partial \boldsymbol{F}}{\partial \boldsymbol{U}}\right) = \begin{bmatrix} \frac{\partial F_1}{\partial U_1} & \frac{\partial F_1}{\partial U_2} & \frac{\partial F_1}{\partial U_3} \\ \frac{\partial F_2}{\partial U_1} & \frac{\partial F_2}{\partial U_2} & \frac{\partial F_2}{\partial U_3} \\ \frac{\partial F_3}{\partial U_1} & \frac{\partial F_3}{\partial U_2} & \frac{\partial F_3}{\partial U_3} \end{bmatrix} = \begin{bmatrix} 0 & 1 & 0 \\ \frac{(\gamma-3)}{2}u^2 & -(\gamma-3)u & \gamma-1 \\ (\gamma-1)u^3 - \gamma e u & -\frac{3(\gamma-1)}{2}u^2 + \gamma e & \gamma u \end{bmatrix} \tag{6-60}$$

其中可以推知，矢量 $\boldsymbol{F}$ 的分量的构成函数 $\rho,\rho u,\rho e,p(\rho,\rho u,\rho e)$ 各有如下偏导数

$$\frac{\partial F_1}{\partial U_1}=\frac{\partial \rho u}{\partial \rho}=0,\quad \frac{\partial F_1}{\partial U_2}=\frac{\partial \rho u}{\partial \rho u}=1,\quad \frac{\partial F_1}{\partial U_3}=\frac{\partial \rho u}{\partial \rho e}=0,$$
$$\frac{\partial F_2}{\partial U_1}=\frac{\partial(\rho u\rho u/\rho+p)}{\partial \rho}=0-u^2+\frac{(\gamma-1)}{2}u^2,\cdots,\cdots,$$
$$\frac{\partial F_3}{\partial U_1}=\frac{\partial[(\rho e+p)\rho u/\rho]}{\partial \rho}=(\gamma-1)u^3-\gamma eu,\cdots,\cdots \tag{6-61}$$

现在对首项系数为 1 的方程组式(6－59)，求其在二元自变量空间(t,x)上的特征线$\frac{\mathrm{d}x}{\mathrm{d}t}=\lambda$，以分析该方程组的特征。为使较复杂的特征方程易于化简，将定义式(6－50)代入矩阵 $\boldsymbol{A}$(式(6－60))中含有函数 e 的两个元以消去 e，进而用声速公式

$$a^2=\gamma\frac{p}{\rho} \tag{6-62}$$

消去 p，这样得到方程组的特征方程为

$$|\boldsymbol{A}-\lambda\boldsymbol{I}|=\begin{vmatrix} 0-\lambda & 1 & 0 \\ \frac{(\gamma-3)}{2}u^2 & -(\gamma-3)u-\lambda & \gamma-1 \\ \frac{(\gamma-2)}{2}u^3-\frac{a^2u}{\gamma-1} & -\frac{(2\gamma-3)}{2}u^2+\frac{a^2}{\gamma-1} & \gamma u-\lambda \end{vmatrix}=0 \tag{6-63}$$

这个 λ 的三次多项式方程的求解，首先可利用行列式的性质化简其三阶行列式如下

(第三行)－(第二行×u)

(第二行)－(第一行×第二行第二元)

(第三行)－(第一行×第三行第二元)

进而按第一行展开为下面的二阶行列式方程，再化简

$$|\boldsymbol{A}-\lambda\boldsymbol{I}|=-\begin{vmatrix} \frac{(\gamma-3)}{2}u^2-(\gamma-3)u\lambda-\lambda^2 & \gamma-1 \\ \frac{a^2}{\gamma-1}(\lambda-u)+\frac{1}{2}u^3-\frac{3}{2}u^2\lambda+u\lambda^2 & u-\lambda \end{vmatrix}=$$
$$-(\lambda-u)[\lambda-(u+a)][\lambda-(u-a)]=0 \tag{6-64}$$

因此特征根 λ 为

$$\left(\frac{\mathrm{d}x}{\mathrm{d}t}\right)_{1,2,3}=\lambda_{1,2,3}=u,u+a,u-a \tag{6-65}$$

因此判知，第一，全部三个特征根的值也称矩阵 A 的特征值均为实数，表明该非定常一维气动方程组是其自变量空间(t,x)上的双曲型方程组。第二，特征值$\frac{\mathrm{d}x}{\mathrm{d}t}=u$是流场中的微团在一维空间 x 上对时间 t 而言的流动速度，因此这是一条流特征

线(族);而特征值$\frac{\mathrm{d}x}{\mathrm{d}t}=u+a$是在微团流速$u$的基础上叠加的弱扰动量例如压强$p$向$x$轴正方向的传播速度,特征值$\frac{\mathrm{d}x}{\mathrm{d}t}=u-a$是叠加的弱扰动量向$x$轴负方向的传播速度,因此这是两条波特征线(族)。第三,当流场为超声速的,则矩阵$\boldsymbol{A}$的特征值均为正数,表明该等熵流场中的全部三族特征线上的扰动信息均是随着时间的增长而传向流场下游即x增大方向的,尽管传播的速度有别;而当流场为亚声速的,则特征值u和$u+a$仍为正数,但$u-a$为负数,表明有一条特征线上的扰动信息是随着时间的增长而传向流场的上游即x减小方向的。

进一步,由线性代数的矩阵相似变换理论就知,可以将方程组式(6-59)再改写为下式形式

$$\boldsymbol{U}_t+\boldsymbol{P\Lambda P}^{-1}\boldsymbol{U}_x=0 \tag{6-66}$$

其中使用了原偏微分方程组的雅可比矩阵$\boldsymbol{A}$的特征值矩阵$\boldsymbol{\Lambda}$,$\boldsymbol{\Lambda}$的特征矢量矩阵$\boldsymbol{P}$,以及$\boldsymbol{P}$的逆矩阵$\boldsymbol{P}^{-1}$。它们与矩阵$\boldsymbol{A}$的关系和三者的表达式各为

$$\boldsymbol{A}=\boldsymbol{P\Lambda P}^{-1} \tag{6-67}$$

$$\boldsymbol{P}=\begin{bmatrix}\alpha & \beta & \kappa\\ \alpha u & \beta(u+a) & \kappa(u-a)\\ \alpha\dfrac{u^2}{2} & \beta\left(\dfrac{u^2}{2}+ua+\dfrac{a^2}{\gamma-1}\right) & \kappa\left(\dfrac{u^2}{2}-ua+\dfrac{a^2}{\gamma-1}\right)\end{bmatrix} \tag{6-68}$$

$$\boldsymbol{\Lambda}=\begin{pmatrix}\lambda_1 & 0 & 0\\ 0 & \lambda_2 & 0\\ 0 & 0 & \lambda_3\end{pmatrix}=\begin{pmatrix}u & 0 & 0\\ 0 & u+a & 0\\ 0 & 0 & u-a\end{pmatrix} \tag{6-69}$$

$$\boldsymbol{P}^{-1}=\begin{bmatrix}\dfrac{1}{\alpha}\left(1-\dfrac{\gamma-1}{2}\dfrac{u^2}{a^2}\right) & \dfrac{1}{\alpha}(\gamma-1)\dfrac{u}{a^2} & -\dfrac{1}{\alpha}(\gamma-1)\dfrac{1}{a^2}\\ -\dfrac{1}{2a^2\beta}\left(-\dfrac{\gamma-1}{2}u^2+ua\right) & \dfrac{1}{2a^2\beta}[-(\gamma-1)u+a] & \dfrac{1}{2a^2\beta}(\gamma-1)\\ \dfrac{1}{2a^2\kappa}\left(\dfrac{\gamma-1}{2}u^2+ua\right) & -\dfrac{1}{2a^2\kappa}[(\gamma-1)u+a] & \dfrac{1}{2a^2\kappa}(\gamma-1)\end{bmatrix} \tag{6-70}$$

对这四个公式有两点说明。第一,以常系数α,β,κ表达特征矢量矩阵$\boldsymbol{P}$,这就已经囊括了所有可能使用的特征矢量。但发现当令

$$\alpha=1,\quad \beta=\kappa=\frac{1}{\sqrt{2}a} \tag{6-71}$$

则$\boldsymbol{P}$和$\boldsymbol{P}^{-1}$将取得最为简洁的表达式。这时$\boldsymbol{P}$的三个列的系数分别为$1,\beta,\beta$,而$\boldsymbol{P}^{-1}$的三个行的系数的绝对值分别也为$1,\beta,\beta$。故常使用式(6-71)。第二,矩阵$\boldsymbol{\Lambda}$中三个特征值的放置次序是按习惯任意选择的,而对于已选定的次序,特征矢量矩

阵 $\boldsymbol{P}$ 及其拟矩阵 $\boldsymbol{P}^{-1}$ 尽管不唯一，但却是对应于这个次序的满秩矩阵。$\boldsymbol{P}$ 的列矢量写法为

$$\boldsymbol{P} = (\boldsymbol{X}_1 \quad \boldsymbol{X}_2 \quad \boldsymbol{X}_3) \tag{6-72}$$

而列矢量 $\boldsymbol{X}_1, \boldsymbol{X}_2, \boldsymbol{X}_3$ 的求法为，将已解出的特征值 λ_i 依次带入由矩阵 $\boldsymbol{A}$ 的特征矩阵所构成的关于列矢量 $\boldsymbol{X}_i$ 的齐次线性方程组

$$(\boldsymbol{A} - \lambda_i \boldsymbol{I})\boldsymbol{X}_i = 0 \qquad (i = 1,2,3) \tag{6-73}$$

并依次求解出 $\boldsymbol{A}$ 对应于 λ_i 的特征矢量 $\boldsymbol{X}_i$。由于 λ_i 是特征方程式(6-63)的根，因此齐次方程组式(6-73)的系数行列式这时为 0，即所求出的 $\boldsymbol{X}_i$ 是一个基础解系，导致 $\boldsymbol{X}_i$ 尽管对应于 λ_i 但不唯一。又于本节后面可知非定常气动方程组的特征方程有时存在重特征根 λ_i，因此这两个原因使特征矢量矩阵 $\boldsymbol{P}$ 不唯一。

式(6-66)的这种带有特征值矩阵 $\boldsymbol{\Lambda}$ 的方程组形式，在计算流体力学中就明示了方程组中三个方程各自所携带的边界条件扰动或者求解过程中的数值误差扰动在空间 x 上的左右传播方向。据此，方程组式(6-66)的差分格式应该清楚地使传来信息那一侧的已知流场函数值去影响接受信息那一侧的未知流场函数值，即在差分格式中相应地使用空间后差格式或者空间前差格式。这样就可以使差分数值解法由于更符合物理信息传播现象的本质规律而提高求解精度和计算速度。这种理解导致了 20 世纪 80～90 年代计算流体力学中的矢通量 $\boldsymbol{F}_x$ 分裂法的出现(Moretti，美国，1979；Steger 和 Warming，美国，1979)和蓬勃发展。矢通量分裂一类的空间差分方法至今仍为主要应用的计算流体力学方法。

6.7 非定常三维流动的近似特征分析法

现在进一步讨论方程组式(6-52)至式(6-56)用于非定常三维气体动力学问题 $\rho, u, v, w, e, p(t, x, y, z)$ 时的特征分析。这时该方程组的矩阵写法为

$$\boldsymbol{U}_t + \boldsymbol{F}_x + \boldsymbol{G}_y + \boldsymbol{H}_z = 0 \tag{6-74}$$

其中矢量

$$\boldsymbol{U} = \begin{pmatrix} \rho \\ \rho u \\ \rho v \\ \rho w \\ \rho e \end{pmatrix}, \quad \boldsymbol{F} = \begin{bmatrix} \rho u \\ \rho u u + p \\ \rho u v \\ \rho u w \\ (\rho e + p) u \end{bmatrix}, \quad \boldsymbol{G} = \begin{bmatrix} \rho v \\ \rho v u \\ \rho v v + p \\ \rho v w \\ (\rho e + p) v \end{bmatrix}, \quad \boldsymbol{H} = \begin{bmatrix} \rho w \\ \rho w u \\ \rho w v \\ \rho w w + p \\ (\rho e + p) w \end{bmatrix} \tag{6-75}$$

或者将式(6-74)进一步写为

$$\boldsymbol{U}_t + \boldsymbol{A}\boldsymbol{U}_x + \boldsymbol{B}\boldsymbol{U}_y + \boldsymbol{C}\boldsymbol{U}_z = 0 \tag{6-76}$$

其中也用雅可比矩阵 $\boldsymbol{A}, \boldsymbol{B}, \boldsymbol{C}$ 分别将矢量 $\boldsymbol{F}, \boldsymbol{G}, \boldsymbol{H}$ 的分量表达为矢量 $\boldsymbol{U}$ 的分量的一阶齐次函数，故有

$$\boldsymbol{A}=\left(\frac{\partial \boldsymbol{F}}{\partial \boldsymbol{U}}\right)=\begin{bmatrix} 0 & 1 & 0 & 0 & 0 \\ \frac{(\gamma-1)}{2}\boldsymbol{v}^2-u^2 & -(\gamma-3)u & -(\gamma-1)v & -(\gamma-1)w & \gamma-1 \\ -uv & v & u & 0 & 0 \\ -uw & w & 0 & u & 0 \\ (\gamma-1)\boldsymbol{v}^2u-\gamma eu & -\frac{(\gamma-1)}{2}(\boldsymbol{v}^2+2u^2)+\gamma e & -(\gamma-1)uv & -(\gamma-1)uw & \gamma u \end{bmatrix} \tag{6-77}$$

$$\boldsymbol{B}=\left(\frac{\partial \boldsymbol{G}}{\partial \boldsymbol{U}}\right)=\begin{bmatrix} 0 & 0 & 1 & 0 & 0 \\ -vu & v & u & 0 & 0 \\ \frac{(\gamma-1)}{2}\boldsymbol{v}^2-v^2 & -(\gamma-1)u & -(\gamma-3)v & -(\gamma-1)w & \gamma-1 \\ -vw & 0 & w & v & 0 \\ (\gamma-1)\boldsymbol{v}^2v-\gamma ev & -(\gamma-1)vu & -\frac{(\gamma-1)}{2}(\boldsymbol{v}^2+2v^2)+\gamma e & -(\gamma-1)vw & \gamma v \end{bmatrix} \tag{6-78}$$

$$\boldsymbol{C}=\left(\frac{\partial \boldsymbol{H}}{\partial \boldsymbol{U}}\right)=\begin{bmatrix} 0 & 0 & 0 & 1 & 0 \\ -wu & w & 0 & u & 0 \\ -wv & 0 & w & v & 0 \\ \frac{(\gamma-1)}{2}\boldsymbol{v}^2-w^2 & -(\gamma-1)u & -(\gamma-1)v & -(\gamma-3)w & \gamma-1 \\ (\gamma-1)\boldsymbol{v}^2w-\gamma ew & -(\gamma-1)wu & -(\gamma-1)wv & -\frac{(\gamma-1)}{2}(\boldsymbol{v}^2+2w^2)+\gamma e & \gamma w \end{bmatrix} \tag{6-79}$$

注意到，由于特征线法和特征分析法的思想都是基于求出在二维自变量空间上函数组的特征线 λ，而现在问题的自变量空间已经升为 (t,x,y,z) 四维，因此已没有精确且成熟的特征分析法可用，至少在目前情况尚如此。这样，一种近似的特征分析法是，认为式(6-74)中的 $\boldsymbol{G}_y$ 和 $\boldsymbol{H}_z$ 暂时为0，即暂时冻结所有非0或0值的流场函数沿 y 和 z 两个方向的变化，而只研究其在空间 (t,x) 上的变化。按这一思想，可以沿用式(6-63)的做法，将定义式(6-50)带入矩阵 $\mathbf{A}$(式(6-77))中含有函数 e 的两个元以消去 e，进而用声速公式(6-62)消去 p，而得到方程组式(6-76)的特征方程为

$$|\boldsymbol{A}-\lambda\boldsymbol{I}|=\begin{vmatrix} 0-\lambda & 1 & 0 & 0 & 0 \\ \frac{(\gamma-1)}{2}\boldsymbol{v}^2-u^2 & -(\gamma-3)u-\lambda & -(\gamma-1)v & -(\gamma-1)w & \gamma-1 \\ -uv & v & u-\lambda & 0 & 0 \\ -uw & w & 0 & u-\lambda & 0 \\ \frac{(\gamma-2)}{2}\boldsymbol{v}^2u-\frac{a^2u}{\gamma-1} & -(\gamma-1)u^2+\frac{\boldsymbol{v}^2}{2}+\frac{a^2}{\gamma-1} & -(\gamma-1)uv & -(\gamma-1)uw & \gamma u-\lambda \end{vmatrix}=0 \tag{6-80}$$

这个 λ 的五次多项式方程，当求解途径不佳时难于求解。可先依据行列式的性质化简其五阶行列式如下

(第五行)－(第二行×u)

(第二行)－(第一行×第二行第二元)

(第三行)－(第一行×v)

(第四行)－(第一行×w)

(第五行)－(第一行×第五行第二元)

进而按第一行展开五阶行列式，得如下四阶行列式方程，再按其第四行展开为三阶行列式方程，并化简

$$|\boldsymbol{A}-\lambda\boldsymbol{I}|=-\begin{vmatrix} \dfrac{(\gamma-1)}{2}\boldsymbol{v}^2-u^2-(\gamma-3)u\lambda-\lambda^2 & -(\gamma-1)v & -(\gamma-1)w & \gamma-1 \\ v(\lambda-u) & u-\lambda & 0 & 0 \\ w(\lambda-u) & 0 & u-\lambda & 0 \\ \dfrac{\boldsymbol{v}^2}{2}(\lambda-u)+\dfrac{a^2u}{\gamma-1}(\lambda-u)+u(\lambda-u)^2 & 0 & 0 & u-\lambda \end{vmatrix}=$$

$$-(\lambda-u)^3[\lambda-(u+a)][\lambda-(u-a)]=0 \tag{6-81}$$

因此特征根 λ 为

$$\left(\frac{\mathrm{d}x}{\mathrm{d}t}\right)_{1,2,3,4,5}=\lambda_{1,2,3,4,5}=u,u,u,u+a,u-a \tag{6-82}$$

因此判知，第一，矩阵 $\boldsymbol{A}$ 的全部五个特征值均为实数，表明近似地说该非定常三维气动方程组也是其自变量空间(t,x,y,z)上的双曲型方程组。第二，近似特征线中有三条流特征线(族)，两条波特征线(族)。第三，当流场为超声速的，则特征值均为正数，表明该等熵流场中的全部五族近似特征线上的扰动信息均是随着时间的增长而传向流场下游即 x 增大方向的，尽管传播的速度有别；而当流场为亚声速的，则特征值 $u-a$ 为负数，表明有一条近似特征线上的扰动信息是随着时间的增长而传向流场的上游即 x 减小方向的。进而还可以理解，第四，采用冻结近似以后特征值与另外两个分速 v,w 的常值无关。第五，当将坐标轴 x 取成沿流场中主流方向并指向流场的下游，则由于流场的侧向偏导数 $\boldsymbol{G}_y$ 和 $\boldsymbol{H}_z$ 不但相对较小，而且函数 v,w 等甚至为 0 值，使矩阵 $\boldsymbol{B},\boldsymbol{C}$ 变得极其稀疏，这些将使得这种近似的特征分析法相对较为准确。例如在流场上游端的边界上和下游端的边界上应用这种近似的特征分析法而给出沿近似特征线的所谓“特征边界条件”时，实际流动现象就比较地符合近似条件，而成为一种近似的计算域边界“无反射边界条件”方法，参见 5.3.7 节。

同理可得方程组式(6－76)在(t,y)和(t,z)两个自变量空间中的近似特征线为

$$\left(\frac{\mathrm{d}y}{\mathrm{d}t}\right)_{1,2,3,4,5}=\lambda_{1,2,3,4,5}=v,v,v,v+a,v-a \tag{6-83}$$

$$\left(\frac{\mathrm{d}z}{\mathrm{d}t}\right)_{1,2,3,4,5} = \lambda_{1,2,3,4,5} = w,w,w,w+a,w-a \tag{6-84}$$

并且在(t,x),(t,y),(t,z)三个空间中式(6-76)的近似特征值矩阵可以分别写为

$$\boldsymbol{\Lambda}_A = \mathrm{diag}(u,u,u,u+a,u-a) \tag{6-85}$$

$$\boldsymbol{\Lambda}_B = \mathrm{diag}(v,v,v,v+a,v-a) \tag{6-86}$$

$$\boldsymbol{\Lambda}_C = \mathrm{diag}(w,w,w,w+a,w-a) \tag{6-87}$$

这样,式(6-76)可以进一步再用对角形矩阵$\boldsymbol{\Lambda}_A$,$\boldsymbol{\Lambda}_B$,$\boldsymbol{\Lambda}_C$及其各自的特征矢量矩阵$\boldsymbol{P}_A$,$\boldsymbol{P}_B$,$\boldsymbol{P}_C$及其逆矩阵$\boldsymbol{P}_A^{-1}$,$\boldsymbol{P}_B^{-1}$,$\boldsymbol{P}_C^{-1}$改写为

$$\boldsymbol{U}_t + \boldsymbol{P}_A\boldsymbol{\Lambda}_A\boldsymbol{P}_A^{-1}\boldsymbol{U}_x + \boldsymbol{P}_B\boldsymbol{\Lambda}_B\boldsymbol{P}_B^{-1}\boldsymbol{U}_y + \boldsymbol{P}_C\boldsymbol{\Lambda}_C\boldsymbol{P}_C^{-1}\boldsymbol{U}_z = 0 \tag{6-88}$$

在计算流体力学中这一近似式就可以在非定常三维流场问题中应用矢通量分裂法等物理意义更明确的空间差分方法。

6.8　非定常三维流动的精确特征分析法

前面采取将四维全自变量空间(t,x,y,z)分解为三个子空间(t,x),(t,y),(t,z)的方法,导出了近似的特征分析式(6-82),式(6-83),式(6-84)和应用这种分析结果而写成的近似方程组式(6-88)。那么,是否可以将空间中的点列$\boldsymbol{r}=\boldsymbol{i}x+\boldsymbol{j}y+\boldsymbol{k}z$看作是一个单维的矢自变量空间,而与时间自变量$t$构成一种超曲面形式的二维自变量空间

$$(\text{自变量 }1,\text{自变量 }2) = [\boldsymbol{r},t(\boldsymbol{r})] \tag{6-89}$$

从而用基于二维自变量空间的特征分析法给出对于方程组式(6-76)的精确的特征分析呢?试分析的结果表明这是可以的。但首先应认识到,问题的解即特征线应不再是处于二维笛卡儿空间上的曲线(族),而应是处于超曲面上的曲面(族)。其次应认识到,由于超曲面是原四维空间中的弯曲的二维空间,其上的两个自变量不再是完全互相无关的,而是一般按$t=t(\boldsymbol{r})$相关的,如式(6-89)所表达的。那么,微分或积分运算应按式(6-89)的关系进行,也称为曲面上的或流形上的微积分。这里用比值$\delta(\cdot)/\delta(\cdot)$表示曲面上的偏微分。于是,在曲面$[\boldsymbol{r}(x,y,z),t(\boldsymbol{r})]$上函数$\rho$对于空间自变量有如下偏微分

$$\frac{\delta\rho}{\delta x} = \rho_x + \rho_t\frac{\partial t}{\partial x},\quad \frac{\delta\rho}{\delta y} = \rho_y + \rho_t\frac{\partial t}{\partial y},\quad \frac{\delta\rho}{\delta z} = \rho_z + \rho_t\frac{\partial t}{\partial z} \tag{6-90}$$

同理,函数ρu,ρv,ρw,ρe也有同样形式的各3个偏微分,故共有3×5个如上的关系式。将它们写成矩阵形式为

$$\boldsymbol{U}_x + \frac{\partial t}{\partial x}\boldsymbol{U}_t = \left(\frac{\delta\rho}{\delta x},\frac{\delta\rho u}{\delta x},\frac{\delta\rho v}{\delta x},\frac{\delta\rho w}{\delta x},\frac{\delta\rho e}{\delta x}\right)^{\mathrm{T}} \tag{6-91}$$

$$\boldsymbol{U}_y + \frac{\partial t}{\partial y}\boldsymbol{U}_t = \left(\frac{\delta\rho}{\delta y},\frac{\delta\rho u}{\delta y},\frac{\delta\rho v}{\delta y},\frac{\delta\rho w}{\delta y},\frac{\delta\rho e}{\delta y}\right)^{\mathrm{T}} \tag{6-92}$$

$$\boldsymbol{U}_z + \frac{\partial t}{\partial z}\boldsymbol{U}_t = \left(\frac{\delta\rho}{\delta z},\frac{\delta\rho u}{\delta z},\frac{\delta\rho v}{\delta z},\frac{\delta\rho w}{\delta z},\frac{\delta\rho e}{\delta z}\right)^{\mathrm{T}} \tag{6-93}$$

其中矢量 $\boldsymbol{U}$ 即式(6－75)中所定义的。将这三式同时带入方程组式(6－76)以消去 $\boldsymbol{U}_x$,$\boldsymbol{U}_y$,$\boldsymbol{U}_z$ 项，并使该式左端仅留有 $\boldsymbol{U}_t$ 项，而右端放置矩阵 $\boldsymbol{A}$,$\boldsymbol{B}$,$\boldsymbol{C}$ 各与式(6－91)，式(6－92)，式(6－93)右端相乘的项。这样得到如下的关于矢量 $\boldsymbol{U}_t$ 的非齐次线性方程组

$$\boldsymbol{M}\boldsymbol{U}_t = \boldsymbol{N} \tag{6-94}$$

其中矢量 $\boldsymbol{N}$ 和矩阵 $\boldsymbol{M}$ 分别为

$$\boldsymbol{N} = -\boldsymbol{A}\left(\frac{\delta\rho}{\delta x},\frac{\delta\rho u}{\delta x},\frac{\delta\rho v}{\delta x},\frac{\delta\rho w}{\delta x},\frac{\delta\rho e}{\delta x}\right)^{\mathrm{T}} - \boldsymbol{B}\left(\frac{\delta\rho}{\delta y},\frac{\delta\rho u}{\delta y},\frac{\delta\rho v}{\delta y},\frac{\delta\rho w}{\delta y},\frac{\delta\rho e}{\delta y}\right)^{\mathrm{T}} - \boldsymbol{C}\left(\frac{\delta\rho}{\delta z},\frac{\delta\rho u}{\delta z},\frac{\delta\rho v}{\delta z},\frac{\delta\rho w}{\delta z},\frac{\delta\rho e}{\delta z}\right)^{\mathrm{T}} \tag{6-95}$$

$$\boldsymbol{M} = \boldsymbol{I} - \frac{\partial t}{\partial x}\boldsymbol{A} - \frac{\partial t}{\partial y}\boldsymbol{B} - \frac{\partial t}{\partial z}\boldsymbol{C} =$$

$$\begin{bmatrix} 1 & -\frac{\partial t}{\partial x} & -\frac{\partial t}{\partial y} & -\frac{\partial t}{\partial z} & 0 \\ -\frac{\gamma-1}{2}\boldsymbol{v}^2\frac{\partial t}{\partial x}+uQ & 1+(\gamma-2)u\frac{\partial t}{\partial x}-Q & (\gamma-1)v\frac{\partial t}{\partial x}-u\frac{\partial t}{\partial y} & (\gamma-1)w\frac{\partial t}{\partial x}-u\frac{\partial t}{\partial z} & -(\gamma-1)\frac{\partial t}{\partial x} \\ -\frac{\gamma-1}{2}\boldsymbol{v}^2\frac{\partial t}{\partial y}+vQ & (\gamma-1)u\frac{\partial t}{\partial y}-v\frac{\partial t}{\partial x} & 1+(\gamma-2)v\frac{\partial t}{\partial y}-Q & (\gamma-1)w\frac{\partial t}{\partial y}-v\frac{\partial t}{\partial z} & -(\gamma-1)\frac{\partial t}{\partial y} \\ -\frac{\gamma-1}{2}\boldsymbol{v}^2\frac{\partial t}{\partial z}+wQ & (\gamma-1)u\frac{\partial t}{\partial z}-w\frac{\partial t}{\partial x} & (\gamma-1)v\frac{\partial t}{\partial z}-w\frac{\partial t}{\partial y} & 1+(\gamma-2)w\frac{\partial t}{\partial z}-Q & -(\gamma-1)\frac{\partial t}{\partial z} \\ -(\gamma-1)\boldsymbol{v}^2Q+\gamma eQ & \begin{matrix}\left(\frac{\gamma-1}{2}\boldsymbol{v}^2-\gamma e\right)\frac{\partial t}{\partial x}\\+(\gamma-1)uQ\end{matrix} & \begin{matrix}\left(\frac{\gamma-1}{2}\boldsymbol{v}^2-\gamma e\right)\frac{\partial t}{\partial y}\\+(\gamma-1)vQ\end{matrix} & \begin{matrix}\left(\frac{\gamma-1}{2}\boldsymbol{v}^2-\gamma e\right)\frac{\partial t}{\partial z}\\+(\gamma-1)wQ\end{matrix} & 1-\gamma Q \end{bmatrix} \tag{6-96}$$

而矩阵 $\boldsymbol{M}$ 中定义了一个量 Q，其显然是量纲为 1 的正值的标量

$$Q = u\frac{\partial t}{\partial x} + v\frac{\partial t}{\partial y} + w\frac{\partial t}{\partial z} = \boldsymbol{v}\cdot\nabla t = V\frac{\partial t}{\partial s} > 0 \tag{6-97}$$

上式最后一种写法中 V 是三维速度 $\boldsymbol{v}$ 的模，s 是三维速度方向上的弧长，这写法参见第二章习题 2。注意到在这里的超曲面上的特征分析法或者特征线法问题中，矩阵 $\boldsymbol{M}$ 中的 $\frac{\partial t}{\partial x}$,$\frac{\partial t}{\partial y}$,$\frac{\partial t}{\partial z}$ 就是超曲面上的特征线的表征变量 λ_x,λ_y,λ_z。方程组式(6－94)如果有偏导数 $\boldsymbol{U}_t = [(\rho,\rho u,\rho v,\rho w,\rho e)^{\mathrm{T}}]_t$ 的不连续解，即其自变量空间 $[\boldsymbol{r}(x,y,z),t(\boldsymbol{r})]$ 上存在特征线，则这件事只能发生在其系数行列式 $|\boldsymbol{M}|$ 为 0 之时。先依据行列式的性质对 $|\boldsymbol{M}|$ 作列化简如下

(第一列)＋(第二列×u)＋(第三列×v)＋(第四列×w)＋$\left(\text{第五列}\times\frac{\boldsymbol{v}^2}{2}\right)$

(第二列)＋$\left(\text{第一列}\times\frac{\partial t}{\partial x}\right)$＋(第五列×$u$)

(第三列)＋$\left(\text{第一列}\times\frac{\partial t}{\partial y}\right)$＋(第五列×$v$)

$$(\text{第四列})+\left(\text{第一列}\times\frac{\partial t}{\partial z}\right)+(\text{第五列}\times w)$$

此时将式(6-50)中 e 的定义带入 5×5 行列式 $|\boldsymbol{M}|$ 的元52,53,54以消去 γe,得新行列式

$$|\boldsymbol{M}|=(1-Q)\begin{vmatrix} 1 & 0 & 0 & 0 & 0 \\ u & 1-Q & 0 & 0 & -(\gamma-1)\dfrac{\partial t}{\partial x} \\ v & 0 & 1-Q & 0 & -(\gamma-1)\dfrac{\partial t}{\partial y} \\ w & 0 & 0 & 1-Q & -(\gamma-1)\dfrac{\partial t}{\partial z} \\ \dfrac{\boldsymbol{v}^2}{2} & -\dfrac{a^2}{\gamma-1}\dfrac{\partial t}{\partial x}+u(1-Q) & -\dfrac{a^2}{\gamma-1}\dfrac{\partial t}{\partial y}+v(1-Q) & -\dfrac{a^2}{\gamma-1}\dfrac{\partial t}{\partial z}+w(1-Q) & 1-\gamma Q \end{vmatrix} \tag{6-98}$$

至此已易于展开并化简这个行列式的行列式方程为

$$|\boldsymbol{M}|=(1-Q)^3[(1-Q)^2-a^2R^2]=$$
$$(1-Q)^3[(1-Q)/R+a][(1-Q)/R-a]R^2=0 \tag{6-99}$$

其中定义了一个长度 $R<0$ 或 $R>0$

$$R^2=\left(\frac{\partial t}{\partial x}\right)^2+\left(\frac{\partial t}{\partial y}\right)^2+\left(\frac{\partial t}{\partial z}\right)^2 \tag{6-100}$$

注意到 R 是发自坐标原点的有向线段的长度。又注意到 R 不可能为0,否则式(6-97)直接指出在三维(x,y,z)空间中的微团迹线上时间 t 的迁移变化率为0,或说微团速度的模 V 为无穷大。

因此,方程首先有三重实根 $(1-Q)^3=0$,并且为表明根的意义而可以将其改写为

$$1-Q=1-\left(u\frac{\partial t}{\partial x}+v\frac{\partial t}{\partial y}+w\frac{\partial t}{\partial z}\right)=$$
$$\frac{(\boldsymbol{\tau}\mathrm{d}t+\boldsymbol{i}\mathrm{d}x+\boldsymbol{j}\mathrm{d}y+\boldsymbol{k}\mathrm{d}z)}{\mathrm{d}t}\cdot\left(\boldsymbol{\tau}1-\boldsymbol{i}\frac{\partial t}{\partial x}-\boldsymbol{j}\frac{\partial t}{\partial y}-\boldsymbol{k}\frac{\partial t}{\partial z}\right)=\frac{\mathrm{d}\boldsymbol{l}}{\mathrm{d}t}\cdot\boldsymbol{q}=0 \tag{6-101}$$

这里,以微弧长 $\mathrm{d}\boldsymbol{l}=\boldsymbol{\tau}\mathrm{d}t+\boldsymbol{i}\mathrm{d}x+\boldsymbol{j}\mathrm{d}y+\boldsymbol{k}\mathrm{d}z$ 表示四维空间(t,x,y,z)中任一点 P 处流体微团的瞬时运动的迹线的微分,而 $\boldsymbol{q}=\boldsymbol{\tau}1-\boldsymbol{i}\frac{\partial t}{\partial x}-\boldsymbol{j}\frac{\partial t}{\partial y}-\boldsymbol{k}\frac{\partial t}{\partial z}$ 表示四维空间中 P 点处微弧长 $\mathrm{d}\boldsymbol{l}$ 的三维超法平面内的一个矢量,且这平面内矢量 $\boldsymbol{q}$ 有无穷多个。因此,特征线变量 $\frac{\partial t}{\partial x},\frac{\partial t}{\partial y},\frac{\partial t}{\partial z}$ 总处于超法平面内,或者说定出 $\frac{\partial t}{\partial x},\frac{\partial t}{\partial y},\frac{\partial t}{\partial z}$ 三个值的原则是它们必须能够协同构成 $\mathrm{d}\boldsymbol{l}$ 的超法线之一。由于这个三重根表达的就是微团的四维迹线速度 $\frac{\mathrm{d}\boldsymbol{l}}{\mathrm{d}t}$,因此它是三重的流特征线(族)。

其次，方程还有两个互异根 $(1-Q)^2=a^2R^2$ 或即 $\frac{1-Q}{R}=-a$ 和 $\frac{1-Q}{R}=a$。为表明这两个根的物理意义，同样利用式(6－101)的变形可以将根改写为

$$\frac{1-Q}{R}=\frac{(\boldsymbol{\tau}\mathrm{d}t+\boldsymbol{i}\mathrm{d}x+\boldsymbol{j}\mathrm{d}y+\boldsymbol{k}\mathrm{d}z)}{\mathrm{d}t}\cdot\frac{\left(\boldsymbol{\tau}1-\boldsymbol{i}\frac{\partial t}{\partial x}-\boldsymbol{j}\frac{\partial t}{\partial y}-\boldsymbol{k}\frac{\partial t}{\partial z}\right)}{\sqrt{1^2+R^2}}\frac{\sqrt{1^2+R^2}}{R}=$$

$$\left(\frac{\mathrm{d}\boldsymbol{l}}{\mathrm{d}t}\cdot\boldsymbol{q}^0_{t,x,y,z}\right)\Big/\cos\left(\boldsymbol{q}^0_{t,x,y,z},\boldsymbol{q}^0_{x,y,z}\right)=\begin{cases}-a\\a\end{cases}\tag{6－102}$$

式(6－102)最后一个等式所要求的是，四维空间中任一点 P 处的四维瞬时运动的迹线速度矢量 $\frac{\mathrm{d}\boldsymbol{l}}{\mathrm{d}t}$ 向四维空间中某个超曲面内的特定单位矢量 $\boldsymbol{q}^0_{t,x,y,z}$ 上投影之后，这个投影矢量再向三维子空间 (x,y,z) 中投影，使得这个迹线速度矢量经两次投影后的模恰好等于声速 a 或其负值。这就是对方程的这两个根的限定。那么，满足这个对模所提出的条件式(6－102)的四维空间 (t,x,y,z) 中的单位矢量 $\boldsymbol{q}^0_{t,x,y,z}$ 的方向及其在三维子空间 (x,y,z) 中的单位矢量 $\boldsymbol{q}^0_{x,y,z}$ 的方向有哪些呢？在数学上，此处和前面的推导中对这两层单位矢量均未提出过任何限制条件。因此，这特征线在四维空间中是满足三维子空间中限制条件的一个三维超曲面，而这特征线在三维子空间 (x,y,z) 中是全三维空间中任意方向上的以声速 a 前进着的二维曲面族，由于没有方向限制，此即 P 点所发射的一系列同心的球形面。值 a 和 $-a$ 分别对应于单位矢量 $\boldsymbol{q}^0_{t,x,y,z}$ 与 $\boldsymbol{q}^0_{x,y,z}$ 在四维空间中的夹角小于 $\pi/2$ 和大于 $\pi/2$ 两种情况，则两个根总存在，即它们为实的特征线；而这两条特征线的表征变量 $(\lambda_x,\lambda_y,\lambda_z)=\left(\frac{\partial t}{\partial x},\frac{\partial t}{\partial y},\frac{\partial t}{\partial z}\right)$ 就由全空间上以声速扩张着的球表面的几何构造所定出，由于球表面的构造点无穷多因而这种表征变量也无穷多。在物理上，这对应于三维空间 (x,y,z) 中的流场中 P 点 t 时刻的任意形式的弱扰动源将向空间全方向放射以声速 a 传播的弱扰动波，站在静止坐标系中的观察者将看到 P 点 t 时刻的弱扰动以球面波的样式从 P 点传播开去。因此，行列式方程的这两个根是波特征线（族）。

再则，由于五个根或五条特征线均为实，故非定常三维气体动力学方程组式(6－76)是双曲型的。其特征线为

$$1-Q=0\qquad\left(\text{或}\frac{\mathrm{d}\boldsymbol{l}}{\mathrm{d}t}\cdot\boldsymbol{q}=0\right)\tag{6－103}$$

$$\frac{1-Q}{R}=-a\qquad\left[\text{或}\left(\frac{\mathrm{d}\boldsymbol{l}}{\mathrm{d}t}\cdot\boldsymbol{q}^0_{t,x,y,z}\right)\Big/\cos\left(\boldsymbol{q}^0_{t,x,y,z},\boldsymbol{q}^0_{x,y,z}\right)=-a\right]\tag{6－104}$$

$$\frac{1-Q}{R}=a\qquad\left[\text{或}\left(\frac{\mathrm{d}\boldsymbol{l}}{\mathrm{d}t}\cdot\boldsymbol{q}^0_{t,x,y,z}\right)\Big/\cos\left(\boldsymbol{q}^0_{t,x,y,z},\boldsymbol{q}^0_{x,y,z}\right)=a\right]\tag{6－105}$$

根据此精确分析的结果，可以进一步考虑在该方程组的数值求解中，应如何按其在四

维空间上的特征线及其上的特征相容方程,来构造符合物理信息传播方向的差分格式,或者无反射的差分边界条件(参见 5.3.7 节),以提高数值解的精度和求解速度。

这里导出的超曲面形式的二维自变量空间(t,x,y,z)上的特征分析法,不但在降维的(t,x)二维空间上有几何解释,在降维的(t,x,y)三维空间上也有几何解释。课程参考书目[12]在这方面给出了很好的分析。本节图 6-6 绘出了在降维的(t,x,y)三维空间上被考察点 P 处为亚声速流动和超声速流动这两种情况下的本特征分析法解的几何表达。

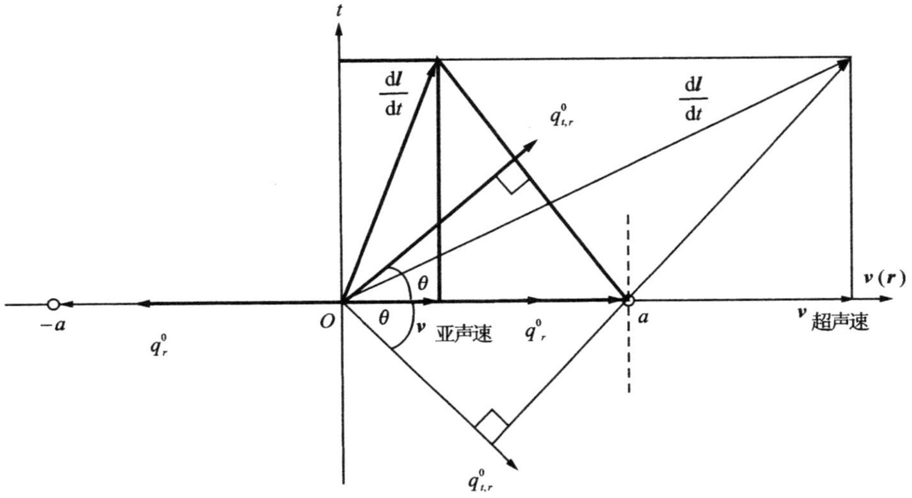

图 6-6 非定常三维气体动力学方程组式(6-74)或式(6-76)的波特征解式(6-102)在二维情形下的几何表达,粗线为亚声速流动,细线为超声速流动

6.9 依赖域,影响域

P 点函数值的依赖区域(图 6-7),O 点函数值的影响区域(图 6-8),这是在双曲型偏微分方程的特征线理论中的两个一般性的重要概念。

x,y 平面上点 m,n 两处的函数值 u,v 沿着特征线必定影响点 P 上的函数值,因为 P 点函数值可以由两个相容性常微分方程联立求解而得到。又不管 u,v 连续与否,只要沿着发自扰动源的特征线,下游 u,v 受上游 u,v 的确定影响,则三角形区域 mPn 内任意某个 O 点处的一个扰动源将把它自身对 u,v 的影响带到特征线 mP,nP 上,从而也扰动了 P 点的 u,v 值。故说,P 点函数值的依赖区域是曲边三角形 mPn。例如,图 6-3 的流场中经过 P 点的一条微弱波和不显现的另一条特征线所夹持的流场上游区域中的任何气流扰动,都会影响到 P 点的气流参数,即 P 点的依赖区是该夹持区域。而在该区域中的固体弯曲壁面就提供了一种连续分布的扰动。

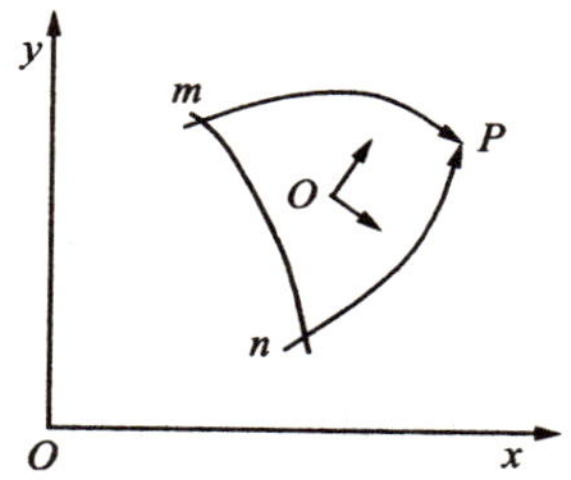

图 6-7　u,v 曲面上 P 点函数值 u,v 的依赖区域是 x,y 平面上的曲边三角形 mPn，它包含着 O 点，故也依赖 O 点

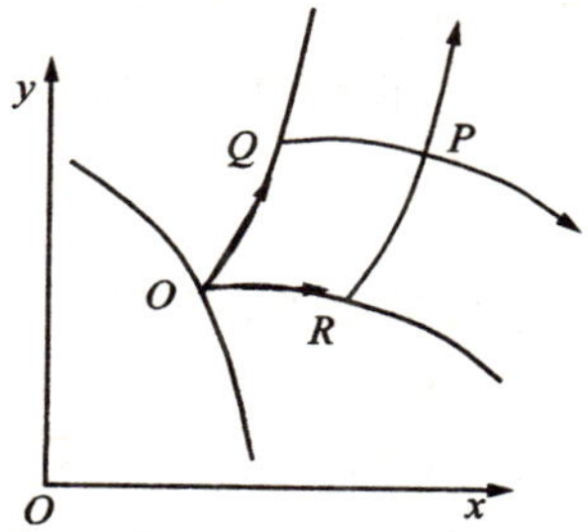

图 6-8　u,v 曲面上 O 点函数值 u,v 的影响区域是 x,y 平面上的曲边三角形 QOR，它包含着 P 点，故也影响 P 点

而反过来看，O 点将影响包括 P 点在内的由特征线 λ_+，λ_- 所夹的半无限曲边三角形区域内任一点的 u,v,p 等函数值。故说 O 点的影响区域是半无限曲边三角形 QOR。例如，图 6-2 的流场中尖劈的 O 点提供的强扰动的影响区，是两条激波所夹持的整个波后区域。又例如，图 6-3 中 P 点上游的气流如果尚未受到任何发自壁面的弱波的扰动，即 P 点上游的流速场为 $u=u_\infty$，$v=0$，则 P 点提供的弱扰动的影响区就是过 P 点的两条膨胀波所夹持的整个波后区域，且可以由式(6-33)化简出这个问题中过 P 点的特征线，也就是膨胀波线的方程为

$$\left(\frac{\mathrm{d}y}{\mathrm{d}x}\right)_{3,4}=\lambda_{3,4}=\frac{\pm 1}{\sqrt{Ma_\infty^2-1}}=\tan(\text{膨胀波角}) \tag{6-106}$$

这也就是平面超声速气体动力学给出的马赫角 μ 的方程

$$\sin\mu=\frac{1}{Ma_\infty} \tag{6-107}$$

不过，这里由于没有上壁面发出扰动，$\frac{\mathrm{d}y}{\mathrm{d}x}<0$ 的那支特征线尚不显现。

习题 6

6.1　给出一阶偏微分方程

$$2\frac{\partial u}{\partial x}+3\frac{\partial u}{\partial y}=4$$

以及初始条件 $u(0,y)=y$，$-\infty<y<\infty$。试确定：(1) 特征线方程；(2) 相容性方程；(3) $u(2,4)$的值。

6.2　一个一阶偏微分方程为

$$\frac{\partial u}{\partial x}+\frac{\partial u}{\partial y}-u=0$$

其初始条件为 $u(x,0)=x+10,-\infty<x<\infty$。试确定:(1) 特征线方程;(2) 相容性方程;(3) $u(5,10)$的值。

6.3　一个很简单的一阶拟线性方程

$$\frac{\partial u}{\partial t}+u\frac{\partial u}{\partial x}=0$$

常被称为欧拉运动微分方程式(3-25)的模型方程。对于这个方程以及初始条件 $u(0,x)=\varphi(x)$,求

(1) (t,x)平面上经过 x 轴上 x_0 点的特征线方程,相容性方程,$u(0,x_0)$的值,特征线上的其他邻近点上的函数值 u;提示:画出 t,x,u 坐标系思考。

(2) 当 x 轴上有两点 $x_1\neq x_0$,且当$[\varphi(x_1)-\varphi(x_0)]/(x_1-x_0)<0$ 时,试画出通过该两点的特征线,问在两特征线的交点上函数值 u 为何值? 这个问题揭示了拟线性方程极不同于线性方程的性质,前者反映的物理现象会有间断,即拟线性方程在求解空间(t,x)中对于偏微分方程初值问题的连续可微解仅仅具有局部的可解性。

6.4　求一阶方程

$$\frac{\partial u}{\partial t}+a(t,x,u)\frac{\partial u}{\partial x}+b(t,x,u)=0$$

的特征方向及解在特征线上应满足的关系式。

6.5　在一个等截面的管道中,一个微小扰动(即声波)的非定常一维运动的线性化控制方程组为

$$\left.\begin{aligned}\rho_0\frac{\partial u}{\partial t}+\frac{\partial p'}{\partial x}=0\\ \frac{\partial p'}{\partial t}+\rho_0 a_0^2\frac{\partial u}{\partial x}=0\end{aligned}\right\}$$

(该方程组也可被升阶为单个二阶偏微分方程 $\frac{\partial^2 p'}{\partial t^2}=a_0^2\frac{\partial^2 p'}{\partial x^2}$)。式中 u,p'分别是扰动速度和压力,下标 0 表示未受扰动的均匀自由流。试应用特征线法的一般理论来确定

(1) 这样一种流场的特征线方程;

(2) 相应的相容性方程;

(3) 假如流体是空气,$p_0=1$ 大气压,$T_0=300$ K,在空间 x 为横坐标,时间 t 为纵坐标的平面上画出$(x,t)=(10\ \text{m},100\ \text{s})$时刻所发生的扰动和它的影响域。

6.6　试推导小扰动线性化欧拉方程组式(5-38)至式(5-39)的系数矩阵 $\boldsymbol{A}$ 和 $\boldsymbol{B}$ 各自的特征值,即按一维非定常问题近似的该方程组在(t,x)和(t,y)两个自变量空间上的特征线。

第 7 章　相对运动坐标系下的无黏性可压缩流体多维流动基本方程

设在一个坐标系所管辖的空间中运动着另一个坐标系（参见图 7－1），就观察空间中任一物体的运动现象这一目的而言，称前一坐标系为绝对坐标系，称后一坐标系为相对坐标系。进一步，设绝对系中的静止观察者在一般情况下看到相对系是在作非匀速直线运动，或即，相对系是非惯性坐标系。当观察者与相对坐标系管辖空间中的某空间点固系，而随之一起运动时，所看到的空间中一个物体或流体微团的运动现象，称为在该相对坐标系下的相对运动现象。在航天飞行器、叶轮机、旋转换热等研究领域，在相对坐标系中研究物质质点，或者流体微团的运动学、动力学问题，具有简洁、物理概念清晰、计算编程方便的优点。它的具体做法就是先在认为是惯性的绝对坐标系中写出物理定律方程（组），然后再将它变换到相对非惯性系中去。这种研究相对运动的方法甚至是理解某些深刻物理概念的唯一途径，例如对于科氏力的揭示。因此，发动机专业、流体机械专业、热能专业的研究人员，应该熟识相对坐标系下的流体力学方程组。本章推导相对坐标系中的无黏性流体运动的微分方程组，主要是流量方程、动量方程、能量方程。推导和理解它们的过程，基础性地深入到了包括无黏性、有黏性流体在内的关于相对运动的最重要的基本概念。对于相对动量方程和相对能量方程，还特别注意它在特定的相对运动坐标系——常用旋转机械，例如叶轮机械相对运动坐标系中的形式。

7.1　速度合成定理

容易理解，上述的被固系于相对坐标系中某空间点上的观察者，他看到的某个微团的运动速度、加速度，与在绝对坐标系中的观察者所看到的该微团的速度、加速度显然是不同的。通常，用 $\boldsymbol{v}$、$\boldsymbol{w}$ 分别表示在绝对系、相对系中看到的微团速度，分别称为绝对速度、相对速度。常将这两种速度写为沿三个互为正交的坐标方向的投影矢量的矢量和，于是在具体的笛卡儿坐标系或圆柱坐标系中，写为

$$\boldsymbol{v} = v_x\boldsymbol{i} + v_y\boldsymbol{j} + v_z\boldsymbol{k} \quad \text{或} \quad \boldsymbol{v} = v_r\boldsymbol{e}_r + v_\theta\boldsymbol{e}_\theta + v_z\boldsymbol{e}_z \tag{7-1}$$

$$\boldsymbol{w} = w_x\boldsymbol{i}' + w_y\boldsymbol{j}' + w_z\boldsymbol{k}' \quad \text{或} \quad \boldsymbol{w} = w_r\boldsymbol{e}'_r + w_\varphi\boldsymbol{e}'_\varphi + w_z\boldsymbol{e}'_z \tag{7-2}$$

注意，至此尚不要求上两式中的绝对系坐标轴方向和相对系坐标轴方向取为相同的。

由理论力学已得知，绝对系与相对系之间的速度变换是伽利略变换，或称伽利

略速度合成定理:绝对速度等于相对速度加牵连速度。其中牵连速度即相对系中微团所在坐标点本身的绝对运动速度。因此这定理写为(图7-1)

$$\boldsymbol{v}=\boldsymbol{w}+(\boldsymbol{v}_0+\boldsymbol{\omega}\times\boldsymbol{r}_\mathrm{r})\qquad(\text{速度合成定理})\tag{7-3}$$

上式括号中即是牵连速度,其中 $\boldsymbol{v}_0$ 是相对系的原点在绝对系中的平动速度,$\boldsymbol{\omega}$ 是相对系对于绝对系的转动角速度,$\boldsymbol{r}_\mathrm{r}$ 是从相对系原点指向相对系中微团所在坐标点的矢径,称为相对矢径。

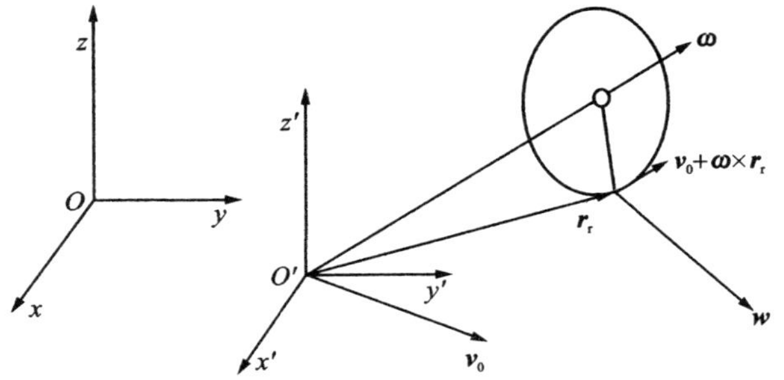

图7-1 速度合成定理

7.2 绝对系与相对系的导数的变换

通常用$\dfrac{D}{Dt}$、$\dfrac{D_\mathrm{r}}{Dt}$分别表示在绝对系中、相对系中看到的物理标量或矢量的全导数,分别称为绝对全导数、相对全导数。现在研究标量场和矢量场的全导数、空间导数在绝对系、相对系两者之间的变换关系。首先,不加证明也可以理解,流场中任一微团上的标量函数,例如 p,ρ,T,方向不变的矢量的模,等等,其值与研究时选取的具体坐标系以及绝对、相对两种坐标系无关,而只与时间有关,因此标量场对时间 t 的全导数在两种坐标系中相等。详细证明可见课程参考书目之[12]。例如在 w_x 在相对系中的方向已被固定为 $\boldsymbol{i}'$ 方向,同时设 $\boldsymbol{i}'$ 方向在绝对系中暂时固定的前提下,有全导数关系$\dfrac{Dw_x}{Dt}=\dfrac{D_\mathrm{r}w_x}{Dt}$。其次又可以理解,标量场和矢量场对空间弧长的偏导数在两种系中也相等,只要两种系的坐标轴的刻度之间互无放缩变换。这样就有梯度不变关系 $\nabla p=\nabla_\mathrm{r}p$ 等。

再则,来看矢量场对时间 t 的全导数在两种坐标系之间的变换。为清晰,进入具体的笛卡儿坐标系来研究这一问题。第一步先看相对系坐标单位矢量 $\boldsymbol{i}',\boldsymbol{j}',\boldsymbol{k}'$ 在绝对系中的全导数。为即满足科学和工程实际之需又降低数学分析之复杂程度,从现在往后的分析中,我们放置相对系的 $\boldsymbol{k}'$ 坐标轴与相对系坐标架的牵连旋

转运动 $\boldsymbol{\omega}$ 的旋转轴同轴，即令 $\boldsymbol{\omega}=\omega\boldsymbol{k}'$。因为单位矢量 $\boldsymbol{i}'$ 是均匀场，即其迁移导数为 0，再引用式(2－7)和式(2－8)，就有

$$\left.\begin{aligned}
\frac{D\boldsymbol{i}'}{Dt}&=\frac{\mathrm{d}\boldsymbol{i}'}{\mathrm{d}t}=\frac{\mathrm{d}\boldsymbol{i}'}{\mathrm{d}_r\varphi}\frac{\mathrm{d}_r\varphi}{\mathrm{d}t}=\boldsymbol{j}'\cdot\omega=\omega\boldsymbol{k}'\times\boldsymbol{i}'\\
\frac{D\boldsymbol{j}'}{Dt}&=\frac{\mathrm{d}\boldsymbol{j}'}{\mathrm{d}t}=\frac{\mathrm{d}\boldsymbol{j}'}{\mathrm{d}_r\varphi}\frac{\mathrm{d}_r\varphi}{\mathrm{d}t}=-\boldsymbol{i}'\cdot\omega=\omega\boldsymbol{k}'\times\boldsymbol{j}'\\
\frac{D\boldsymbol{k}'}{Dt}&=\frac{\mathrm{d}\boldsymbol{k}'}{\mathrm{d}t}=\frac{\mathrm{d}\boldsymbol{k}'}{\mathrm{d}_r\varphi}\frac{\mathrm{d}_r\varphi}{\mathrm{d}t}=0\times\omega=\omega\boldsymbol{k}'\times\boldsymbol{k}'
\end{aligned}\right\}\tag{7-4}$$

其中，可以借助最右端的写法 $\omega\boldsymbol{k}'\times\boldsymbol{i}'$ 来理解所得矢量 $\boldsymbol{j}'\omega$ 的几何意义。$\boldsymbol{j}'\omega$ 实际上是单位圆圆周处 $\boldsymbol{i}'$ 矢端的线速度矢量。第二步再看矢量场的两种全导数的变换。这里借助一个例子：在绝对系中对相对速度矢量 $\boldsymbol{w}$ 求全导数，然后与相对系中对 $\boldsymbol{w}$ 的全导数建立联系。由上述和上式易得

$$\begin{aligned}
\frac{D\boldsymbol{w}}{Dt}&=\frac{D}{Dt}(w_x\boldsymbol{i}'+w_y\boldsymbol{j}'+w_k\boldsymbol{k}')=\\
&\boldsymbol{i}'\frac{Dw_x}{Dt}+\boldsymbol{j}'\frac{Dw_y}{Dt}+\boldsymbol{k}'\frac{Dw_z}{Dt}+w_x\frac{D\boldsymbol{i}'}{Dt}+w_y\frac{D\boldsymbol{j}'}{Dt}+w_z\frac{D\boldsymbol{k}'}{Dt}=\\
&\boldsymbol{i}'\frac{D_rw_x}{Dt}+\boldsymbol{j}'\frac{D_rw_y}{Dt}+\boldsymbol{k}'\frac{D_rw_z}{Dt}+\omega\boldsymbol{k}'\times(w_x\boldsymbol{i}'+w_y\boldsymbol{j}'+w_z\boldsymbol{k}')=\\
&\frac{D_r\boldsymbol{w}}{Dt}+\boldsymbol{\omega}\times\boldsymbol{w}\qquad\text{（矢量的绝对与相对全导数变换公式）}
\end{aligned}\tag{7-5}$$

上式中的 $\dfrac{D_r\boldsymbol{w}}{Dt}$ 是相对系中的观察者看到的微团相对速度的全导数，也就是相对加速度。下节要研究其与绝对加速度的变换关系。上式中对 $\boldsymbol{w}$ 展开的两组变化率，恰对应于分步变化的两个过程。过程一是在绝对系中仅仅观察到 $\boldsymbol{w}$ 的三个投影的模各自都在变化，而使 $\boldsymbol{w}$ 的模和方向都可以在变化。进而利用上面已知的关系——这个观察与在相对系中观察到的投影模的变化等效，就得到了相对系中 $\boldsymbol{w}$ 的增矢量 $\delta\boldsymbol{w}$ 的全变化率 $\dfrac{D_r\boldsymbol{w}}{Dt}$。过程二即第二组变化率，是在绝对系中当观察到 $\boldsymbol{w}$ 的绝对投影模都不变时，绝对系仍可观察到相对系坐标轴的指向 $\boldsymbol{i}'$，$\boldsymbol{j}'$，$\boldsymbol{k}'$ 在变化，这个变化是在绝对系中看到的相对系整体的旋转运动 $\boldsymbol{\omega}$ 所带来的。这个旋转运动所导致的在绝对系中看到的原单位矢量 $\boldsymbol{i}'$ 的增矢量 $\delta\boldsymbol{i}'$ 的全变化率 $\dfrac{D\boldsymbol{i}'}{Dt}$，由叉乘定义知，正好是旋转角速度矢量与单位矢量叉乘所得的 $\omega\boldsymbol{k}'\times\boldsymbol{i}'$，等等。再考虑到暂固定的投影模 w_x，则可得这个旋转运动的效果为 $\boldsymbol{\omega}\times w_x\boldsymbol{i}'$，或旋转的整体效果即为 $\boldsymbol{\omega}\times\boldsymbol{w}$。

7.3 相对运动坐标系下的连续方程

由于连续性方程实质上是一个运动学方程(3.2节),可以想象,在不同的运动与否的坐标系中都能观察到流体的不间断流动或称连续性流动现象,因此连续方程形式应不变,只不过流场中速度的模和方向不同罢了。事实上,将速度合成定理式(7-3)直接代入式(3-9)左端有

$$\frac{D\rho}{Dt}+\rho\nabla\cdot\boldsymbol{v}=\frac{D_{\mathrm{r}}\rho}{Dt}+\rho\nabla\cdot(\boldsymbol{w}+\boldsymbol{v}_0+\boldsymbol{\omega}\times\boldsymbol{r}_{\mathrm{r}}) \tag{7-6}$$

由7.2节知上式中 ρ 的全导数可在两系之间直接改换。又对于上式括号中的量,第一,均匀矢量场的散度 $\nabla\cdot\boldsymbol{v}_0$ 必为0。第二,由矢量代数有 $\nabla\cdot(\boldsymbol{\omega}\times\boldsymbol{r}_r)=0$。例如在笛卡儿坐标系中可写出

$$\nabla\cdot(\boldsymbol{\omega}\times\boldsymbol{r}_r)=\begin{vmatrix}\frac{\partial}{\partial x} & \frac{\partial}{\partial y} & \frac{\partial}{\partial z}\\ \omega_x & \omega_y & \omega_z\\ \boldsymbol{r}_{rx} & \boldsymbol{r}_{ry} & \boldsymbol{r}_{rz}\end{vmatrix}=-\begin{vmatrix}\omega_x & \omega_y & \omega_z\\ \frac{\partial}{\partial x} & \frac{\partial}{\partial y} & \frac{\partial}{\partial z}\\ \boldsymbol{r}_{rx} & \boldsymbol{r}_{ry} & \boldsymbol{r}_{rz}\end{vmatrix}+\begin{vmatrix}\boldsymbol{r}_{rx} & \boldsymbol{r}_{ry} & \boldsymbol{r}_{rz}\\ \frac{\partial}{\partial x} & \frac{\partial}{\partial y} & \frac{\partial}{\partial z}\\ \omega_x & \omega_y & \omega_z\end{vmatrix}=$$

$$-\boldsymbol{\omega}\cdot(\nabla\times\boldsymbol{r}_r)+\boldsymbol{r}_r\cdot(\nabla\times\boldsymbol{\omega})=0$$

上式为0首先是因为对于空间而言永远是均匀的 $\boldsymbol{\omega}$ 的导数 $\nabla\times\boldsymbol{\omega}$ 为0,其次是因为相对矢径 $\boldsymbol{r}_r$ 在相对系中的旋度 $\nabla_{\mathrm{r}}\times\boldsymbol{r}_r=\nabla\times\boldsymbol{r}_r$ 为0,这可以由在相对系下套用式(1-27)的第二式而得到。这结果的运动学意义是说,相对坐标系整体的旋转运动所造成的牵连线速度 $\boldsymbol{\omega}\times\boldsymbol{r}_r$ 的发散度为0。故式(7-6)直接给出

$$\frac{D_{\mathrm{r}}\rho}{Dt}+\rho\nabla\cdot\boldsymbol{w}=0 \quad\text{(相对连续方程,非守恒形微分形式)} \tag{7-7}$$

又由从式(3-8a)得到式(3-9)的相同方法,可知也有

$$\frac{\partial\rho}{\partial t}+\nabla\cdot(\rho\boldsymbol{w})=0 \quad\text{(相对连续方程,守恒形微分形式)} \tag{7-8}$$

上两式说明相对坐标系中连续方程的形式与绝对坐标系中的全同。

7.4 加速度合成定理

现在,利用式(7-3)和式(7-5)证明加速度合成定理。回顾式(7-5)的推导可见,$\boldsymbol{w}$ 实际上可改换为一个一般的矢量,即对于一般的矢量场,这个矢量场对时间 t 的全导数在两种坐标系之间的变换公式都是成立的。因此现将式(7-3)的绝对速度矢量 $\boldsymbol{v}$ 代入式(7-5)有

$$\frac{D\boldsymbol{v}}{Dt}=\frac{D_{\mathrm{r}}(\boldsymbol{w}+\boldsymbol{v}_0+\boldsymbol{\omega}\times\boldsymbol{r}_{\mathrm{r}})}{Dt}+\boldsymbol{\omega}\times(\boldsymbol{w}+\boldsymbol{v}_0+\boldsymbol{\omega}\times\boldsymbol{r}_r)=$$

$$\frac{D_r\boldsymbol{w}}{Dt}+\frac{D_r\boldsymbol{v}_0}{Dt}+\boldsymbol{\omega}\times\boldsymbol{w}+\frac{D_r\boldsymbol{\omega}}{Dt}\times\boldsymbol{r}_r+\boldsymbol{\omega}\times\boldsymbol{w}+\boldsymbol{\omega}\times\boldsymbol{v}_0+\boldsymbol{\omega}\times(\boldsymbol{\omega}\times\boldsymbol{r}_r)=$$

$$\frac{D_r\boldsymbol{w}}{Dt}+\left(\frac{D\boldsymbol{v}_0}{Dt}-\boldsymbol{\omega}\times\boldsymbol{v}_0\right)+\left(\frac{D\boldsymbol{\omega}}{Dt}-\boldsymbol{\omega}\times\boldsymbol{\omega}\right)\times\boldsymbol{r}_r+2\boldsymbol{\omega}\times\boldsymbol{w}+\boldsymbol{\omega}\times\boldsymbol{v}_0+\boldsymbol{\omega}\times(\boldsymbol{\omega}\times\boldsymbol{r}_r)\tag{7-9}$$

上式最后一行是对属于绝对系的矢量 $\boldsymbol{v}_0$,$\boldsymbol{\omega}$ 反向使用式(7-5)。又注意到 $\boldsymbol{v}_0$,$\boldsymbol{\omega}$ 都是在空间中均匀的矢量,因而仅有当地变化率而迁移变化率为 0,就得

$$\frac{D\boldsymbol{v}}{Dt}=\frac{D_r\boldsymbol{w}}{Dt}+\left[\frac{\mathrm{d}\boldsymbol{v}_0}{\mathrm{d}t}+\frac{\mathrm{d}\boldsymbol{\omega}}{\mathrm{d}t}\times\boldsymbol{r}_r+\boldsymbol{\omega}\times(\boldsymbol{\omega}\times\boldsymbol{r}_r)\right]+2\boldsymbol{\omega}\times\boldsymbol{w}$$

（加速度合成定理）　(7-10)

上式即一般的加速度合成定理。其中 $\frac{D_r\boldsymbol{w}}{Dt}$ 是相对系中的观察者看到的微团加速度,称为相对加速度。方括号中的量是相对系空间中与被观察的微团重合的空间点的运动加速度,称为牵连加速度,其中的 $\boldsymbol{\omega}\times(\boldsymbol{\omega}\times\boldsymbol{r}_r)$ 是该重合点在绝对系中绕相对系转动轴转动时所具有的向心加速度。$2\boldsymbol{\omega}\times\boldsymbol{w}$ 则是微团在绝对-相对系统中运动时必然产生的科氏加速度。因此,加速度合成定理可表述为:绝对加速度等于相对加速度加上牵连加速度加上科氏加速度。

现考虑用于旋转机械流场的,例如叶轮机流场的加速度合成定理的常用简化形式。旋转机械绝对坐标系与静子(叶片)固系在一起,相对坐标系与转子(叶片)固系在一起,两个坐标系的 z 轴均与叶轮机转轴重合。笛卡儿系坐标轴 x,y,z 或圆柱系坐标轴 r,θ,z 均构成右旋坐标架系统。若用圆柱系,则 r 轴指向叶轮机半径增大方向,θ 坐标向旋转方向增大。通常处置相对系原点在绝对系中没有平动运动;当不研究叶轮机转速变化过程中的流场,则叶轮机角加速度为 0。这两点模型简化可用下式表示

$$\boldsymbol{v}_0=0\quad 且\quad \frac{\mathrm{d}\boldsymbol{v}_0}{\mathrm{d}t}=0,\quad \frac{\mathrm{d}\boldsymbol{\omega}}{\mathrm{d}t}=0\tag{7-11}$$

如此,当式(7-10)去掉含这两个纯时间导数的两项,并取这里所述的坐标系安排以后,就是用于旋转机械流场的加速度合成定理常用简化形式。

7.5　相对运动坐标系下的动量方程

将加速度合成定理式(7-10)代入绝对坐标系中的欧拉运动微分方程式(3-25a),立即就得到相对坐标系中的欧拉运动微分方程,这里用加速度合成定理的常用简化形式,免去角标 r 写出如下

$$\frac{D\boldsymbol{w}}{Dt}+\boldsymbol{\omega}\times(\boldsymbol{\omega}\times\boldsymbol{r})+2\boldsymbol{\omega}\times\boldsymbol{w}=-\frac{1}{\rho}\nabla p+\boldsymbol{R}$$

(欧拉相对运动微分方程)　　(7-12)

由于在常用旋转机械问题中,当用笛卡儿坐标系,有

$$\boldsymbol{\omega}\times(\boldsymbol{\omega}\times\boldsymbol{r})=\omega\boldsymbol{k}\times[\omega\boldsymbol{k}\times(x\boldsymbol{i}+y\boldsymbol{j}+z\boldsymbol{k})]=-\omega^2x\boldsymbol{i}-\omega^2y\boldsymbol{j}\tag{7-13}$$

$$2\boldsymbol{\omega}\times\boldsymbol{w}=2\omega\boldsymbol{k}\times(w_x\boldsymbol{i}+w_y\boldsymbol{j}+w_z\boldsymbol{k})=-2\omega w_y\boldsymbol{i}+2\omega w_x\boldsymbol{j}\tag{7-14}$$

当用圆柱坐标系,有

$$\boldsymbol{\omega}\times(\boldsymbol{\omega}\times\boldsymbol{r})=\omega\boldsymbol{e}_z\times[\omega\boldsymbol{e}_z\times(r\boldsymbol{e}_r+z\boldsymbol{e}_z)]=-\omega^2r\boldsymbol{e}_r\tag{7-15}$$

$$2\boldsymbol{\omega}\times\boldsymbol{w}=2\omega\boldsymbol{e}_z\times(w_r\boldsymbol{e}_r+w_\varphi\boldsymbol{e}_\varphi+w_z\boldsymbol{e}_z)=-2\omega w_\varphi\boldsymbol{e}_r+2\omega w_r\boldsymbol{e}_\varphi\tag{7-16}$$

由此得到相对系的欧拉方程(7-12)在笛卡儿坐标系中的展开写法

$$\frac{Dw_x}{Dt}-\omega^2x-2\omega w_y=-\frac{1}{\rho}\frac{\partial p}{\partial x}+X\tag{7-17}$$

$$\frac{Dw_y}{Dt}-\omega^2y+2\omega w_x=-\frac{1}{\rho}\frac{\partial p}{\partial y}+Y\tag{7-18}$$

$$\frac{Dw_z}{Dt}=-\frac{1}{\rho}\frac{\partial p}{\partial z}+Z\tag{7-19}$$

和相对系的欧拉方程(7-12)在圆柱坐标系中的展开写法

$$\left(\frac{Dw_r}{Dt}-\frac{w_\varphi^2}{r}\right)-\omega^2r-2\omega w_\varphi=-\frac{1}{\rho}\frac{\partial p}{\partial r}+X_r\tag{7-20}$$

$$\left(\frac{Dw_\varphi}{Dt}+\frac{w_\varphi w_r}{r}\right)+2\omega w_r=-\frac{1}{\rho}\frac{\partial p}{r\partial\varphi}+Y_\varphi\tag{7-21}$$

$$\left(\frac{Dw_z}{Dt}\right)=-\frac{1}{\rho}\frac{\partial p}{\partial z}+Z_z\tag{7-22}$$

其中,r 向动量方程左端的后三项显然也可合并为$-(w_\varphi+\omega r)^2/r$。以上这两个展开写法中的$\frac{Dw_x}{Dt}$,$\frac{Dw_r}{Dt}$等全导数的展开式见式(2-5)和式(2-6)。只不过式(2-5)和式(2-6)中的绝对速度 $\boldsymbol{v}$,v 在这里全部换成了相对速度 $\boldsymbol{w}$,w。

又由相对运动欧拉方程式(7-12),按推导绝对系中葛罗米柯方程式(3-27)的同样方法,易得相对系中的葛罗米柯运动微分方程为

$$\frac{\partial\boldsymbol{w}}{\partial t}+\nabla\frac{\boldsymbol{w}^2}{2}-\boldsymbol{w}\times(\nabla\times\boldsymbol{w})+\boldsymbol{\omega}\times(\boldsymbol{\omega}\times\boldsymbol{r})+2\boldsymbol{\omega}\times\boldsymbol{w}=-\frac{1}{\rho}\nabla p+\boldsymbol{R}$$

(葛罗米柯相对运动微分方程)　　(7-23)

利用式(3-33),得上式左端前三项在笛卡儿坐标系中的三维展开写法为

$$\frac{\partial w_x}{\partial t}+\frac{\partial}{\partial x}\frac{w^2}{2}-(w_y\Omega_z-w_z\Omega_y)\tag{7-24}$$

$$\frac{\partial w_y}{\partial t}+\frac{\partial}{\partial y}\frac{w^2}{2}-(w_z\Omega_x-w_x\Omega_z)\tag{7-25}$$

$$\frac{\partial w_z}{\partial t}+\frac{\partial}{\partial z}\frac{w^2}{2}-(w_x\Omega_y-w_y\Omega_x)\tag{7-26}$$

利用式(3－34),又得这三项在圆柱坐标系中的三维展开写法为

$$\frac{\partial w_r}{\partial t}+\frac{\partial}{\partial r}\frac{w^2}{2}-(w_\varphi\Omega_z-w_z\Omega_\varphi) \tag{7-27}$$

$$\frac{\partial w_\varphi}{\partial t}+\frac{\partial}{r\partial \varphi}\frac{w^2}{2}-(w_z\Omega_r-w_r\Omega_z) \tag{7-28}$$

$$\frac{\partial w_z}{\partial t}+\frac{\partial}{\partial z}\frac{w^2}{2}-(w_r\Omega_\varphi-w_\varphi\Omega_r) \tag{7-29}$$

其中

$$w^2=w_x^2+w_y^2+w_z^2=w_r^2+w_\varphi^2+w_z^2 \tag{7-30}$$

且其中的微团旋度分量 $\Omega_x,\Omega_y,\Omega_z,\Omega_r,\Omega_\varphi,\Omega_z$ 的表达式也全部是用相对坐标和相对速度写出。显见,用式(7－24)～式(7－26)替换式(7－17)～式(7－19)中的各一个全导数项,立即就得到在笛卡儿系中葛罗米柯相对运动微分方程的展开写法。而用式(7－27)～式(7－29)替换式(7－20)～式(7－22)中各括号中的项,立即就得到在圆柱系中葛罗米柯相对运动微分方程的展开写法。

现在由相对系的葛罗米柯方程出发推导相对系的克罗克方程,也就是引入气体状态参数的相对运动方程。在现讨论的常用旋转机械问题中,式(7－15)可继续变形为

$$\boldsymbol{\omega}\times(\boldsymbol{\omega}\times\boldsymbol{r})=-\omega^2 r\boldsymbol{e}_r=-\omega^2 r\nabla r=-\nabla\frac{\omega^2 r^2}{2} \tag{7-31}$$

又,本节前面已述,标量场和矢量场对空间坐标的偏导数在绝对、相对两种坐标系中相等。因此对葛罗米柯方程式(7－23)可继续变形如下:将式(3－29)直接代入,将项$\nabla\dfrac{\boldsymbol{w}^2}{2}$移到右端,将项$\boldsymbol{\omega}\times(\boldsymbol{\omega}\times\boldsymbol{r})$移到右端并按上式化简,再对气体略去彻体力$\boldsymbol{R}$,然后稍整理即得到如下的相对系中的克罗克运动微分方程

$$\frac{\partial \boldsymbol{w}}{\partial t}-\boldsymbol{w}\times(\nabla\times\boldsymbol{w})+2\boldsymbol{\omega}\times\boldsymbol{w}=T\nabla s-\nabla H$$

(气体的克罗克相对运动微分方程)　(7－32)

其中

$$H=h+\frac{\boldsymbol{w}^2}{2}-\frac{\omega^2 r^2}{2}\quad(\text{转焓定义}) \tag{7-33}$$

这里对克罗克相对运动微分方程给出三点重要分析。第一,变量 H 是叶轮机械领域专门定义的一个变量,称为转焓(rothalpy)或转子焓或转子滞止焓或广义焓(modified total enthalpy),其量纲为单位质量流体的焓,其意义为一种总焓。而转焓中的$h+\dfrac{\boldsymbol{w}^2}{2}$则显然是在相对坐标系中存在的流体相对运动滞止焓或称为相对总焓。这样,对比式(3－32)和式(7－32)便可知,克罗克方程在绝对系和相对系可

取得相当一致的表达形式，除了相对系时多出了向心加速度项 $-\nabla\dfrac{\omega^2 r^2}{2}$ 和科氏加速度项 $2\boldsymbol{\omega}\times\boldsymbol{w}$ 以外。第二，当叶轮机械转速 ω 为0，则相对方程自动兑变为绝对方程，这使叶轮机械转子、静子流场的统一计算和编制计算程序极其方便。第三，应用相对方程时，避免了给出难于定义的相对空间中的静压 p 分布，当给出经验的或假设的相对空间中的熵分布梯度，和指定的相对空间中的转焓分布梯度，就可以解算常用旋转机械问题的流场了。而由速度合成定理式(7-3)，易于得出

$$H=h+\frac{(\boldsymbol{v}-\boldsymbol{\omega}\times\boldsymbol{r})^2}{2}-\frac{\omega^2 r^2}{2}=h+\frac{\boldsymbol{v}^2}{2}-\boldsymbol{v}\cdot(\omega\boldsymbol{e}_z\times r\boldsymbol{e}_r)=h^*-\omega r v_\theta \tag{7-34}$$

上式最右端是转焓的另一种重要写法。由此，可以从绝对坐标系中的气流总焓(总能量) h^* 和气流在圆周方向的绝对运动分速度 v_θ 的观点(或绝对环量的设计值 rv_θ 的观点)，方便地经过上式的转换而指定相对坐标系中的转焓 H，或在相对多维空间中转焓的分布梯度。例7.1给出了关于压气机中转焓分布的分析。

若用笛卡儿系研究常用旋转机械问题，则克罗克相对运动微分方程式(7-32)的三维展开写法，由该式和式(7-31)、式(7-33)、式(3-33)知可以写为

$$\frac{\partial w_x}{\partial t}-(w_y\Omega_z-w_z\Omega_y)-2\omega w_y=T\frac{\partial s}{\partial x}-\frac{\partial}{\partial x}\left(c_pT+\frac{w^2}{2}\right)+\omega^2 x \tag{7-35a}$$

$$\frac{\partial w_y}{\partial t}-(w_z\Omega_x-w_x\Omega_z)+2\omega w_x=T\frac{\partial s}{\partial y}-\frac{\partial}{\partial y}\left(c_pT+\frac{w^2}{2}\right)+\omega^2 y \tag{7-35b}$$

$$\frac{\partial w_z}{\partial t}-(w_x\Omega_y-w_y\Omega_x)=T\frac{\partial s}{\partial z}-\frac{\partial}{\partial z}\left(c_pT+\frac{w^2}{2}\right) \tag{7-35c}$$

其中的微团旋度分量 $\Omega_x,\Omega_y,\Omega_z$ 的表达式用相对坐标和相对速度写出，且

$$w^2=w_x^2+w_y^2+w_z^2=w_r^2+w_\varphi^2+w_z^2 \tag{7-36}$$

又，显然用圆柱坐标系研究常用旋转机械问题是方便的，则圆柱系中克罗克相对运动微分方程式(7-32)的展开写法，由该式和式(7-31)、式(7-34)、式(3-34)知可以写为

$$\frac{\partial w_r}{\partial t}-(w_\varphi\Omega_z-w_z\Omega_\varphi)-2\omega w_\varphi=T\frac{\partial s}{\partial r}-\frac{\partial}{\partial r}(h^*-\omega r v_\theta) \tag{7-37a}$$

$$\frac{\partial w_\varphi}{\partial t}-(w_z\Omega_r-w_r\Omega_z)+2\omega w_r=T\frac{\partial s}{r\partial\varphi}-\frac{\partial}{r\partial\varphi}(h^*-\omega r v_\theta) \tag{7-37b}$$

$$\frac{\partial w_z}{\partial t}-(w_r\Omega_\varphi-w_\varphi\Omega_r)=T\frac{\partial s}{\partial z}-\frac{\partial}{\partial z}(h^*-\omega r v_\theta) \tag{7-37c}$$

其中的微团旋度分量 $\Omega_r,\Omega_\varphi,\Omega_z$ 用相对坐标和相对速度写出，且三式的右端是以绝对坐标系中的气动热力函数 h^*,v_θ 来控制相对系中的流场 $\boldsymbol{w}$。在周向均匀流场等情况下这三式可以被继续化简。

利用式(7-3)，下式证明了相对速度与绝对速度之间有如下关于科氏加速度

的变换关系

$$\begin{aligned}\boldsymbol{w}\times(\nabla\times\boldsymbol{v}) &= \boldsymbol{w}\times[\nabla\times(\boldsymbol{w}+\boldsymbol{\omega}\times\boldsymbol{r}_r)] = \\ &\boldsymbol{w}\times(\nabla\times\boldsymbol{w})+\boldsymbol{w}\times[\nabla\times(\boldsymbol{\omega}\times\boldsymbol{r}_r)] = \\ &\boldsymbol{w}\times(\nabla\times\boldsymbol{w})-2\boldsymbol{\omega}\times\boldsymbol{w}\end{aligned} \tag{7-38}$$

其中，以圆柱坐标系为例，并应用式(1-27)有

$$\nabla\times(\boldsymbol{\omega}\times\boldsymbol{r}_r) = \nabla\times[\omega\boldsymbol{e}_z\times(r\boldsymbol{e}_r+z\boldsymbol{e}_z)] = \nabla\times(\omega r\boldsymbol{e}_\varphi) = 2\omega\boldsymbol{e}_z = 2\boldsymbol{\omega} \tag{7-39}$$

因此，葛罗米柯相对运动微分方程式(7-23)和气体的克罗克相对运动微分方程式(7-32)，也可以用式(7-38)进一步化简其左端，而分别写为

$$\frac{\partial\boldsymbol{w}}{\partial t}+\nabla\frac{\boldsymbol{w}^2}{2}-\boldsymbol{w}\times(\nabla\times\boldsymbol{v})+\boldsymbol{\omega}\times(\boldsymbol{\omega}\times\boldsymbol{r}) = -\frac{1}{\rho}\nabla p+\boldsymbol{R}$$

（葛罗米柯相对运动微分方程）　(7-40)

$$\frac{\partial\boldsymbol{w}}{\partial t}-\boldsymbol{w}\times(\nabla\times\boldsymbol{v}) = T\nabla s-\nabla H$$

（气体的克罗克相对运动微分方程）　(7-41)

式(7-40)、式(7-41)的特点是同时含有相对速度变量和绝对速度变量，以协助某些分析和方便某些计算。例如分析气体的绝对速度的旋度不为零的相对运动。

例 7.1　分析压气机中转焓 H 的分布

压气机是给气流增加机械能的流体机械(图 7-2)，体现在压气机出口气流的总温、总压和静压均被增加，这又称为对气流加功增压。实现加功增压的具体方法，是使用压气机转子叶片排，以叶片排的旋转运动来推动气流，改变气流速度的方向、大小，同时增加气流的静压。现假设，在压气机的转子叶片排中，两片叶片之间的流场为一定常流动的流场。显然，这种在运动叶片之间定常的流场，只能当观察者被固系于转子叶片上，而随其一起做旋转运动时，才能被观察到。因此定常假设的最基本要求是，必须将观察者所处的坐标系固系于转子叶片上，而形成一相对运动坐标系。

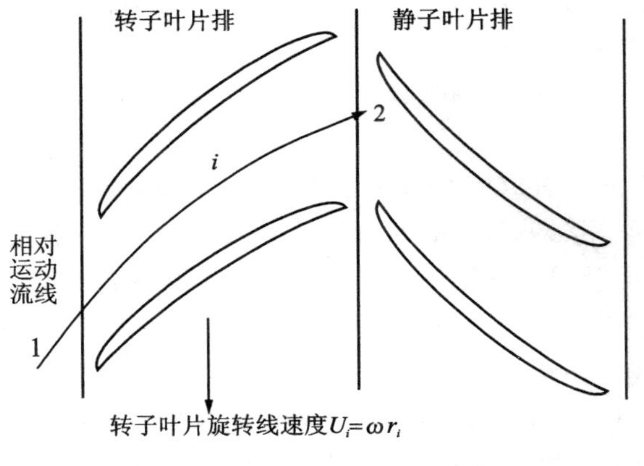

图 7-2　任意构造形式的压气机

现在暂且先回到地面坐标系，即绝对坐标系当中，研究固系于绝对坐标系的另

一个观察者,也就是绝对观察者,所看到的压气机对于气流的作用。他只注意气流中的某条流线上的微团,在进入转子叶片排前的1处和走出转子叶片排后的2处的绝对运动的速度、能量等,并利用绝对系的能量方程来描述气流的能量变化。首先,由绝对能量方程,他直接写出每千克气体被加入的功为

$$L_u = h_2^* - h_1^* \tag{7-42}$$

其次,在这条流线上的1至2点之间,他作一包裹着流线的管状控制体,而对通过这个控制体的微团系列的绝对运动,直接写出对于压气机轴线z轴而言的动量矩定理

$$\sum M_z = \dot{m}(v_{\theta 2} r_2 - v_{\theta 1} r_1) \tag{7-43}$$

上式左端是施加在管状控制体内气流上的周向作用力对于z轴的力矩的总和,这个作用力源自转子叶片表面上所有点对于周围气流的作用力,并经过控制体外的其他微团传递到控制体上来;$\dot{m}$是管状控制体中的流量;$v_{\theta 2}$、$v_{\theta 1}$是气流在点2、1处的周向绝对分速度;r_2、r_1是点2、1处的压气机半径。将上式两端同乘以压气机旋转角速度ω,同除以控制体流量$\dot{m}$,就得到

$$L_u = \frac{\sum M_z \omega}{\dot{m}} = (v_{\theta 2} U_2 - v_{\theta 1} U_1) \tag{7-44}$$

式(7-44)中,U_2、U_1是点2、1处叶片旋转运动的线速度。显然上式的第一个等式也是每千克气体被加入的功L_u的表达式。上式就是著名的欧拉叶轮机能量方程,它表明,加功量L_u是气流周向绝对分速度与叶片绝对线速度的积在叶轮机流线出口、进口处的差。

联立上式和式(7-42),然后移项,再引用式(7-34),就有

$$h_2^* - U_2 v_{\theta 2} = h_1^* - U_1 v_{\theta 1} = h_i^* - U_i v_{\theta i} = H \tag{7-45}$$

上式含有重要的物理意义。首先可见,点2、1是在微团绝对运动的流线上任取的两个点,就微团的绝对运动而言,它们是一般点。令一般点点2在点2、1之间滑动,就得到转子气流绝对运动的其他一般点点i,因此在点i和点1之间也普遍地有$h_1^* - U_1 v_{\theta 1} = h_i^* - U_i v_{\theta i}$成立。其次,据此又得到一个更重要的事实:绝对运动流线上任意点2、i、1处的量$h^* - U v_\theta$,不但其物理意义都是转焓,而且都具有相等的转焓值H。因此说,沿着某根绝对流线贯穿转子叶片存在着不变量或守恒量——转焓。转焓为常量就是转子中沿绝对流线机械能增加的流动的能量方程。再则,现回到相对系中的观察者的观点上,由于转焓也可用相对流线上的流动参数按式(7-33)计算出,则相对系观察者也得到:沿着某根相对流线贯穿转子必存在着不变量转焓,因此,在相对运动中h,$\frac{\boldsymbol{w}^2}{2}$,$-\frac{\omega^2 r^2}{2}$这三项能量必为协同变化的量。

那么在转子中守恒的转焓H其取值为何呢?其不变值可在转子叶片前缘$i=1$处显见为$H = h_1^* - U_1 v_{\theta 1}$。因此有如下$H$分布的性质:

(1) 若来流的绝对总焓 h^* 在转子叶片前缘处沿叶片的叶展方向均匀分布，例如设计第一级压气机的转子时通常所取的情形，当令转子前来流不带有预旋即 $v_{\theta1}=0$，则转焓 H 是沿着流线方向 m 向和叶展方向 η 向的二元不变量，其值就是来流的绝对总焓值；

(2) 若 h^* 沿叶展方向非均匀分布，或令来流有预旋即 $v_{\theta1}\neq 0$，则一般情形下 H 仅是沿流线方向的一元不变量，而不同流线上的 H 值不等。预旋 $v_{\theta1}$ 沿叶展方向通常被取为变化的，当预旋方向与压气机旋转方向相同，即用正预旋 $v_{\theta1}>0$，则任意流线上必有 $H<h_1^*$。

在压气机静子叶片排中，叶片不推动气流，因此对气流不加功，但相邻静止叶片之间的弯曲、横截面积增大的通道，仍然令气流的速度方向、大小改变，同时增加气流的静压。这有些类似于河床改变水流流动的现象。同样由式(7-42)、式(7-44)出发，但令 L_u 和 U_i 为 0，可得式(7-45)简化为 $h_2^*=h_1^*=h_i^*=H$，即在静子叶片排中，转焓 H 守恒自动蜕化出气流的绝对总焓守恒，这一沿绝对流线无机械能增加的流动的能量方程。

7.6　体系总能量与坐标系的关联

能量守恒定律对于流体的体系成立，即考虑到体系的热能、动能和彻体力势能的总和，以及体系与外界的能量交换之后，体系能量与对外能量交换量之和守恒。在通常遇到的问题中，彻体力常常实际上不随坐标系改换而改变。但是，当在相对坐标系空间中观察质点体系的热能和动能的总和，则由于相对系所辖的质点体系与绝对系下的同一质点体系之间无法彻底地相互孤立——以两种观点观察得到的两个体系之间有热能的等价和动能的变换，这源于热力学标量函数的等价和运动的速度变换，因此，当在绝对系中质点体系的能量守恒定律成立之时，相对系中同一质点体系的能量守恒定律无法同时成立。于是，推导相对系的能量方程时，首先需要明确是在列出哪个坐标系的能量守恒定律。

先从一维运动来理解，并且证明上述概念。考察一个一维定常流场中与其他微团之间绝热的一个单位质量气体微团的总能量。微团静温为 T，微团对绝对静止坐标系的速度为 v，观察者 A，B 对绝对静止坐标系的速度各为 a，b，则两人观察到通常互不相等的微团动能及总能量 h_A^*，h_B^*

$$h_A^*=c_pT+\frac{1}{2}(v-a)^2\neq c_pT+\frac{1}{2}(v-b)^2=h_B^* \tag{7-46}$$

现设微团速度由 v 变成 v'，则观察者 A 用能量守恒定律 $h_A^*=$ 常数得到微团相应静温 T'

$$h_A^*=c_pT+\frac{1}{2}(v-a)^2=c_pT'+\frac{1}{2}(v'-a)^2 \tag{7-47}$$

对于新出现的不随坐标系而变的静温 T'，观察者 B 检验他自己观察到的运动的能量守恒定律 h_B^* = 常数是否成立，他写出下式并利用上式化简

$$
\begin{aligned}
h_B^* &= c_p T' + \frac{1}{2}(v'-b)^2 = c_p T' + \frac{1}{2}[(v'-a)+(a-b)]^2 = \\
&c_p T' + \frac{1}{2}(v'-a)^2 + (v'-a)(a-b) + \frac{1}{2}(a-b)^2 = \\
&c_p T + \frac{1}{2}(v-a)^2 + [(v-a)(a-b)-(v-a)(a-b)] + \\
&(v'-a)(a-b) + \frac{1}{2}(a-b)^2 = \\
&c_p T + \frac{1}{2}(v-b)^2 + [(v'-a)-(v-a)](a-b) = \\
&c_p T + \frac{1}{2}(v-b)^2 + (v'-v)(a-b)
\end{aligned}
\tag{7-48}
$$

上式证明，只有当 $a=b$ 即系 A 和系 B 对于绝对系的运动速度相同，或者当 $v'=v$ 即微团对绝对系的速度未发生变化，才能使在系 B 中也成立起能量守恒定律。换句话说，不可能在相互之间有着速度差的两个坐标系中同时成立同一种定义的能量守恒定律。只能在这样的两个系中同时成立热能或即内能守恒定律。

上式的分析明确指出，系 A 和系 B 的同一定义的能量守恒定律同时成立的充要条件是$a=b$，即动能计量的 0 点所对应的速度相互一致。这显然是因为，对于两条动能二次曲线$\frac{1}{2}(v-a)^2$和$\frac{1}{2}(v-b)^2$，只有当它们的 0 点重合，才能使它们永远相等。这个简单的事实成为使能量守恒定律可以在系 A 和系 B 中同时成立的完备条件。

现进一步考查三维运动中的上述能量方程关系。这时关于相对坐标系中的流动总能量，例如系 B 中的观察者所看到的 h_B^*，显然存在下面从一般到特定的三种写法。它们是根据本章前面已提到的三种相对运动形式，分别引用一般的速度合成定理式(7-3)，及 $\boldsymbol{k}'$ 轴与相对系旋转轴同轴放置的相对运动简化模型 $\boldsymbol{\omega}=\omega\boldsymbol{k}'$，和旋转机械流场特定的相对运动简化模型式(7-11)而得到的：

$$
h_B^* = c_p T + \frac{1}{2}\boldsymbol{w}^2 = c_p T + \frac{1}{2}[\boldsymbol{v}-(\boldsymbol{v}_0+\boldsymbol{\omega}\times\boldsymbol{r}_r)]^2
$$

(一般相对运动的流动总能量)　　(7-49)

$$
h_B^* = c_p T + \frac{1}{2}\{\boldsymbol{v}-[\boldsymbol{v}_0+\omega\boldsymbol{e}_z\times(r\boldsymbol{e}_r+z\boldsymbol{e}_z)]\}^2 = c_p T + \frac{1}{2}[\boldsymbol{v}-(\boldsymbol{v}_0+\omega r\boldsymbol{e}_\theta)]^2
$$

(同轴相对运动的流动总能量)　　(7-50)

$$
h_B^* = c_p T + \frac{1}{2}(\boldsymbol{v}-\omega r\boldsymbol{e}_\theta)^2
$$

(旋转机械相对运动的流动总能量)　　(7-51)

本章下面仅研究旋转机械的体系总能量与坐标系的关联问题，这就是说仅使用式(7-51)的流动总能量。然后在下一节推导旋转机械的相对能量方程，它们是最常用的相对运动能量方程问题。旋转机械的流动问题包括各种泵内的流动，旋转盘腔中的流动，和叶轮机中的流动等。旋转机械最具代表性的形式是各种叶轮机。

在对叶轮机相对运动方程组的研究中，人们得出了下面的表达式并命名其中的 H 为一种总焓——转焓

$$H = h + \frac{\boldsymbol{w}^2}{2} - \frac{\omega^2 r^2}{2} = h^* - \omega r v_\theta \tag{7-52}$$

用式(7-48)就可以说明，上式的这种总焓定义及其 0 值的出现点是完全符合旋转机械物理本质的要求的。令上述的坐标系 A 现重合于绝对坐标系而静止，即速度 $a=0$。当在绝对坐标系中的观察者看到一个微团具有绝对总焓 $h_A^* = c_p T + \frac{1}{2}v^2$，同一时刻相对系中的观察者则看到同一微团具有相对总焓 $h_B^* = c_p T + \frac{1}{2}(v-b)^2 = c_p T + \frac{1}{2}(v-\omega r)^2$，只因相对坐标系还在以 $\omega r = U$ 的牵连线速度转动着。这里用到的速度合成现在应被理解为式(7-51)的速度矢量合成，但为简单而仍写为标量形式。这两个观察的极限情况是，前者已看到滞止下来即 $v=0$ 的微团的总温 T^*，以及绝对总焓 $h_A^* = c_p T^*$，而后者则视 T^* 为静温并仍看到微团具有速度 ωr 和动能 $\frac{1}{2}(\omega r)^2$，则微团的相对总焓就为 $h_B^* = c_p T^* + \frac{1}{2}(\omega r)^2$，即后者认为气流并未滞止。为使持不同观点的两个人使用同一个能量守恒定律，方法一是，令相对系观察者将其总焓定义为减小了量值的 $c_p T_r^* - \frac{1}{2}(\omega r)^2$，这样，他在一般情况下看到的微团总焓就减小为 $c_p T + \frac{1}{2}(v-\omega r)^2 - \frac{1}{2}(\omega r)^2 = c_p T + \frac{1}{2}w^2 - \frac{1}{2}(\omega r)^2 = H$。方法二是，相反地，令绝对系观察者将其总焓定义为增了值的 $c_p T^* + \frac{1}{2}(\omega r)^2$，但这个总焓比地球上气体真实能量的总焓多了 $\frac{1}{2}(\omega r)^2$ 而导致体系不一致，故采取方法一是合理的。因此，叶轮机械转子相对坐标系中使用的能量守恒定律的能量 0 点是统一在绝对坐标系下气体总焓的 0 点上的。或说，转焓 H 在定义和计量相对系流体的热能与动能之和时采取了与绝对系共同的基准点。

7.7　相对运动坐标系下旋转机械的能量方程

如果知道了相对系中体系总能量的定义，就可以在相对系中直接推导能量方

程,而不必由绝对系的能量方程变换而来。这个原理的基础是能量为标量,而标量函数对时间的全导数与坐标系无关(7.2节)。

由上节已得知,对于旋转机械相对坐标系中单位质量的微团在流动中的总能量,规定了一种总焓定义——转焓 H,它比起在相对坐标系中所看到的气流总焓,减小了一个部分。那么,注意到焓与内能的定量关系,与绝对坐标系下流体的贮存能 E_a 的表达式式(3-55)作对比即可知,相对坐标系中一个流体体系所贮存的总能量,也就应该相应地被减小一个部分。将这个总能量记为 E_{r-},于是 E_{r-} 应写为

$$E_{r-}=\int_V \rho e_{r-}\mathrm{d}V=\int_V \rho\left(u_T+\frac{\boldsymbol{w}^2}{2}-\frac{1}{2}\omega^2 r^2\right)\mathrm{d}V \quad \text{(体系的转能)} \tag{7-53a}$$

上式中又定义了 e_{r-}

$$e_{r-}=u_T+\frac{\boldsymbol{w}^2}{2}-\frac{1}{2}\omega^2 r^2 \quad \text{(单位质量流体的转能)} \tag{7-53b}$$

即 e_{r-} 是单位质量流体的内能 $u_T=c_V T$ 加动能 $\boldsymbol{w}^2/2$ 再减掉微团随相对系空间点作牵连运动的动能 $\frac{1}{2}(\omega r)^2$。可见,e_{r-} 比转焓 H 只少了流动功 p/ρ 这一项。这样的话,相对于“转焓”的名称,这里不妨将 E_{r-}、e_{r-} 称为“转能”,即在相对坐标系中流体的一种本质为内能的总能量。

这样,以式(7-53a)的转能表达式替换式(3-55)的绝对系内能表达式,又以相对系速度 $\boldsymbol{w}$ 替换绝对系速度 $\boldsymbol{v}$,然后完全遵照适用于绝对系的3.4节的推导路线行事,就可以直接在相对系空间中得到相对能量方程的守恒形

$$\rho\dot{q}-\frac{\partial}{\partial t}\left[\rho\left(u_T+\frac{\boldsymbol{w}^2}{2}-\frac{1}{2}\omega^2 r^2+U\right)\right]-\nabla\cdot\left[\left(h+\frac{\boldsymbol{w}^2}{2}-\frac{1}{2}\omega^2 r^2+U\right)\rho\boldsymbol{w}\right]=0$$

(守恒形微分形式相对能量方程) (7-54)

其中的 $\nabla\cdot$ 是在相对系空间中求散度并省去了其下角标 r。又可使用相对系中单位体积流体的转能 ρe_{r-},而将上式稍变形写为

$$\rho\dot{q}-\frac{\partial}{\partial t}(\rho e_{r-}+\rho U)-\nabla\cdot[(\rho e_{r-}+\rho U+p)\boldsymbol{w}]=0$$

(守恒形微分形式相对能量方程) (7-55)

因此,上两式与绝对系能量方程式(3-69a)、式(3-69b)的区别,仅在于以相对系的 $\boldsymbol{w}$,e_{r-},H 替换绝对系的 $\boldsymbol{v}$,e,h^*。又进行与3.4节中同样的继续处理,并引用相对连续方程式(7-8)进行化简,则可将上式变形为非守恒形

$$\dot{q}=\frac{D}{Dt}\left(h+\frac{\boldsymbol{w}^2}{2}-\frac{1}{2}\omega^2 r^2+U\right)-\frac{1}{\rho}\frac{\partial p}{\partial t}$$

(非守恒形微分形式相对能量方程) (7-56)

相对能量方程的上式形式表明,当研究的是绝热非定常相对流动,则转焓、势能之

和的随流变化率是由压力场的非定常变化所导致。与这个结论相类似的在绝对坐标系下的相应结论，已经在 3.4.3 节中关于式(3－70)而讨论过了。

再由上式，按照对绝对能量方程的同样处理方法易于得到，在相对系中进行绝热定常流动时，实际上就得到了相对绝能流动

$$h+\frac{\boldsymbol{w}^2}{2}-\frac{1}{2}\omega^2 r^2+U=H+U=C(\psi_r)$$

（沿多维相对流线的相对绝能定常流动的有限形式能量方程）　(7－57)

故此时沿着相对流线 ψ_r，单位质量流体的相对流动总能量 $H+U$ 不变。上式是叶轮机械转子叶片设计中一定要用到的相对能量方程。当进一步还有条件：在转子叶片通道中定常相对流动的起始点处，各条相对流线上单位质量流体的总能量 $H+U$ 均相同，则就得到多维定常相对绝能的，而且相对流线之间还均能的一个流管，或一个流动曲面

$$\frac{\partial}{\partial m}(H+U)=0,\quad \frac{\partial}{\partial \eta}(H+U)=0 \tag{7-58}$$

这里 m 是相对流线的弧长，η 是转子叶片通道中与 m 曲线准正交的某条指向叶片叶展方向的曲线。回顾研究动量方程的 7.5 节之例 7.1 所分析的压气机的例子，显然，这里我们不用引入绝对坐标系中的动量矩定理，而仅从相对能量方程出发，同样可得到定常流动的相对能量方程式(7－57)以及式(7－58)，即转焓守恒方程。不同的只是这里由于保留了重流体的彻体力势函数 U 而更为精确。

7.8　相对运动坐标系下的微分方程组和守恒形微分方程组

本章至此已经得到：

相对连续方程式(7－7)或式(7－8)；

欧拉、葛罗米柯、克罗克三个相对运动微分方程式(7－12)、式(7－23)、式(7－32)，或它们在笛卡儿系、圆柱系的六个相应的展开写法；

相对能量方程式(7－55)或式(7－56)。

那么，参见 3.6 节的相同原理，以上三大物理定律微分方程再加上在绝对系与相对系无区别的状态方程，和用相对速度写出的相对系中的熵方程(参见 3.5 节)，以及有限形式的未知函数封闭用方程等，已经构成了在相对坐标系中的动力学微分方程组。根据绝对系中的相应知识可知，该方程组在相对坐标系中封闭可解。对于现今大多数科学与工程问题，由于其几何构型与流场的复杂性，求解必须用计算机才能完成，例如对叶轮机转子叶片通道中流场的分析问题。

特别是方程组中的相对运动微分方程，其在弯曲流线组成的扭曲流面上的变

形形式,以及其积分形式等不同形式,在20世纪50年代以来的流体机械设计的正问题、反问题(4.7.9节)的理论方法、半经验方法中,成为基本的出发点而获得了极其广泛的应用。例如叶轮机叶片设计的流线曲率法的主控方程,就是通过将相对运动微分方程继续改写为在流线组成的曲面——流面上的形式而得到。

在一些专门研究叶轮机械气动设计的专著,例如本书参考文献[10,11]和课程参考书目[13,14,15]中,和国际上迄今仍不断发表着的设计理论与设计技术研究的论文中,所见到的所谓叶轮机械的通流设计方法(through flow design approach),就是对于这一类基于写在流面上的相对坐标系中的微分方程组,及其进一步化简得到的主控方程的方法的一种通称。通流设计方法将相对微分方程组用在每一排转子或者静子叶片的每两个叶片之间的流动通道内部空间的流场上,所采用的空间维数目前普遍为2.5维或称为准3维,即在圆柱坐标系下降维为某种园周方向平均化的流场。但自20世纪50年代以来特别是90年代以来,也已出现了若干种采用3维维数的通流设计方法。通过精心设计的面向工程实用的计算机编码,通流设计方法可以以数分钟的快速时间量级,达到使用精度地设计出单级、多级、轴流式、离心式、斜流式、不同构型形式组合式的,单涵道、多涵道的压气机、涡轮、叶片泵等迄今所有的内流流动叶轮机械。参见图7-3的由双级轴流式风扇、双级轴流式压气机、单级离心式压气机组合而成的一台小型航空涡轮风扇发动机的空气压缩系统的通流设计结果[29]。

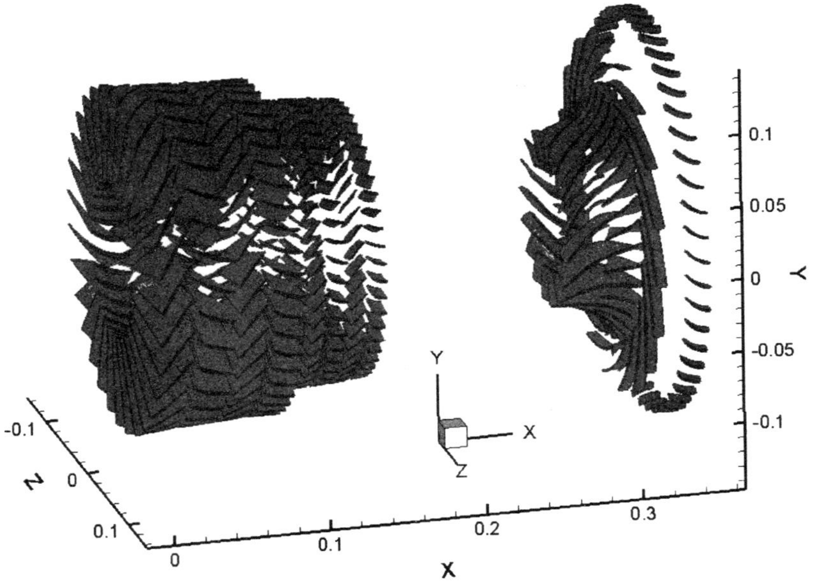

图7-3 某小型航空涡轮风扇发动机的组合式空气压缩系统的通流设计结果

在另一发展方向上，主要从 20 世纪 70 年代至今，发展起来了计算数学与计算力学的重要分支——计算流体动力学。在计算流体动力学的数值方法中，流体力学偏微分方程或方程组的守恒形式，或称通量守恒形式，或称散度形式，由于其通量守恒原理的强大优势(3.2 节)，而被广泛应用，因此非常重要。

下面就无黏性流动整理出相对运动笛卡儿坐标系下的守恒形微分方程组。式(7-8)已是守恒形连续方程。又对于欧拉形式的动量方程，实行以下变形步骤

$\rho\times$式(7-17)$+w_x\times$式(7-8)，展开；

$\rho\times$式(7-18)$+w_y\times$式(7-8)，展开；

$\rho\times$式(7-19)$+w_z\times$式(7-8)，展开。

再注意到式(7-54)在笛卡儿系也已是守恒形能量方程，为书写简洁只需在其 u_T 项后加减p/ρ项，并随之引用转焓 H 来写出此方程。如此就得到守恒形微分方程组式(7-59)～式(7-63)

$$\frac{\partial\rho}{\partial t}+\frac{\partial\rho w_x}{\partial x}+\frac{\partial\rho w_y}{\partial y}+\frac{\partial\rho w_z}{\partial z}=0 \tag{7-59}$$

$$\frac{\partial\rho w_x}{\partial t}+\frac{\partial}{\partial x}(\rho w_x^2+p)+\frac{\partial}{\partial y}\rho w_x w_y+\frac{\partial}{\partial z}\rho w_x w_z=\rho X+\rho\omega^2 x+\rho 2\omega w_y \tag{7-60}$$

$$\frac{\partial\rho w_y}{\partial t}+\frac{\partial}{\partial x}\rho w_y w_x+\frac{\partial}{\partial y}(\rho w_y^2+p)+\frac{\partial}{\partial z}\rho w_y w_z=\rho Y+\rho\omega^2 y-\rho 2\omega w_x \tag{7-61}$$

$$\frac{\partial\rho w_z}{\partial t}+\frac{\partial}{\partial x}\rho w_z w_x+\frac{\partial}{\partial y}\rho w_z w_y+\frac{\partial}{\partial z}(\rho w_z^2+p)=\rho Z \tag{7-62}$$

$$\frac{\partial}{\partial t}[\rho(H+U)-p]+\frac{\partial}{\partial x}\rho w_x(H+U)+\frac{\partial}{\partial y}\rho w_y(H+U)+\frac{\partial}{\partial z}\rho w_z(H+U)=\rho\dot{q} \tag{7-63}$$

以上诸式中含有与绝对坐标系下相同的有势、定常的已知彻体力函数

$$\boldsymbol{R}=X\boldsymbol{i}+Y\boldsymbol{j}+Z\boldsymbol{k}=-\nabla U \tag{7-64}$$

上方程组将惯性离心力项和科氏力项均移到等式右端，与原有的彻体力项和加热项共同构成方程组的所谓源项，使得各式左端仅剩下所谓的通流项，它们与绝对坐标系下的守恒形方程组的左端形式完全相同，参见式(3-22b)。这就极清晰地表达了绝对运动与相对运动的本质区别，并使编制计算机程序时对于相对运动问题的计算仅需补加相关源项即可。

又可引用式(7-52)，并且定义下式的气流在相对坐标系中的相对贮存能 e_r、E_r

$$e_r=u_T+\frac{\boldsymbol{w}^2}{2}\quad（单位质量流体的相对贮存能） \tag{7-65a}$$

$$E_r=\rho e_r=\rho\left(u_T+\frac{\boldsymbol{w}^2}{2}\right)\quad（单位体积流体的相对贮存能） \tag{7-65b}$$

而将守恒形能量方程式(7-63)变形为不用转焓 H 表达的下式形式，它在旋转机械的计算流体力学中被广泛使用

$$\frac{\partial}{\partial t}(E_r+\rho U)+\frac{\partial}{\partial x}(E_r+\rho U+p)w_x+\frac{\partial}{\partial y}(E_r+\rho U+p)w_y+$$
$$\frac{\partial}{\partial z}(E_r+\rho U+p)w_z=\rho\dot{q}+(\rho\omega^2x+\rho 2\omega w_y)w_x+(\rho\omega^2y-\rho 2\omega w_x)w_y \tag{7-66}$$

推导上式时对其右端源项的化简过程见下式，其注意到7.4节之后使用旋转机械的等转速模型，且$\frac{1}{2}\omega^2r^2$ 不是时间的函数，又利用式(7-31)的关系，就有

$$\frac{\partial}{\partial t}\frac{1}{2}\omega^2r^2\rho+\frac{\partial}{\partial x}\frac{1}{2}\omega^2r^2\rho w_x+\frac{\partial}{\partial y}\frac{1}{2}\omega^2r^2\rho w_y+\frac{\partial}{\partial z}\frac{1}{2}\omega^2r^2\rho w_z=$$
$$\frac{1}{2}\omega^2r^2\frac{\partial}{\partial t}\rho+\nabla\cdot\left(\frac{1}{2}\omega^2r^2\rho\boldsymbol{w}\right)=\rho\boldsymbol{w}\cdot\nabla\left(\frac{1}{2}\omega^2r^2\right)=$$
$$\rho(w_x\boldsymbol{i}+w_y\boldsymbol{j}+w_z\boldsymbol{k})\cdot\omega^2(x\boldsymbol{i}+y\boldsymbol{j}+0\boldsymbol{k})=$$
$$(\rho\omega^2x+\rho 2\omega w_y)w_x+(p\omega^2y-\rho 2\omega w_x)w_y \tag{7-67}$$

上式最后一行第二、四项之和为0，说明在旋转机械能量方程中科氏力的做功率为0。而科氏力永不做功是相对运动力学的普适结论(习题7.6)。从宏观上再去理解上式，其实际上是旋转机械中单位体积微团所作牵连运动动能的连续性方程，而这个动能仅仅以向心力的做功率$(\rho\omega^2r)w_r$ 为源。因此当微团仅在圆柱面上运动时牵连运动动能守恒。

下面再就无黏性流动整理出相对运动圆柱坐标系下的守恒形微分方程组。用r乘以连续方程式(7-8)，再借助式(1-26)展开，由于r不是t,z的函数，于是得守恒形连续方程

$$\frac{\partial r\rho}{\partial t}+\frac{\partial r\rho w_r}{\partial r}+\frac{\partial \rho w_\varphi}{\partial \varphi}+\frac{\partial r\rho w_z}{\partial z}=0 \tag{7-68}$$

对于欧拉形式的动量方程式(7-20)～式(7-22)，和能量方程式(7-54)，分别实行以下变形步骤

$r\rho\times$式(7-20)$+w_r\times$式(7-68)，展开；

$r\rho\times$式(7-21)$+w_\varphi\times$式(7-68)，展开；

$r\rho\times$式(7-22)$+w_z\times$式(7-68)，展开；

$r\times$式(7-54)，于u_T 项后加减p/ρ项，引用转焓H化简，按式(1-26)展开。于是得守恒形动量方程和能量方程

$$\frac{\partial r\rho w_r}{\partial t}+\frac{\partial}{\partial r}r(\rho w_r^2+p)+\frac{\partial}{\partial\varphi}\rho w_rw_\varphi+\frac{\partial}{\partial z}r\rho w_rw_z=$$
$$r\rho X_r+\rho\omega^2r^2+r\rho 2\omega w_\varphi+\rho w_\varphi^2+p \tag{7-69}$$

$$\frac{\partial r\rho w_\varphi}{\partial t}+\frac{\partial}{\partial r}r\rho w_\varphi w_r+\frac{\partial}{\partial\varphi}(\rho w_\varphi^2+p)+\frac{\partial}{\partial z}r\rho w_\varphi w_z=$$

$$r\rho Y_\varphi-r\rho 2\omega w_r-\rho w_\varphi w_r \tag{7-70}$$

$$\frac{\partial r\rho w_z}{\partial t}+\frac{\partial}{\partial r}r\rho w_z w_r+\frac{\partial}{\partial\varphi}\rho w_z w_\varphi+\frac{\partial}{\partial z}r(\rho w_z^2+p)=r\rho Z_z \tag{7-71}$$

$$\frac{\partial}{\partial t}r[\rho(H+U)-p]+\frac{\partial}{\partial r}r\rho w_r(H+U)+\frac{\partial}{\partial\varphi}\rho w_\varphi(H+U)+$$

$$\frac{\partial}{\partial z}r\rho w_z(H+U)=r\rho\dot{q} \tag{7-72}$$

其中与绝对坐标系下相同的有势、定常的已知彻体力函数为

$$\boldsymbol{R}=X_r\boldsymbol{e}_r+Y_\varphi\boldsymbol{e}_\varphi+Z_z\boldsymbol{e}_z=-\nabla U \tag{7-73}$$

则式(7-68)～式(7-72)构成了相对运动圆柱坐标系下的守恒形微分方程组。与笛卡儿系时的相对运动方程组相同，它的左端均为通流项，右端均为源项。注意到它的流量方程、能量方程与绝对坐标系下相应的式(3-40)、式(3-52)的形式完全相同，而它的动量方程与绝对系相应的式(3-47)～式(3-49)相比，仅在 r 方向增加了惯性离心力项 $\rho\omega^2 r^2$ 和科氏力项 $r\rho 2\omega w_\varphi$，在 φ 方向增加了科氏力项 $-r\rho 2\omega w_r$。

同样，可引用式(7-52)和相对贮存能 E_r 的定义式(7-65b)，而将守恒形能量方程式(7-72)变形为不用转焓 H 表达的形式

$$\frac{\partial}{\partial t}r(E_r+\rho U)+\frac{\partial}{\partial r}r(E_r+\rho U+p)w_r+\frac{\partial}{\partial\varphi}(E_r+\rho U+p)w_\varphi+$$

$$\frac{\partial}{\partial z}r(E_r+\rho U+p)w_z=r\rho\dot{q}+(\rho\omega^2 r^2+r\rho 2\omega w_\varphi)w_r+(-r\rho 2\omega w_r)w_\varphi \tag{7-74}$$

推导上式的过程中对其右端源项的化简与式(7-67)同理，为

$$\frac{\partial}{\partial t}r\ \frac{1}{2}\omega^2 r^2\rho+\frac{\partial}{\partial r}r\ \frac{1}{2}\omega^2 r^2\rho w_r+\frac{\partial}{r\partial\varphi}r\ \frac{1}{2}\omega^2 r^2\rho w_\varphi+\frac{\partial}{\partial z}r\ \frac{1}{2}\omega^2 r^2\rho w_z=$$

$$r\ \frac{1}{2}\omega^2 r^2\ \frac{\partial}{\partial t}\rho+\nabla\cdot\left(r\ \frac{1}{2}\omega^2 r^2\rho\boldsymbol{w}\right)-\frac{1}{2}\omega^2 r^2\rho w_r=$$

$$\rho\boldsymbol{w}\cdot\nabla\left(r\ \frac{1}{2}\omega^2 r^2\right)-\frac{1}{2}\omega^2 r^2\rho w_r=$$

$$\rho(w_r\boldsymbol{e}_r+w_\varphi\boldsymbol{e}_\varphi+w_z\boldsymbol{e}_z)\cdot\frac{1}{2}\omega^2(3r^2\boldsymbol{e}_r)-\frac{1}{2}\omega^2 r^2\rho w_r=$$

$$(\rho\omega^2 r^2+r\rho 2\omega w_\varphi)w_r+(-r\rho 2\omega w_r)w_\varphi \tag{7-75}$$

同样可见上式最后一行后两项之和为 0，即科氏力不做功。上式实际上是旋转机械中单位体积微团的牵连运动动能 $\frac{1}{2}\omega^2 r^2\rho$ 的连续性方程，仅向心力的做功率 $(\rho\omega^2 r)w_r$ 为该动能的源。

进而可见，可以将笛卡儿系的守恒形方程组式(7-59)～式(7-62)及式(7-66)

写为关于方程组的函数矢量$\boldsymbol{U}$,方程组的矢通量$\boldsymbol{F},\boldsymbol{G},\boldsymbol{H}$和方程组的源矢量$\boldsymbol{Q}$的如下形式

$$\boldsymbol{U}_t+\boldsymbol{F}_x+\boldsymbol{G}_y+\boldsymbol{H}_z=\boldsymbol{Q}$$

(笛卡儿相对系无黏守恒形微分方程组) (7-76)

上式的角标表示对矢量、矢通量中的每一个分量分别求偏导。而各矢量、矢通量为

$$\boldsymbol{U}=\begin{bmatrix}\rho\\ \rho w_x\\ \rho w_y\\ \rho w_z\\ E_r+\rho U\end{bmatrix},\quad \boldsymbol{F}=\begin{bmatrix}\rho w_x\\ \rho w_x^2+p\\ \rho w_x w_y\\ \rho w_x w_z\\ (E_r+\rho U+p)w_x\end{bmatrix},\quad \boldsymbol{G}=\begin{bmatrix}\rho w_y\\ \rho w_y w_x\\ \rho w_y^2+p\\ \rho w_y w_z\\ (E_r+\rho U+p)w_y\end{bmatrix}$$

$$\boldsymbol{H}=\begin{bmatrix}\rho w_z\\ \rho w_z w_x\\ \rho w_z w_y\\ \rho w_z^2+p\\ (E_r+\rho U+p)w_z\end{bmatrix},\quad \boldsymbol{Q}=\begin{bmatrix}0\\ \rho X+S_x\\ \rho Y+S_y\\ \rho Z+S_z\\ \rho\dot{q}+S_x w_x+S_y w_y+S_z w_z\end{bmatrix} \tag{7-77}$$

其中源矢量$\boldsymbol{Q}$中由相对坐标系的使用而带来的惯性离心力源项和科氏力源项为

$$S_x=\rho\omega^2 x+\rho 2\omega w_y,\qquad S_y=\rho\omega^2 y-\rho 2\omega w_x,\qquad S_z=0 \tag{7-78}$$

且式(7-77)和式(7-78)中的全部角标是方向标识,不表示求偏导。守恒形微分方程组的式(7-76)这种表达形式,使得编程计算时仅需要发展一套时间离散、空间离散的格式,然后依次应用到每个标量微分方程上,因为它们有相同的通量形式。

同理,可以将圆柱系的守恒形方程组式(7-68)~式(7-71)及式(7-74)写为关于函数矢量$\boldsymbol{U}$,矢通量$\boldsymbol{F},\boldsymbol{G},\boldsymbol{H}$和源矢量$\boldsymbol{Q}$的如下形式

$$\boldsymbol{U}_t+\boldsymbol{F}_r+\boldsymbol{G}_\varphi+\boldsymbol{H}_z=\boldsymbol{Q}$$

(圆柱相对系无黏守恒形微分方程组) (7-79)

上式的角标表示对矢量、矢通量中的每一个分量分别求偏导。而各矢量、矢通量为

$$\boldsymbol{U}=\begin{bmatrix}r\rho\\ r\rho w_r\\ r\rho w_\varphi\\ r\rho w_z\\ r(E_r+\rho U)\end{bmatrix},\quad \boldsymbol{F}=\begin{bmatrix}r\rho w_r\\ r(\rho w_r^2+p)\\ r\rho w_r w_\varphi\\ r\rho w_r w_z\\ r(E_r+\rho U+p)w_r\end{bmatrix},\quad \boldsymbol{G}=\begin{bmatrix}\rho w_\varphi\\ \rho w_\varphi w_r\\ \rho w_\varphi^2+p\\ \rho w_\varphi w_z\\ (E_r+\rho U+p)w_\varphi\end{bmatrix}$$

$$\boldsymbol{H}=\begin{bmatrix} r\rho w_z \\ r\rho w_z w_r \\ r\rho w_z w_\varphi \\ r(\rho w_z^2+p) \\ r(E_r+\rho U+p)w_z \end{bmatrix},\quad \boldsymbol{Q}=\begin{bmatrix} 0 \\ r(\rho X_r+S_r+\rho w_\varphi^2/r)+p \\ r(\rho Y_\varphi+S_\varphi-\rho w_\varphi w_r/r) \\ r(\rho Z_z+S_z) \\ r(\rho\dot{q}+S_r w_r+S_\varphi w_\varphi+S_z w_z) \end{bmatrix} \tag{7-80}$$

其中,在源矢量 $\boldsymbol{Q}$ 中,由圆柱坐标系所定义的圆周向运动而带来的惯性离心力源项和科氏力源项各为

$$\rho w_\varphi^2/r,\ -\rho w_\varphi w_r/r$$

又由相对坐标系的使用而带来的惯性离心力源项和科氏力源项为

$$S_r=\rho\omega^2 r+\rho 2\omega w_\varphi,\qquad S_\varphi=-\rho 2\omega w_r,\qquad S_z=0 \tag{7-81}$$

可见这方程组的求解计算逻辑与笛卡儿系时的完全相同,只是各矢量分量的具体计算公式有区别而已。这是因为尽管坐标系有别,但方程本质的通流形式相同。

7.9 相对运动坐标系下的守恒形积分方程组

与偏微分方程的守恒形式完全对应的守恒形积分形式,可以直接对偏微分方程两端分别积分而得到,例如式(3-3)～式(3-8b)的例子、式(3-68)～式(3-69a)的例子等。守恒形积分形式的流体力学方程组被计算流体力学的有限体积法直接使用,该法是自 20 世纪 90 年代以来最受肯定的流体动力学计算问题的空间离散方法。

对相对笛卡儿系下的方程组式(7-76),取对所研究的控制体 V 的体积分有

$$\int_V \boldsymbol{U}_t \mathrm{d}V+\int_V(\boldsymbol{F}_x+\boldsymbol{G}_y+\boldsymbol{H}_z)\mathrm{d}V=\int_V \boldsymbol{Q}\mathrm{d}V \tag{7-82}$$

将上式的第一个积分与其中对时间的微分交换运算顺序,第二个积分由于是对散度型被积函数进行体积分,故用奥-高定理将其变换为对控制体封闭表面积 $\boldsymbol{A}$ 上矢量函数的通量的积分,这样得

$$\frac{\partial}{\partial t}\int_V \boldsymbol{U}\mathrm{d}V+\oint_A(\boldsymbol{F}\boldsymbol{i}+\boldsymbol{G}\boldsymbol{j}+\boldsymbol{H}\boldsymbol{k})\cdot\mathrm{d}\boldsymbol{A}=\int_V \boldsymbol{Q}\mathrm{d}V$$

(笛卡儿相对系无黏守恒形积分形式方程组) (7-83)

其中的矢量、矢通量见式(7-77),且

$$\mathrm{d}\boldsymbol{A}=\mathrm{d}A_x\boldsymbol{i}+\mathrm{d}A_y\boldsymbol{j}+\mathrm{d}A_z\boldsymbol{k} \tag{7-84}$$

$$\left.\begin{aligned} &\mathrm{d}A_x=\mathrm{d}\boldsymbol{A}\cdot\boldsymbol{i}=\mathrm{d}A\boldsymbol{n}^0\cdot\boldsymbol{i}=\mathrm{d}A(\boldsymbol{i}\cos\alpha+\boldsymbol{j}\cos\beta+\boldsymbol{k}\cos\gamma)\cdot\boldsymbol{i}= \\ &\mathrm{d}A\cos\alpha \\ &\mathrm{d}A_y=\mathrm{d}A\cos\beta \\ &\mathrm{d}A_z=\mathrm{d}A\cos\gamma \end{aligned}\right\} \tag{7-85}$$

这就是守恒形积分形式的相对运动方程组。其中对于通流项将微分方程组的求空间偏导数的运算免去,而求控制体表面处矢通量的法向通量。计算流体力学的有限体积法是在其流场计算域中的每一个极小体积 V 上应用上式,并在计算域中连续应用,从而得到全流场的解。

同理,对相对圆柱系下的方程组式(7-79),取对所研究的控制体 V 的体积分有

$$\int_V \boldsymbol{U}_t \mathrm{d}V + \int_V \left(\boldsymbol{F}_r + r\frac{\boldsymbol{G}_\varphi}{r} + \boldsymbol{H}_z\right)\mathrm{d}V = \int_V \boldsymbol{Q}\mathrm{d}V \tag{7-86}$$

上式将 $\boldsymbol{G}_\varphi$ 除以 r 是为了将对坐标 φ 的偏导数改为对弧长 $r\varphi$ 的偏导数,以使 $\boldsymbol{F}$,$\boldsymbol{G}$,$\boldsymbol{H}$ 对空间的偏导数均统一为对于长度量求导。上式第一个积分与其中的微分交换运算顺序,第二个积分用奥-高定理变换为面积分,就得到相对圆柱系下的方程组式(7-79)的守恒形积分形式

$$\frac{\partial}{\partial t}\int_V \boldsymbol{U}\mathrm{d}V + \oint_A (\boldsymbol{F}\boldsymbol{e}_r + r\boldsymbol{G}\boldsymbol{e}_\varphi + \boldsymbol{H}\boldsymbol{e}_z)\cdot \mathrm{d}\boldsymbol{A} = \int_V \boldsymbol{Q}\mathrm{d}V$$

(圆柱相对系无黏守恒形积分形式方程组)　　(7-87)

其中的矢量、矢通量见式(7-80),且

$$\mathrm{d}\boldsymbol{A} = \mathrm{d}A_r\boldsymbol{e}_r + \mathrm{d}A_\varphi\boldsymbol{e}_\varphi + \mathrm{d}A_z\boldsymbol{e}_z \tag{7-88}$$

$$\left.\begin{aligned} &\mathrm{d}A_r = \mathrm{d}\boldsymbol{A}\cdot\boldsymbol{e}_r = \mathrm{d}A\boldsymbol{n}^0\cdot\boldsymbol{e}_r = \mathrm{d}A(\boldsymbol{e}_r\cos\alpha + \boldsymbol{e}_\varphi\cos\beta + \boldsymbol{e}_z\cos\gamma)\cdot\boldsymbol{e}_r = \\ &\mathrm{d}A\cos\alpha \\ &\mathrm{d}A_\varphi = \mathrm{d}A\cos\beta \\ &\mathrm{d}A_z = \mathrm{d}A\cos\gamma \end{aligned}\right\} \tag{7-89}$$

在当今的无黏性绝对流场和相对流场的科学研究和工程设计中,以上两个积分式式(7-83)和式(7-87),是最为常用、最为重要的积分形式方程组。当在它们的右端源项 $\boldsymbol{Q}$ 中令由相对坐标系的使用而带来的惯性离心力源项和科氏力源项为0,即令式(7-78)或式(7-81)为0,同时视 w 为绝对速度,则就得到绝对运动问题的积分形式方程组。另一方面,当在这两个方程组的右端再添加上N-S方程组的黏性项,它们就进一步成为解决黏性流场问题的积分形式方程组。

计算流体力学方法,是对各种流体力学方程组进行数值积分的方法。首先用空间网格将流体问题的求解域划分为数万至数亿个网格点。然后,有限差分法以一定形式的数值求解格式,沿空间网格点离散微分方程组式(7-76)或式(7-79),它们可以不添加或再添加 $N-S$ 方程组的黏性项,又在每一个空间网格点 x_i,y_j,z_k 上沿时间坐标 t 离散微分方程组,并多采用时间推进法对 t 数值积分。有限差分法所因循的数值求解准则是各物理量函数的数学连续性。有限体积法则以一定形式的数值求解格式,沿空间网格点取各网格体积的表面积上的物理通量而离散

积分形式方程组式(7－83)或式(7－87)，也可以不添加或再添加 N－S 方程组的黏性项，同样又在每一个空间网格点上沿时间坐标 t 离散积分形式方程组，也多采用时间推进法对 t 数值积分。但有限体积法所因循的数值求解准则是各物理通量的守恒性，或说守恒及转化性。20 世纪 90 年代后期以来，用计算流体力学方法以流体力学正问题的方式，即已知流体机械部件的表面设计坐标的方式，来研究和分析黏性流场，已经可以得到具有非常高精度的流场分析以及相应的流体机械部件总体性能的积分解。特别是当采用这样一种方法，即使用同一个计算软件来对比分析流体机械部件设计参数改变时流场细节的改变和总体性能的改变。参见图 7－4 的某航空对转桨扇的三维流场解[30]。因此，目前依据计算流体力学的数值结果，通常已经可以将研究与工程研发设计中实物实验件的制造个数减少一个数量级，带来可观的研究研发效率提高和重大的成本节省。目前这一方向上继续存在着吸引应用数学家、技术科学家去创造与改进的计算方法问题。主要有，跨越流体机械内部的各个子部件之间的相对运动界面时，计算维数的提高即计算精度的提高，三维动网格点数和建网人工工作量的大规模减少，三维黏性非定常流场数值分析的

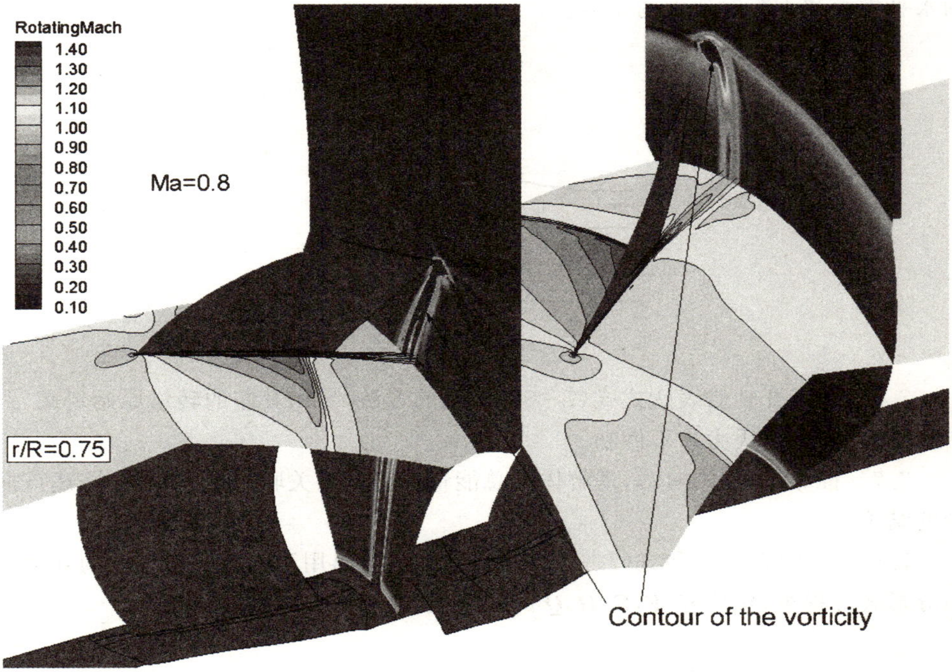

（飞行高度 11 000 米，飞行马赫数 0.8，显示 75%叶展圆柱面上的三维相对马赫数场和两叶片排出口横截面上的三维绝对涡量场，积分出总功率 161.9 kW，总推力 537.1 N，总推进效率 0.783）

图 7－4　某对转桨扇巡航飞行时前桨叶片排、后桨叶片排三维黏性跨声速流场的计算流体力学定常有限体积法数值分析解

时间效率的继续提高，湍流模型的通用性，流场正问题数值分析与反问题多目标数值优化的有机结合，等。对这些问题有兴趣的读者，可以在本书的基础上继续阅读本书参考文献[13,14]等有关书籍。

习题7

7.1　设图3-5是一相对笛卡儿坐标系和其空间中的矩形微元体，试由这种模型推导相对笛卡儿坐标系下的连续方程。

7.2　设一相对圆柱坐标系空间中的扇形柱体，其占据的坐标空间为 $dr=r_2-r_1$，$d\varphi=\varphi_2-\varphi_1$，$dz=z_2-z_1$。试由这种模型推导相对圆柱坐标系下的连续方程。

7.3　已知一般的速度合成定理和矢量的绝对与相对全导数变换公式，试推导一般的加速度合成定理。

7.4　如图7-5所示，装有导流叶片的小车以恒速度 U 向前运动，导流叶片的转折角为 β，现在叶片受到从水平喷嘴喷出的射流水柱的冲击，水柱速度为 V，密度为 ρ，截面积为 A。若射流、小车的重力和水的黏性可忽略不计，求小车受到的水平推力和小车对地面的压力。

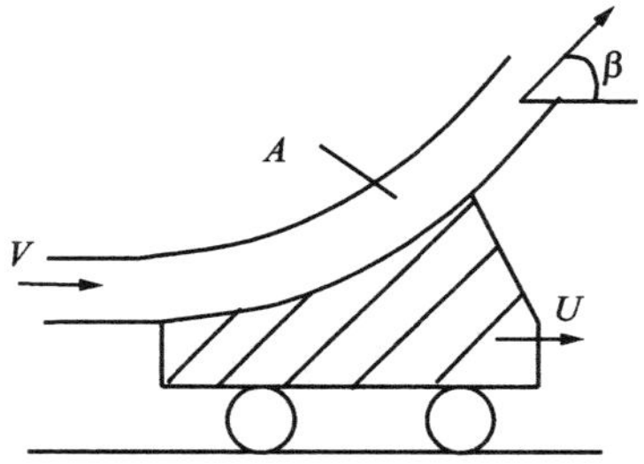

图7-5　题7.4图示

7.5　用展开转焓表达式式(7-52)右端的方法，导出其左的转焓原始定义。

7.6　证明科氏力永不做功。

7.7　推导出式(7-48)，理解体系总能量与坐标系关联现象的本质，陈述该问题的结论。

7.8　由式(7-83)和式(7-87)出发，试直接写出用于绝对运动问题的守恒形积分形式方程组，包括 $\boldsymbol{U}$，$\boldsymbol{F}$，$\boldsymbol{G}$，$\boldsymbol{H}$，$\boldsymbol{Q}$ 的表达式。

课程参考书目

[1] 沈维道，郑佩之，蒋淡安，等. 工程热力学. 第 2 版. 北京：高等教育出版社，1983.

[2] 谢树艺. 矢量分析与场论. 北京：人民教育出版社，1978.

[3] 魏星禄. 多维气体动力学基础. 北京：北京航空学院，1987.

[4] 杨宏伟. 多维气体动力学基础. 北京：北京航空航天大学，1999.

[5] 吴望一. 流体力学(上册). 北京：北京大学出版社，1982.

[6] 吴望一. 流体力学(下册). 北京：北京大学出版社，1983.

[7] 陈懋章. 黏性流体动力学基础. 北京：高等教育出版社，1993.

[8] 章梓雄，董曾南. 黏性流体力学. 北京：清华大学出版社，1998.

[9] 西北工业大学，南京航空学院，北京航空学院. 气体动力学基础. 北京：国防工业出版社，1980.

[10] 潘锦珊，单鹏，刘火星，等. 气体动力学基础(2011 年修订本). 北京：国防工业出版社，2017.3.

[11] 徐华舫. 空气动力学基础(上册). 北京：北京航空学院出版社，1980.

[12] 刘导治. 计算流体力学基础. 北京：北京航空学院出版社，1989.

[13] 刘高联，王甲升. 叶轮机械气体动力学基础. 北京：机械工业出版社，1980.

[14] 李根深，陈乃兴，强国芳. 船用燃气轮机轴流式叶轮机械气动热力学——原理、设计与试验研究(上册). 北京：国防工业出版社，1980.

[15] 王仲奇. 透平机械三元流动计算及其数学和气动力学基础. 北京：机械工业出版社，1983.

[16] (瑞士)Walter Traupel. 热力透平机(Thermische Turbomaschinen). 张洪瀛，等译. 北京：水利电力出版社，1985.

[17] 吴建民. 高等空气动力学. 陈则霖，吴文正编译. 北京：北京航空航天大学出版社，1992.

[18] Zucrow M J, Hoffman J D. Gas Dynamics. Volume Ⅱ. School of Mechanical Engineering, Purdre University, John Wiley & Sons, Inc..

[19] Anderson, Jr, John D. Fundamentals of Aerodynamics. University of Maryland, US, Second Edition, Stored in the library of Tsinghua University.

[20] Ronald L Panton. Incompressible Flow, Mechanical Engineering Department. University of Texas, John Wiley & Sons, Inc., 1984.

[21] Gordon C Oates, et al. Aerothermodynamics of Aircraft Engine Components. Chapter 1 and Chapter 2, AFAPL-TR-78-52, or AD A059784,

Stored in the library of China Aviation Information Center, Number 14, Xiao Guan Dong Li, Beijing.
[22] 吴国华. 工程流体力学习题集. 北京:北京航空航天大学印刷厂,1993.
[23] 沈钧涛,鲍慧芹. 流体力学习题集. 北京:北京大学出版社,1990.
[24] 朱之墀,王希麟. 流体力学理论例题与习题. 北京:清华大学出版社,1986.

参 考 文 献

［1］谢树艺. 矢量分析与场论. 北京:人民教育出版社,1978.

［2］魏星禄. 多维气体动力学基础. 北京:北京航空学院,1987.

［3］杨宏伟. 多维气体动力学基础. 北京:北京航空航天大学,1999.

［4］吴望一. 流体力学(上册). 北京:北京大学出版社,1982.

［5］吴望一. 流体力学(下册). 北京:北京大学出版社,1983.

［6］陈懋章. 黏性流体动力学基础. 北京:高等教育出版社,1993.

［7］西北工业大学,南京航空学院,北京航空学院. 气体动力学基础. 北京:国防工业出版社,1980.

［8］潘锦珊. 气体动力学基础(修订版). 北京:国防工业出版社,1989.

［9］Zucrow M J, Hoffman J D. Gas Dynamics. Volume Ⅱ. School of Mechanical Engineering, Purdre University, John Wiley & Sons, Inc..

［10］Wu Chunghua. A General Through Flow Theory of Fluid Flow with Subsonic or Supersonic Velocity in Turbomachines of Arbitrary Hub and Casing Shapes. NACA Technical Note 2302, March, 1951.

［11］Wu Chunghua. A General Theory of Three-Dimensional Flow in Subsonic and Supersonic Turbomachines of Axial-, Radial-, and Mixed-Flow Types. Lewis Flight Propulsion Laboratory, NACA Technical Note 2604, January, 1952.

［12］Lieblein S, Schwenk F C, Broderick F L. Diffusion Factor for Estimating Losses and Limiting Blade Loadings in Axial Flow Compressor Blade Elements. NACA RM E53D01, 1953.

［13］马铁犹. 计算流体动力学. 北京:北京航空学院出版社,1986.

［14］刘导治. 计算流体力学基础. 北京:北京航空学院出版社,1989.

［15］彭泽琰,杜声同,郭秉衡. 航空燃气轮机原理. 北京:国防工业出版社,1989.

［16］桂幸民. 轴流风扇/压气机可控激波跨音级设计模型研究[D]. 北京:北京航空航天大学,1993.

［17］谷超豪,李大潜,陈恕行,等. 数学物理方程. 北京:人民教育出版社,1979.

［18］梁昆淼. 数学物理方程. 北京:高等教育出版社,1978.

［19］杨应辰,徐明聪. 数学物理方程与特殊函数. 北京:国防工业出版社,1980.

［20］Sydney Goldstein. Some Recent Work on Laminar Boundary Layers. Developments in Mechanics, Volume 2, Part 1, Fluid Mechanics, Pergamon Press Ltd., First Edition 1965.

[21] 刘高联,王甲升,等. 叶轮机械气体动力学基础. 北京:机械工业出版社,1980.

[22] Smith S N. Discrete Frequency Sound Generation in Axial Flow Turbomachines. Reports and Memoranda No. 3709, University Engineering Dept., Cambridge, March, 1972.

[23] Michael Giles B. Non-Reflecting Boundary Conditions For Euler Equation Calculations. AIAA, 89-1942-CP, Department of Aeronautics and Astronautics, Massachusetts Institute of Technology, 1989.

[24] Sun Xiaofeng. Three-Dimensional Compressible Flow Stability Theory of Rotating Stall. BUAA Technical Report BH-B4765, Department of Jet Propulsion, Beijing University of Aeronautics and Astronautics, May, 1996.

[25] Lamb, H., Hydrodynamics. Dover. New York. 1932.

[26] Milne - Thomson, L. M., Theoretical Hydrodynamics. Macmillan, New York, Fifth Edition. 1968.

[27] Kennard, E. H., Irrotational Flow of Frictionless Fluids, Mostly of Invariable Density. David Taylor Model Basin Report 2299, NTIS, AD 653463, Springfield, Virginia. 1967.

[28] Kirchhoff, R. H., Potential Flows: Computer Graphic Solutions. Marcel Dekker, Inc., 1985.

[29] 杨小贺,多构型压缩系统一体化通流与两类对转风扇气动设计研究,北京航空航天大学博士学位论文,2011 年 7 月。

[30] 周亦成,涡轮增压活塞螺旋桨部件法与对转桨扇可压升力面法反问题,北京航空航天大学博士学位论文,2016 年 5 月。